suhrkamp taschenbuch
wissenschaft 1099

Der DELFIN 1993 geht von konstruktivistischen bzw. konstruktivistisch anmutenden Ideen in der Geschichte des sozialtheoretischen Denkens aus, untersucht konstruktivistische Konzepte in ihrem Verhältnis zu Hermeneutik und Transzendentalphilosophie, knüpft an individuensoziologische und sozialpsychologische Konzepte an, macht philosophische, biologische und physiologische Grundannahmen des konstruktivistischen Denkens zu Ausgangspunkten neuer sozialtheoretischer Überlegungen, unterzieht konstruktivistische Ansätze in der Sozialtheorie einer kritischen Prüfung.

Konstruktivismus und Sozialtheorie

DELFIN 1993

Herausgegeben von
Gebhard Rusch und Siegfried J. Schmidt

Suhrkamp

Die Deutsche Bibliothek – CIP-Einheitsaufnahme
Konstruktivismus und Sozialtheorie /
hrsg. von Gebhard Rusch
und Siegfried J. Schmidt. –
1. Aufl. – Frankfurt am Main :
Suhrkamp, 1994
(Suhrkamp-Taschenbuch Wissenschaft ; 1099) (Delfin ; 1993)
ISBN 3-518-28699-4
NE: Rusch, Gebhard [Hrsg.]; 1. GT; 2. GT

suhrkamp taschenbuch wissenschaft 1099
Erste Auflage 1994
© Suhrkamp Verlag Frankfurt am Main 1994
Suhrkamp Taschenbuch Verlag
Alle Rechte vorbehalten, insbesondere das
des öffentlichen Vortrags, der Übertragung
durch Rundfunk und Fernsehen
sowie der Übersetzung, auch einzelner Teile.
Satz und Druck: Wagner GmbH, Nördlingen
Printed in Germany
Umschlag nach Entwürfen von
Willy Fleckhaus und Rolf Staudt

1 2 3 4 5 6 - 99 98 97 96 95 94

Inhalt

Vorwort 7

GESCHICHTE

Michael Wehrspaun
Kommunikation und (soziale) Wirklichkeit. Weber, Elias,
Goffman 11

POSITIONEN

Stefan Jensen
Im Kerngehäuse 47

Peter Hejl
Die Entwicklung der Organisation von Sozialsystemen
und ihr Beitrag zum Systemverhalten 109

Manfred Hennen
Motivation als Konstrukt einer Sozialtheorie 133

KRITIK UND WEITERFÜHRUNGEN

Hartmut Esser
Kommunikation und »Handlung« 172

Georg Lohmann
»Beobachtung« und Konstruktion von Wirklichkeit. Bemerkungen zum Luhmannschen Konstruktivismus ... 205

Raimund Hasse, Georg Krücken, Peter Weingart
Laborkonstruktivismus. Eine wissenschaftssoziologische
Reflexion 220

Christiane Bender
Selbstorganisation in Systemtheorie und
Konstruktivismus 263

BEZIEHUNGEN ZU HERMENEUTIK
UND TRANSZENDENTALPHILOSOPHIE

Alfons Bora
Konstruktion und Rekonstruktion. Zum Verhältnis von
Systemtheorie und objektiver Hermeneutik 282

Ronald Kurt
Soziologie ohne Subjekt ist sinnlos 331

Hinweise zu den Autorinnen und Autoren 358

Vorwort

Die Thematik »Konstruktivismus und Sozialtheorie« behandelt epistemologisch und soziologisch so zentrale Probleme wie das Verhältnis von Bewußtsein und Kommunikation, von kognitiver Autonomie und sozialer Regulation, Realität und Wirklichkeit, Erkenntnis und operationalem Wissen, Natur und Kultur, Individuum und Gesellschaft. Im Zentrum der Gesamtproblematik steht keine geringere Frage als die nach den Bedingungen der Möglichkeit von Sozialität.
Die Bearbeitung dieser Problemlagen leidet gewöhnlich unter den Einseitigkeiten der Einzeldisziplinen und einer Art Revierdenken vieler ihrer Vertreter, das jeder Disziplin einen eigenen Objektbereich reserviert. Im noch vergleichsweise jungen konstruktivistischen Diskurs wurde ein aspektreicherer Umgang mit den genannten Fragestellungen bislang durch eine Konzentration auf biologische, physiologische und psychologische Konzepte erschwert. In der Soziologie wurde der Blickwinkel (nicht zuletzt infolge des Durkheimschen Diktums, soziale Sachverhalte seien nur durch soziologische Erklärungen zu erhellen) schon früh künstlich so weit verengt, daß schließlich Individuen als Komponenten sozialer Gebilde völlig verschwanden und mit ihnen so erklärungsstarke Konzepte wie z. B. das der Handlung (cf. den Beitrag von H. Esser), der Motivation (cf. den Beitrag von M. Hennen) oder der Konvention. In diesem Zusammenhang ist z. B. der systemtheoretische Ansatz der theoretischen Soziologie N. Luhmanns zu nennen. Leider hat auch der operationale Konstruktivismus Luhmanns in der (durch die Arbeiten H. U. Maturanas, F. Varelas, H. v. Foersters, E. v. Glaserfelds u. a. inspirierten) jüngeren Version seiner Systemtheorie paradoxerweise keine nachhaltigen Spuren hinterlassen. Die Luhmannsche Systemtheorie ist – gemessen an dem konstruktivistischen Rahmen, in dem sie präsentiert wird – erstaunlich makro-logisch, eher dem systemtheoretischen Paradigma der Selbstorganisation verpflichtet (cf. den Beitrag von Chr. Bender). Im entgegengesetzten Fall kann das Beispiel des empirischen Sozialkonstruktivismus in der Wissenschaftssoziologie des letzten Jahrzehnts veranschaulichen, in wel-

che Probleme und Risiken ein radikalisierter sozialkonstruktivistischer Ansatz führen kann (cf. den Beitrag von R. Haase, G. Krücken und P. Weingart).
Die neuerliche Konfrontation von Konstruktivismus und Sozialtheorie in den Beiträgen dieses Bandes zeigt, daß Bewußtsein und Kommunikation, Individuum und Gesellschaft, Natur und Kultur, kognitive Autonomie und soziale Regulation, Handlungs- und Systemtheorie keine unüberbrückbaren Gegensätze sein müssen (cf. dazu auch den Beitrag von P. Hejl, der eine individuenorientierte konstruktivistische Konzeption einer Sozialsystem-Theorie vertritt). Setzt man – ohne die wesentlichen Differenzen der genannten Konzepte einzuebnen – einerseits die Fragezeichen tiefer an, als dies in der einzelwissenschaftlichen Forschung jeweils intradisziplinär üblich ist, und wählt man andererseits die analytischen Instrumente komplexer, so lassen sich vermeintlich antagonistische Konzepte mit einem deutlichen Gewinn an objekttheoretischer Transparenz und Explanativität sogar ineinander überführen, wie H. Esser für systemtheoretische und handlungstheoretische Konzepte demonstriert. Auf diese Weise können der konstruktivistische und der sozialtheoretische Diskurs für ein ganzheitlicheres Verständnis der thematischen Phänomene fruchtbar gemacht werden. Dabei ist ein gewisses Konstruktivitätsbewußtsein schon seit längerem in der Sozialtheorie nachzuweisen, z. B. bei M. Weber, E. Goffman, N. Elias und natürlich bei Th. Berger und P. Luckmann (cf. den Beitrag von M. Wehrspaun). Von zentraler Bedeutung sowohl für die objekttheoretischen Elemente einer Sozialtheorie als auch für die wissenschaftliche und methodologisch-metatheoretische Selbstidentifikation der Disziplin ist der Begriff der Wirklichkeit (cf. dazu auch den Beitrag von G. Lohmann). Sozialtheoretisches Konstruktivitätsbewußtsein und kognitionstheoretischer Konstruktivismus führen hier zu einem Konzept einer kognitiv-sozial konstruierten (i.e. in Wechselwirkung mit einem kognitiv unzugänglichen Medium je subjektiv konstruierten und als intersubjektiv unterstellten) Wirklichkeit. Diese Wirklichkeit trägt, wie St. Jensen zeigt, wesentliche Züge virtueller Realitäten im Cyberspace: »Innen« und »Außen«, »Subjekt« und »Objekt«, »real« und »ideal« usf. müssen neu definiert werden. In dem Maße wie diese Computermetapher zu einem weiterführenden Verständnis der Bedingungen der Möglichkeit von Sozialität (und ihrer Erfor-

schung) beiträgt, leitet sie auch auf Ansichten und Einsichten der Transzendentalphilosophie (cf. den Beitrag von R. Kurt) zurück, die nun ihrerseits neue Relevanz gewinnen können, z. B. für einen leistungsfähigen Begriff von Intersubjektivität als Bedingung für soziale Konstruktivität. Auch methodologisch muß die Sozialtheorie Konsequenzen ziehen und qualitativen sowie interpretativen Verfahren einen festen Platz neben statistischen und hypothesentestenden Prozeduren einräumen. Die Objektive Hermeneutik ist ein interessanter Kandidat für ein solches Methodenarsenal, weil sie gewissermaßen beiden Bereichen verpflichtet ist (cf. den Beitrag von A. Bora). Mit dem konstruktivistischen Umbruch der einzelwissenschaftlichen Grundbegriffe stehen schließlich auch allgemeine wissenschaftliche Standards, z. B. der Erkenntnisbegriff und das Rationalitätskonzept selbst, zur Revision an.

Wiedenbrück, September 1993

Michael Wehrspaun
Kommunikation und (soziale) Wirklichkeit.
Weber, Elias, Goffman

1. Einleitung

In Zeiten gesellschaftlicher Umbrüche wandeln sich auch die Formen des Denkens. An einschlägigen Programmatiken gab es bereits in den achtziger Jahren, vor allem im Umkreis der ökologischen Diskussion und der Postmoderne-Debatte, keinerlei Mangel. Zu den Ansätzen, die auch noch nach dem Hereinbruch des Realwandels eine gute Figur machen, gehört diejenige Revolution der Denkungsart, die oft als »konstruktivistische Wende« beschrieben wird. Durch sie sieht beispielsweise Niklas Luhmann bereits die »philosophische Epistemologie... in eine wissenschaftliche Randposition, wenn nicht in Isolierung geraten« – und bietet dieser daher auch gleich die »Vermittlungsroutinen« der Systemtheorie an (1990, S. 37). Aber auch wenn das doch etwas übertrieben sein sollte: Ich meine, daß die Soziologie – bei der Strafe völliger kultureller Bedeutungslosigkeit – nicht darum herumkommen wird, ihr (meta-)theoretisches Selbstverständnis ganz erheblich auf konstruktivistische Grundlagen umzustellen. Das soll im folgenden Aufsatz begründet werden, wobei ich zunächst versuche, am Beispiel Max Webers zu zeigen, daß die Eigenschaft des Sozialen, aus Konstruktionen von Wirklichkeit zu *bestehen*, paradoxerweise auch als Hindernis für konstruktivistische Argumentationsweisen wirken kann. Die Einsicht in die Konstruiertheit der Kultur kann sich nämlich auch als Krisenbewußtsein äußern. Daran anschließend werde ich verschiedene Strategien unterscheiden, mit denen man auf die konstruktivistische Herausforderung in der Sozialtheorie geantwortet hat, und schließlich das Argument vorbringen, daß in den Theorien von Elias und Goffman bereits so etwas wie ein radikal soziologischer Konstruktivismus angelegt ist. Daß eine so breit angelegte Thematik nur in den allgemeinsten Argumentationslinien nachzuzeichnen versucht werden kann, ist unvermeidlich.

2. Über die Entdeckung der Konstruktivität des Sozialen als Krise

Als einst Max Weber in der »Vorbemerkung« zum ersten Band seiner *Gesammelten Aufsätze zur Religionssoziologie* die (rhetorische) Frage aufwarf, »welche Verkettung von Umständen ... dazu geführt [hat], daß gerade auf dem Boden des Okzidents, und nur hier, Kulturerscheinungen auftraten, welche doch – wie wenigstens wir uns gern vorstellen – in einer Entwicklungsrichtung von *universeller* Bedeutung und Gültigkeit lagen?«, da leitete er diese Frage – das in ihr aufgeworfene Problem hatte zu dem Zeitpunkt, da er die Vorbemerkung verfaßte, gute zwei Jahrzehnte seine Forschungen bestimmt und ihn in weithin bekannt gewordene Kontroversen verwickelt – mit der Bemerkung ein, daß »der Sohn der modernen europäischen Kulturwelt unvermeidlicher- und berechtigterweise« eine derartige Fragestellung an »universalgeschichtliche Probleme« herantragen werde und müsse (Weber 1979, S. 9; Hervorhebung im Original). Formulieren wir das in die Ausdrucksweise eines für uns zeitgenössischen Konstruktivismus um, dann läßt sich in etwa sagen: Weber will offenbar nach der Natur eines historischen Geschehens fragen, das die Möglichkeit eines Beobachters hervorgebracht haben soll, der nach der Natur dieses Geschehens und damit nach den Bedingungen der Möglichkeit seines eigenen Hervorgebrachtwordenseins fragen kann. Oder weniger kompliziert: es geht ihm um einen Prozeß, als dessen Produkt er sich selber begreift.

Daß die Art einer Fragestellung die Art der möglichen Antworten konstituiert, ist trivial. Wer nicht nach der Sonderentwicklung des Okzidents fragt bzw. diese als Faktum verneint, wird keine Erklärung für sie finden (können). Daher hält sich Weber an der besagten Stelle, trotz seines ansonsten bekanntermaßen bis zur aggressiven Streitlust reichenden Engagements in methodologischen Fragen, auch nicht weiter mit allgemeinen (Meta-)Problemen auf, sondern faßt die wesentlichen Ergebnisse seiner Forschungen über den Zusammenhang zwischen der Dynamik religiöser Sinnproduktion und der Dynamik der gesellschaftlichen Entwicklung zusammen: Nur im Okzident habe sich derjenige Typ eines Rationalisierungsprozesses ereignet, der zu rationaler Wissenschaft, rationalem Recht und rationalem Kapitalismus – bürgerlichem Betriebskapitalismus mit formell freier

Arbeit – geführt hat.[1] Die Rede vom *Typ* eines Rationalisierungsprozesses bedeutet, was Weber auch ausdrücklich betont, daß es verschiedene Rationalisierungsprozesse und dementsprechend unterschiedliche Rationalismen gibt bzw. gegeben hat, je nachdem, »*welche* Sphären ... in welcher Richtung ... rationalisiert wurden« (ebd., S. 20; Hervorhebung im Original). In der analytischen Philosophie wird bekanntlich mittlerweile selbst in bezug auf die verschiedenen Symbolsysteme innerhalb einer Gesellschaft als von divergenten »Weisen der Welterzeugung« (Nelson Goodman) gesprochen, und so ist es keine kühne Folgerung mehr, anzunehmen, daß die verschiedenen Rationalismen, von denen Weber spricht, auch unterschiedliche Möglichkeiten der (Selbst- wie Welt-)Beobachtung und (Selbst- wie Welt-)Beschreibung ausgebildet haben. Woraus nun folgt, daß diejenige Art der Beobachtung und Beschreibung, der die Bedingungen ihrer eigenen Möglichkeit als Resultat eines historischen Prozesses erscheinen, eine Form der Beobachtung und Beschreibung ist, die nur im Kontext einer Historisierung des Bewußtseins entstanden sein kann. Oder wieder kürzer: Die okzidentale (Sonder-)Entwicklung einer rationalen (Geschichts-)Wissenschaft veranlaßt den »Sohn« dieser Kultur, eben diese Entwicklung als rational rekonstruierbaren Geschichtsprozeß zu sehen.

Auf der Ebene einer solchen Allgemeinheit diskutiert, kann der »konstruktivistische« Ansatz in Webers Werk eigentlich gar keine Frage sein – ist doch die Fragestellung als solche in ihrem Kern zutiefst von dem Umstand geprägt, daß Weber die Kulturen und deren historische Entwicklung als soziale Konstruktionsprozesse von religiösen Symbolsystemen wie auch gesellschaftlichen Institutionen ansieht. Ansonsten gäbe bereits die Voraussetzung der verschiedenen Rationalisierungsmöglichkeiten und ihrer jeweiligen religiös-lebensweltlichen Dynamiken keinen Sinn als Forschungsfrage. Aber trotzdem sollte man hier wohl besser doch noch nicht von »Konstruktivismus« als einem bestimmten (meta-)theoretischen Selbstverständnis bzw. einer bewußten Form der

1 Zu Webers Gereiztheit in methodologischen Fragen vgl. vor allem den Diskussionsband über die *Protestantische Ethik* (Weber 1978), aber auch Baumgarten (1964, besonders S. 360 ff., 442 ff., 644 ff.). Eine knappe Zusammenfassung von Webers Auffassung über den Rationalisierungsprozeß findet sich auch auf den S. 238 ff. und 300 ff. in Weber (1923).

Selbstthematisierung reden – der Ausdruck »Konstruktivität« scheint mir angebrachter, weil neutraler, zur Bezeichnung derjenigen (wissenschaftlich-analytischen) Haltung, die religiöse Ideen, soziale Institutionen und individuelle Interessen in der Weise als geschichts- und gesellschaftsabhängige Faktizitäten begreift, daß sie *als* Konstruktionen sozialer Wirklichkeit soziologisch studiert – und das heißt dann eben: rational »re«konstruiert – werden können. Insofern kann bereits die soziologische Betrachtungsweise als solche als ein Produkt des sich im abendländischen Rationalisierungsprozeß herausbildenden Konstruktivitätsbewußtseins betrachtet werden, was im übrigen die Klassiker dieser Disziplin, und keineswegs nur Weber, auf je verschiedene Weise, aber auch jeweils in voller Bewußtheit der *Grund*problematik, zum Ausgangspunkt der eigenen Theorienkonstruktion gemacht haben.[2]

Wenn man also sagen kann, daß die sozio-»logische« Fragestellung – wenn sie wirklich eine solche ist und nicht nur Meinungsumfrage oder statistische Analyse von Merkmalsverteilungen – mit dem Konstruktivitätsbewußtsein entsteht und von diesem ausgeht, folgt dann daraus, daß Konstruktivität als inhaltliche Prämisse einen Konstruktivismus als Vorgehensweise und Selbstbegründung nach sich ziehen müsse? War zum Beispiel Weber ein Konstruktivist in diesem programmatischen Sinne? Hier kann die Antwort wohl nur ein klares »Jein« sein. Einerseits ist da die methodologische Lehre von der gegenstandskonstitutiven »Wertbeziehung« und den Sachverhalte wie Fragestellungen prädeterminierenden »Erkenntnisinteressen« bei Weber – freilich: nie

---

[2] Diese Behauptung ist weit weniger kühn, als es auf der Grundlage üblicher Rezeptionsweisen zunächst erscheinen mag. Die Klassiker des 19. Jahrhunderts, wie Comte, Spencer oder Marx, bauten – jeder auf seine Weise – ihre Theorien auf bestimmten Gestaltungsvorstellungen einer »gerechten« Gesellschaft auf, die ohne Konstruktivitätsbewußtsein keinen Sinn ergäben. Aber auch Durkheim hat etwa bei seiner »Bestimmung der moralischen Tatsache« (1976) eindeutig konstruktivistische Prämissen verwendet: die Moral sei dasjenige System von obligatorischen und mit subjektivem Anerkennungsdruck verbundenen Verhaltensregeln, die Gesellschaften zu ihrer Selbsterhaltung und zur Ausbalancierung des Verhältnisses von Gesellschaft und Individuum entwickeln. Das Werk von George Herbert Mead schließlich ist ausdrücklich als »constructive pragmatism« diskutiert worden (vgl. zum Beispiel Reck 1963).

wirklich von ihm selber zu einer konsistenten Argumentationsstrategie ausgebaut und meistens als Polemik, keinesfalls aber im Kontext der inhaltlichen Hauptwerke vorgetragen[3] –; weiterhin ist da aber auch die grundlegende Bedeutung der Kategorie der »Lebensführung« für seine Analysen, die ja bereits von der Wortgestalt her auf die von ihm unterstellte Notwendigkeit des permanenten, alltäglich-lebensweltlichen Konstruieren(müssen)s derjenigen Realitäten hinweist, die dann vom Soziologen als eine bestimmte Form von Rationalismus beobachtet und beschrieben werden können. Oder man denke doch nur an die berühmten Definitionen von »Macht« und »Herrschaft« als »Chance«, sich (und seine Ordnungsvorstellungen einschließlich des »Legitimitätsglaubens«) im sozialen »Kampf« durchzusetzen: doch alles (Grund-)Begriffe, die ohne die Annahme der Konstruktivität in bezug auf soziale Realitäten eigentlich überhaupt keinen Sinn ergäben.[4] Andererseits gibt es aber auch gute Gründe, Weber keinesfalls als Konstruktivisten zu sehen. Diese haben nun so einiges zu tun mit der hochambivalenten Haltung, die er allgemein gegenüber dem okzidentalen Rationalisierungsprozeß einnahm.

Daß sich für Weber der *Kern* der Rationalisierung – oder »Intellektualisierung«, wie er gelegentlich auch sagte – als ein Prozeß der »Entzauberung der Welt« darstellt, ist bekannt; weniger berücksichtigt wird freilich meistens die Tatsache, wie sehr Weber betont, diese soziokulturelle Entwicklung bedeute »*nicht* eine zunehmende allgemeine Kenntnis der Lebensbedingungen, unter denen man steht. Sondern sie bedeutet etwas anderes: das Wissen davon oder den Glauben daran: daß man, wenn man *nur wollte*, es

---

3 Webers methodologische Schriften entstanden in einem normativ hoch aufgeladenen Spannungsfeld, in dem ein absolutistischer Hegelianismus (zum Beispiel im Marxismus) gegen einen »relativistischen« Historismus anging und umgekehrt, aber auch ein Rechtspositivismus gegen eine sich verzweifelt wehrende Naturrechtslehre, eine neu entstandene subjektive Grenznutzenschule gegen eine historisch-reformistisch orientierte alteuropäische Ökonomik und noch manches andere ... Einen sehr guten Überblick gibt dazu Rossi (1987). Einen klärenden kurzen Abriß der diversen Methodenstreite in der deutschen Sozialwissenschaft und Webers Wirkungen darin hat Thiel (1972, Kap. 2) verfaßt.

4 Vgl. dazu die »Soziologische Kategorienlehre« im ersten Teil von *Wirtschaft und Gesellschaft* (Weber 1972, S. 1-30). Zum Begriff der »Lebensführung« vgl. Schluchter (1988).

jederzeit erfahren *könnte*, daß es also prinzipiell keine geheimnisvollen unberechenbaren Mächte gebe, die da hineinspielen, daß man viel mehr alle Dinge – im Prinzip – durch *Berechnung beherrschen* könne« (1973, S. 594, Hervorhebung im Original). Der Glaube und das Wissen, das Wollen und Können, der gleich zweimalige Hinweis auf das Prinzipielle in dieser berühmten Stelle aus dem Vortrag »Wissenschaft als Beruf«, verdeutlichen hinreichend, worum es Weber geht: um eine *kognitive* Haltung, ein Welt- und Menschenbild. Was er *nicht* sagen will: daß in der Moderne das Leben real »berechenbar(er)« geworden sei; im Gegenteil: Selbst bei so alltäglichen Begebenheiten wie der Benützung einer Straßenbahn kann der Moderne in der Regel nicht sagen, wie und wieso derartige Vorrichtungen funktionieren. »Der Wilde weiß das von seinen Werkzeugen ungleich besser« (ebd., S. 593). Aber das ist noch keineswegs alles: Geht nämlich der Moderne zum zuständigen Experten, so fährt Weber fort, so muß er damit rechnen, so viele Erklärungen geliefert zu bekommen, wie er Experten aufsucht. Fast jeder Nationalökonom wird eine andere Theorie darüber anbieten können, warum das Geld als allgemeines Tauschmittel zu funktionieren vermag. Selbstredend will Weber mit diesem Beispiel nicht etwa leugnen, was man heute in Anlehnung an Thomas Kuhn als (mehr oder weniger große) »paradigmatische Verfaßtheit« der Wissenschaft(en) bezeichnen kann – weder die Möglichkeit einer rationalen Wirtschaftspolitik noch das Funktionieren von Straßenbahnen soll ernsthaft in Frage gestellt werden. Aber Paradigmen bestehen bekanntlich aus Verfahrensregeln, und ob man diese nun »strukturalistisch« im Sinne der hochabstrakten nach-Kuhnschen Wissenschaftstheorie interpretieren will oder nicht: die »*allgemeine* Kenntnis der Lebensbedingungen«, von der im obigen Zitat die Rede war, können sie jedenfalls *nicht* fördern – gerade im Gegenteil, baut der von ihnen ermöglichte und immer weiter getriebene technische und Wissens-»Fortschritt« doch zunehmend eine Welt auf, kognitiv wie real, von der der Mensch weiß, daß er ihren »Sinn« nicht verstehen kann und nie wird verstehen können. Und dieser Umschlag von Sinn in Fortschritt muß nach Weber dazu führen, daß, wie er es in den Romanen Tolstojs am deutlichsten ausgedrückt findet, »für den Kulturmenschen« schließlich auch der eigene Tod »eine sinnlose Begebenheit« (ebd., S. 594 f.) werden muß. *Das* ist nach Weber der Prozeß der »Entzauberung«: daß der Glaube an die beherrschbare

Berechenbarkeit zwar das Wissen und wohl auch das soziale (Zusammen-)Leben ein gutes Stück verläßlicher *machen* mag, daß die (Selbst- wie Welt-)Beherrschung durch die Orientierung an der (bloßen) Berechenbarkeit aber letztlich auch den Verzicht beinhalten muß, in der Welt wie im eigenen Leben einen (transzendenten) Sinn finden zu wollen.

Insoweit ließe sich der Rationalisierungs- bzw. Intellektualisierungsprozeß in der Tat ganz allgemein mit der Formel »Zunahme des Konstruktivitätsbewußtseins« umschreiben. Aber das ist doch nur eine von drei Bedeutungen, in der bei Weber dieser Prozeß zum Thema wird. Wörtlich und wiederholt heißt es nämlich im Kontext der oben angeführten Stellen aus »Wissenschaft als Beruf«, daß es sich dabei um eine »seit Jahrtausenden« anhaltende Entwicklung handle. Mit dem okzidentalen Sonderweg der Rationalisierung ist die allgemeine Entzauberung des menschlichen Welt- wie Selbsterlebens also keinesfalls einfach gleichzusetzen. Der mit dem Wirken von Puritanismus und Calvinismus anhebende (besondere) Typ von (modernem) Rationalismus, welcher nach Webers einschlägiger These den Kapitalismus aus sich hervorbringen sollte, ist nicht »die« Entzauberung, sondern deren radikalste und konsequenteste, aber freilich auch konsequenzenreichste Form, die Weber über das christliche Abendland hereingebrochen sah. Wolfgang Schluchter hat in seinen überzeugenden Systematisierungsversuchen des Weberschen Werkes den entsprechenden Typ des Rationalismus als »Rationalismus der Weltbeherrschung« beschrieben und ihn typologisch von den Bewußtseinsformen der außereuropäischen bzw. vormodernen Kulturreligionen (mit ihren Rationalismen der Weltflucht, der Weltanpassung, Weltüberwindung usw.) abgegrenzt.[5] Am besten umschreibt freilich meines Erachtens die von Weber selber nur in den (spät entstandenen) handlungstheoretischen »Grundbegriffen« klar herausgestellte Differenz von Wertrationalität und Zweckrationalität die entsprechende Besonderheit. Das zweckrationale Handeln ist am Erfolg und damit an seinen Folgen orientiert, somit ist es dann auch sowohl Voraussetzung für die Zurechnung individueller Verantwortlichkeit, wie es seinerseits selber als Beschreibungsmodus für Verhalten die Zurechnung eines Mindest-

---

5 Vgl. dazu vor allem Schluchter 1988, Bd. 2, Teil III, aber auch die Ausführungen zur Entwicklung des Weberschen Werkes in Bd. 1, Teil I.

maßes an individueller Willens- und Handlungsautonomie voraussetzt. Im Gegensatz dazu ist das wertrationale Handeln auf (absolute) Selbstzweckhaftigkeit bezogen, seine (Selbst-)Beschreibung setzt voraus und impliziert die Neutralisierung aller (seiner) Realkonsequenzen. (Bezeichnenderweise war ein ausdrücklich soziologisch gefaßter Begriff der »Heiligkeit« etwa zur gleichen Zeit von Durkheim entwickelt worden, um Handlungsweisen erklären zu können, deren *soziale* Zweckmäßigkeit darin besteht, sich *nicht* auf pragmatisch nachvollziehbare Zwecksetzungen zu beziehen.[6]) Soweit die Folgenneutralisierung programmatisch und ausdrücklich geschieht, entsteht die berühmt-berüchtigte »Gesinnungsethik«, wie sie Weber in »Politik als Beruf« skizziert hat. Unterstellt man nun, daß der sozusagen klassisch hochkulturell-religiöse Umgang mit dem allgemeinen Entzauberungsprozeß in wertrationale Lebensführungskonstellationen und Sinnproduktionsweisen führt, daß dagegen in der frühen Neuzeit Europas die protestantisch-puritanische Revolution unbewußterwie unintendierterweise die Ausbildung zweckrational orientierter Bewußtseinsformen förderte (was dann im übrigen nichts anderes als die Heraufkunft der Denkweise der modernen Wissenschaft einschließlich der sogenannten »Mechanisierung« des Weltbildes bedeutete, die Weber freilich nie explizit behandelte), dann *ist* eben die Entstehung des Denkens im Rahmen von Zweckrationalität und dessen Dynamik der okzidentale Sonderweg. Und wenn wir heute oft eher von einem »Individualisierungsprozeß« als Hauptkennzeichen der Modernisierung sprechen, dann gilt die These erst recht: Zweckrationalität als Beschreibungsmodus hat notwendigerweise individualisierende Wirkungen, dagegen werden selbstzweckhafte Wertrationalismen durch Individualisierungsprozesse eher zerstört (weswegen sie ja heute als »Fundamentalismen« um ihr kulturelles Überleben ringen müssen).[7]

6 Am ausführlichsten hat Durkheim das in seiner Religionssoziologie begründet. Aber was die Theorien betrifft, aus denen es sich erklärt, wieso die Moral zu einer emergenten Wirklichkeit werden kann, stellt auch er fest: »Zwischen Gott und der Gesellschaft muß man wählen« (1976, S. 105). Und eine solche Wahl *ist* gefallen, wenn man Handlungen nach ihren Konsequenzen beurteilt *oder* sie auf absolut geltende Werte bezieht.

7 Eine ausführliche Begründung der skizzierten Individualisierungstheo-

Damit gerät nun auch die dritte Bedeutung ins Blickfeld, in der Weber den Rationalisierungsprozeß sieht: die Ausbreitung und Verallgemeinerung der Zweckrationalität im kapitalistisch gewordenen Okzident als kultureller Niedergang und Verfall echten Menschentums. Denn als »Ergebnis der Veralltäglichung einer ursprünglichen Virtuosenmoral« (Lepsius 1986, S. 27) fand in diesem Teil der Welt ein grundlegender »Austausch von Wertvorstellungen« (ebd., S. 28) statt: Vom Berufserfolg als Anzeichen für den (transzendenten) Gnadenstand zur nurmehr säkularen Idee der Bewährung und gar Bereicherung durch (eigene) Arbeit und friedlich-geldgeregelten (Waren-)Handel – ein Weg, der schließlich schon Nietzsche, mit erheblichen Auswirkungen auch auf Weber, zum entsetzten Aufschrei getrieben hatte, daß Gott (nun) tot sein müsse. Und auch Marx, dessen Werk die andere große Herausforderung für Weber bildete, hatte das Leben in Marktbeziehungen und (individualisierten) Austauschrelationen für so unmöglich und auch verachtenswert gehalten, daß er die Zukunftshoffnung der letzten aller Revolutionen an den Aufstieg und (notwendigen) Fall des Kapitalismus heften zu können meinte.[8] Hier entfaltet die These von der Entzauberung als Sinnverlust erst ihre eigentliche Emphase; hier wird nämlich die Heraufkunft von Konstruktivitätsbewußtsein gleichbedeutend mit dem Blick in den Abgrund einer kulturellen Katastrophe. Viel, sehr viel ist mittlerweile geschrieben worden über das bei Weber offenkundige Krisen- und Niedergangsbewußtsein, viel zu wenig wird dabei aber ausgerechnet in der soziologischen Literatur berücksichtigt, daß der notwendige Verfall von Kultur durch die Entstehung einer säkularen Zivilisation zu Zeiten Webers ein Gemeingut des deutschen Geistes bildete. Nicht bezüglich dieser Prämisse, aber sehr wohl im Umgang mit ihr, fällt Weber aus diesem Rahmen. Denn er geht vom Verfalls- und Niedergangsbewußtsein aus, verallgemeinert dieses aber nicht, sondern stellt sich zu seiner Erklärung die Aufgabe der Rekonstruktion des okzidentalen Sonderweges und landet dann schließlich (nach dem Ersten Weltkrieg, also nach der ersten schweren Niederlage des preußischen Militarismus, dessen selbstgestellte Aufgabe der Rekultivie-

rie wird meine Habilitationsschrift zum Thema »Transformation der Subjektivität« enthalten.
8 Zu den Wirkungen von Marx und Nietzsche auf Weber vgl. Schluchter (1988, S. 286 ff.) und Baumgarten (1964, S. 555 ff.).

rung Europas auch Weber immer voll mitgetragen hatte) bei der Anerkennung des allgemeinen und seit Jahrtausenden existierenden, insofern also doch unvermeidbaren und einfach zu ertragenden Rationalisierungsprozesses.[9] Das als eine Art Versöhnung Webers mit dem Zustand der Modernität aufzufassen, wäre aber sicherlich eine deutliche Überinterpretation: Die unaufhebbare und unhintergehbare Konstruktivität des Sozialen ist es, die Weber schließlich entdeckte, aber an seiner allgemeinen Sinnverlustthese hielt er trotzdem fest. Und so ist es auch verständlich, warum Weber letztlich doch kein Konstruktivist genannt werden kann – jegliche Variante des Konstruktivismus wird für jede Form von Verfalls- und Niedergangstheorie immer nur die schlechtestmögliche Begründung bieten können, von dem für solche Zeitdiagnosen notwendigen Pathos erst ganz zu schweigen.

Sich selber als »Soziologen« zu bezeichnen, hat Weber übrigens lange gezögert. Heute wird diese Ambivalenz meistens in die fachliche Selbstverständigungsdiskussion hineinprojiziert, die sich zwischen den Polen einer gesetzessuchenden und somit erklärenden Quasi-Naturwissenschaft einerseits und einer sinnverstehend-historisch rekonstruierenden Kulturwissenschaft andererseits entfaltet hat. Aber diese im engeren Sinne wissenschaftstheoretischen Fragestellungen sind bestenfalls ein Aspekt der für Weber relevanten Problematik, und zwar keineswegs der zentrale Aspekt – das Postulat der Regel, daß das deutende Verstehen die *Art und Weise* sei, wie die Soziologie das soziale Handeln und dessen subjektiven Sinn ursächlich zu erklären habe, benutzt Weber bekanntlich im § 1 von *Wirtschaft und Gesellschaft* zur Definition dieser Wissenschaft, und er unterläuft bereits damit in programmatischer Absicht die einschlägigen philosophischen Dichotomienkonstellationen (zwischen Verstehen und Erklären, Handlungen und Strukturen, Natur und Kultur, individualisierenden und generalisierenden Methoden usw.).[10] Viel wichtiger ist

9 Zu den Phasen in Webers Werk vgl. Schluchter (1988, Bd. 1, Teil I). Sehr interessant zur Entwicklung des (hochambivalenten) normativen Hintergrundes bei Weber neben den bereits Genannten auch Brugger (1980), Peukert (1989), und Heins (1990).

10 Zu Webers (auch biographischen) Gründen des Zögerns, sich als »Soziologen« zu verstehen, vgl. Käsler (1979, vor allem S. 21 ff.). Auf Webers Stellung zu den philosophischen Dichotomien werde ich weiter unten im Text noch kurz eingehen.

es, hier zu berücksichtigen, wie sehr das eben auch bei Weber anzutreffende Bewußtsein vom Niedergang der Kultur mit dem Vordringen (natur-)wissenschaftlicher Denk- und Argumentationsweisen *innerlich* zusammenhängt. Daß die »empirische und vollends die mathematisch orientierte Weltbetrachtung ... prinzipiell die Ablehnung jeder Betrachtungsweise [entwickelt], welche überhaupt nach einem ›Sinn‹ des innerweltlichen Geschehens fragt«, war Webers in der »Zwischenbetrachtung« zu den religionssoziologischen Aufsätzen (1963, S. 564) mehrfach geäußerte feste Überzeugung – und sie besagt ja nicht weniger, als daß die empirische, hypothetisch und diskursiv vorgehende wissenschaftliche Orientierungsweise eben der Sinn- und Weltverlust des modernen Menschen *sei*. Oder allgemeiner: Nichts ist so sehr Zivilisation wie die beherrschbare Berechenbarkeit bzw. die berechenbare Welt- und Selbstbeherrschung im Rahmen eines wissenschaftlichen Weltbildes; nichts ist weniger Kultur (in diesem deutschen Sinne!) bzw. dieser so feindlich. Kein Weg führt nämlich so unaufhaltsam und konsequent in das bloße Fachmenschentum wie die (betriebsmäßig organisierte) wissenschaftliche Forschung, denn nichts zerstört so unbarmherzig und grundlegend jegliches moralisch-mimetische bzw. literarische Virtuosentum, ohne das kein Prophet jemals Erfolg gehabt hätte. Freilich hat Weber die im Wilhelminismus und dann erst recht in der Weimarer Republik so einflußreichen plakativen und populär-metaphysischen Ausgestaltungen der eigentlich ja aus Kants Aufklärungsphilosophie stammenden Dichotomie zwischen Kultur und Zivilisation nie mitgemacht, aber seine Version geht dafür um so tiefer, da sie bis zur Erkenntnis des in der soziokulturellen Evolution unvermeidlicherweise zunehmenden Konstruktivitätsbewußtseins durchstößt und ihn dazu führt, letztlich das Verhältnis von kultureller Sinnproduktion und menschlichem Transzendenzbewußtsein in einer allgemeinen Sozio-»Logik« aufzulösen.[11] So wird Gott zur *sozialen* Konstruktion (daß er eine Projektion des menschlichen Geistes sei, dieser vermeintliche Radikalismus der Linkshegelianer, war bereits von antiken Sophisten geäußert worden), und Weber konnte sich die Konsequenzen dieser Einsicht – die ihn ja auch, wie wir aus der Biographie wissen,

---

11 Zu einer Analyse des Zivilisation/Kultur-Gegensatzes in Deutschland vgl. Elias (1980, Kap. 1).

tatsächlich krank *machte*, wie vorher schon Nietzsche – nicht anders vorstellen als einen kulturellen Rückfall auf die primitive Stufe der einander (nun wieder) erbarmungs- und reflexionslos bekämpfenden Gottheiten.[12] (Übrigens war das ja gar keine schlechte Prognose, bedenkt man nur, wo das im 18. und 19. Jahrhundert so außerordentlich erfolgreiche Preußen, mit dem und dessen Kultur auch Weber sich eindeutig identifizierte, inzwischen moralisch wie faktisch abgeblieben ist.)

Für die Soziologie blieb das Konstruktivitätsbewußtsein. Die Spannung allerdings, die bei Weber in dramatischer und letztlich sogar selbstzerstörerischer Form aufgetreten war zwischen der »Re«-Konstruktion des Gewordenseins und der eben damit bewirkten weiteren Einsicht in die (bloße) Konstruiertheit alles Sozialen, geriet langsam, aber nachhaltig aus dem Blickfeld. Außerhalb Deutschlands war sie ohnehin nie so extrem erlebt worden – Wolf Lepenies (1985) hat gezeigt, wie in England und Frankreich große Teile der literarischen Intelligenz das Gefühl der Bedrohung des »Geistes« durch die heraufziehende »Massen«gesellschaft mit der Entwicklung sozialkritischer Literatur- und Kunstformen selbst weitgehend entschärft haben –, und auch in der Bundesrepublik war nach dem Zusammenbruch des Dritten Reiches für ein allgemeines Verfalls- und Niedergangsbewußtsein nurmehr Platz in kulturellen Nischen wie der Existentialontologie (Heidegger) oder den pseudo-utopischen Formen der ästhetischen Theorie (Neomarxismus) usw. In den USA hatte Talcott Parsons bereits in den späten dreißiger Jahren das Werk von Weber in eine allgemeine Theorie der soziokulturellen Evolution eingearbeitet, deren systematischer Ansatzpunkt nun nicht mehr primär zeitdiagnostischer Art war, sondern im Versuch der Herausarbeitung allgemeiner soziologischer Analysegegenstände bestand, als »structure of social action« zunächst und dann als »social system«. Der abendländische Rationalisierungsprozeß steht auch hier im Mittelpunkt der Argumentation, die Auffassung seiner Natur hat sich freilich grundlegend gewandelt. Parsons argumentiert im Rahmen eines »Voluntarismus«, den er als Überwindung und gleichzeitig Synthese »positivistischer« wie »idealistischer« Traditionen in der (neueren) Sozialtheorie vor-

---

12 Hier habe ich natürlich die berühmten Schlußbemerkungen des Vortrags »Wissenschaft als Beruf« im Auge.

stellte. Zum Positivismus gehören seiner Darstellung nach Empirizismus und Behaviorismus, aber auch umfassende Theorieentwürfe wie die von Durkheim und Pareto; die idealistische Tradition wird bei Parsons repräsentiert durch – Weber. Mit dieser zunächst doch recht erstaunlichen Einordnung ermöglicht es sich Parsons, die Webersche Analyse des okzidentalen Sonderweges, also die mittlere der genannten drei Bedeutungen von »Rationalisierungsprozeß« bei Weber, voll übernehmen zu können und doch das Kulturverfall- und Sinnverlustbewußtsein elegant loszuwerden: *daß* dieses einiges mit der Tradition des (deutschen) Idealismus zu tun hat, ist ja auch gar nicht so falsch. Nur: Bei Parsons geht dabei die *gesamte* Pointe der Entzauberungsthese verloren, also auch die Erkenntnis, daß die Verwissenschaftlichung des menschlichen Welt- und Selbsterlebens *nicht* zu einer immer stärker durchschaubaren und verstehbaren Welt führe. An ihre Stelle tritt im Parsonsschen Frühwerk ein »law of increasing rationality«, das in seinem Kern besagt, daß menschliches Handeln, insoweit es sich überhaupt nach einem Zweck-Mittel-Schema beschreiben läßt, sich immer nur in Richtung zunehmender Rationalität verändern könne (1968, S. 751 f.). So wollte Parsons es schaffen, die Einsichten Webers »wesentlich zu entschärfen«, wie er selber noch vierzig Jahre später ausdrücklich betonte (1977, S. 91). Denn da die Sozialwissenschaftler sich »die Richtigkeit der Erkenntnis zur Hauptverpflichtung ihres Berufes gemacht« haben (1970, S. 163), sieht Parsons nicht nur keinerlei Anlaß zur Krisenstimmung – im Gegenteil: die Einsicht in die Konstruiertheit alles Sozialen erfährt gegenüber Weber eine (erneute) Umkehrung ihres Vorzeichens, sie wird (wieder, wie bereits in den dominanten Sozialphilosophien des 18. und 19. Jahrhunderts) zur eigentlichen Grundlage dezidierter Erkennbarkeitsansprüche (einen »analytischen Realismus« nennt Parsons daher auch seine selbstkonstruierte Erkenntnistheorie), und der Gedanke der Konstruktivität gerät letztlich dann sogar, zumindest indirekt, zur Basis von Machbarkeitsvorstellungen.[13]

Die Haltung, die in Parsons' Theorieentwurf – und, in seinem Gefolge, in weiten Teilen der sozialwissenschaftlichen System-

---

13 Eine ausführlichere Begründung der vorstehenden Parsons-Rezeption in Wehrspaun (1985, Kap. 3.2.2).

theorie bis hin zu Niklas Luhmann[14] – konzeptionell aufgearbeitet, vom *mainstream* der Sozialwissenschaften und erst recht von der empirischen Sozialforschung aber in der Regel schlicht unterstellt wurde, könnte man mit dem allgemeinen Grundsatz bezeichnen: Methodozität schlägt Konstruktivität. Wo immer methodisch-wissenschaftlich vorgegangen wird, so die entsprechende Prämisse, wird die Realität sich als das erweisen, was ein rational methodisches Vorgehen fordert und fördert. Methodische Korrektheit heißt und verbürgt Realitätsadäquanz. Und so muß die Einsicht in die Konstruktivität erst gar keine konstruktivistische Problemstellung mehr anstoßen, wie es bei Weber (und den anderen Klassikern) noch der Fall war, wird die Konstruktivität doch einerseits als Selbstverständlichkeit hingenommen und metatheoretisch vorausgesetzt (als Bedingung der Möglichkeit der Rationalisierung durch Verwissenschaftlichung nämlich), andererseits aber auch geleugnet bzw. in ihrer Bedeutung heruntergespielt (so im wieder teleologisch und eindimensional gewordenen »Rationalitäts«begriff).

3. Über die Strategien des Umgangs mit Konstruktivität

Macht man, wie im vorigen Abschnitt dieses Aufsatzes geschehen, den Vorschlag einer grundbegrifflichen Unterscheidung zwischen der (Erkenntnis der) Konstruktivität der sozialen Welt und dem (bzw. einem) Konstruktivismus als wissenschaftlich-konzeptueller Bewältigungsform dieser Einsicht, dann bleibt immer noch die Frage nach der inneren Verfaßtheit des letztgenannten offen. Die wohl weiterhin am weitesten verbreitete Form der Rede über »Konstruktion« in den Sozialwissenschaften, wie sie etwa in den

14 Bei Luhmann in Gestalt eines »Systemrealismus«, trotz aller Übernahme des konstruktivistischen Autopoiese-Konzeptes. So beginnt er seinen »Grundriß einer allgemeinen Theorie« (Untertitel von Luhmann 1984) in Kapitel 1 mit dem Satz: »Die folgenden Überlegungen gehen davon aus, daß es Systeme gibt« und stellt noch auf der gleichen Seite fest: »Es muß also zunächst eine direkt wirklichkeitsbezogene Systemtheorie ausgearbeitet werden. Geschieht dies unter dem Anspruch universeller Geltung für alles, was System ist, erfaßt diese Theorie auch Systeme des Analyse- und Erkenntnisverhaltens« (S. 30).

metatheoretischen (Lehrbuch-)Programmatiken der »theory construction« auftaucht, hilft da nicht viel weiter, beinhaltet sie in aller Regel doch die Auffassung: zwar sei die Aufstellung einer Theorie immer ein Konstruieren (von Sinnhaftigkeit), aber über die Geltung einer solchen Konstruktion entscheide doch nur ihre Konfrontation mit »der« Realität. Eine solche quasi-ontologische *Entgegen*setzung von Theorie(nproduktion) und Realität(sprüfung) – ganz in dem Sinne, in dem einst die klassische Philosophie der Neuzeit das (Vernunft-)Subjekt der Welt der Objekte gegenüberzustellen pflegte[15] – kann aber leicht den ersten und schon entscheidenden Schritt beim Verfehlen des Problems der Konstruktivität in sich bergen. Denn erstens wird dieses Problem nur in einer reflexiven Betrachtungsweise wirklich relevant, in der auch das Aufkommen, die Durchsetzung und die Konsequenzen der Ver(sozial)wissenschaftlichung der Weltbilder und Identitätskonstitutionsmuster im Rahmen der Wechselwirkungen zwischen Sinnproduktionsweisen und Institutionalisierungs- sowie Herrschaftsformen zum Thema werden. Und jede wissenschaftliche Beschreibung der postindustriellen Informationsgesellschaften, die nicht in Rechnung stellt, inwieweit in solchen Gesellschaften die soziale Realität durch Ver(sozial)wissenschaftlichung (mit-)geprägt ist, wird in akuter Gefahr schweben, das übliche Reflexionsniveau der herrschenden gesellschaftlichen Selbstbeschreibungsweisen zu *unter*bieten.[16] Außerdem gibt es zweitens aber auch noch einen im engeren Sinne metatheoretischen Grund, warum eine dichotome Gegenüberstellung von Theorie und Realität dem Problem der Konstruktivität kaum gerecht zu werden vermag. Dieses wird nämlich erst wirklich interessant bzw. nichttrivial in seinen Äußerungsformen als historische Singularität.

15 Daß es von Descartes bis Kant freilich der Gottesbegriff ist, auf dem letzten Endes die Hoffnungen lasten, das adäquate Einhalten der Methodozität werde mit der Sicherheit der Orientierungen belohnt werden, spielt heute keine Rolle mehr.
16 Die empirische Verwendungsforschung des soziologischen Wissens hat festgestellt, daß dieses sich sehr schnell im Alltagsbewußtsein ausbreitet und dann bald gar nicht mehr als spezifisch soziologisch gilt (Beck und Bonß 1984). Spätestens damit sind dann soziologische Theoreme zu Mitkonstrukteuren sozialer Faktizität geworden. Und das gilt natürlich auch für das Reflexionsniveau, das soziale Fakten sozusagen inkorporiert haben.

Das gilt für »kleine« historische Ereignisse – zum Beispiel die letzte Bundestagswahl – nicht anders als für »große« – wie etwa die Entstehung des (rationalen Betriebs-)Kapitalismus durch den okzidentalen Sonderweg der (Zweck-)Rationalisierung. Beides ist in seinen konkreten Erscheinungsformen in keiner Weise irgendwie aus allgemeinen Gesetzesaussagen »abzuleiten« – ohne daß doch die »Existenz« allgemeiner Gesetzmäßigkeiten im Bereich des Sozialen *grundsätzlich* abgestritten werden müßte, wie es im Streit der erkenntnistheoretischen Dichotomisierungen zwischen Geist und Natur, Handlungen und Strukturen, sinnhaftem Verstehen und naturwissenschaftlichem Erklären, individualisierender Historie und generalisierender Physik immer wieder verlangt worden ist. Aber bereits Max Weber hat, wie schon erwähnt, diese Art der falschen Entgegensetzungen durch seine historisch typologisierende Weise der Theoriebildung hinter sich gelassen. Diese wird der Individualität des Historischen gerecht, *indem* sie dieses mit Hilfe allgemeiner Typologisierungen erklärt, und sie erklärt, *indem* sie ein deutendes Verstehen sinnhaften Handelns zu ermöglichen sucht.[17] Jedesmal kommt es dabei, in der Sprache der analytischen Wissenschaftstheorie ausgedrückt, auf die *Konstellation* der *wirksamen* »Rand«bedingungen an und nicht auf den ontologischen Status der allgemeinen Gesetze. Diese können schlicht trivial sein (etwa von der Art: Menschen streben nach Verbesserungen ihrer sozialen Lage) oder auch ganz unbekannt. Denn auch Biologen müssen nicht den gesamten Verlauf der organischen Evolution deduzieren können, um doch die Entwicklung bestimmter tierischer Arten und Merkmale »re«konstruieren zu können. Und die Randbedingungskonstellationen im Bereich des Sozialen, das *sind* eben die (Muster oder Typen der) emergenten Faktizitäten, die wir Menschen in unserem Handeln und (gegenseitigem) Verstehen überhaupt erst *herstellen*.

Ein reines Hypothesenüberprüfungsmodell der Theorienkonstruktion, selbst wenn es nicht mit Methodozitätsgläubigkeit aufgeladen sein sollte, geht also im vollen Wortsinne am Problem vorbei. Es suggeriert die Möglichkeit von Sicherung, wo überhaupt erst einmal Relevanz und Signifikanz zu gewinnen wäre. Aber weder sind die allgemeinen Sätze so sehr wichtig, noch kann

---

17 Eine Zusammenfassung neuerer Literatur zu Webers Erkenntnisinteresse und Erklärungsstrategie findet sich bei Bogner (1989, Kap. 2).

im Sozialen von der Existenz nur »einer« Realität (im Singular), an der die allgemeinen Hypothesen überprüft werden könnten, sinnvoll ausgegangen werden. Daher hat die Opposition gegen ein allzu eng gefaßtes deduktiv-nomologisches Wissenschaft(lichkeit)smodell in der Soziologie immer wieder Argumentationsweisen hervorgebracht, die sich zwar meistens nicht als explizit konstruktivistisch verstanden, vielleicht sogar gegen eine solche Bezeichnung protestierten, die aber gewissermaßen auf den Weg des Konstruktivismus gebracht wurden, weil sie das Problem der Konstruktivität ernst zu nehmen versuchten. Dazu gehört bereits ein guter Teil der ja recht ehrwürdigen Tradition des Symbolischen Interaktionismus. In dessen Rahmen hat beispielsweise Herbert Blumer ein Modell der gesellschaftlichen Definition und Wahrnehmung sozialer Probleme aufgestellt, das diese als Ergebnis sozialer Auseinandersetzungen und damit als Prozeß der Konstruktion von sozialen Realitäten konzipiert.[18] Konstruktivistisch in einem solchen allgemeinen Sinne war sicher aber auch der »labeling approach« in der Soziologie des abweichenden Verhaltens, in dem Kriminalität oder Geisteskrankheit als Produkt sozialer Stigmatisierungsprozesse untersucht wurden.[19] Und die von Alfred Schütz beeinflußten Schulen der phänomenologischen Soziologie und der Ethnomethodologie machen die Konstruktivität des alltäglichen Handelns zu ihrem Hauptanalysegegenstand, obwohl gerade für sie, zumindest bislang, ein konstruktivistisches Selbstverständnis nicht typisch ist.[20] Die Liste solcher sozusagen

18 Vgl. dazu Blumer (1975) und die Ausweitung und Verallgemeinerung des Modells durch Spector und Kitsuse (1977).
19 Vgl. zum Beispiel Lamnek (1979) zu einer lehrbuchmäßigen Darstellung dieses Ansatzes und gleichzeitig zu der Schwierigkeit, ihn im Rahmen des herkömmlichen wissenschaftstheoretischen Selbstverständnisses adäquat zu würdigen.
20 So nennen die Begründer der Ethnomethodologie, Garfinkel und Sacks (vgl. etwa 1976, S. 132 ff.), eine »konstruktive Analyse« gerade die Art von Soziologie, von der sie sich abwenden wollen – da diese die Objektivität der sozialen Welt, welche die Ethnomethodologie hinterfragen will, einfach unterstelle... Aber auch schon Alfred Schütz selber hatte zwar soziologische Erklärungen als »Konstruktionen zweiten Grades« (1971, S. 7) bezeichnet, diese Erkenntnis aber nicht etwa mit einer Theorie der Bedingungen der Möglichkeit von (Selbst-) Beobachtung innerhalb der Realitätskonstruktionsprozesse unterbaut, sondern auf die bewußtseinsphilosophische These zurückgegrif-

unfreiwilliger oder jedenfalls an einer entsprechenden Selbsteinschätzung keineswegs interessierter Konstruktivismen in der Soziologie ließe sich noch leicht fortsetzen – die meisten Klassiker gehörten darauf, und natürlich auch all diejenigen Ideologiekritiker, die die Analyse der Konstruktivität immer nur ihren jeweiligen ideologischen Widerparten angedeihen ließen (um damit freilich, wie die Geschichte des Marxismus wohl am deutlichsten zeigt, vor allem dem eigenen Standpunkt zu schaden). Anstatt einer Aufzählung möchte ich hier aber lieber die allgemeinen argumentativen Strategien benennen, in deren Kontext das Problem der Konstruktivität unterhalb und neben der vorherrschenden Orientierung an der Methodozitätsgläubigkeit gewissermaßen am Leben gehalten werden konnte: Empirisierung und Anthropologisierung.[21] Nimmt man sie einfach als empirische Gegenstände, lassen sich das Alltagshandeln, die wissenschaftliche Forschung, die politischen Entscheidungsprozesse, ja jegliches Stück der sozialen Welt daraufhin analysieren, welche Konstruktionsprozesse ablaufen (müssen), damit eine entsprechende Realität entsteht. Erving Goffman hat im Hinblick auf die Ethnomethodologie diesbezüglich gar über die »soziologische Alchemie« gelästert, nämlich »die Verwandlung jedes beliebigen Ausschnitts aus dem alltäglichen Leben in eine interessante Veröffentlichung« (1980, S. 13 f.). Als typisch für die Strategie der Anthropologisierung kann etwa die soziologische Rollentheorie gelten, und zwar in der konsequenten Form, wie sie etwa bei Helmuth Plessner auftaucht: die Rolle als Art und Weise, wie der Mensch sich selber als Person unter Personen konstruiert bzw. zu konstruieren hat (vgl. zum Beispiel 1976, besonders S. 64 ff.). Dabei geht es nicht einfach nur um empirisch beschreibbare – also direkt beobachtbare – Sachverhalte, sondern um eine bestimmte Perspektive auf Mensch

fen, daß das Bewußtsein sich nie über sich selber irren könne, und so die Problematik der Konstruktionen ersten Grades de facto auf einen »handlungstheoretischen« Realismus reduziert, der einmal die »unmittelbare« Erfahrung des »Alltags« bzw. der »Lebenswelt« kennt (= Selbstbezug des Bewußtseins, Verstehen in der »reinen Wir-Beziehung« – vgl. ebd., S. 18 ff.), und andererseits dort die Typisierungsstrategien bzw. -notwendigkeiten, wo Interaktion indirekt und Gesellschaftlichkeit abstrakt wird.

21 Ich greife hier zurück auf und verallgemeinere ein kürzlich von Knorr-Cetina (1989) vorgebrachtes Argument.

und Gesellschaft. Peter Bergers und Thomas Luckmanns bekanntes Buch über *Die gesellschaftliche Konstruktion der Wirklichkeit* (1970) kann man im übrigen als einen Versuch lesen, die Strategien der Empirisierung und Anthropologisierung aufeinander zuzuführen und miteinander zu verschränken. Dabei wird dann freilich auch die zentrale Schwierigkeit beider Strategien deutlich: die eigene Argumentation als wissenschaftlich gültig ausweisen zu können. Berger und Luckmann schließen daher konsequenterweise auch ganz ausdrücklich die Reflexion der Gültigkeitsfrage aus ihren Darlegungen aus.[22] Und so bleibt das Problem der Konstruktivität letztlich doch wieder ausgeschlossen. Interessante und ohne Zweifel auch (zum Beispiel in Sachen praktischer Aufklärung) relevante soziologische Veröffentlichungen treten so *neben* eine Form des erkenntnistheoretischen Selbstverständnisses, das gerade demjenigen Problem gegenüber völlig unsensibel ist, aus dessen Wahrnehmung heraus ein Max Weber überhaupt erst zum Soziologen wurde.[23]

Im Zuge der gegenwärtigen allgemeinen konstruktivistischen Wende könnte sich freilich dieser unbefriedigende Zustand auch für die Soziologie ändern. Geistesgeschichtlich am bedeutsamsten ist dabei wohl der Umstand, daß manche Biologen die Themenstellung der Transzendentalphilosophie für sich entdeckt haben.

22 Begründet wird das ausführlich damit, daß Berger und Luckmann (1970, S. 15) ihre Form der Wissenssoziologie nur (?) als empirische Soziologie verstanden haben wollen.
23 Das ist im übrigen, geistesgeschichtlich betrachtet, alles andere als zufällig. Meistens wird in den üblichen metatheoretischen Diskussionen in den Sozialwissenschaften gar nicht beachtet, daß diejenigen großen Philosophen unseres Jahrhunderts, von denen sich die gängigen wissenschaftstheoretischen Vorstellungen ableiten, *selber* als hochengagierte Sozialtheoretiker gewirkt haben: Die dezidiert antimetaphysische Einstellung in der (frühen) analytischen Philosophie verdankt Wesentliches dem entsprechenden Engagement eines Bertrand Russell; der Kritische Rationalismus Karl Poppers ist zutiefst verwoben mit dessen Vorstellungen von einer »Offenen Gesellschaft«. Jedesmal ist es die Hoffnung auf eine »reine« – nämlich: von Metaphysik und damit weltanschaulichen Dogmatismen gereinigte – Wissenschaftlichkeit, von der man sich den Ausweg aus den gesellschaftlichen Krisen erhofft. Die Anerkennung der Konstruktivität des Sozialen paßt da von vornherein nicht so recht in das Geschäft (vgl. auch Wehrspaun 1985, Kap. 2).

In dieser geht es bekanntlich um das Apriori der Erfahrungsprozesse beziehungsweise – um die Kantsche Formel zu verwenden – um die Bedingungen der Möglichkeit von Erfahrung. Biologisch betrachtet werden daraus die evolutionär entstandenen Voraussetzungen und Mechanismen von Wahrnehmungsprozessen. So ist den Physiologen seit dem 19. Jahrhundert wohlbekannt, daß unsere Sinnesorgane unser Gehirn nicht etwa mit kleinen Bildchen der »Außenwelt«-Gegebenheiten beliefern. Unser Nervensystem reagiert nicht auf die »realen Eigenschaften« einer »objektiven« Umwelt, sondern gibt Erregungszustände weiter und setzt aus diesen den Eindruck einer konsistenten Wahrnehmung zusammen. So wenig das von irgend jemand ernsthaft bestritten wird, so heiß umstritten ist bis heute die Frage geblieben, was daraus von allgemeinerer Bedeutung folgt (und ob überhaupt etwas daraus folgen dürfe). Denn im Gegensatz zu bloßen Wahrnehmungsprozessen hat es Erkenntnis im eigentlich philosophischen bzw. metatheoretischen Wortsinne mit der (intersubjektiven) Anerkennung – oder eben Verweigerung – von Geltungsansprüchen zu tun. Und auf das Feld der Transzendentalphilosophie geraten Biologen (wie vor ihnen übrigens schon die radikalen Wissenssoziologen im Gefolge eines Karl Mannheim[24]), wenn tatsächlich philosophische Konsequenzen aus den biologischen Gegebenheiten hergeleitet werden sollen. Genau das ist heute zunehmend der Fall.

Mit am konsequentesten geht dabei der sogenannte »Radikale Konstruktivismus« (im folgenden: RK) vor.[25] So ist eine dritte

24 Der heute gesammelt vorliegende »Streit um die Wissenssoziologie« (Meja und Stehr 1982) kann geradezu als Lehrstück dafür gelesen werden, was in noch gar nicht so lange zurückliegenden Zeiten – allerdings: bevor ökologische Diskussion und Postmoderne-Debatte jeglichen weltanschaulichen Absolutismus, der sich »wissenschaftlich« geben will, lächerlich gemacht haben – passieren konnte, wenn versucht wurde, das Problem der Konstruktivität des Sozialen sozialtheoretisch ernst zu nehmen.

25 In manchen Teilen der Diskussion heute wird dabei der Eindruck erweckt, der RK habe kaum Parallelen zu den anderen Naturalisierungsprogrammen der Epistemologie. Das halte ich gerade im Hinblick auf die interdisziplinäre Diskussion für nicht förderlich. Denn was immer die Unterschiede im Detail sein mögen (und vielleicht ist es manchmal nur die Verwendung des *Wortes* »Konstruktivismus«): die »evolutionäre Erkenntnistheorie« von Lorenz, Riedl, Vollmer oder Oeser, die

Strategie entstanden, mit der auf das Problem der Konstruktivität reagiert werden kann: die Epistemologisierung. Dabei wird die Konstruktivität zum theoretischen *und* metatheoretischen Thema. Ein Zirkel, wie philosophische Wissenschaftstheoretiker dagegen zu Recht einzuwenden pflegen; aber ein kreativer Zirkel, wie ihnen vom RK aus geantwortet wird, denn für die Natur selber ließe sich zeigen: »Ein Weg entsteht im Unterwegs-Sein« (Varela 1981 bzw. 1987). Damit meint der Biologe zunächst nichts anderes, als daß er vom Weltbild einer kreativen Evolution ausgeht, in der im Verlaufe des evolutionären Geschehens emergente und damit neue Realitätsebenen entstehen. Aber die These des RK geht natürlich weiter: Für das Auftreten von Emergenz ist ein gewisses Maß an gegenseitiger Bezogenheit (Organisiertheit) zwischen den die emergente Realitätsebene konstituierenden Komponenten nötig. Anders gesagt: Die Realität der Komponenten *als* Komponenten hängt von der Realität der emergenten Strukturen ab. Stirbt ein Organismus, verwest auch seine Leiche. Ist die Party aus, verlieren die sie konstituierenden Personen ihren Status als Partybesucher (sie hören auf, jedenfalls für diesen sozialen Anlaß, diese »Rolle« zu spielen). Überträgt man diesen Grundgedanken auf das Phänomen der Wahrnehmung und behält dabei die physiologischen Gegebenheiten im Auge, dann entsteht so etwas wie ein radikal-konstruktivistischer Grund-Satz: Die Realität des Wahrgenommenen hängt von der Organisation der Wahrnehmung(skomponenten) ab; beziehungsweise in den Worten Heinz von Foersters: »Die Umwelt, so wie wir sie wahrnehmen, ist unsere Erfindung« (1981, S. 40).

Bislang habe ich die in den einschlägigen Diskursen so reichlich traktierten Begriffe wie »Autopoiese« oder »Selbstreferentialität« absichtlich vermieden. Denn abgesehen davon, daß deren adäquate Verwendung mittlerweile als sehr umstritten gelten kann, scheint mir vor allem das an sie geheftete Konzept der »operationalen Geschlossenheit« reichlich mit irreführenden Konnotationen beladen. So hat Gerhard Roth (1992, S. 107) darauf hingewie-

»genetische Epistemologie« von Piaget, aber auch die kritisch-rekonstruktiv ansetzenden (Re-)Naturalisierungsbemühungen innerhalb der analytischen Philosophie (Quine, Toulmin, Rorty und andere) teilen mit dem RK die Grundprämisse und die primäre kritische Absicht, nämlich die *reflexive* Blickwendung auf die *empirischen* Bedingungen der Erfahrungs*konstitution*.

sen, daß Humberto Maturana, auf den das Konzept im wesentlichen zurückgeht, mit »Geschlossenheit« meistens zwei ganz verschiedene Sachverhalte ausdrücken will: einerseits den Umstand, daß biologische Systeme sich reproduzieren, indem sie ihre Komponenten nach ihrem eigenen Bauplan selber herstellen (das ist die eigentliche »Autopoiese«), andererseits aber das bereits angesprochene physiologische Faktum, daß Nervensysteme nur auf ihre eigenen Erregungszustände bzw. auf die ihrer Sinnesorgane reagieren können, wobei selbstredend in keinem der beiden Fälle eine ontologische Geschlossenheit gemeint ist (sondern eben nur »Selbstreferentialität«), denn Stoffwechselprozesse sind auf Materialien aus der Umwelt für ihren Komponentenaufbau ebenso angewiesen wie Nervensysteme auf Stimulationen aus ihrer (!) Umwelt. Dafür soll in beiden Fällen die *Autonomie* der entsprechenden (Konstruktions-)Prozesse hervorgehoben werden: Weder ist das Reich (der Selbsterhaltung) des Lebendigen auf physikalische und/oder chemische Gesetzmäßigkeiten reduzierbar, noch ist die Wahrnehmung adäquat zu verstehen, wenn sie als »Abbildung« irgendwelcher »da draußen« und »an sich« bestehender Sachverhalte konzeptualisiert wird.[26]

Als Strategie der Epistemologisierung des Problems der Konstruktivität verstanden – anstatt als bloße Weiterentwicklung einer allgemeinen Systemtheorie –, kann der RK als eine der wohl konsequentesten Formen eines Abwendungsversuchs von der neuzeitlichen Subjekt-Objekt-Epistemologie gelten. Völlig abgelehnt wird deren Voraus-Setzung einer stabilen, dem Menschen und seinen Orientierungsversuchen seinerseits als voraus-gesetzt gelten-

26 Der Begriff der »Autonomie« – von Maturana und Varela (1987, S. 55) zu einem Definitionsmerkmal von »Autopoiese« erhoben – scheint mir in der an sie anschließenden Diskussion etwas vernachlässigt zu werden. Zufall? Bei Luhmann beispielsweise zeigt schon ein Blick in das Register von *Soziale Systeme* (1984), daß der Begriff keine sehr prominente Rolle spielt. Und wenn er vorkommt (etwa auf S. 250), dann erinnert seine Verwendung gelegentlich auffallend an Parsons' »law of increasing rationality«, nur auf Systembildungsprozesse übertragen. Aber dagegen ist daran zu erinnern, daß es gerade im Bereich des Sozialen Phänomene gibt, die sehr wohl »autonom« – wörtlich ja schließlich: von den selber hervorgebrachten Gesetzmäßigkeiten gesteuert – sind, aber kein bißchen komplexitätssteigernd oder -gesteigert: sinnlose Bürgerkriege zum Beispiel, fundamentalistische (Erweckungs-)Bewegungen und dergleichen.

den Realität, einer Welt der Objekte, der der Mensch sich als (seinerseits selber: autonomes) Subjekt gegenüberstellen kann, um die Gesetzmäßigkeiten der Objekte entweder direkt wahrnehmen oder wissenschaftlich ent-decken zu können. Dieser neuzeitlichen Subjekt-Objekt-Dichotomisierung ist nach Maturana und Varela das völlig unfruchtbare – und allem biologischen Wissen widersprechende – Dilemma zwischen Repräsentationismus und Solipsismus (das heißt reduktionistischem Objektivismus und intuitionistischem Subjektivismus) zu danken. Statt dessen gelte es, wie Ernst von Glasersfeld (1985, S. 20 f.) betont, der Herstellung von Objektivität *im* »Aufbau der Erlebenswelt« nachzugehen. Was so letztlich angestrebt wird, ist also nichts Geringeres als eine Erneuerung der sogenannten »kopernikanischen Wende«, mittels deren einst Kant in der *Kritik der reinen Vernunft* (1781) die Metaphysik aus dem durch das Gegeneinander von Empirismus (naiver Induktivismus, ethischer Skeptizismus) und Rationalismus (dogmatische Vernunft- bzw. Systemphilosophie) aufgebauten Patt herauszuführen versucht hatte. Allerdings ist die erneuerte Wende keineswegs auf Metaphysik aus und nicht einmal auf eine Stabilisierung von Geltungsansprüchen. Der konstruktiven Offenheit der Erfahrungsprozesse wird im Gegenteil durch eine weitere Öffnung und Empirisierung der wissenschaftlichen Thematisierung von Erfahrungsprozessen begegnet.[27] Und so schließt sich in gewisser Hinsicht ein argumentativer Kreis: Hatte einst Max Weber ein zunehmendes Konstruktivitätsbewußtsein im unaufhaltsamen Rationalisierungsprozeß diagnostiziert und das Schwinden aller dem Menschen von außen (bzw. von »oben«) vorgegebenen Sinngehalte als tiefgreifende Krise gespürt, so wird im RK das Konstruktivitätsbewußtsein mitvollzogen, aber nicht

---

27 Diese Öffnungsabsicht wird besonders deutlich in einem Gespräch Maturanas mit Volker Riegas und Christian Vetter (1991, S. 63 ff.). Für Maturana ist die der modernen Evolutionstheorie allgemein zugesprochene Funktion der Entteleologisierung der Weltbilder noch nicht genug – er spricht sich sogar für eine Entteleonomisierung aus. Natürlich nicht mehr Zwecke oder ein allgemeines Ideal des »guten Lebens« (wie bei Aristoteles, verbunden mit einem Weltbild werthafter Seinsränge für alles Seiende); aber sogar nicht einmal mehr voraus-gesetzte Realitätsnotwendigkeiten sollen den freien Lauf der Evolution (als »realisation in living«), auch und gerade der kognitiven, hindern können. Hier nennt Maturana den RK einen »Multilismus« (ebd., S. 68).

mehr als Niedergang erlebt – nun kann sich daran die Hoffnung auf eine Möglichkeit grundlegender Neuorientierung knüpfen. Daß eine ganz ähnliche Revision im Umgang mit dem Problem der Konstruktivität auch bei den beiden Soziologen feststellbar ist, die wohl die besten Chancen haben, zu den jüngsten Klassikern der Profession erhoben zu werden – nämlich Norbert Elias und Erving Goffman –, möchte ich im abschließenden Abschnitt meines Aufsatzes zeigen.

4. Über kommunikative und kommunikable Realitäten

Die Forderung nach einer Erneuerung der kopernikanischen Wende, also einer (erneuten) Revolution der Denkungsart, lag, wie anderen evolutionären Epistemologen, auch dem in der Soziologie oft nur als Theoretiker des »Zivilisationsprozesses« bekannten Norbert Elias sehr am Herzen. Vor allem die übliche Weise des Denkens über das Verhältnis von Gesellschaft und Individuum sollte dabei seiner Meinung nach grundsätzlich umorientiert werden. Noch immer beherrsche ein »Schöpfungsmythos« die (wissenschaftliche) Reflexion, demgemäß der einzelne Mensch, ausgestattet mit »den Schubfächern der Psyche« wie Geist, Vernunft, Trieb, Verstand usw., erst als fertige Einheit in die sozialen Beziehungen eintrete, um dort dann als zweckerealisierendes Handlungssubjekt aufzutreten (1987, S. 39 f., 86). Nun kann diese Kritik, beispielsweise angesichts mittlerweile jahrzehntelang breit institutionalisierter Sozialisationsforschung, kaum so gemeint sein, wie sie sich (und viele andere Stellen, wo er gegen den »homo clausus« wettert) in Elias' geradliniger und jargonfreier Ausdrucksweise zu geben scheint. Und sie ist auch nicht so gemeint, denn liest man die einschlägigen Ausführungen genauer, dann wird schnell deutlich, daß es Elias um die *meta*theoretische Auffassung von Subjektivität geht. Um letztlich nichts anderes also als um dasjenige autonome Subjekt der Moderne, das – sozusagen als wissenschaftstheoretischer Restbestand frühneuzeitlicher Vertragstheorien – das Dilemma zwischen Repräsentationismus und Solipsismus, von dem ja auch Maturana und Varela sprechen, aus sich hervorbringt.[28]

28 Am aufschlußreichsten über Elias' Ausgangspunkte sind seine »Noti-

Als Alternative rekurriert Elias auf erkenntnisanthropologische Vorstellungen: »Die Menschen bauen sich kraft der Lockerung der natürlichen Automatismen um ihre Verhaltenssteuerung beim Zusammenleben miteinander inmitten des natürlichen Kosmos einen Kosmos eigener Art« (1987, S. 68). Das scheint zunächst an Instinktmangelthesen zu erinnern, wie sie von Herder bis Gehlen vertreten wurden. Aber es gibt bei Elias einen wesentlichen Unterschied zu dieser Hauptlinie der Tradition philosophischer Anthropologie: Anstatt von einem Mangel an natürlicher Determination – und der dann daraus ableitbaren Freiheit bzw. Autonomie, wie immer man diese bewertet – geht Elias von einem *Mehr* an Determination beim Menschen aus, der eben, siehe oben, »inmitten« des natürlichen Kosmos – also nicht: diesem gegenüber – seinen »Kosmos eigener Art« errichtet. In der Einführung zu seinem Buch *Über die Zeit* hat Elias besonders anschaulich beschrieben, was er sich unter diesem Kosmos eigener Art vorstellt: es ist die Welt der Kommunikation, die, zunächst selber noch ein Teil des Natürlichen, da der Mensch sie ja mit den Tieren gemeinsam hat, in einer eigenen Form der (Symbol-)Evolution Potentiale von Reflexivität ausbildet, die dann ihrerseits neue Möglichkeiten des Realen eröffnen. Elias spricht von der »fünften Dimension der Realität«, die, aus Kommunikation bestehend, es erlaubt, die vierdimensionale Ereigniswelt in »Botschaften« für den Menschen – das heißt: in Information – zu transformieren (1984, S. XXIII, 112 ff.). Die fünfte Dimension als kommunikative Realität bringt somit aus sich – durch ihre Symbolevolution – die Möglichkeit hervor, innerhalb der anderen vier Dimensionen wie ihrer selbst – letzteres natürlich nur in einer reflexiven Blickwendung auf Symbole, als Selbstbeschreibung der Kommunikation – so etwas wie »reale Gegenstände«, *über* die kommuniziert werden kann, zu »erzeugen« bzw. »hervorzubringen« (um die im RK gebräuchlichen Ausdrücke zu benutzen), wobei freilich hier »Erzeugen« bzw. »Hervorbringen« verstanden werden muß als Konstituieren kommunikabler Realitäten.

Die Besonderheit von Elias' Ansatz, auch gegenüber dem RK, liegt somit in der Bedeutung, die er der Sozialität auch im Hinblick auf

zen zum Lebenslauf« und das »Biographische Interview« mit H. van Voss und A. van Stolk (beides in Elias 1990). Als evolutionärer Epistemologe argumentiert er vor allem in *Engagement und Distanzierung* (1983).

das Erkennen zuspricht. Er bringt die als solche gar nicht so neue Einsicht zur Geltung, daß Gehirne und Nervensysteme nicht zuletzt, eher sogar vorrangig, soziale Organe seien. Damit dreht er die manchmal auch im Umkreis des RK vertretene Auffassung um, das Soziale und die Kommunikation sei eine Art »Wirklichkeit zweiter Ordnung«, evolutionär entstanden als eine Art Kompensation der Geschlossenheit des individuellen Weltbezugs.[29] (Dabei läßt sich die Determinationskraft von Sozial- und Kommunikationsformen gerade im Tierreich kaum abstreiten: schon die genetischen Strategien müssen ja auf ontogenetischer Ebene Fortpflanzungs- und Brutpflegeverhalten erzeugen, so daß nicht nur bei staatenbildenden Tieren – deren vermeintlichen »Altruismus« die Soziobiologen als genetische Strategie entschlüsseln konnten – die Sozialform sozusagen tief in der Physiologie stecken muß.) Diese Umkehr ist wohl auch für die jahrzehntelange Mißachtung seines Werkes verantwortlich. Denn seine Theorie der Entwicklung von Selbstkontrolle im Zivilisationsprozeß hat einen Doppelaspekt, der sich in der doppelten Bedeutung von »Selbstkontrolle« – Selbstbestimmung *und* Selbstzwang – ablesen läßt: Im Wechselspiel von Engagement und Distanzierung, dem wir im Umgang mit der Natur, den anderen Menschen und uns selbst ausgesetzt sind, entwickelt sich nach Elias die Fähigkeit der reflexiven Blickwendung, mit der der Mensch *innerhalb* der kommunikativen Realität sich Rationalitätsgewinne im Hinblick *auf* die kommunikablen Realitäten verschaffen kann, mit der leidigen »Neben«folge, daß das auf Kosten seiner Eingebundenheit in die kommunikative Realität geht. Oder anders gesagt: Durch Distanzierung der Kultur, den anderen und vor allem sich selbst gegenüber macht sich der Mensch zum Beobachter, erwirbt er die Fähigkeit zur Produktion (überlebensfähiger) Beschreibungen – und landet in der Selbst-Entfremdung, und zwar unaufhebbar. Hier treffen wir ihn also wieder: den eigentümlichen Charakter des okzidentalen Rationalisierungsprozesses, der den Menschen

---

[29] Ausdrücklich so bei Watzlawick (1977, S. 142 ff.). Da Biologen wie Maturana und Varela an der Individualität des biologischen Organismus ansetzen, kann diese mit der Art von Individualität verwechselt werden, von der wir in den Sozialwissenschaften reden, und auch da meinen wir dann meistens noch zweierlei: die bloße Tatsache der Individuiertheit und das, was Menschen daraus zu machen pflegen.

immer mehr mit sich selbst als (bloßem) Konstrukteur seines Selbst konfrontiert. Aber auch für Elias gilt, daß da, wo Weber in einen metaphysischen Abgrund blicken zu müssen vermeint hatte, eine neue Hoffnung sich an eine erneuerte Form von Aufklärung heftet.
Einen ähnlich konstruktiven Umgang mit dem Problem der Entfremdung zeichnet auch die Theorie von Goffman aus. Und wohl gerade deswegen galt der mittlerweile als »Klassiker der zweiten Generation« entdeckte Goffman lange Zeit nur als Vertreter einer etwas fragwürdigen Art, Beschreibungen sozialer Situationen anzufertigen (vgl. Hettlage und Lenz 1991). Diese Einschätzung gibt übrigens einen Beleg dafür ab, daß Probleme der Konstitution von Realität in der Soziologie lange nicht recht ernst genommen wurden. Denn welche Art von Realität soziale Situationen darstellen, war in der Tat Goffmans zentrale Fragestellung.
Die Wirkungen dieser Realität manifestieren sich offenkundig in der Möglichkeit einer besonderen Form der sozialen Kontrolle. Und es ist weiterhin plausibel, anzunehmen, daß diese Kontrolle das Verhalten alltagspraktisch mehr oder weniger wirksam beeinflussen bzw. modulieren wird. Aber fragen wir weiter nach der Art der Beeinflussung, dann wird deutlich, daß wir uns einem sehr komplexen Phänomenbereich gegenüber sehen. Nicht daß es an einem fertigen und in der Sozialwissenschaft ebenso wie im (modernen) Alltagswissen weit verbreiteten, meist ganz selbstverständlich und oft wohl sogar unbewußt benutzten Erklärungsmodell fehlen würde: diesem gemäß gibt es in jeder sozialen Situation bestimmte Erwartungen an die Akteure (die Krawatte fürs Büro, die Lustigkeit für die Party, die Leidenschaft fürs Bett), und die gegenseitige Beobachtung besteht im wesentlichen darin, zu überprüfen, inwieweit die einzelnen Individuen sich adäquat benehmen. Bei Fehlverhalten kann man dann erwarten, daß mehr oder weniger sanktioniert wird, gute (Anpassungs-)Leistungen sollten mit einem guten Ruf belohnt werden. Es wird dabei, wie Goffman feststellt, »eine Art von Schulkindmodell angewendet«, und er fügt hinzu: »Dies ist das Bild eines harten und langweiligen Spiels. In Wirklichkeit nehmen Gesellschaft und Individuum an einem Spiel teil, das für beide leichter ist und trotzdem seine eigenen Gefahren hat« (1971, S. 50).
Das Schulkindmodell rechnet mit einer strengen, aus Ver- und Geboten, Verhaltensrichtlinien und Bewertungsmaßstäben aufge-

bauten Welt. Aber ohne leugnen zu wollen, daß derartiges in sozialen Situationen eine bestimmte Rolle spielen mag, sind diese damit doch kaum sinnvoll beschrieben. Die Relevanz der Situationalität kann also nicht, jedenfalls nicht primär, darin liegen, daß die Individuen unmittelbar irgendwelchen Agenten der Gesellschaft ausgesetzt sind – so wie Verkehrsteilnehmer, die plötzlich gewahr werden, daß ein Polizist sie beobachtet. Eher ist dieser Zusammenhang und seine »eigenen Gefahren«, von denen Goffman spricht, durch denjenigen Umstand beschrieben, den er die »fundamentale Asymmetrie des Kommunikationsprozesses« nennt (1983, S. 10 ff.).

Diese Asymmetrie kommt dadurch zustande, daß ein Mensch, der sozusagen in eine soziale Situation eintritt, allein dadurch, daß er nun beobachtet werden kann, Informationen über sich selber preisgibt. So informiert seine Kleidung über ihn, seine Körperhaltung, das, was er sagt, ob er schweigt usw. Die meisten dieser Informationen sind sicherlich konventionell und für den oder die Beobachter wohl auch nur von mäßigem Interesse. Nichtsdestoweniger sind es nun aber gerade diese Informationen, die die Art und Weise des »Sichgebens« der betreffenden Person der Beurteilung als »passend« oder nicht überhaupt erst zugänglich machen. Somit hat die Person allen Grund, sich so zu geben, daß sie (nur) die Art von Informationen weitergibt, die sie weitergeben will. Anders ausgedrückt: sie muß ihren Ausdruck so kontrollieren, daß er den gewünschten oder zumindest einen allseits (auch und nicht zuletzt vom Betreffenden selber) akzeptierbaren Eindruck hervorruft.

Die Beobachter in der Situation, also die anderen Anwesenden, sind einerseits mit dem Interpretieren der Anzeichen beschäftigt, andererseits informieren sie natürlich auch über sich selber, denn auch sie werden beobachtet. Es entwickelt sich wie automatisch ein Kommunikationsprozeß – wobei ein eventuell stattfindender verbaler Informationsaustausch (sei das ein intimes Gespräch, eine politische Diskussion oder eine juristische Belehrung) offenkundig nur einen Teil bzw. Aspekt der jeweiligen situationalen Realität ausmacht.

Die Asymmetrie dieses Kommunikationsprozesses ergibt sich nun – und zwar notwendigerweise – daraus, daß die Informanten in sozialen Situationen nie wissen, welche ihrer Informationen »ankommen« und auf welche Weise, das heißt, zu welchem Eindruck ihre Versuche der Ausdruckskontrolle tatsächlich führen. Die Informanten selber nehmen nur denjenigen Strom von auf sie bezogenen Informationen wahr, der ihnen bewußt ist und den sie daher einigermaßen erfolgreich kontrollieren können. Für die Beobachter gibt es dagegen noch eine breite Palette weiterer Anzeichen, die alle zu Schlußfolgerungen über die Informanten benutzt werden können: Wer sich um Höflichkeit bemüht, kommuniziert unter Umständen nicht nur die Höflichkeit, sondern auch das Bemühen darum, wobei gerade letzteres mehr über die soziale Situation (und natürlich auch über das Selbst der betreffenden Person) aussagen kann als der kontrollierte Ausdruck bzw. intendierte Eindruck.

Aber die Komplexität einer sozialen Situation ist damit noch keineswegs erschöpft: Die Informanten können nämlich darangehen, gerade diese Asymmetrie strategisch auszubeuten, indem sie versuchen, Informationen an den Beobachter zu bringen, die auf eine kontrollierbare Weise unkontrolliert erscheinen. Wer sich deutlich unangestrengt um Höflichkeit bemüht, kann – im Erfolgsfall – das Bemühen verdecken und so die Höflichkeit als »authentisch« erscheinen lassen. »Diese Art von Kontrolle, die der Einzelne ausübt, stellt die Symmetrie des Kommunikationsprozesses wieder her und schafft die Bühne für so etwas wie ein Informationsspiel – einen potentiell endlosen Kreislauf von Verheimlichung, Entdeckung, falscher Enthüllung und Wiederentdeckung«, schreibt Goffman (1983, S. 13).

Dieses »Informationsspiel« stellt offenkundig ebenfalls ein Wechselspiel zwischen kommunikativer und kommunikabler Realität dar. Goffman verankert somit die »Dialektik«, die mit den Möglichkeiten zur reflexiven Wendung und damit mit den Chancen zur Beobachterkonstitution innerhalb Elias' »fünfter Dimension« verbunden ist, mitten im pragmatischen Alltagsleben (eben deshalb wehrten sich übrigens Elias wie Goffman gegen ihre Vereinnahmung durch alltagssoziologische Ansätze sehr heftig). Und auch er zieht grundlegende anthropologische und epistemologische Folgerungen – die nur freilich kaum wirklich be(ob)achtet wurden – aus seinen Analysen: Beispielsweise mit dem Konzept der »Dialektik der Interaktion«, dem gemäß die Darstellung moralischen Verhaltens immer dem Paradox ausgesetzt ist, als Darstellung und nicht als moralische Haltung aufgefaßt zu werden, was wiederum besondere Darstellungsvorkehrungen erfordert (vgl. 1983, S. 229 ff.).[30] Insofern zeichnen sich die Arbeiten von Goffman und von Elias dadurch aus, daß sie alle drei der im vorigen Abschnitt beschriebenen Strategien des Umgangs mit der Konstruktivität des Sozialen einschlagen: Empirisierung, Anthropologisierung *und* Epistemologisierung.

Läßt sich das nun als Ansatz für einen radikal soziologischen Konstruktivismus ansehen? Wesentlich ist hier, daß Goffman und Elias die Geltungsfrage *nicht* abzuschließen versuchen, weder in methodologischer, ontologischer, system- oder sonstwie realistischer Art, sondern sie in problematisierender Absicht sogar noch weiter öffnen. Daher die gewisse Verlegenheit, mit der ihrem Werk noch heute oft begegnet wird. Nicht nur, daß sie sich um die eingefahrenen Geleise besonders der metatheoretischen Diskussion nie so recht gekümmert haben; viel schlimmer noch, mit so mancher eingeschliffenen Gewohnheit wissenschaftlichen Argumentierens wurde geradezu provokativ großzügig umgegangen. Goffman forderte die Leser seiner *Rahmenanalyse* explizit auf, seine Ergebnisse zu bezweifeln, und gab zu bedenken, das täte er bestimmt auch selber, wenn sie nicht gerade von ihm stammten (1980, S. 22), und Elias hat die wissenschaftlich-rationale Haltung nicht etwa seiner Theorie der Selbstkontrollmechanismen als Voraussetzung vorangestellt, sondern umgekehrt diese als Voraussetzung jener analysiert. Ihre Arbeiten treten somit ganz offen als »Erfindungen« dessen auf, was sie »re«konstruieren, aber nicht in dem simplen positivistischen Sinne, daß immer »unwahr« sein müsse, was erfunden wurde (übrigens ein im Hinblick auf die heute schließlich unser Leben weitgehend bestimmende Technik ein völlig unsinniger Sprachgebrauch), sondern als Erfindungen der Art, die Realität *bereichern*, indem sie sie durch eine zusätzliche Ebene – reflexiv-sinnhafter Art – vermehren. Ihre »Wahrheit« bzw. sachliche Angemessenheit erlangen ihre Rekonstruktionen dadurch, daß sie beschreiben können, wie es zu Beobachtungen, wie sie sie beschreiben, hat kommen können.

30 Ein Problem besonderer Art für die Goffman-Rezeption stellen manche der auf dem Markt befindlichen deutschen Übersetzungen dar: Ausgerechnet das Buch, in dem die wichtigen Konzepte wie »Informationsspiel« und »Dialektik der Interaktion« auftauchen, ist teilweise geradezu irreführend übersetzt worden. Schon aus dem Titel: *The Presentation of Self in Everyday Life* wurde das gröbliche: *Wir alle spielen Theater*.

Und auch damit schließt sich wieder eine Art Kreis zu einer einst besonders von Weber vorangetriebenen Argumentationsweise.[31] Derartige Beschreibungen beschreiben somit selbst die Bedingungen ihrer Möglichkeit, aber das nicht in Form zusätzlicher, also externer (meta-)theoretischer Setzungen, sondern als integralen Bestandteil der eigenen Theorie. Und daher sind sie letztlich realistischer als die der »Realisten« (von welchen voraus-gesetzten Objektivitäten diese immer ausgehen mögen), was besonders Goffman sehr oft bitter übelgenommen wurde.[32]

Das ergibt eine deutliche Parallele zum RK, dem Heinz von Foerster ebenfalls ein »Postulat der Einbezogenheit« vorgeschrieben hat: »Ein beobachtender Organismus ist selbst Teil, Teilhaber und Teilnehmer seiner Beobachtungswelt« (1985, S. 28). Statt »Organismus« muß es bei Goffman und Elias natürlich »soziales Subjekt« heißen, und das ergibt bereits eine weitere Parallele zum RK: den Umgang mit dem Begriff der Autonomie betreffend. Kurz gesagt: in beiden Varianten von Konstruktivismus wandert der Autonomiebegriff vom Explanans ins Explanandum. Statt die Voraus-Setzung einer Gegenüberstellung von Mensch und Welt bzw. Theorie und Realität zu begründen, wird die Autonomie von emergenten Realitätsebenen zum Erklärungsgegenstand.

31 Natürlich müßte eine wirklich geistesgeschichtliche Aufarbeitung sehr viel weiter zurückgehen. In der Philosophie erlebt gegenwärtig der neapolitanische Rhetorikprofessor Giovanni Battista Vico eine Renaissance, der – im ausdrücklichen Protest gegen das Methodozitätsideal des Cartesianismus – am Beginn des 18. (Aufklärungs-)Jahrhunderts konstatierte: da der Mensch die Geschichte selber mache, könne er sie auch erkennen, und zwar viel besser als die (von Gott geschaffene) Natur. Das wäre sozusagen das Vorspiel zu dem Krisenbewußtsein, in dessen Rahmen Konstruktivität dann bei Weber auftaucht. Für Vico bedeutete Konstruktivität nämlich (und noch Kant sollte in der Einleitung zur 2. Auflage der *Kritik der reinen Vernunft* ganz ähnlich argumentieren) eine Gewißheitsgarantie! (vgl. Fellmann 1976, Hösle 1990).
32 So ist Goffman beispielsweise allen Ernstes vorgeworfen worden, in seiner Theorie sei die bestehende (»spätbürgerliche«) Gesellschaft wiederzuerkennen. Das klang natürlich zu den Zeiten, als der Marxismus noch suggerieren konnte, nicht nur wahre, sondern sogar »tiefere« (geschichtsphilosophisch begründete) Realitäten abbilden zu können, nicht ganz so kurios. Zur Rezeptionsgeschichte Goffmanscher Arbeiten vgl. Hettlage und Lenz (1991).

Letztlich verliert so der Autonomiebegriff auch seine dichotomisierende Gegenüberstellung zur Heteronomie: Freiheit und Determination müssen einander gar nicht ausschließen, sondern können evolutionär auseinander hervorgehen. Heinz von Foerster hat auf diese Einsicht einen seiner beiden ethischen Imperative aufgebaut: »Handle stets so, daß die Anzahl der Möglichkeiten wächst.« (Der andere lautet: »A geht es besser, wenn es B besser geht.«)[33] Eine solche ethische Haltung – allgemein: Förderung von (kognitiver) Offenheit statt Streben nach (gewißheitsorientierter) Abschließung – kann man auch als dem Werk von Elias und Goffman zugrundeliegend ansehen, wobei im Sinne des letzteren für den sozialen Bereich noch ein zusätzlicher Imperativ formuliert werden könnte: »Spielen und spielen lassen.«[34]

Und was ist mit unserem »normalen« Begriff von »Wirklichkeit«, eben dem, mit dem wir gerade etwas »Nicht-Konstruiertes« bezeichnen? Am Ende seiner *Rahmenanalyse* spricht sich Goffman für ihn aus (1980, S. 602 ff.), allerdings mit der Anmahnung, den alltäglichen Begriff der Wirklichkeit so zu verwenden, wie er im Alltag wirklich verwendet wird. Nämlich erstens relational-evaluativ. Die Formel »in Wirklichkeit« bezeichnet in der Umgangssprache etwas, das das ist, was es ist, und das so ist, wie es ist, immer in Gegenüberstellung zu einem Anderen, das nicht dieses und nicht so ist. Ein wertvolles Originalgemälde bezieht diese seine Wirklichkeit aus dem Vergleich mit weniger wertvollen Reproduktionen. Wirklich echt ist ein Original im Vergleich mit Fälschungen. Aber wird ein echtes Bild aus Sicherheitsgründen in einer Mappe mit Reproduktionen aufbewahrt, dann hat es in die-

---

33 Hier zitiert nach der Darstellung in Segal (1988, S. 26).
34 Allerdings scheint mir gerade das Konzept der »Spiele« – trotz seiner mittlerweile sehr erfolgreichen evolutionstheoretischen (Eigen und Winkler 1975) wie auch wissenschaftstheoretischen (Leinfellner 1983) Verwendung noch so etwas wie ein »blinder Fleck« im RK zu sein. Das gleiche gilt übrigens für den Begriff der »Information« – gegen ihn wird fast nur in seiner repräsentationistischen Variante polemisiert (bei Varela 1990, S. 18 als »modernes Phlogiston«). Die Kritik am RK hat das mittlerweile auch moniert. Ein Kern der Schwierigkeiten mit diesen Begriffen dürfte meines Erachtens darin liegen, daß oft immer noch unterstellt wird, die »Kognition« sei ein Phänomen, das nur mit dem Kopf (des Menschen) zu tun habe bzw. als Funktion nur des Gehirns betrachtet werden dürfe.

sem Fall die Rolle der Fälschung einer Reproduktion zu spielen. Das Beispiel verweist bereits auf die zweite Eigentümlichkeit des »normalen« Gebrauchs des Wirklichkeitsbegriffes: Die relational-evaluative Verwendung funktioniert nie eindimensional. Menschen können wirklich miteinander streiten oder nur so tun als ob und dann »Theater« spielen. Aber dann spielen sie wirklich Theater. Und wenn sie auch das nur proben, so ist doch die Probe wirklich. Die Fragen nach dem Wirklichkeitsstatus einer beobachtbaren Begebenheit gehören so immanent zur Dynamik der Rahmungen, mit denen Menschen – und übrigens ja auch schon Tiere, in deren (Über-)Lebensstrategien das Informationsmanagement in passiver wie aktiver Hinsicht eine ganz wesentliche Funktion innehat – sich in sozialen Situationen orientieren und dabei durch ihre Informationsspiele eben diese aufbauen. Die Entscheidungen über den Realitätsstatus eines Spielelementes sind daher Teil des Spieles, aber da diese Spiele in der und mit der Natur gespielt werden, hängt die Überlebensfähigkeit der Entscheidungen davon ab, inwieweit die Spiele bzw. ihre Elemente als kulturelle Erfindungen die Natur zu erweitern vermögen.

Literatur

Baumgarten, Eduard (1964), *Max Weber. Werk und Person*, Tübingen.

Beck, Ulrich und Wolfgang Bonß (1984), »Soziologie und Modernisierung. Zur Ortsbestimmung der Verwendungsforschung«, in: *Soziale Welt* 35, S. 381-406.

Berger, Peter und Thomas Luckmann (1970), *Die gesellschaftliche Konstruktion der Wirklichkeit*, Frankfurt am Main.

Blumer, Herbert (1975), »Soziale Probleme als kollektives Verhalten«, in: K. O. Hondrich (Hg.), *Menschliche Bedürfnisse und soziale Steuerung*, Reinbek, S. 102-113.

Bogner, Artur (1989), *Zivilisation und Rationalisierung. Die Zivilisationstheorien Max Webers, Norbert Elias' und der Frankfurter Schule im Vergleich*, Opladen.

Brugger, Winfried (1980), *Menschenrechtsethos und Verantwortungspolitik. Max Webers Beitrag zur Analyse und Begründung der Menschenrechte*, Freiburg/München.

Durkheim, Emile (1976), »Bestimmung der moralischen Tatsache«, in: ders., *Soziologie und Philosophie*, Frankfurt am Main, S. 84-117.

Eigen, Manfred und Ruthild Winkler (1975), *Das Spiel. Naturgesetze steuern den Zufall*, München.
Elias, Norbert (1980), *Über den Prozeß der Zivilisation*, Bd. 1, Frankfurt am Main.
– (1983), *Engagement und Distanzierung. Arbeiten zur Wissenssoziologie I*, Frankfurt am Main.
– (1984), *Über die Zeit. Arbeiten zur Wissenssoziologie II*, Ffm.
– (1987), *Die Gesellschaft der Individuen*, Frankfurt am Main.
– (1990), *Norbert Elias über sich selbst*, Frankfurt am Main.
Fellmann, Ferdinand (1976), *Das Vico-Axiom: Der Mensch macht die Geschichte*, Freiburg/München.
Foerster, Heinz von (1981), »Das Konstruieren einer Wirklichkeit«, in: P. Watzlawik (Hg.), *Die erfundene Wirklichkeit*, München/Zürich, S. 39-60.
– (1985), »Entdecken oder Erfinden – Wie läßt sich Verstehen verstehen?«, in: H. Gumin und A. Mohler (Hg.), *Einführung in den Konstruktivismus*, München, S. 27-68.
Garfinkel, Harold und Harvey Sacks (1976), »Über formale Strukturen praktischer Handlungen«, in: E. Weingarten, F. Sack und J. Schenkein (Hg.), *Ethnomethodologie*, Frankfurt am Main, S. 130-176.
Glasersfeld, Ernst von (1985), »Konstruktion der Wirklichkeit und des Begriffs der Objektivität«, in: H. Gumin und A. Mohler (Hg.), *Einführung in den Konstruktivismus*, München, S. 1-26.
Goffman, Erving (1971), *Interaktionsrituale. Über Verhalten in direkter Kommunikation*, Frankfurt am Main.
– (1980), *Rahmen-Analyse. Ein Versuch über die Organisation von Alltagserfahrungen*, Frankfurt am Main.
– (^{5}1983), *Wir alle spielen Theater. Die Selbstdarstellung im Alltag*, München.
Heins, Volker (1990), *Max Weber zur Einführung*, Hamburg.
Hettlage, Robert und Karl Lenz (Hg.) (1991), *Erving Goffman – ein Klassiker der zweiten Generation*, Bern.
Hösle, Vittorio (1990), »Vico und die Idee der Kulturwissenschaft«. Einleitung zu G. B. Vico, *Prinzipien einer neuen Wissenschaft über die gemeinsame Natur der Völker*, Hamburg, Bd. 1, S. XXX-CCXCIII.
Käsler, Dirk (1979), *Einführung in das Studium Max Webers*, München.
Knorr-Cetina, Karin (1989), »Spielarten des Konstruktivismus«, in: *Soziale Welt* 40, S. 86-96.
Lamnek, Siegfried (1979), *Theorien abweichenden Verhaltens*, München.
Leinfellner, Werner (1983), »Das Konzept der Kausalität und der Spiele in der Evolutionstheorie«, in: K. Lorenz und F. Wuketits (Hg.), *Die Evolution des Denkens*, München/Zürich, S. 215-260.
Lepenies, Wolf (1985), *Die drei Kulturen. Soziologie zwischen Literatur und Wissenschaft*, München und Wien.

Lepsius, M. Rainer (1986), »Interessen und Ideen. Die Zurechnungsproblematik bei Max Weber«, in: F. Neidhardt, R. M. Lepsius und J. Weiß (Hg.), *Kultur und Gesellschaft* (Sonderheft 27 der *Kölner Zeitschrift für Soziologie und Sozialpsychologie*), Opladen, S. 20-31.

Luhmann, Niklas (1984), *Soziale Systeme. Grundriß einer allgemeinen Theorie*, Frankfurt am Main.

– (1990), »Das Erkenntnisprogramm des Konstruktivismus und die unbekannt bleibende Realität«, in: ders., *Soziologische Aufklärung 5. Konstruktivistische Perspektiven*, Opladen, S. 31-58.

Maturana, Humberto und Francisco Varela (1987), *Der Baum der Erkenntnis*, Bern.

Meja, Volker und Nico Stehr (Hg.) (1982), *Der Streit um die Wissenssoziologie*, 2 Bände, Frankfurt am Main.

Parsons, Talcott (1968), *The Structure of Social Action*, 2 Bde., New York und London.

– (1970), »Intellektuelle Reaktionen auf den Rationalisierungsprozeß«, in: W. Hochkeppel (Hg.), *Soziologie zwischen Theorie und Empirie*, München, S. 157-178.

– (1977), »Rationalität und der Prozeß der Rationalisierung im Denken Max Webers«, in: W. Sprondel und C. Seyfarth (Hg.), *Max Weber und die Rationalisierung sozialen Handelns*, Stuttgart, S. 81-92.

Peukert, Detlev J. K. (1989), *Max Webers Diagnose der Moderne*, Göttingen.

Plessner, Hellmuth (1976), *Die Frage nach der Conditio Humana*, Frankfurt am Main.

Reck, Andrew (1963), »The Constructive Pragmatism of George Herbert Mead«, in: ders., *Recent American Philosophy*, New York, S. 84-122.

Riegas, Volker und Christian Vetter (1991), Gespräch mit Humberto M. Maturana, in: dies. (Hg), *Zur Biologie der Kognition*, Frankfurt am Main, S. 11-90.

Rossi, Pietro (1987), *Vom Historismus zur historischen Sozialwissenschaft. Heidelberger Max Weber-Vorlesungen*, Frankfurt am Main.

Roth, Gerhard (1992), »Kognition: Die Entstehung von Bedeutung im Gehirn«, in: W. Krohn und G. Küppers (Hg.), *Emergenz: Die Entstehung von Ordnung, Organisation und Bedeutung*, Ffm., S. 104-133.

Schluchter, Wolfgang (1988), *Religion und Lebensführung*, 2 Bde., Frankfurt am Main.

Schütz, Alfred (1971), »Wissenschaftliche Interpretation und Alltagsverständnis menschlichen Handelns«, in: ders., *Gesammelte Aufsätze*, Bd. 1, Den Haag, S. 3-54.

Segal, Lynn (1988), *Das 18. Kamel oder Die Welt als Erfindung. Zum Konstruktivismus Heinz von Foersters*, München und Zürich.

Spector, Malcolm und J. I. Kitsuse (1977), *Constructing Social Problems*, Menlo Park.

Thiel, Christian (1972), *Grundlagenkrise und Grundlagenstreit*, Meisenheim am Glan.
Varela, Francisco (1981), »Der kreative Zirkel. Skizzen zur Naturgeschichte der Rückbezüglichkeit«, in: P. Watzlawick (Hg.), *Die erfundene Wirklichkeit*, München und Zürich, S. 294-309.
– (1987), »Ein Weg entsteht im Unterwegs-Sein«, in: P. Feyerabend und C. Thomas (Hg.), *Leben mit den »acht Todsünden der zivilisierten Menschheit«?*, Zürich, S. 307-323.
– (1990), *Kognitionswissenschaft – Kognitionstechnik. Eine Skizze aktueller Perspektiven*, Frankfurt am Main.
Watzlawick, Paul (1977), *Wie wirklich ist die Wirklichkeit?*, München.
Weber, Max (1923), *Wirtschaftsgeschichte. Abriß der universalen Sozial- und Wirtschafts-Geschichte*, München und Leipzig.
– (^{5}1963), »Zwischenbetrachtung: Theorie der Stufen und Richtungen religiöser Weltablehnung«, in: ders., *Gesammelte Aufsätze zur Religionssoziologie*, Bd. 1, Tübingen, S. 536-573.
– (^{5}1972), *Wirtschaft und Gesellschaft. Grundriß der verstehenden Soziologie*, Tübingen.
– (^{4}1973), »Wissenschaft als Beruf«, in: ders., *Gesammelte Aufsätze zur Wissenschaftslehre*, Tübingen, S. 582-613.
– (^{3}1978), *Die protestantische Ethik II. Kritiken und Antikritiken*, Gütersloh.
– (1979), »Vorbemerkung« zu den *Gesammelten Aufsätzen zur Religionssoziologie*, in: ders., *Die protestantische Ethik I*, Gütersloh, S. 9-26.
Wehrspaun, Michael (1985), *Konstruktive Argumentation und interpretative Erfahrung. Bausteine zur Neuorientierung der Soziologie*, Opladen.

Stefan Jensen
Im Kerngehäuse

1. Nichts Neues

Es gibt nichts Neues unter der Sonne. Auch der Konstruktivismus enthält nichts Neues. Und doch könnten die in ihm zusammengefaßten Ideen, obwohl sie alle nicht neu sind, zu einem neuen Denken führen. Dazu müßte man allerdings die Ideen, die uns der Konstruktivismus erneut vorlegt, ernst nehmen. Die Alternative ist also, den Konstruktivismus zu verwerfen, weil man alles schon ausführlicher und besser geschrieben finden kann (bei Kant, Peirce oder den Physiologen vor hundert Jahren), oder aber ihn bis zum Äußersten zu treiben. Dieser ernstgenommene Konstruktivismus wird als »radikaler Konstruktivismus« bezeichnet.[1] Nicht er selbst ist radikal, sondern die Konsequenzen, die daraus folgen. Sie beziehen sich auf unsere Vorstellung von dem, was »wirklich ist«. Damit wird sich der folgende Beitrag beschäftigen.

Nicht einmal der Name »Konstruktivismus« ist neu. Um die unter dieser Bezeichnung versammelten heutigen Ideen von älteren Ideen unter demselben Namen abgrenzen zu können, werde ich ihnen das unverdiente Adjektiv »neu« hinzufügen und vom »Neuen Konstruktivismus« sprechen. Damit soll der Unterschied zu früheren Ansätzen, die sich ebenfalls »konstruktivistisch« nannten, sich aber auf eine andere Art von Konstruktivität bezogen, betont werden. Der Begriff hat nämlich schon eine längere Tradition – sowohl im Bereich der Kunst als auch im Bereich der Wissenschaften.[2] Der Name trifft auf die ältere Version inhaltlich

---

1 Glasersfeld 1987, insbesondere S. 198 ff. Oder auch Schmidt 1987, S. 7 f.: »Der ›radikale Konstruktivismus‹ (ist) der interdisziplinäre Diskurs um Selbstorganisationskonzepte«. Zur Würdigung seiner Bedeutung vgl. auch die Einleitung von Stafford Beer in: Maturana 1982, S. 170, besonders S. 171 ff. Luhmann hat gelegentlich (in einer Fußnote, S. 73, Anm. 20, in: Watzlawik/Krieg 1991) mitgeteilt, er bevorzuge die Formulierung »operativer Konstruktivismus«.

2 Erstens, zum Konstruktivismus in der Kunst: Historisch ist der Name

»Konstruktivismus« eine Bewegung innerhalb der Abstrakten Kunst, die sich in der ersten Dekade dieses Jahrhunderts aus dem Kubismus und Futurismus, zunächst in Rußland, dann in Polen, Ungarn und der Tschechoslowakei entwickelte. Vladimir Tatlin wurde mit der Verbindung von Komposition und umgebenden Raum zum eigentlichen Begründer (und Namensgeber) des Konstruktivismus. Die russische konstruktivistische Avantgarde wurde offiziell als Bestandteil der proletarisch-kommunistischen Kunst anerkannt. Das änderte sich ab 1921 wieder mit dem Einsetzen der »Neuen ökonomischen Politik« Lenins. Nach dessen Tod (1924) wurden die modernen Kunstrichtungen als »nicht geeignet für das Volk« betrachtet. Gefordert war wieder die figürliche Kunst (ab 1925 war »sozialistischer Realismus« die parteilich bestimmte Kunstform, was zur Emigration vieler russischer Künstler – vielfach nach Deutschland – führte). Nach 1945 erlebte der Konstruktivismus einen neuen Höhepunkt – vor allem in den USA (New Yorker Schule). Diese Bewegung hält noch immer an (Hard Edge, Land Art, Minimal Art und kybernetische Computer-Kunst).

Allgemein versteht man unter »konstruktivistischer Kunst« jegliche künstlerische Formgebung, die mit formal und rational kontrollierbaren Elementen harmonische Strukturen aufzubauen sucht. Diese Kunst verzichtet auf jede Abbildung, sie zeigt allein die Beziehung der Elemente zueinander und zum umgebenden Raum in einer konkret definierbaren Komposition. Nicht Darstellung von »Realität« wird angestrebt, sondern diese soll, unter Ausschaltung von subjektiven und emotionalen Elementen, durch konstruierte, visuell-ästhetische Konstruktionen ersetzt werden. Damit entstehen visuelle Kommunikationsvoraussetzungen, die den Bedingungen technisch-wissenschaftlich geprägter Gesellschaften entsprechen.

Zweitens, zu wissenschaftlichen Quellen: Die wissenschaftlichen Ursprünge des konstruktivistischen Denkens liegen im Konventionalismus, im mathematischen Konstruktivismus sowie im philosophischen Konstruktivismus, der mit dem Namen Hugo Dinglers verbunden ist und in neuerer Fassung (nach Eliminierung des dezionistischen Elements) als »methodische Philosophie« beispielsweise von Kamlah, Lorenzen, Janich und anderen Mitgliedern der »Erlanger Schule« wieder aufgenommen wurde (vgl. Janich 1992, »Vorwort«). Weitere Quellen sind zahlreiche konstruktivistische Ansätze des Empirismus (»konstruktiver Realismus« – Viktor Kraft; »konstruktive Axiomatik« – Hans Reichenbach) sowie die konstruktionelle Theoriebildung in der Systemtheorie (vgl. beispielsweise Jantsch 1992). Die grundsätzlichen wissenschaftstheoretischen Überlegungen sind seit Ende des 19. Jahrhunderts (Duhem, Poincaré) und dann vor allem durch die Diskussionen des »Wiener Kreises« bekannt.

Ganz grundsätzlich aber läßt sich über »den Konstruktivismus« sagen, daß sein Ursprung in der Ideenlinie »Konventionalismus-Konzeptualis-

auch zu – denn er bezeichnet ein konstruktivistisches Vorgehen beziehungsweise das, was tatsächlich konstruiert wird. Dem liegt die Überzeugung zugrunde, daß »das Konstruktive« auch »das Bessere« sei. Aber inwiefern »besser«?
Die Neigung zum »konstruktiven Vorgehen« – erwachsen aus der Beschäftigung mit methodischen Fragen – hängt mit den wissenschaftlichen Grundlagenkrisen am Ende des 19. Jahrhunderts zusammen. Das Problem dieser Krisen ist zu komplex, um es mit wenigen Worten zusammenfassen zu können.³ Es läuft darauf

mus-Konstruktivismus« der Periode 1890 bis 1935 liegt – die Idee des »konstruktiven« (also des streng operativen) Vorgehens war eine »Zeitgeist-Erscheinung« innerhalb der wissenschaftstheoretischen Diskussion dieser Jahre.
Der (im folgenden zugrundegelegte) »Neue Konstruktivismus« bezieht sich auf ein grundsätzlich anderes, tiefer liegendes Problem – auf die Frage, wie unsere Vorstellung von Realität zustande kommt. Er behauptet, daß wir die Realität konstruieren. Sie ist das Konstrukt, von dem der Konstruktivismus spricht. Trotz dieser tiefgehenden Verschiedenheit zwischen den beiden Konzepten gibt es gewisse Verbindungslinien. Sie führen in Grundlagenprobleme der Wissenschaft.
3 Betrachtet man das 19. Jahrhundert unter wissenschaftsgeschichtlichen Aspekten, so ergibt sich ein äußerst komplexes Bild: Es ist einerseits eine Periode größter Wissensvermehrung, die zum optimistischen Positivismus des wissenschaftlichen Denkens führt; andererseits eine Periode, in der eine zuvor nie gekannte kritische Reflexion auf die Quellen und – vor allem – auf die »inneren« Voraussetzungen der wissenschaftlichen Tätigkeit einsetzt (vgl. *Dictionary of the History of Ideas*, III, 179b). Im Gefolge dieser kritischen Reflexion des gesellschaftlichen und binnenwissenschaftlichen Konstitutionsprozesses von Wissenschaft kam es seit der zweiten Hälfte des 19. Jahrhunderts zu verschiedenen Wissenschaftskrisen – vor allem in der Physik und in der Mathematik. Genauer betrachtet, stehen diese Krisen keineswegs allein: Geschichtlich vollzieht sich in dieser Zeit ein krisenhafter Umbruch größter Tragweite (vgl. statt anderer Morazé 1976). Ich beschränke mich hier jedoch auf die Quellen des Konstruktivismus und folglich auf die Grundlagenkrise der Naturwissenschaften und der Mathematik. Die Krise der Naturwissenschaften ist die Krise der Newtonschen Physik. In der Diskussion ihrer Grundannahmen (des mechanistischen, deterministischen, wahrheitsabsolutistischen und materialistischen Weltbildes) trat zutage, daß die physikalischen Begriffe, aus dem Alltag übernommen, nicht hinreichend vorurteilsfrei waren, so daß ihr unkritischer Gebrauch in der Philosophie zu naiven Fehlern führte. Dies war

hinaus, daß die Alltagssprache dem Bemühen um exakte Begründung Probleme bereitet. Man findet gar keinen Grund in der Sprache. Es gibt kein »letztes«, sicheres Fundament in Gestalt irgendwelcher »Grundsätze«, auf denen alles weitere durch logische Verfahren aufgebaut werden kann. Jedes wissenschaftliche System kann »in sich« vollkommen ausgearbeitet sein, aber es kann sich nicht selbst begründen.[4]

Begründungsprobleme führten zur intensiven Beschäftigung mit Fragen des methodischen Vorgehens beim Aufbau der Wissenschaften.[5] Eine »Lösung« des Begründungsproblems ist der (ältere) Konstruktivismus – oder jedenfalls hält er sich dafür, denn tatsächlich ist das Begründungsproblem nicht »lösbar«, sondern nur in bestimmter Weise handhabbar. Im Fall des (älteren) Konstruktivismus wird keine (sprachliche) »Letztbegründung« gesucht, sondern es werden die Gegenstände der Wissenschaft durch eine schrittweise Folge von Operationen aufgebaut. Dies sind ganz konkrete Anweisungen der Art: »Als erstes erzeugen wir...«[6]

Auf Einzelheiten dieses »älteren Konstruktivismus« soll nicht weiter eingegangen werden, weil es auf diese Art der Konstruktivität hier nicht ankommt. Die Berührungen zwischen »älterem« und »Neuem Konstruktivismus« liegen im philosophischen Bereich.[7] Auch im »Neuen Konstruktivismus« geht es um ein »Be-

der Anknüpfungspunkt der Wissenschaftskritik (vor allem Pierre Duhems und Henri Poincarés; vgl. dazu die Anmerkungen Hübners 1978, S. 74 ff.).

4 Vgl. z. B. Hofstadter 1985, S. 95.
5 Siehe beispielsweise Reichenbach 1986, Teil I; Albert 1968, Kapitel I/1, S. 8 ff.
6 Vgl. Kamlah-Lorenzen 1967; Lorenzen 1968;; Lorenzen 1974; Mittelstraß 1974; Janich in: Schmidt 1992. – Genauere Einführungen findet man bei Kamlah-Lorenzen 1967 oder Lorenzen 1968. Ein Beispiel für den konstruktivistischen Aufbau einer Wissenschaft bietet der konstruktivistische Aufbau der Mathematik, vgl. beispielsweise Hermes 1961, S. 9 ff.; Lorenzen 1974, S. 199 ff. Der Konstruktivismus ist eine Mischung aus sprachlichen Vorschriften, bezogen auf Operationen, und ebendiesen Operationen selbst – also Handlungen, die man wirklich physisch-konkret ausführen muß.
7 Beispielsweise auch im Bereich Problem der »Universalien«, einem alten scholastischen Streit zwischen Nominalismus und Realismus. Vgl. dazu beispielsweise Stegmüller 1965, mit zahlreichen Hinweisen zum

gründungsproblem« – nämlich um die Frage, wie unser kognitives Wissen über die Wirklichkeit begründet ist – in der Wirklichkeit selber oder in unserer Suche nach Wirklichkeit?[8] Und auf eine etwas komplizierte Weise hängt diese Frage tatsächlich mit dem zuvor erwähnten Begründungsproblem zusammen. Aus diesem Grunde beginne ich mit einer Kurzfassung dieses Problems.

Gegenüber jeder (wissenschaftlichen) Aussage kann man die Frage erheben: »Quid juris? – Wie begründest du diesen Satz?« Sobald man die Begründung hört, wiederholt man die Frage – und so fort. Endlich landet man bei ganz fundamentalen Grundsätzen. Diese sind dann unbezweifelbar – oder?

Aristoteles, gestützt auf schon verfügbare Einsichten, formulierte das Begründungsproblem als Dilemma: Läßt man die ständige Wiederholung der Begründungsfrage zu, so gerät man in einen unendlichen Regreß. Also muß man, schon aus praktischen Gründen, irgendwo abbrechen – zweckmäßigerweise dort, wo man meint, einen »evidenten« Satz gefunden zu haben, der »unmittelbar einleuchtet«. Aber wann ist ein Satz evident?

An dieser Stelle gerät man in einen Zirkel, denn um etwas einzusehen – beispielsweise, daß ein Satz evident ist –, muß man Einsicht voraussetzen.[9] Das Begründungsproblem läßt sich nicht lösen. Alle »Lösungen« sind zirkulär oder dogmatisch.[10]

Gibt es keine »letzte Begründung«, dann auch keine Gewißheit. Wissen besteht aus Sätzen. Jede Begründung ist ein Satz. Jede weitere Begründung ist ein weiterer Satz. Um Gewißheit zu erlangen, müßte man entweder über Sätze verfügen, deren Wahrheit absolut gewiß wäre, oder aber man müßte »aus der Sprache hin-

---

Problem des Konstruktivismus/Konzeptualismus in Mathematik und Philosophie.
8 So typisch Watzlawik 1976, 1981.
9 Siehe dazu Albert 1968, S. 11 ff.; Albert 1971; Stegmüller 1969, S. 5 ff.
10 Auf die sich hier abzeichnende zirkuläre Struktur (der Gewißheit von Sätzen, die gewiß sind, weil sie gewiß sind) komme ich später im Text zurück. Ein Beispiel wäre die Behauptung, ein Satz sei wahr, wenn er von Gott komme – oder vom Papst – oder von Luhmann. Die Wahrheit Gottes beruht auf Glauben; die Unfehlbarkeit des Papstes auf Dogma; die Verbreitung Luhmanns auf Reputation. Dies sind höchst verschiedene Medien. Nur eines davon dient der Codierung des »Sprunges«, mit dem wir aus der Sprache hinaus – und in die Wirklichkeit? – gelangen. Aber kann man denn das System verlassen?

ausspringen« können. Dies scheint nicht möglich zu sein. »Die Grenzen unserer Sprache sind die Grenzen unserer Welt«, belehrte uns Wittgenstein und lehrt neuerdings auch Luhmann.[11] Gibt es also keinen direkten Kontakt zur Wirklichkeit? Ist Wissenschaft nicht in der Wirklichkeit begründet?
In dieser Frage liegt der Zusammenhang des »Neuen Konstruktivismus« mit dem Begründungsproblem. Die ältere konstruktivistische Lösung bestand darin, von »Letztbegründungen« auf Operationen umzustellen – also in einem gewissen Sinne doch »aus der Sprache hinauszutreten«. Statt weiter (nur) zu reden, verknüpft man die wissenschaftliche Rede mit Handlungen – mit deiktischen Zeigehandlungen, Abzähloperationen, physikalischen Handgriffen, Zeigerbeobachtungen ... und so fort.[12] Auch Hugo Dingler, dessen Namen mit dem (älteren) Konstruktivismus verbunden ist, suchte die Gewißheit der Begründung außerhalb »des Systems« in einer dezisionistischen Wendung.[13]
Wie löst der »Neue Konstruktivismus« dieses Problem? Gar nicht – er erteilt wieder die alte Antwort, das Begründungsproblem sei nicht zu lösen. Wissenschaft und Wirklichkeit hingen nicht eindeutig miteinander zusammen – jedenfalls nicht so, daß sich Wissenschaft »direkt aus der Wirklichkeit« begründen ließe oder umgekehrt der Wissenschaft zu entnehmen wäre, wie »die Wirklichkeit« beschaffen sei. Also könne man über den Zusammenhang von Wissenschaft und Wirklichkeit auch nichts Definitives aussagen. Wissenschaft vermittle uns kein Wissen über die Wirklichkeit, sondern nur über die Gegenstände der Wissenschaft.[14] So entstehen lauter zirkuläre Sätze.[15]

11 Wittgenstein, *Tractatus*, 5.6: »Die Grenzen meiner Sprache bedeuten die Grenzen meiner Welt«; vgl. dazu auch Stenius 1969, S. 288 f.; Luhmann 1988a, S. 62 ff.; Luhmann 1990a, S. 30 ff. und Luhmann 1990b, S. 40.
12 Siehe Kamlah/Lorenzen 1967; Janich in: Schmidt 1992. Vgl. auch die Idee des Operationalismus bei Percy Bridgeman.
13 Siehe dazu den Abschnitt »Dingleriana« in: Janich 1992 oder Albert 1972, S. 345 ff.
14 Luhmann 1990b, S. 30 ff.; Glasersfeld 1987, S. 401 ff., beispielsweise S. 408: »Der Konstruktivismus, ich kann das nicht oft genug wiederholen, befaßt sich nur mit dem kognitiven Aspekt ...« An die Stelle von Erkenntnistheorie tritt Kognitionstheorie.
15 Wissenschaft erkennt nur, was sie erkennt. »Die Paradoxie [...] dieser Erkenntnis [...] man erkennt, daß ausgerechnet Erkenntnis keine

Die Gründe dafür sind kompliziert. Man könnte sagen: der gesamte Konstruktivismus sei nichts anderes als eine lange Begründung der Aussagen des vorherigen Absatzes. Wie soll man unter diesen Umständen eine kurze Erklärung geben? Andeutungen müssen genügen. Der wichtigste Grund scheint in der Sprache zu liegen – oder (genauer gesagt) in der Kommunikation.[16] Kommunikation ist ein physisches Ereignis, in dem zwischen den Beteiligten eine »Konfiguration symbolischer Elemente« aufgebaut wird, die auf »etwas« verweist, das im physischen Kontext der Kommunikation selbst nicht vorkommt. Aber wo kommt dieses »Etwas« vor?

Hier stoßen wir auf eine Frage, die der »Neue Konstruktivismus« immer wieder untersucht. Der Konstruktivismus kommt zu dieser Frage über das Konzept der »Beobachtung«. Unabhängig von jeder konkreten Beobachtung scheint es schon immer »Etwas« geben zu müssen, auf das sich die Beobachtung richten kann.[17] Dieses »Etwas« wäre dann »die objektive Wirklichkeit«. Aber eben diese sehen und beobachten wir ja gerade nicht, sondern das, was wir beobachten, ist eine – durch die Operation »Beobachtung« – selektiv zusammengestellte Konfiguration von Elementen. Und nur darüber – über selektiv zusammengestellte Konfigurationen von Elementen – kommunizieren wir. So entsteht ein Dualismus aus zwei »Wirklichkeiten«: einer »echten«, die wir voraussetzen, und einer »hausgemachten«, die aus den Beschreibungen besteht, die wir anfertigen. Das Problem dualistischer Vorstellungen ist, daß man statt eines Konzeptes zwei und darüber hinaus auch die Verbindung zwischen beiden erklären muß. Kann der Konstruktivismus uns davon befreien?

Eben darin besteht das Ziel des »Neuen Konstruktivismus«: Er will diesen Dualismus auflösen. Das unterscheidet ihn von den »klassischen« erkenntnistheoretischen Lösungen (Realismus/Idealismus), die dualistisch sind und den Erkenntnisprozeß entweder der »objektiven« oder der »subjektiven« Seite zurechnen. Die konstruktivistische Auflösung dieses Dilemmas erfolgt durch Preisgabe des Konzeptes »Wirklichkeit«. Über »Wirklichkeit als solche« sind keine Aussagen möglich. Wir können weder

Operation ist, mit der man Kontakt zur Realität gewinnen kann« (Luhmann 1990a, S. 686).
16 Luhmann 1984, S. 191 ff.; Luhmann 1988b, S. 62 ff.
17 So schon Sokrates im *Theaitetos*; vgl. Glasersfeld 1992, S. 12 f.

behaupten, daß es sie gebe, noch daß es sie nicht gebe. Wir können daher auch nichts über ihre »Erkennbarkeit« behaupten.

Damit dieser Punkt verständlich wird, müssen einige philosophische Begriffe eingeführt werden, insbesondere die Unterscheidung zwischen erkenntnistheoretischen und ontologischen Annahmen. Fachwissenschaftler unterstellen meist einfach, daß sich ihre Untersuchungen auf reale Gegebenheiten beziehen. Um dem Vorwurf metaphysischer Spekulation zu entgehen, beziehen sie sich nicht auf »Wirklichkeit« schlechthin, sondern auf den fachspezifischen Gegenstandsbereich – genannt »universe of discourse«. Die Theorie(sprache) legt fest, was es darin »wirklich gibt«. In diesem Sinne hat Quine (ironisch) formuliert, daß »Existent-Sein« anscheinend nichts anderes bedeute, als Wert einer gebundenen Variablen zu sein.

Trotz solcher Immunisierung gegenüber der Realität kann letztlich aber doch kein Wissenschaftler der Frage entgehen, ob es das, worüber seine Wissenschaft spricht, denn wirklich gebe. Wenn Gegenstände der Wissenschaft wirkliche Dinge sind, dann gibt es implizite auch eine objektive Wirklichkeit. Damit steht man vor metaphysischen Problemen, denn man muß nun – über die Ergebnisse der Fachwissenschaften hinaus – ontologische Erklärungen »der Realität als solcher« geben.[18]

Die gegenwärtig vorherrschende ontologische Position ist der Physikalismus: die Annahme, daß es eine reale Welt gebe, die der Erkenntnis zugänglich sei (so daß wir über sie ein zuverlässiges Wissen erwerben können) und die aus physikalischen Elementen (oder auch aus physikalischen Prozessen) bestehe.[19] Diese ontologische Position wird oft mit einer realistischen erkenntnistheoretischen Position verknüpft: mit der Annahme, daß auch die

---

18 Der (logische) Empirismus – sowie jeder andere Ansatz, der eine »Einheit der Wissenschaften« erhofft oder in Aussicht stellt – versucht stets, mit der Annahme einer einheitlichen sprachlichen Basis aller Wissenschaften (als die man beispielsweise mit Carnap die »Dingsprache« ansehen kann, mit der wir alle unmittelbar durch »Hinschauen« zu entscheidenden Aussagen über »die Welt« formulieren können) um diesen Punkt herumzukommen. Aber dies ist offenbar eine *petitio principii* – sie setzt als Prämisse ein, was im Schluß herauskommen soll. Vgl. dazu Schulte/McGuinness 1992.
19 Siehe beispielsweise Weizsäcker 1970, S. 372, oder Weizsäcker 1992, S. 271 ff.; Bublath 1992.

Entstehung unseres Wissens (also der Erkenntnisprozeß) den realen Faktoren des Wirklichkeitsgeschehens (insbesondere physikalisch-biologischer Art) zuzurechnen sei.[20]

»Realistische« Wissenschaftsphilosophen (wie beispielsweise Quine) haben zur Begründung immer wieder angeführt, daß ein »Durchgreifen« von sprachlichen Ausdrücken aus ihrem semantischen Kontext auf »reale Dinge« in der »objektiven Welt« notwendig sei und die Möglichkeit dazu zwingend vorausgesetzt werden müsse, wenn eine einheitliche wissenschaftliche Deutung der gesamten Wirklichkeit angestrebt werde. Denn worüber spräche Wissenschaft, wenn nicht über reale Ereignisse in einer als »wirklich seiend« vorausgesetzten Welt (Essler 1984, S. 87 und 91 ff.)?

Aber dieses Plausibilitätsargument, das die Realisten schon immer verwendet haben[21], ist keine Begründung der ontologischen und erkenntnistheoretischen Positionen selbst, sondern nur eine Begründung dafür, warum jemand sich für diese Positionen entscheidet – also keine Begründung der Sache, sondern ihrer Wahl.

Die Konstruktivisten lehnen diese Wahl ab. Man hat daher oft (aber voreilig!) den »Neuen Konstruktivismus« auf die erkenntnistheoretische Gegenposition plaziert – zum Idealismus. Ebenso wie der Realismus ist auch der Idealismus ein Zurechnungsschema; er rechnet den Erkenntnisprozeß (die Entstehung unseres Wissens) jedoch nicht dem Wirklichkeitsgeschehen zu, sondern umgekehrt: die Wirklichkeit dem Erkenntnisprozeß.[22] Der

20 Was zeigt, daß Teile des »Neuen Konstruktivismus« – der evolutionsbiologische Ansatz – keineswegs »konstruktivistisch«, sondern physikalistisch-realistisch argumentieren. Das sieht auch Luhmann 1990b, S. 9: »Tatsächlich steht der Realismus des Konstruktivismus auf sicheren Beinen, weder Jean Piaget noch Heinz von Foerster, weder Humberto Maturana noch Ernst von Glasersfeld lassen den geringsten Zweifel daran, daß es sich um Konstruktionen real operierender Systeme handelt. Das ergibt sich aus allen Forschungen der neueren ›cognitive sciences‹, aber auch aus dem Quineschen Programm einer ›naturalisierten Epistemologie‹.«
21 So Nicolai Hartmann im kritischen Realismus, so Viktor Kraft im »konstruktiven Realismus«; so Hans Reichenbach in seiner »konstruktiven Axiomatik« und so letztlich auch Quine innerhalb seines »holistischen Naturalismus«; vgl. Stegmüller 1987, S. 221 ff.
22 Vgl. Kropp 1950, S. 85 ff. »Der Realist glaubt, eine unabhängig vom Subjekt bestehende Außenwelt erkennen zu können. Der Idealist sieht

Begriff der »Wirklichkeit« hat dementsprechend hier einen anderen ontologischen Inhalt. Während »Wirklichkeit« im realistischen Modell die transsubjektive, objektiv bestehende Außenwelt bezeichnet, bedeutet sie im Idealismus die subjektive Erlebniswirklichkeit.

Aber dies ist nicht die konstruktivistische Position. Denn wie früher angemerkt, ist es nicht das Ziel des Konstruktivismus, Stellung im platonisch-cartesischen Dualismus zu beziehen, sondern ihn zu beseitigen. Dies geschieht – wie angedeutet – durch »Abkopplung der Realität«. Konstruktivisten nennen das »De-Ontologisierung«[23], was bedeutet, daß metaphysischen Annahmen über »Wirklichkeit als solche« unterdrückt werden.[24] Wir kehren damit zurück in den Bereich der Fachwissenschaften und ihr »universe of discourse«. Darüber hinausgehende Spekulation lehnt der Konstruktivismus ab. Er beschränkt die wissenschaftlich ergiebigen Aussagen auf den Gegenstandsbereich der einzelnen Disziplinen. Außerhalb dieser Bereiche verliert (für ihn) die Frage nach Wirklichkeit ihren Sinn. Diese Position bezeichnet man als Agnostizismus.

Agnostizismus ist metaphysischer Unglaube. Er drückt die Überzeugung aus, daß die Frage nach Wirklichkeit als solcher sinnlos sei.[25] Darauf ist an späterer Stelle noch einmal zurückzukommen.

---

    die Außenwelt nur als Bewußtseinsinhalt des erkenntnistheoretischen Subjekts an. Man kann insofern (etwas überspitzt) sagen, daß der Realist das Subjekt aus dem Objekt, der Idealist das Objekt aus dem Subjekt erklärt.«
23 So Luhmann 1990b, S. 37.
24 »Philosophen, die sich heute mit den Wissenschaften befassen, verwenden logische Prinzipien und wenige erkenntnistheoretische Annahmen. Das ist alles. Der Rest wurde von der ›Wiener Revolution in der Philosophie‹ beseitigt« (Feyerabend 1980, S. 271).
25 Agnostizismus ist philosophischer Unglaube (»disbelief«), der Agnostiker ein philosophisch Ungläubiger (»disbeliever«). Das Konzept ist parallel zum religiösen Kontext gebildet. Vgl. Wiener 1973 und Parsons 1978, S. 233-263.
    Dazu noch eine Anmerkung: Es besteht ein Unterschied zwischen der Formel »(nicht) glauben an ...« und »(nicht) glauben, daß ...«. Die Formel »(nicht) glauben an ...« impliziert das Vorhandensein oder Nichtvorhandensein eines Commitments (einer innerlichen Überzeu-

Der agnostische Standpunkt, der zur De-Ontologisierung führt, hat entsprechend erkenntnisbezogene Folgen. Denn daß Erkenntnis-Fragen nach »Wirklichkeit als solcher« nicht zu beantworten sind, bedeutet, daß kein Wissen über »die Wirklichkeit« zu erlangen ist. Damit verliert auch die Anschlußfrage nach den möglichen Bestimmungsgründen (oder der Zurechenbarkeit) eines solchen Wissens ihren Sinn. Es lassen sich also gar keine sinnvollen epistemischen Fragen stellen (wie beispielsweise Glasersfeld deutlich bemerkt hat). Statt dessen konzentriert sich der »Neue Konstruktivismus« auf die Prozesse (wissenschaftlicher) Beobachtungen und Beschreibungen in den einzelnen Gegenstandsbereichen – also auf Prozesse wissenschaftlicher Kognition.

gung, die sich im Handeln ausdrücken muß). Dagegen impliziert die Formel »(nicht) glauben, daß ...« eine kognitive Komponente, denn die Ergänzung dieser Formel ist eine Proposition, die den Sachverhalt ausdrückt, auf den sich die (positive oder negative) Glaubensüberzeugung richtet. Es scheint, daß die philosophischen Agnostiker nur diese (schwächere) »disbelief«-Formel vertreten. Sie glauben nicht, daß man etwas über »Wirklichkeit als solche« wissen kann, aber sie scheinen nicht »Wirklichkeit als solche« völlig leugnen zu wollen – in dem Sinne, wie ein religiös Ungläubiger die Existenz Gottes leugnen könnte. Sie sind also eher »disbelievers« als »unbelievers«.
Es fällt also bereits hier auf, daß der philosophische Agnostizismus mit der diesseitigen Realität genauso umgeht wie die Alltagsauffassung mit der jenseitigen – wir nehmen an, daß es sie vielleicht (in irgendeinem vagen Sinne) gibt, aber wir nichts darüber wissen können. Im Hinblick auf die »jenseitige Realität« mag dieser Standpunkt plausibel sein – aber ihn auf die »diesseitige Realität« auszudehnen, erscheint weniger einleuchtend – oder? Darauf wird später noch genauer einzugehen sein. Gerade weil dieser Punkt knifflig erscheint, ziehen viele Konstruktivisten es auch vor, nicht die (schwierige) agnostische Seite ihrer Philosophie zu explizieren, sondern sich als »Skeptiker« zu bezeichnen – mit folgendem Unterschied: Der Agnostizismus ist eine metaphysische Aussage – er leugnet das Bestehen eines bestimmten ontischen Sachverhaltes. Der Skeptizismus dagegen ist ein Erkenntnis-Standpunkt, der auf die Frage: »Was können wir wissen?« die pessimistische Antwort erteilt: »Nichts!« Aber Achtung! »Wissen« wird dabei mit »sicherem Wissen« gleichgesetzt. Wir wissen nie, ob wir wirklich wissen oder nur zu wissen glauben – so daß unser Wissen vollkommen zutreffen könnte, ohne daß wir darüber je Gewißheit haben könnten. Skeptizismus bestreitet nicht, daß wir wissen, sondern die Gewißheit des Wissens. Vgl. dazu Stegmüller 1969, S. 39.

Der Konstruktivismus ist daher keine erkenntnistheoretische Position, sondern – wie Luhmann entsprechend umformuliert hat – eine Reflexionstheorie der wissenschaftlichen Kognition – oder (mit einem Ausdruck von Quine) der »naturalisierten Erkenntnis«.

Jenseits dieses Punktes ist der Konstruktivismus keine einheitliche Theorie mehr. Er zerfällt in konstruktivistische Ansätze verschiedener Richtung – biologische, psychologische, soziologische, systemtheoretische, literaturwissenschaftliche...[26] Die Biologen, beispielsweise Maturana oder Roth, halten Kognition für ein rein biologisches Phänomen.[27] Psychologen, Soziologen und Kulturtheoretiker sind anderer Meinung.[28] Zwar müssen die

26 Vgl. als neuere Übersicht Rusch/Schmidt 1992.
27 »Kognition ist ein biologisches Phänomen und kann nur als solches verstanden werden. Jegliche epistemologische Einsicht in den Bereich der Erkenntnis setzt dieses voraus« (Maturana 1982, S. 33 ff.). Ebenso Gerhardt Roth: »Die von uns erlebte, phänomenale Welt ist etwas, das aus der Interaktion des Gehirns mit der Umwelt vom Gehirn erzeugt wird« (1992, S. 117). Zum besseren Verständnis der Position Roths vgl. auch Roth 1987, S. 229-286, und Roth 1992, S. 227-336.
28 Diese enge Auffassung der Biologen unterbricht eine langgeführte Diskussion über *Zusammenhänge* zwischen biologischer, anthropologischer und kultursoziologischer Theorie. Vgl. beispielsweise Parsons 1977, S. 118-121.
Auch Luhmann argumentiert umfassender: »...man (macht) bei der Gründung von Erkenntnistheorie auf biologische, neurophysiologische oder bewußtseinsmäßige Operationen zwar nichts falsch, denn ohne diese Operationen kommt kein Wissen zustande, aber (man kommt) auch nicht weit, wenn man diese Systemreferenz empirisch ernst nimmt. Denn davon gibt es Milliarden von gleichzeitig (und schon insofern kausal unabhängig) lebenden Exemplaren, so daß diese Systemreferenzen nie zureichend erklären könnten, wie Wissen in bezug auf das, was für das Wissen dann als übereinstimmend erfaßbare Realität gilt, überhaupt zustandekommt. Will man dies erklären, muß man von Kommunikation ausgehen, das heißt: die Systemreferenz Gesellschaft wählen« (Luhmann 1990a, S. 688). Und weiter: »Die Art, wie der Erkenntnisprozeß sich Identitäten beschafft und als Wissen kondensiert, hat sicher vorsprachliche Wurzeln in einer ›Biologie der Kognition‹. Für das, was sich im Laufe der sozio-kulturellen Evolution als Wissen ausbildet, ist jedoch das Kommunikationssystem Gesellschaft die entscheidende Systemreferenz« (Luhmann 1990a, S. 692). Sehr lesenswert dazu auch Morin 1991.

biologischen Grundlagen der Kognition berücksichtigt werden, aber sie werden durch (energetisch schwächere, jedoch kybernetisch stärkere) Faktoren überlagert.[29]

Der »Neue Konstruktivismus« ist also in einer schwierigen Situation. Durch seine agnostische Weigerung, sich mit »der Wirklichkeit« insgesamt zu beschäftigen, bleiben ihm als Bezugsbereich seiner Reflexionen nur die kognitiven Ergebnisse aus dem jeweiligen »universe of discourse« der einzelnen Disziplinen. Erfahren wir aus diesen Ergebnissen nun etwas über »die Wirklichkeit« oder nicht? Wenn nicht über »Wirklichkeit«, worüber dann?

Die Meinungen der Konstruktivisten darüber scheinen geteilt zu sein. Manche neigen zu der Antwort, daß wir wohl etwas über »die Wirklichkeit« erfahren; allerdings bestehe diese Wirklichkeit nur aus der phänomenalen Erlebniswelt.[30] Andere Konstruktivisten sind nicht der Meinung, daß wir etwas über »Wirklichkeit« erfahren. Vielmehr entdeckten wir ausschließlich die Konsequenzen unserer eigenen (wissenschaftlichen) Erfindungen: Wenn wir das Schema A verwenden, dann erhalten wir Ergebnisse der Art A', wenn wir das Schema B verwenden, dann erhalten wir Ergebnisse der Art B'... und so fort. Der Philosoph Kurt Hübner hat (schon vor fünfzehn Jahren) erklärt, was sich daraus ergibt: »Nicht in der Theorie, sondern erst in der Metatheorie erscheint die Realität.«[31]

Das könnte auch Luhmann formuliert haben: Nicht in der Theorie, sondern erst in der Reflexions-Theorie erscheint die Realität. Demnach wäre die Realität das Ergebnis unserer Konstruktionen. Nicht die Aussagen der empirischen Wissenschaften – ihre kognitiven Ergebnisse – sprechen etwas über die Wirklichkeit aus, sondern

»empirisch ist hier nur die *metatheoretische* Folge. Wenn die und die Festsetzungen, Postulate, Theorien (dies alles sind metatheoretische Bezeich-

---

29 Vgl. dazu in Parsons' »metatheoretical framework« die konditionell-kybernetische Hierarchie behavioraler, psychologischer, soziologischer und kultureller Faktoren, die in dieser Folge energetisch schwächer, kybernetisch aber stärker werden; in: Parsons 1978, S. 366.
30 Eine ausführliche Begründung unter Bezug auf George Berkeleys berühmten Satz »esse est percipi« gibt Ernst von Glasersfeld 1992, S. 23 f.
31 Hübner 1978, S. 68. Hübner ist bescheiden. Er teilt uns mit, daß dies nur eine Verallgemeinerung von Gedanken sei, die bereits von Poincaré, Reichenbach und Einstein verwendet wurden.

nungen) – dann die und die Basissätze, Falsifikationen oder Verifikationen (und auch dies sind metatheoretische Ausdrücke). Oder anders formuliert: Wenn wir die und die Sätze haben – die nichts über die Natur aussagen –, dann folgen empirisch die und die anderen Sätze, die gleichfalls nichts über die Natur aussagen. Nur in *diesen* metatheoretischen Wenn-Dann-Beziehungen zeigen sich empirische Tatsachen; nicht aber stellt der Inhalt der Sätze der Theorie selbst einen empirischen Sachverhalt in irgendeiner Weise dar: *Nicht in der Theorie, sondern erst in der Metatheorie erscheint die Realität«* (Hübner 1978, S. 68).

Wir erhalten damit auch eine Antwort auf die eingangs berührte Frage: War der Griff nach dem (schon belegten) Namen »Konstruktivismus« berechtigt? Die Rechtfertigung könnte darin liegen, daß sich die Reflexionstheorie (als Metatheorie) tatsächlich auf ein Konstrukt richtet – die konstruierte Realität. Beim älteren Konstruktivismus ergab sich der Name aus der konstruktiven Methode. Der »Neue Konstruktivismus« zieht die Berechtigung für seinen Namen aus einer anderen Variante der Konstruktivität. Seine »Konstruktion« erfolgt durch »Beobachtung«. Sie wird konstituiert aus einer selektiven Operation. Selektive Operationen sind Auswahlen, die Sinnhorizonte aufspannen. Dabei werden Symbole so miteinander kombiniert, daß sie dabei wechselseitig ihre kontextuelle Bedeutung festlegen und zugleich einen Gesamtzusammenhang erzeugen, der aus der Art der Konfiguration einen bestimmten Sinn erhält. Der »Sinn des Ganzen« scheint ein *emergentes Phänomen* zu sein – er haftet nicht an den einzelnen Elementen, sondern resultiert aus ihrer Relationierung.[32]

Worin liegt nun die Konstruktivität? Die Frage beantworten wir in einer Folge von Schritten. Zunächst ist zu erklären, daß in allen selektiven Operationen eine doppelte Referenz entsteht: Es werden Zeichen verwendet, die einerseits als expressive Repräsentationen physischer Gegebenheiten (»Dinge«) dienen; diese Symbolik erzeugt aber zugleich einen gesellschaftlich »gemeinten Sinn« – ihre Kulturbedeutung.[33] Diese Unterscheidung führt zur

32 Luhmann hat das ausführlicher und besser erklärt; lies Luhmann 1988, besonders Kap. VI, und Luhmann 1990a, Kap. 1, »Bewußtsein und Kommunikation«.
33 Bilder »von etwas«; Namen »für etwas« – eine Gazelle an einer Felswand, eine junge Frau vor einem Sportwagen, »Voyager vor Jupiter« ... diese Bilder sind nicht nur »auf Papier fixierte Wahrnehmungen des universellen Beobachters«, sondern sie »bedeuten etwas«, das

Möglichkeit einer doppelten Bezugnahme – einerseits auf die repräsentierten physischen Dinge; andererseits auf deren psychische, soziale und kulturelle Bedeutung, die aus deren Konfiguration als Symbole möglichen sozialen Erlebens und Handelns »sichtbar« wird – »sichtbar« freilich nur dem, der mit dieser Kultur vertraut ist.

An einem Beispiel betrachtet: Die Zeichnung einer Gazelle an einer Felswand ist ein materielles Vorkommnis von Farbe auf Stein. Ab diesem Punkt der Wahrnehmung beginnt die Deutung.[34] Ihrer physischen (sinnlich wahrnehmbaren) Darstellung nach bezieht sie sich auf ein Tier in seinem Erlebnisfeld und »repräsentiert« diese Referenz in der Darstellung. Das ist es, was wir sehen. Zugleich hat diese Verknüpfung von selektiv ausgewählten physischen Elementen, die im Bild repräsentiert werden, als Konfiguration von Symbolen einen Sinn, den wir nicht (physiologisch) sehen können, sondern als »sinnbezogen« auf den gesellschaftlichen Kontext verstehen müssen. Wo uns dieser Kontext nicht zugänglich ist, gibt es kein Verstehen. Nicht was wir sehen, erzeugt unser Verständnis, sondern umgekehrt: Unser Verständnis erzeugt, was wir sehen.

Betrachten wir noch ein anderes Vorkommnis: die »Verteilung stellarer Materie im Weltenraum«. Jakob Gafarelli, Bibliothekar Ludwigs XIII., faßte die Psalmworte »coeli enarrant gloriam DEI« wortwörtlich auf: die Sterne seien in Form hebräischer Buchstaben am Himmel angeordnet, und man könne in ihnen wie in einem Buch alles lesen, was sich auf Erden ereignen werde (Lem 1981a). Einem ähnlichen Glauben über die Lesbarkeit der Sterne hängen noch immer viele Menschen an. Eine Himmelskarte ist also nicht nur eine Repräsentation von physischen Dingen, sondern auch eine Konfiguration von Symbolen, die ihren Sinn durch den Bezug auf kommunikativ erzeugte Vorstellungen einer keineswegs sichtbaren Welt ziehen.

Jede Kommunikation enthält eine doppelte Referenz: einerseits auf Dinge, die durch die verwendeten Zeichen repräsentiert werden (Dinge, die »jeder« in ihrer Repräsentation (wieder-)erken-

    nur der in eine Kultur eingebundene Beobachter, der Teilhaber dieser Kultur ist, verstehen kann.

34 Noch weiter zurück gehen die Biologen: Denn daß wir so sehen, ist eine Implikation unserer sinnesphysiologischen Ausstattung; vgl. Roth 1992a sowie 1992b, S. 285 ff.

nen kann, so wie wir die Artefakte fremder Kulturen als
»Darstellungen« erkennen können); andererseits auf »Kulturbedeutungen«, die aus dem Sinn resultieren, den die besondere
Konfiguration der Symbole im Kontext sozialen Erlebens und
Handelns hat.[35]

Die deskriptive Referenz der verwendeten Symbole ist in die konstitutive Referenz im Sinnzusammenhang gemeinschaftlichen
Erlebens und Handelns eingelagert. Sie ist ein Teil der Kultur,
nicht umgekehrt Kultur ein Teil der Sachreferenz der Sprache, die
– außer Kultur – auch noch alle sonstigen Bereiche der Wirklichkeit »sachlich-deskriptiv« erfassen könnte. Nicht die deskriptive
Sachreferenz ist primär, sondern die normative Kulturreferenz.
Hieran scheiterte der logische Empirismus bei seinem Versuch,
eine »Dingsprache« aufzubauen, in der man »kultur-neutral«
über Eigenschaften und Relationen von Dingen sprechen
könnte.[36] Die Vorstellung, daß sich der Sprache eine Schematik

35 Man muß hier nur an Bilder aus der Religion (oder profan: aus der
Werbung) denken, um sich zu erinnern, in welch grandiosem Maße
sich physische Repräsentationen von bloßen Dingen kulturell durch
ihre symbolische Konfiguration überhöhen lassen. Sie werden dadurch
zu konstitutiven Elementen eines gesellschaftlichen Kultes.

36 Vor allem gilt das für Otto Neurath, weniger für Carnap, dessen
Sprachkonstruktion (im *Logischen Aufbau der Welt*) zunächst noch
phänomenalistisch war. Neurath hoffte, daß sich die deskriptiven
Konstanten (aus einem unproblematischen Elementarbereich einfacher Grundprädikate) entweder selbst auf unmittelbar Erfahrbares
beziehen ließen oder aber über explizite Definitionen auf dieses
Grundvokabular zurückgeführt werden könnten. Als Grundvokabular diente eine physikalistische Sprache, deren deskriptives Grundvokabular in Raum und Zeit lokalisierbare Eigenschaften und Beziehungen zum Ausdruck bringt. Dieser Physikalismus-Konzeption schloß
sich dann auch Carnap an; vgl. dazu beispielsweise Schulte/McGuinness 1992, S. 11f. oder Stegmüller 1960, S. 392.

Hier kommt wieder das Argument zum Zuge, das viele Konstruktivisten (statt anderer: von Foerster 1992, S. 41 ff.) ausgiebig expliziert
haben: Protokolle von »Sachverhalten« sind – genauer betrachtet –
Protokolle von Beobachtungen. Keine Beobachtung ohne Beobachter.
Der Beobachter jedoch ist ein Mensch – ein biologisches Wesen mit
einer besonderen Psyche, im gesellschaftlichen Kontext, mit einer bestimmten Enkulturation. Seine Beobachtung ist »subjektiv« – nicht
»objektiv«. Die Vorstellung eines »objektiven Beobachters« ist irreal.
Der »objektive (oder universelle) Beobachter« ist kein Mensch, son-

aufprägen ließe, so daß sich deskriptive Konstanten eindeutig bestimmten Dingen zuordnen ließen, und weiterhin alle Eigenschaften und Relationen dieser Dinge durch ebenso eindeutige Sätze beschrieben werden könnten, verkennt den grundsätzlichen kulturellen Aufbau der Welt, in der wir leben. Es gibt keine Natur außerhalb der Kultur. Nur in der Kultur kann man über Natur sprechen und forschen (siehe Morin in: Watzlawik/Krieg 1991).
Mit jeder Verwendung jedes beliebigen Symbols wiederholt oder erneuert sich die kulturelle Sinngebung wieder und wieder. Selbst dann, wenn die Dinge »ihren Namen an sich trügen« (so wie manche naiven Menschen glauben, daß Astronomen die Namen der Sterne deswegen wüßten, weil sie diese mit Hilfe ihrer Fernrohre von den Himmelskörpern ablesen könnten, oder daß wir Wasser zu Recht so nennen, weil es ja wirklich Wasser ist), so würde doch der gesellschaftliche Gebrauch dieser Ausdrücke die zunächst als »rein deskriptiv« fingierten Termini dermaßen mit gesellschaftlich-normativer »Kulturbedeutung« aufladen, daß jede – wie auch immer geartete – Verwendung eines Symbols nur auf ihren Kulturzusammenhang bezogen werden kann. Kurzum: Das sogenannte »Deskriptive« ist nur deskriptiv innerhalb seiner kulturellen Konnotationen. Es ist die Repräsentation eines gesellschaftlichen Konzepts – nicht eines physischen Dinges.[37]
Die konstruktivistische These ist, daß »Natur« und »Wirklichkeit« nicht in einem objektiven Sinne »schon immer da sind«, sondern erst aus der Kultur heraus entstehen. Diese These darf natürlich nicht so ausgelegt werden, als bringe Kultur die Natur-

dern eine Fiktion. Dazu notiert Ernst von Glasersfeld (1991, S. 17 ff.): »Objektivität ist die Illusion, daß Beobachtungen ohne einen Beobachter gemacht werden könnten« – Zitat eines Bonmots Heinz von Foersters.

[37] Betrachten wir ein Beispiel: Ein Begriff wie der des »Atoms« ist nur im lexikalischen (kognitiven) Sinne die Bezeichnung für die kleinste materielle Einheit der physischen Wirklichkeit. »Was ein Atom ist«, ergibt sich nicht aus der Realität, sondern aus technischer Laborforschung. Das Konzept hat seine Bedeutung aus seiner Begriffsgeschichte und dem Wissenschaftskontext, in dem es produziert wird. Weder »das Ding« noch der Name sind der Natur entnommen, sondern umgekehrt: ihr Kulturgebrauch projiziert den kulturell geschaffenen Gegenstand auf »die Natur« oder »die Wirklichkeit«, deren Bedeutung aus solchen Projektionen erst entsteht. Vgl. dazu Dürr 1990 über »das Netz des Physikers«.

wirklichkeit, aus der heraus sie entstünde und in die sie eingebettet bliebe, in einem *physischen* Sinne hervor. Über die physische Entstehung läßt sich »objektiv« *nichts* sagen. »Objektive« Systematisierungen erforderten den fiktiven »universellen Beobachter«, den Laplaceschen Dämon, der den kosmischen Ablauf überblickt (oder das Universum wie ein Buch lesen kann, wie Jacob Gafarelli sich das erhoffte). Man darf also wissenschaftliche Konzepte nicht als Schemata einer »objektiven Beobachtung« stehenlassen, sondern muß – daran reflexiv anschließend – mitbeobachten, daß sie als kulturelle Produkte einer bestimmten Gesellschaft zurechenbar sind. Dann sieht man, daß die Erklärung einer kulturellen Evolution zwar eine *davor* entstandene Naturwirklichkeit voraussetzt, die jedoch nie anders als mit den *jetzt* gegebenen Kulturbegriffen beschrieben werden kann. Das »jetzt« verwendete Schema projiziert die (als »Außen-Beobachtung« *fingierte*) Innen-Sicht des Evolutionsschemas als Sinnhorizont, auf dem dann Beobachtungsinhalte als geschichtliche Ereignisse in kausalen und/oder teleologischen Wirkungsketten systematisiert werden können.

Ist der »Kalender« eine Entdeckung von Eigenschaften der Natur oder eine Erfindung der Gesellschaft? Wie verhält es sich mit den Zahlen? Ernst von Glasersfeld (1987, S. 241 ff.) hat ausführlich begründet, daß Zahlen eine Erfindung seien. Roger Penrose hat ebenso ausführlich argumentiert, daß die Entwicklung der komplexen Zahlen oder die Wunder der »Mandelbrot-Menge« (die fraktale Geometrie) eine Entdeckung von Strukturen gewesen sei, die unabhängig vom Menschen bestünden (Penrose o. J., S. 84 ff., S. 92 ff.). Wie verhält es sich bei einem Konzept wie »Baum«? Man könnte argumentieren, daß nicht nur Menschen, sondern auch Tiere, beispielsweise Hunde und Katzen oder Vögel, eine Vorstellung von Bäumen hätten, so daß man an deren objektiver Existenz nicht zweifeln sollte. So überlegt auch Luhmann:

»Es gibt keine von außen nach innen gelangende Information ... Aber heißt dies, wie man im Anschluß an Maturana zügig behauptet, daß das erkennende System ›blind‹ operiert? [...] Wenn damit jede Beziehung zur Außenwelt bestritten sein soll, wird zuviel bestritten. [...] Kein Zweifel, daß die Außenwelt existiert, und ebensowenig ein Zweifel daran, daß ein wirklicher Kontakt mit ihr möglich ist als Bedingung der Wirklichkeit der Operationen des Systems selbst. [...] Wir können [...] formulieren: Erkennende Systeme sind wirkliche (empirische, das heißt beobachtbare)

Systeme in einer wirklichen Welt. Sie könnten ohne Welt gar nicht existieren und auch nichts erkennen. Die Welt ist ihnen also *nur kognitiv unzugänglich*.«[38]

Das ist ein feiner Scherz, der (hoffentlich!) beabsichtigt war. Die Pointe steckt in der Formulierung der »kognitiven Unzugänglichkeit«. Das »kognitiv Unzugängliche« ist gerade das Unerkennbare. Damit konterkarieren die letzten drei Worte alles zuvor Gesagte – und zu Recht, denn Luhmann zeigte (wäre da nicht diese wundervolle ironische Schlußpointe) in den zitierten Sätzen das, was man in Berlin »Angst vor der eigenen Courage« nennt. Weder muß man an der »Außenwelt« zweifeln noch sich zu ihr ohne Zweifel bekennen: Sie wird gesellschaftlich, das heißt: in der Kommunikation erzeugt, und nur so, wie sie sich uns gesellschaftlich darbietet, können wir mit ihr umgehen. Sie ist so »real existent«, wie Gesellschaft sie erscheinen läßt – und jeder Satz, der *mehr* darüber aussagen will, ist inhaltsleere Wortstapelei. An anderer Stelle hat uns Luhmann mit dem »Delicacy«-Vergleich zwischen Gründen, guten Gründen und überzeugenden Gründen einerseits, Eiern, frischen Eiern und echt frischen Eiern andererseits amüsiert. Aber die Formulierung »existierende Außenwelt«, »ohne jeden Zweifel existierende Außenwelt« und »garantiert ohne jeden Zweifel existierende Außenwelt mit wirklich echtem Kontakt« ist ebenso unterhaltend. Realität darf nicht wissen, daß sie es ist, denn schon die Kommunikation des Zweifels macht sie zweifelhaft, erklärt uns Luhmann (1982, S. 373 f.). Die nächsten Seiten liefern weitere Argumente dazu.

Die Vorstellung der »Außenwelt« entsteht nur in der »Innenwelt«. Die Behauptung einer »Außenwelt« ist die erste Stufe eines komplexen Schemas. Für sich allein, abgetrennt vom gesamten Schema, ist der Inhalt dieser Stufe unvollständig. In dieser Weise über die Außenwelt zu sprechen, erzeugt eine Paradoxie – vergleichbar gewissen Sätzen, die Widersprüche erzeugen, indem sie »über sich selber sprechen«.[39] Hier entsteht die Paradoxie aus der fehlerhaften Idee einer »Beobachtung ohne Beobachter«. Wer ist »Beobachter der Außenwelt«? Niemand – denn wir befinden uns

---

38 Luhmann 1990b, S. 40 f.; überzeugender Luhmann 1992, S. 164 ff.
39 »Dieser Satz enthält einen Fehler.« Er enthält aber keinen Fehler. Also ist er falsch. Das ist gerade sein Fehler. Also ist er wahr. Er gehört daher zu den Sätzen, die nur wahr sind, wenn falsch. Ausführlich beispielsweise Geier 1989 sowie Hofstadter 1991, Sektion I.

immer in der Innenwelt. Die Vorstellung, daß es dazu eine »Außenwelt« gebe, ist eine Metapher. Sie stammt aus unserer Innenwelt. Hier paßt sie, weil wir an zahlreichen konkreten Fällen das Verhältnis von »Innen« und »Außen« beobachten können. Aber bezogen auf unsere gesamte Welt bleibt diese Vorstellung inhaltsleer. Wir können nur erkennen, was sich in der Gesellschaft erkennen läßt. Sie stellt alles bereit – sowohl die Mittel als auch die Gegenstände der Erkenntnis. Sie läßt nur das »außerhalb« erscheinen, was in ihr als außerhalb erscheinen kann. Dies ist der Punkt, auf den der ernstgenommene, radikale Konstruktivismus hinausläuft. Er zeigt, wo wir uns befinden: in einer künstlich erzeugten Realität. Unsere technologischen Fähigkeiten führen seit etwa einem Jahrzehnt zu der Möglichkeit, diese kulturell längst vollzogene Entwicklung technisch nachzuahmen. Wir bezeichnen diese künstlich erzeugte Spielwelt der Computer mit einem romantischen Namen – Cyberspace.[40]

11. Cyberspace – die virtuelle Realität

Cyberspace ist eine virtuelle Realität[41], die von einer »schöpferi-

40 *The Neuromancer* (1984), ein Wortspiel mit dem Klang der Silben, von William Gibson, dem Erfinder des Namens »Cyberspace«.
41 Die »virtuelle Realität« steht im Gegensatz zur gewohnten (»objektiven«) Realität. Andere Begriffe dafür sind »artificial reality«, »virtual environments«, »telepresence«, »tele-existence«, »tele-symbiosis«, »virtuelle Räume«, »künstliche Wirklichkeit«. An dieser Stelle wird noch keine Unterscheidung zwischen der gewohnten Realität und der hypothetischen Realität getroffen, über die sich die Erkenntnistheorie Gedanken macht. Genau genommen, kontrastiert also die »virtuality« mit der »reality« bzw. die »Virtualität« mit der »Realität«. Der Unterschied zwischen beiden ist vorerst nur, wie im Text erklärt, der, daß »Virtualität« eine künstlich (auf einem Computer) erzeugte Repräsentation, dagegen »Realität« die (»objektiv gegebene«) Wirklichkeit bezeichnet, die uns umgibt. Ob uns eine »objektiv gegebene Wirklichkeit umgibt«, werden wir später fragen.
In Deutschland erschienen die ersten ausführlichen Berichte über Cyberspace ab 1990 (vgl. Waffender 1991, Rheingold 1992 sowie Features in diversen Zeitschriften; beispielsweise im *Esquire* und im *Spiegel*). In den USA hat dieses Konzept eine längere Geschichte. In den achtziger Jahren wurden dort bereits Filme gedreht, die dieses Thema verarbeiten (beispielsweise Tron). Einer der letzten Filme dieser Art (der nach Berlin zu dem Zeitpunkt kam, als dieser Beitrag entstand) lief unter

schen Maschine« erzeugt wird.[42] Unsere gewohnten Computer, diese »rechnenden Schreibmaschinen«, werden die »schöpferische Maschine« weit hinter sich lassen. Die erste Voraussetzung dafür war die Weiterentwicklung einer Maschine zur Verarbeitung von Tabellenprogrammen zu einer generativen Maschine. Die ersten

> dem Titel »Der Rasenmähermann«. Aber schon Rainer Werner Fassbinder hatte (nach einem Buch von Daniel Galouye: *Simulachron-2* (1964), deutsch: *Welt am Draht*, München 1965) einen Film über ein nur in einer elektronischen Realität existierendes Bewußtsein gedreht. Der Ausdruck »Cyberspace« geht (angeblich) auf William Gibsons Science-Fiction Buch *The Neuromancer* (1984) zurück (vgl. Rheingold 1992, S. 17). Aber es gibt eine ganze Reihe von Autoren, die hier Anrechte anmelden könnten.
>
> 42 »Wir beschreiben Innovationen immer durch das, was sie ersetzen. Erst nach Jahrzehnten erkennen wir meist den nachhaltigen Einfluß, den neue Technologien auf unsere Kultur ausgeübt haben. In seinen Kindertagen galt das Automobil als pferdelose Kutsche. Es ersetzte die Kutsche, sah aus wie eine Kutsche und bewegte sich mit Pferdetempo. Jahrzehnte später hat das Auto unsere Landschaften verändert, unsere Reisegeschwindigkeit und unsere Vorstellung vom Raum. Das Fernsehen ersetzte das Radio. Die ersten Fernsehprogramme waren Radiosendungen mit Bildern. Jahrzehnte danach hat das Fernsehen unseren Feierabend verändert, die Geschwindigkeit unserer sinnlichen Wahrnehmung und unsere Konzepte von Unterhaltung und Nachrichten. Der Computer war zunächst ein Rechner. Und obwohl seine Geburtsstunde kaum ein paar Jahrzehnte zurückliegt, hat er doch unser Modell von Information und Informationsverarbeitung bereits völlig umgekrempelt. Dennoch haben wir das eigentliche Wesen des Computers noch nicht verstanden. Wir beurteilen ihn noch immer nach dem, was er ersetzt. McLuhan schreibt, daß der Computer unser zentrales Nervensystem erweitert. Aber unser ZNS ist kein Symbolverarbeiter, sondern ein Wirklichkeitsgenerator. Die eigentliche Computerrevolution steht noch aus; sie wird die Computer zu dem machen, was sie sind: Generatoren von Wirklichkeit. Cyberspace, virtuelle Realität, verkörpert das eigentliche Wesen des Computers, seine Fähigkeit, die unterschiedlichsten Realitäten zu erschaffen. Wir haben die starre, eng begrenzte Verarbeitung eindimensionaler Symbolketten erlebt. Nullen und Einsen. In der Desktopmetapher haben wir das flache, körnige Bild der Pixel-Verarbeitung gesehen. Icons und Mausklicks. Nun stehen uns Computeraktivitäten aus »Fleisch und Blut« ins Haus: die sinnliche Umgebung von Situationsverarbeitung im Cyberspace. Eingebundensein in unbegrenzte Wirklichkeiten« (William Bricken, in: Waffender (Hg.) 1991, S. 289).

elektronischen Rechner (wie der ENIAC[43]) waren Verarbeitungsmaschinen für Lochkarten. Sie waren zu bedienen wie jede Maschine. Das änderte sich mit der Entwicklung von Dialogsystemen, die eine Verbindung von Mensch und Maschine in einem zuvor nicht gekannten Maße schufen, insbesondere durch Tastatur, Maus und Bildschirm. Der Bildschirm war seiner Funktion nach zunächst nichts anderes als eine elektronische Schreibtafel. Der Durchbruch zur nächsten, graphischen Entwicklungsstufe kam mit der Veränderung des Bildschirms zu einem Fenster, durch das man in eine andere, vom Computer erzeugte, Welt blikken konnte. Ausgangspunkt dafür waren hinreichend schnelle Rechner mit der Fähigkeit zum Aufbau graphischer Bilder. Dies geschah zunächst in einer passiven Plot-Graphik. Die Illusion perfekter Bilder (und der Übergang zum Imaginären) entstand aber erst mit der Entwicklung der interaktiven 3-D-Farbgraphik. Sie ermöglicht es, beliebige Objekte als dreidimensionale Körper auf dem Bildschirm darzustellen. Dazu gehören insbesondere aufwendige Oberflächen, die von sogenannten Shadern erzeugt werden. Der Bildablauf zeigt reale oder imaginäre Objekte perspektivisch, in allen möglichen Dimensionen, in jeder beliebigen Vergrößerung oder Verkleinerung, in jedem beliebigen Schnitt und unter jedem beliebigen Winkel. Dieser Eindruck entsteht, weil das Bild vom Rechner so aufgebaut wird, als vollführe eine Kamera frei steuerbare Fahrten um, über oder durch das Objekt. Die Kamera (deren Optik der Rechner fortwährend erzeugt), kann in das Objekt eindringen, in seine Innenräume fahren, Schwenks vornehmen, Sektionen aufschneiden, vergrößern, scheinbar zurückfahren, distanzierte Perspektiven erzeugen ... und so weiter.

Der Betrachter hatte zunächst keine Möglichkeit, die Fahrt der imaginären Kamera zu beeinflussen. Er sah ein (operativ) geschlossenes Programm, das vor seinen Augen als Film ablief. In dieser Phase der Entwicklung des Computers – seiner »Desktop Application« – ist der Benutzer noch in der Rolle des Zuschauers, der eine technisch aufwendig gestaltete Objekt-Repräsentation betrachtet. Bei einer Desktop-Version gibt es grundsätzlich immer zwei Bezugssysteme: erstens das des Benutzers, das außerhalb des

---

43 ENIAC = Electronical Numerical Integrator And Computer, der erste Universalrechner.

Bildschirms liegt, und zweitens das des Objektsystems, das im Fokus des imaginären Auges liegt, der Kamera, die das Bild sieht und überträgt. Der Benutzer schaut auf das Objektsystem in klassischer »Guckkasten-Manier«. Er befindet sich außerhalb des Universums, das er betrachtet.[44] Am Aufbau und Ablauf der Ereignisse in der virtuellen Realität, die ihm gezeigt wird, kann er nicht teilnehmen; er ist nur Zuschauer.

Dank der weiteren Entwicklung der Dialogsysteme kann der Benutzer mit dem System kommunizieren und den Ablauf der Bilder, die der Rechner aufbaut, über Eingabegeräte lenken.[45] Die operative Geschlossenheit des Programms wird nicht durchbrochen, sondern durch Variable erweitert, deren Werte vom Benutzer bestimmt werden können. Trotz dieser Effekte bleibt der Benutzer jedoch im wesentlichen außerhalb des Systems. Er kann zwar mit dem Programm interagieren und den Ablauf der Bilder steuern, aber er bleibt Zuschauer in einem Programm, das »interaktiv«, also in der Weise konstruiert ist, daß es »Inputs« des Benutzers erfordert, um ablaufen zu können. Das doppelte Bezugssystem bleibt erhalten. Der Bildschirm, auf den der Benutzer schaut (oder von dem er jederzeit wegschauen kann), gleicht einem »Fenster«, durch das er in ein anderes »Universum« schaut (Heinz von Foerster). Er kann in diese Welt nicht »hineinlangen«, sondern allenfalls steuern, was ihm im einzelnen gezeigt wird.

Die nächste Phase der Entwicklung wird erreicht, wenn der Betrachter in den Aufbau des Geschehens im Objektsystem eingreifen kann. Science-Fiction war dieser Gedanke seit langem vertraut. Filmisch ließ sich diese Möglichkeit seit den achtziger

---

44 Heinz von Foerster hat das Problem zur Frage verallgemeinert: »Bin ich vom Universum getrennt? (das heißt, sehe ich wie durch ein Guckloch auf das sich vor mir entfaltende Universum) – oder – bin ich ein Teil des Universums? (das heißt, mit jeder meiner Handlungen werde nicht nur ich, sondern wird auch das Universum verändert)« (von Foerster 1990, S. 78).

45 Tastatur, Maus, Joystick, Lichtstift (technisch sind heute auch Rückkopplungen über Linsen in LCD-Schirmen möglich, die das Auge des Betrachters beobachten und in Abhängigkeit davon den Bildaufbau steuern). In diese Klasse gehören all die bekannten Videospiele. Sie reicht jedoch weit darüber hinaus. Auch die traditionellen Flugsimulatoren, auf denen Fluggesellschaften ihre Piloten schulen, gehören noch dazu.

Jahren über Computer-Animationen zunehmend besser realisieren. Dabei wurde die Illusion erzeugt, der Mensch könne in das Objektsystem »eintauchen« (oder aus dem Objektsystem in eine höhere Meta-Wirklichkeit »auftauchen«; Galouye 1964). Im Film wird gezeigt, wie der Benutzer vom Zuschauer zum Teilnehmer in einem fremden Universum wird. Er verläßt sein Bezugssystem und »taucht« in die Virtualität; objektive und virtuelle Realität verschmelzen.

Die Realisierung dieser literarischen und filmischen Phantasien erfordert allerdings Rechner mit hinreichenden Kapazitäten, um derartig große Datenmengen zu speichern und zu verarbeiten, wie sie beim sensorischen »Eintauchen« in realistische (oder »phantastische«) Environments auftreten. Diese gibt es seit Mitte der achtziger Jahre. Mit neuesten Großrechnern können rund zehn Milliarden Rechenoperationen pro Sekunde (10 GigaFlop) bewältigt werden. Damit ist es möglich, simulierte Umwelten aufzubauen, in die ein einzelner Mensch integriert werden kann. Diese Operationsgeschwindigkeit reicht bislang jedoch nicht aus, um mehrere Personen gleichzeitig in simulierten Umwelten miteinander interagieren zu lassen. Dazu werden Leistungen in der Größenordnung von einer Billion Operationen pro Sekunde (TeraFlop) benötigt. Aber die Entwicklung von Parallel-Rechnern scheint kurz vor diesem Schritt zu stehen.[46]

Mit diesem Schritt hat sich der Computer völlig verändert. Das Modell der »Desktop Application« kann diese Veränderung nicht mehr erfassen. In der Desktop-Metapher ist der Bildschirm des Computers ein Fenster, durch das wir blicken – in eine Welt, die der Computer noch immer nach unseren Programmen erzeugt. Anstelle dieses Modells tritt nun das »Immersive-Virtual-Environment«-Modell. Der Unterschied zum »Desktop-Modell« liegt (zunächst) nicht im Programm und der von diesem Programm aufgebauten »virtuality«[47], sondern in der neuartigen Kommuni-

46 Vgl. die Berichte im *Spiegel* 46/1991, S. 328, und 46/1992, S. 326, über die Entwicklung der CM-5 der US Firma Thinking Machines. Es sind parallele Hochleistungscomputer, die angeblich neue Dimensionen der Informationsverarbeitung eröffnen. In Deutschland soll die Bergische Universität Gesamthochschule Wuppertal über ein Vorgängermodell dieser Art (CM-2) verfügen.

47 Aber auch die Programme werden sich – aufgrund der sich allmählich »mit der Sache« entfaltenden kreativen Fähigkeiten der Programmie-

kation zwischen Computer und Benutzer. Der Benutzer bleibt nicht länger in der Rolle des Betrachters, der durch ein »Guckloch« schaut, sondern er wird zum Teilnehmer. Er wird in das Neue Universum einbezogen. Er wird zum Teilnehmer in der virtuellen Realität.

Die technischen Voraussetzungen dafür liegen auf zwei Ebenen: Zum einen müssen Rechner mit hinreichend großen Verarbeitungskapazitäten entstehen, zum anderen muß das Dialogsystem zwischen Mensch und Computer so erweitert werden, daß der Mensch mit allen Sinnen in ein »total surround environment« integriert werden kann. Das erste Problem stellt die größere Hürde dar. Selbst mit den neuesten Rechnern läßt sich diese Hürde noch nicht überwinden. Es scheint bislang nicht möglich zu sein, mehrere Benutzer in ein »immersives virtuelles Environment« zu integrieren.[48] Die Komplexität der Programme steigt mit zwei Aktoren sprunghaft an und ist jenseits der Zwei-Personen-Grenze bislang überhaupt nicht zu bewältigen.

> rer – verändern. Die größte Quelle dieser Veränderungen wird jedoch in den zunehmenden Freiheitsgraden liegen, die den Teilnehmern verfügbar sind. Die Programme werden zunehmend »offener« sein – ihre Inhalte werden davon abhängen, was die Aktoren selbst im virtuellen Handlungsraum tun. Psychologie und Soziologie werden ein völlig neues Forschungsfeld erhalten. Wir werden den Aufstieg der »Cyberspace Ethnomethodologie« erleben – die Untersuchung (realen!) menschlichen Verhaltens in virtuellen Räumen. Dies wird zu interessanten Fragen führen – wie beispielsweise der, ob jemand für sein Handeln in der virtuellen Realität zur Verantwortung gezogen (bestraft) werden kann, falls er anderen Aktoren – wenn auch nur: illusionäre – Nachteile (etwa: die Beschädigung eines imaginären Autos) zufügt. Man findet dazu vielseitige Überlegungen bei Stanislaw Lem – im *Futurologischen Kongreß* oder in seinen *Phantastischen Erzählungen* (Lem 1972, 1980, 1981).

48 Der *Spiegel* berichtet (in 44/1992, S. 323) unter der Kopfzeile »Alptraum im Cyberspace« über die Eröffnung des ersten deutschen »Cyberspace Centers« in Kaiserslautern. Hier ist der »Spieler« in hergebrachter »Videospiel-Manier«, um ein 3-D-Sichtgerät und Raumklangkopfhörer erweitert, mit seinem Joystick noch immer allein in einer künstlichen Datenwelt. Jedoch wird an dem Aufbau von Anlagen, in denen zwei Personen interagieren können, intensiv gearbeitet – beispielsweise bei der Telefongesellschaft Pacific Bell, die das Projekt »RB2« (reality built for 2) – Gespräch unter vier Augen – fördert. Der Sprung zu Mehrpersonengruppen ist bislang jedoch nicht realisierbar.

Das zweite Problem bietet wesentlich weniger Schwierigkeiten. Mit »total-surround«-Systemen wird bereits seit langem in diversen Bereichen gearbeitet – sowohl bei »ernsthaften« Operationen als auch im Vergnügungsbereich.[49] »Total-surround«-Systeme funktionieren in anderer Weise als der »Cyberspace«. Sie bestehen im wesentlichen aus »Rundum-Projektionen«, die mit mehreren Kameras und mehreren Projektoren erzeugt werden. Der damit erzielte Effekt besteht darin, den Betrachter (scheinbar) in den (optischen) Mittelpunkt eines Ereignisablaufes zu versetzen. Die Illusion wird durch »special effects« und vor allem durch Raumklang-Effekte unterstützt.

Einfache »Surround-Systeme« (wie beispielsweise die »Total-Vision«-Kinos mit Rundum-Projektionen auf einer 360-Grad-Wand) können natürlich eine Vielzahl von Betrachtern umfassen. Soll die Illusion jedoch wirklich perfekt ausfallen und insbesondere die Interaktion des Betrachters zulassen, der damit aus seiner passiven Rolle entlassen und zum aktiven Teilnehmer wird, dann müssen sich solche Anlagen auf Situationen beschränken, in denen ein Mensch allein in eine rechnererzeugte Ereigniswelt einsteigt.[50]

Eines der bekanntesten Beispiele bieten Flugsimulatoren – geschlossene Environments, die (über Druck- und Beschleunigungssensoren und entsprechende Rückkopplungen mit mechanischen Trägersystemen) die Illusion der Flugnavigation erzeugen.

49 Wie beispielsweise im Programm »StarTours« in den MGM Studios der Walt-Disney-World in Florida. Hier haben Disney und Lucasfilms die beweglichen Plattformen der Flugsimulatoren mit den *special effects* des Kinos kombiniert.

50 So entwickelte beispielsweise der »Filmemacher Morton Heiliger Mitte der sechziger Jahre eine der ersten multisensorischen Simulationsumgebungen (genannt ›Sensorama‹), die mehr als nur visuelle Inputs ermöglichten. Wer sich die binokulare Sichtbrille des Systems aufsetzte, beobachtete – quasi in der ersten Person – den stereoskopischen Endlosfilm einer Motorradtour durch New York, komplett mit dem dreidimensionalen Stereosound von Manhattan und dem Geknatter des fahrenden Motorrads. Wenn man sich auf den Sitz schwang und die Arme auf das eingebaute Lenkstangen-Keyboard legte, löste das simulierte Motorrad-Vibrationen aus. Ein Ventilator blies dabei dem ›Fahrer‹ mit dem simulierten Fahrwind die ebenfalls simulierten Großstadtgerüche einer Aroma-Bank ins Gesicht« (Fisher, in: Waffender (Hg.) 1991, S. 37 f.).

Im nächsten Schritt wird die Anlage – die im Fall der Flugsimulation noch ein relativ großer »Kasten« ist – auf wenige mobile Einheiten reduziert. Statt einer Box oder eines Raumes oder einer »Audio-Visions-Kugel« mit mechanischen Rückkopplungssystemen, die in Abhängigkeit vom Filmprogramm »rüttelnde Bewegungen« erzeugen (wie in StarTours), genügt ein Helm[51], um darin die erforderliche Technik unterzubringen. Auf einer (im Helm integrierten) Spezialbrille wird das stereoskopische Bild projiziert, das der Computer mit entsprechenden Programmen erzeugt. Dem Träger des Helms wird die Illusion vermittelt, daß er sich inmitten des projizierten Bildes befinde und sich in diesem (imaginären) Raum – dem Cyberspace – physisch real bewegen könne. Er kann also scheinbar (dank gewisser technischer Hilfsmittel[52] – Körpersensoren, die mit dem Rechner verknüpft sind) in die ihm vorgespiegelte virtuelle Welt eintauchen. Dazu wurden ursprünglich nur die Augenbewegungen, in einer verbesserten Version die Kopfbewegungen, neuerdings aber in zunehmendem Maße auch die gesamten Körperbewegungen über Mikrosysteme[53] in »bildgerechte« Körperbewegungen umgerechnet

51 Das NASA Ames Research Center hat den VIVED (Virtual Visual Environment Display)-Helm entwickelt, der den Betrachter mit Weitwinkeloptik und einem integrierten Augenabtastgerät in eine dreidimensionale Szene einbaut, in der er herumgehen/herumfliegen und virtuelle Objekte sehen kann. Das Gesamtprojekt nannte sich VIEW (Virtual Environment Workstation).
52 Die Firma VPL Research hat dazu einen passenden Handschuh (»dataglove«) entwickelt, dessen Sensoren (Lichtleitfasern und Photodioden, über die die Messungen erfolgen) Fingerstellung und -bewegung an den Rechner melden, der daraus die Bewegung einer virtuellen Hand im Cyberspace rekonstruiert, die der Benutzer als »seine Hand« empfindet. Die Weiterentwicklung wäre der komplette Anzug (»datasuit«). Eine gute Übersicht über die Technologie gibt Heidersberger, in: Waffender (Hg.) 1991, S. 64.
53 »Mikrosysteme« sind Teil der Mikrosystemtechnik, die schon heute bei der Entwicklung von leistungsstarken Kleinst-Sensoren und -Motoren eine entscheidende Rolle spielt. Ihre Anwendung nahm in den letzten Jahren erheblich zu – etwa in der Bürotechnik und der Datenverarbeitung, in der Medizintechnik, der Meßtechnik sowie im Automobilbau (Crash-Sensoren in »Airbags«), vor allem aber in der Computertechnik und in der Unterhaltungselektronik. Die Mikrosystemtechnik ermöglicht auf kleinster Chipfläche das Aufbringen von

(»eye-, head-, body-tracking«), und es wird eine entsprechende Veränderung der Umwelt mit entsprechenden neuen Perspektiven erzeugt. Über Sensoren und Aktuatoren werden dem Körper entsprechende Signale zurückgeliefert (»taktiles feedback«), so daß er die sensorischen Reize erhält, die seinem Bewegungsablauf im Cyberspace entsprechen.

Für die weitere Entwicklung sind zwei Probleme zu lösen: erstens müßten Rechner mit Verarbeitungskapazitäten im TeraFlop-Bereich entwickelt werden, um die interaktive Teilnahme von mehr als zwei Personen an simulierten Environments möglich zu machen; zweitens müßte die technische Kommunikation zwischen Mensch und Computer weiter verbessert werden. Sie umfaßt bislang im wesentlichen nur den visuellen und auditiven Bereich sowie Ansätze zur Vermittlung von taktilen Empfindungen. Schmecken und Riechen ist bislang im Cyberspace nicht möglich. Man weiß jedoch aus der neurophysiologischen Forschung, wie außerordentlich groß die Bedeutung dieser Signale für den emotionalen Bereich ist.[54] Erleben im Cyberspace unterliegt also noch starken Einschränkungen, die seinen virtuellen Charakter noch allzu deutlich erkennen lassen. Alle Annahmen über das Versinken im Cyberspace, über die technische Erzeugung einer virtuellen Realität, die von unserer Alltagswirklichkeit ununterscheidbar wäre, bleiben bislang also reine Spekulation. »Science« ist noch nicht so weit; nur »science-fiction«.

Im Bereich Science Fiction hat sich Stanislaw Lem ausführlich mit diesem Problem beschäftigt – zumeist allerdings nur in satirischer Form. Neben Stanislaw Lem ist Philip K. Dick zu erwähnen, in dessen Büchern es ebenfalls um die Probleme virtueller Umwelten und ihrer Verknüpfung mit der realen Welt geht (beispielsweise Dick 1977, 1982). Die Texte von Lem und Dick sind nicht geringzuschätzen, auch wenn sie als »Fiktion« daherkommen; sie sind phantastische Reflexionen über eine Gesellschaft im Cyberspace. Sie zeigen (unter anderem), daß es bei Prognosen weiterer Ent-

Sensoren, Aktuatoren und Speicherelementen, so daß – zusammen mit Fortschritten der Mikromechanik – erhebliche Leistungssteigerungen bei minimalen Volumina möglich sind.

54 Eine Antwort auf die Frage, wie Gefühle entstehen, versucht Jean-Didier Vincent 1990 in der Darstellung der Biologie des Begehrens. Zu den physiologischen Grundlagen der psychischen Abläufe siehe beispielsweise Bösel 1981.

wicklungen nicht sinnvoll ist, sich zu eng an die heute vorstellbaren technischen Möglichkeiten zu halten. Die virtuelle Realität, die Lem beispielsweise im *Futurologischen Kongreß* (1972) unterstellt, basiert nicht auf Computern und technischer Hardware, sondern auf der direkten Stimulierung des Gehirns durch biochemische Reizmittel. Philip K. Dick erörterte die technischen Aspekte virtueller Realitäten überhaupt nicht, er verwendet allenfalls einzelne Begriffe, die gewisse Techniken suggerieren, auf die es jedoch nicht ankommt. Die technische Seite ist beliebig, weil sie selbst nur ein interner Aspekt des Cyberspace – also virtuell, nicht real – ist.

Auch für die hier folgenden Überlegungen kommt es auf die technische Seite nicht an. Ich habe die Grenzen, die unsere Computersysteme *gegenwärtig* noch haben, daher nur beiläufig erwähnt. Es ist unklar, wo diese Grenze derzeit verläuft. Vielleicht sind wir noch nicht in der Lage, umfassende virtuelle Environments zu erzeugen, in die Menschen so vollständig eintauchen (oder eingetunkt werden) können, daß es für sie unmöglich wäre herauszufinden, ob sie sich in der Virtualität oder der Realität befinden. Für Teile unserer Gesellschaft gilt das längst; sie wird aus künstlichen Splittern erzeugt (vgl. beispielsweise den *Spiegel*-Bericht über »Die Reklame-Republik« (52/1992, S. 114ff.)).

Was wäre, wenn wir uns schon längst im perfekten Cyberspace befänden? Mit der Weiterentwicklung des Computers zur »realitätserzeugenden Maschine« holen wir möglicherweise gerade die erste Phase einer Entwicklung ein, die wir längst vollzogen haben – wie uns allmählich dämmert, während wir unsere eigene Erfindung betrachten. Sind wir bereits im Cyberspace?

Jemand, der im Cyberspace operiert, weiß dies natürlich – oder? Seiner Sensorik nach, allen Signalen nach, die er aussendet und rückempfängt, befindet er sich in einem Raum, der ihm real scheint, jedoch virtuell ist. Dieser virtuelle Raum befindet sich seinerseits, wie wir »von außen« zu wissen glauben, in der »wirklichen Realität«. Die Verschiedenheit von Realität und Cyberspace kommt dadurch – und nur dadurch – zustande, daß wir aufgrund der uns bekannten Technik, die den Cyberspace erzeugt, in den Cyberspace hineintauchen und wieder herauskommen können – oder jedenfalls den Eindruck haben, wieder herausgekommen zu sein, sobald wir »die Technik« (den Datasuit) abstreifen.

Die tatsächliche Verbindung zwischen Cyberspace und Realität bildet jedoch nicht die Technik, sondern unser Körper. Er befindet sich in beiden Räumen. Ob er die Signale der beiden verschiedenen – oder von uns als verschieden gedachten – Räume unterscheiden kann (und ob sie überhaupt unterschiedlich sind), wissen wir nicht. Lediglich unser körperliches Bewußtsein suggeriert uns, daß wir uns *jetzt* nicht im Cyberspace befinden. Unser Bewußtsein interpretiert sich selbst – und aufgrund dieser Interpretation glauben wir, *jetzt nicht* im Cyberspace zu sein. Die Interpretation der Welt in unserem Bewußtsein ist der eigentliche Schlüssel zu der Frage, wo wir uns befinden. Die Antwort darauf wird gesellschaftlich erzeugt – behaupten einige Konstruktivisten (wie beispielsweise Luhmann und Morin). Andere Konstruktivisten (wie beispielsweise Maturana oder Roth) behaupten, die Antwort würde biologisch erzeugt. Wem glauben wir?

Möglicherweise lassen sich Cyberspace-Programme entwickeln, die uns suggerieren, *jetzt nicht* im Cyberspace zu sein. Wir haben dann nur noch die Möglichkeit, über die Kommunikation mit anderen, die sich nicht im Cyberspace befinden, zu erfahren, ob wir im Cyberspace sind oder nicht. Denn nur die, die sich »außen« befinden, können den Unterschied zwischen »innen« und »außen« (zwischen virtueller und realer Wirklichkeit) erkennen. Aber auch über diesen Punkt können wir getäuscht werden: Der Cyberspace kann so angelegt sein, daß er eine »Grenze« und die Kommunikation über diese Grenze hinweg mit (virtuellen) »Anderen jenseits der Grenze« in seinen Programmen enthält. Diejenigen, die wir außerhalb des Cyberspace vermuten, sind ein Teil von ihm. Es gibt keine Möglichkeit, das »von innen« festzustellen.

Befinden wir uns im Cyberspace? Der perfekt konstruierte Cyberspace liefert darauf keine Antwort. Das ist der entscheidende Punkt: Im Cyberspace gibt es keine Möglichkeit festzustellen, daß man im Cyberspace ist. All seine Illusionen sind perfekt.[55]

[55] So auch Philip K. Dick: »How are we to distinguish a genuine theophany from a mere hallucination on the part of the percipient? ... The vividness of the impression which a supposed theophany makes on the percipient is no proof of authenticity. Nor, really, is group perception (as Spinoza supposed, the entire universe may be one theophany, but then, again, the universe may not exist at all, as the Buddhist idealists decided). Any given alleged theophany may be a fake because anything

Dies ist das Thema des Konstruktivismus: Geschlossene Kommunikation und die Unmöglichkeit, die Grenzen der Kommunikation zu durchbrechen. Luhmann sagt, über die Grenze der Sprache kämen wir nicht hinaus. Ob jenseits dieser Grenzen *etwas* ist, sei nicht in Erfahrung zu bringen, denn alles, was (scheinbar) »hereindringe«, sei nicht von der Illusion, daß etwas hereindringe, zu unterscheiden.

Mit den radikalen Konstruktivisten müssen wir akzeptieren, uns in einem virtuellen Raum/Zeit-Gefüge zu befinden – im »Cyberspace Gesellschaft«. Vom Cyberspace aus ist die »wirkliche Außenwelt« nicht von der (im System miterzeugten) Illusion einer wirklichen Außenwelt zu unterscheiden. Auch im Cyberspace könnten Philosophen und Wissenschaftler eine »Natur« annehmen und reflexiv über die Möglichkeit ihrer Erforschung nachsinnen. Sie würden das »Erkenntnistheorie« nennen. Wäre sie von der traditionellen Erkenntnistheorie verschieden?

Für die Wissenschaftler der Innenwelt gäbe es keine Möglichkeit, die Entstehung des »Cyberspace« aufzuklären, da dies »von innen« nicht möglich ist. Das setzt gerade die Kenntnis der »Außendimension« voraus, in der sich der Cyberspace entfaltet (aus unserer heutigen Sicht: als technologisches Produkt – aber das ist schon eine Folge unserer Innensicht!). Wenn Wissenschaft akzeptierte, sich im »Cyberspace« (in einer selbstgeschaffenen »Virtualität«) zu befinden, müßte sie sich darauf beschränken festzustellen, eine Innendimension zu erleben, über deren »objektive Merkmale« – Entstehen, Geschichte, Zukunft – sie nichts wissen könnte. Prinzipiell wäre jede (noch so ausgefallene) Annahme möglich, *stünde sie nur mit den Erfahrungen der »Innenwelt« in Einklang*. Aber wo werden diese Erfahrungen produziert? Sie werden im Gehirn produziert – sagt der Konstruktivist Gerhard Roth: »Der radikale Schluß hieraus ist, daß auch ich ein Konstrukt des realen Gehirns bin, das zu dem Körper gehört, der meinen Namen trägt« (1992, S. 322). Setzen wir anstelle des Wortes »Gehirn« das Wort »Programm-Automat«, statt des physischen Körpers das »Kommunikationssystem Gesellschaft«. In beiden Fällen erhalten wir dieselbe Lösung: Unsere wahrgenommene Wirklichkeit ist nicht Realität, sondern Virtualität – Cyberspace.

> may be a fake, from stamps to fossil skulls to black holes in space« (Dick 1981, S. 29f.).

III. Die Grenze ist ein Spiegel

Wir befinden uns im Cyberspace – in einer selbsterzeugten Paradoxie: einer Innenwelt, zu der es eine Außenwelt nicht gibt. Zwar ist das schwer vorstellbar. Es ist wie mit dem berühmten Satz Albert Einsteins: »Der Weltenraum ist gekrümmt und von endlicher Größe«. Muß man ihn nicht »von außen« betrachten, um das zu erkennen? Und wie verhält es sich mit den Überlegungen über die Entstehung des Kosmos? Was war vor dem Urknall? Was ist außerhalb unseres Universums? Die Physiker versuchen uns zu erklären, daß diese Fragen nicht einmal sinnvoll gestellt werden können. Es sind Fragen, die nur innerhalb unserer Welt einen Sinn haben[56], aber nicht auf den Kosmos als Ganzen bezogen werden können. Es sind Sätze der Innenwelt.

Versuchen wir es mit einem Bild: Angenommen, wir befänden uns in einem Raum. Aus dem Raum wird eine Projektion ausgestrahlt, die weit hinausreicht. Diese Projektion zeigt in einem filmischen Ablauf (fiktive) Einzelheiten aus dem Raum jenseits, die Entstehung des Raums, unsere Entstehung im Raum, so wie wir uns das in diesem Moment denken (vgl. den *Spiegel*-Bericht über den Weltkongreß der Kosmologen in San Francisco, *Spiegel* 52/1992, S. 202). Dort, wo die Projektion auf Gegenstände fällt, werden diese im Licht sichtbar – aber nur im Licht der Projektion. Anders können wir sie nie wahrnehmen. Wir sind also sicher, daß »da etwas ist«, weil es sonst nicht diesen Effekt einer »auf etwas« auftreffenden Strahlung gebe. Aber wir können nie eine andere Beobachtung erhalten als diejenige, die jeweils von den technischen Mitteln unserer Projektion erzeugt wird. Welchen Sinn hat es zu sagen, wir sähen im Licht der Projektion die Wirklichkeit?

Es gibt zwei Bereiche, in denen die Frage nach Wirklichkeit eine besondere Rolle spielt. Der erste Bereich ist die physische Realität. Sie beginnt in unserem Körper, in den neurophysiologischen Abläufen unseres Gehirns, auf denen die höheren Bewußtseinsfunktionen aufbauen (ohne daß man bislang sagen kann, wie das geschieht; eine sehr einsichtige Deutung gibt Luhmann 1990a, S. 19 f.). Der zweite Bereich ist »die jenseitige Welt«: Was ge-

---

56 Von einem Konzept, das man in unserer Welt verwenden kann, läßt sich sagen, daß es »paßt«; es sei »viable«, hat Ernst von Glasersfeld treffend formuliert. Und mehr läßt sich nicht sagen.

schieht mit uns, wenn wir die physische Lebenswelt verlassen? Und wie hängen diese beiden Welten zusammen?

In vielen Kulturen besteht der Glaube, daß wir aus einer jenseitigen Wirklichkeit kommen, eine Zeitlang in der diesseitigen Wirklichkeit leben und dann wieder in eine jenseitige Wirklichkeit zurückkehren. Aber zu beiden Wirklichkeiten haben wir keinen direkten Kontakt. Hinsichtlich der jenseitigen Wirklichkeit scheint diese Aussage – auch wenn sie von zahlreichen Menschen nicht akzeptiert, sondern aufgrund besonderer »Erfahrungen« für widerlegt gehalten wird – der menschlichen Vernunft zu entsprechen. Aber hinsichtlich der diesseitigen Welt überrascht sie. Habe ich nicht gerade im vorherigen Absatz behauptet, daß die physische Realität in unserer Physis beginne? Das trifft zu. Und doch wird diese »Realität« nur im gesellschaftlichen Cyberspace erlebt, in einer gesellschaftlich geschaffenen Innenwelt, aus der heraus wir uns eine »äußere Wirklichkeit jenseits der Gesellschaft« nur in der Kultursymbolik der Gesellschaft vorstellen können. Wir leben im »Cyberspace Gesellschaft«, umfangen von einer elastischen Membran aus einer »kulturellen Sichtfolie«, die sich mit uns bewegt, wohin immer wir uns wenden. Oder, in den Worten von Philip K. Dick: »There is no route out of the maze. The maze shifts as you move through it, because it is alive« (1981, S. 32).

Wir denken ein »Äußeres um uns herum«, ohne das Innere je verlassen zu können. Wir bleiben immer im Kerngehäuse einer gesellschaftlichen Sinn-Welt, die Schichten über Schichten kultureller Deutungsmuster um sich legt, jenseits deren die eigentliche, die nicht-gesellschaftliche Wirklichkeit liegt – sowohl die spirituelle als auch die harte, stoffliche, widerständige materiell-energetische Dinghaftigkeit, die uns als unvermittelte, »rohe« Wirklichkeit ewig unzugänglich bleibt. Wir erfahren sie nur kulturvermittelt; wir können sie nur symbolisch in unsere Innenwelt hineinholen, um darüber in den Termini unserer Symbolik – konstitutiver Symbole, moralisch-evaluativer Symbole, expressiver Symbole, kognitiver Symbole – zu kommunizieren.

Zwar scheint es, als seien wir immer schon körperlich, als verhaltensaktive biologische Organismen, mit der physischen Wirklichkeit verbunden, als wirke sie in uns, als wirkten wir in sie hinein, als seien wir Teile von ihr. Aber dieser Gedanke ist von innen her gedacht und auf eine darin mitgedachte Außenwelt projiziert. In Wahrheit sind wir im Cyberspace, und alles – absolut alles, was sich in unseren Sinnen abspielt, einschließlich des (scheinbaren!) Blicks oder Griffs über die Grenzen hinaus – ist sensorisch in der Innenwelt erzeugt. Nur »science-fiction« kann aus dem Cyberspace »auftauchen« in die nächsthöhere Ebene der Realität (Galouye 1964) – »science« nicht. Wir haben keine – wie immer geartete – Verbindung zu irgendeiner Wirklichkeit außerhalb der Gesellschaft. Niemand spricht zu uns, niemand gibt uns ein Zeichen.[57] Alles, was sich für uns ereignet, ereignet sich in der Innenwelt. Nur was in der Innenwelt sinnhaft konstituiert und semantisch kodiert ist, können wir »erkennen« – das heißt: als Wirklichkeit in kognitiven Schemata systematisieren.

Wie wir inzwischen aus langen wissenschaftstheoretischen Diskussionen wissen, gibt es eine letzte sichere Grundlage allen Wissens, eine rational-kognitiv begründbare Basis, nicht.[58] Bei jeder Aussage, die für sich in Anspruch nimmt, gültig zu sein, tritt das Problem auf, dafür eine Begründung zu liefern. Diese Begründung kann ihrerseits nur wieder eine Aussage sein. So geraten wir unausweichlich in einen unendlichen Regreß ... es sei denn, wir *entschließen* uns, die Argumentationskette abzubrechen. Aber worauf sollen wir diesen Entschluß stützen? Offenbar kann es dafür nur einen Grund geben: unsere Überzeugung von der Geltung derjenigen Aussage, bei der wir stehenbleiben.

Eine solche Überzeugung im wissenschaftlichen Bereich wird mit dem Begriff der »Evidenz« bezeichnet, im religiösen Bereich mit dem Begriff des »Glaubens«. Evidenz (oder Einsicht) wird »dort beansprucht, wo Urteile gefällt werden, die Wissen ausdrücken« (Stegmüller 1969, S. 163). Evidenz entsteht nicht, sie muß vorausgesetzt werden. Ohne Inanspruchnahme von Einsicht ist überhaupt keine Argumentation möglich. Dabei darf man »Evidenz« oder »Einsicht« nicht mit einem subjektiven (inneren) Evidenz-»Erlebnis« gleichsetzen. Ob jemand ein solches Erlebnis hat oder nicht, kann für das Erkenntnisproblem keine Bedeutung haben. Erkenntnis bezieht sich auf Wissen. Wissen ist immer gesellschaftliches Wissen – ein kognitives Aussagensystem, das in einer Gesellschaft als Wissen definiert und in ihrem Bereich als Wissen verfügbar ist.[59]

57 Vgl. dazu Lem 1981a. Dasselbe behaupten und begründen auch Maturana/Varela 1987, vgl. beispielsweise S. 31.
58 Vgl. Stegmüller 1969, insbesondere »Neue Einleitung«.
59 Vgl. dazu die Ausführung Luhmanns 1990a, S. 61 ff., über die Notwen-

Evidenz bezieht sich auf dieses Wissen und besteht in der Überzeugung, daß dieses Wissen eine objektive Erkenntnis ausdrücke, die als Folge von Argumenten einsichtig sei – oder im Nachvollzug der Argumentationskette einsichtig gemacht werden könne. Evidenz ist also zirkulär – sie setzt die Überzeugung voraus, deren Inhalt sie bildet.[60]

Man muß also zunächst an Einsicht glauben, bevor wissenschaftliche (rational-kognitive) Argumentation überhaupt möglich wird. Dies ist kein geringer Glaube. Er besteht in der Überzeugung, daß der Mensch in einer bestimmten Weise beschaffen sei – nämlich so, daß er einerseits rational argumentieren könne und andererseits Vernunftgründen zugänglich sei.[61] Dieser Glaube bildet die Basis weiterer Überzeugungen, die letztlich insgesamt zum Glauben an eine wirkliche Welt führen und damit das Verhältnis zur Wirklichkeit bestimmen.

Der Glaube an Evidenz (daß es »Evidenz« gibt) ist letztlich der Glaube an eine intelligible Wirklichkeit. Einsicht setzt stets menschliche Denk- und Bewußtseinsfähigkeit voraus, die diejenigen Inhalte als »anschaulich gewiß« erfahren kann, die ihr die Wirklichkeit zur Anschauung bietet. Darin liegt aber zugleich die Anerkennung einer realen Wirklichkeit, in der es Denk- und Bewußtseinsprozesse gibt und in der es physische Erlebnisse gibt,

---

digkeit einer ›radikalen Entanthropologisierung‹ des Wissenskonzeptes. Wissen kann nur der gesellschaftlich definierten Operation ›Beobachtung‹ zugerechnet werden.

60 »Wer für die Evidenz argumentiert, begeht einen Zirkel, denn er will beweisen, daß es Evidenz gibt; das zu Beweisende soll also das Endergebnis der Überlegung darstellen, während er vom ersten Augenblick seiner Argumentation an Evidenz bereits voraussetzt. Wer gegen sie argumentiert, begeht einen Selbstwiderspruch; denn er muß ebenfalls voraussetzen, daß seine Argumentationen evident sind.

An Einsicht kann man glauben oder nicht glauben, man kann diesen Glauben oder Unglauben aber nicht weiter begründen, es sei denn, man wolle unter ›begründen‹ nur die Angabe gewisser Motive dafür verstehen, etwas zu tun oder nicht zu tun. Es ist eine ›vorrationale Urentscheidung‹, die hier getroffen werden muß, und zwar in jedem einzelnen Falle, wo etwas erkannt werden soll« (Stegmüller 1969, S. 169).

61 Dieser Glaube ist nicht unähnlich dem Descartesschen Credo: »cogito ergo sum«.

die diese Prozesse in Gang setzen und stimulieren.[62] Es scheint also, daß wir letztlich auf Gründe angewiesen sind, die *außerhalb des Systemzusammenhanges selbst liegen*. Aber wie können wir je über die Grenzen der Handlungswelt hinausgelangen?

Luhmann hat uns erklärt, daß es Kommunikation über den Kreis der Gesellschaft hinaus nicht gäbe; wir könnten nur in Kommunikationssystemen kommunizieren. Die Grenzen der Kommunikation seien die Grenzen der Gesellschaft. Die menschliche Handlungswelt (zu der das Sozialsystem »Gesellschaft« als Subsystem gehört[63], hat zwei Grenzen: die Grenzfläche zur physischen Realität (der Natur) und die Grenzfläche zur »jenseitigen Wirklichkeit« (der »ultimate reality«, der transzendenten Sinnwelt), die jenseits unserer physischen Erfahrung liegt. Die erste Grenze ist die Domäne der (Natur-)Wissenschaften; die zweite die der Religion. An beiden verhalten wir uns so, als gäbe es das, was Luhmann verneint: Kommunikation über die Grenzen der Gesellschaft hinweg.

Aber mit wem kommunizieren wir dort? Die Antwort kann nur sein: Mit uns selbst.[64] Wir fingieren jenseits beider Grenzen eine Fortsetzung unserer Welt, mit derselben grundlegenden Struktureigenschaft unserer kulturellen Lebenswelt – nämlich einer sinnhaften Ordnung. Wir deuten Geschehnisse in der Innenwelt (Gesellschaft) als Einwirkung der (gedachten) Außenwelt und interpretieren sie als sinnhafte Ereignisse, deren Auftreten ein Zeichen sei für eine tieferliegende, »verborgene« Ordnung, die »enthüllt« werden könne. Wir wissen nicht, ob es jenseits unserer gesellschaftlichen Welt eine »Außenwelt« gibt; daß wir diese Vor-

---

62 Wollte man die Vorstellung einer solchen Wirklichkeit gänzlich beseitigen, so müßte man den Glauben an Evidenz und menschliche Einsichtsfähigkeit preisgeben. Dies ist der eigentliche Kern des Agnostizismus. Der Agnostiker ist zum Schweigen verurteilt, weil ihm der Glaube an »die Passung« von menschlicher Einsichtsfähigkeit einerseits und erfahrbarer Anschaulichkeit andererseits abgeht.
63 Parsons 1951; Parsons 1977, Kapitel 8, S. 177; Luhmann 1984.
64 Natürlich gibt es immer die Hoffnung, daß wir mit gewaltigen Lauschgeräten Signale von anderen Sternen empfangen, obwohl jede Vernunft dagegen spricht (vgl. den Bericht im *Spiegel* 42/1992 »Lauschangriff ins Weltall«, S. 264 ff.; Lem 1981a). Aber dieser Kontakt mit »den anderen« ist nicht gemeint. Er ist nur ein Teil dessen, was wir voraussetzen, wenn wir über Wirklichkeit kommunizieren.

stellung (von »Außenwelt« und »Innenwelt«) bilden können, ist nur eine Folge der Konzepte, die wir in unserem Kommunikationssystem entwickelt haben. Sie resultiert aus Verhältnissen in unserer Lebenswelt. Hier »paßt« sie. Ob es einen Sinn hat, solche Vorstellung »auf das Ganze« zu beziehen und damit das Ganze als »Innenwelt« gegenüber einer »Außenwelt« zu betrachten, wissen wir nicht. Wir können uns nicht »nach außen« versetzen, um von dort die Innenwelt zu betrachten, da wir – über dieses Bild hinaus – keinerlei Vorstellung davon haben, was es (inhaltlich) bedeuten könnte, unsere Welt »von außen« zu sehen. »Die Welt kann nicht von außen beobachtet werden, sondern nur in ihr selbst«, sagt Luhmann (1990a, S. 75). Wir können nur verstehen, was es heißt, sich »von innen« vorzustellen, »außen« zu sein – so wie wir uns beispielsweise vorstellen, wie es wäre, eine Fledermaus zu sein oder ein »Indianer«, der die Ankunft von Kolumbus erlebte.[65] Aber selbst bei dieser Art von Empathie wissen wir nicht, was ein Eingeborener damals empfand; wir wissen lediglich, zu welcher Art von seelischer Nachempfindung wir (jetzt) fähig sind. Dieses Wissen können wir in Sätze fassen – und damit endet der Vorgang, denn das, was wir »Wirklichkeit« nennen, liegt immer jenseits aller Sätze.

Tatsächlich projizieren wir uns also niemals in die Außenwelt, sondern konstruieren diese fiktive Außenwelt als Fremdkörper in unserer Innenwelt. Sie bildet eine Einstülpung unserer »kulturellen Membrane«, eine Blase in unserer Blase. Wir interpretieren gewisse Zustände oder Ereignisse in unserer Lebenswelt als Effekte, die die fingierte Außenwelt bewirkt haben könnte, gäbe es sie. Und aus diesen Effekten versuchen wir dann rückzurechnen, welche sinnhaften Zusammenhänge in jener Außenwelt bestehen müßten, damit diese Effekte in unserer Lebenswelt begrifflich so beschrieben werden könnten, wie wir sie beschreiben. Wir konstruieren, immer in der Innenwelt, eine dazu passende – aber fiktive! – Außenwelt, von der aus wir dann wiederum fingieren können, unsere Innenwelt zu betrachten. So können Schemata entstehen, die die Geburt des Sonnensystems in astrophysikalischen Aussagen, oder Schemata, die die Erschaffung des Menschen durch die Hand Gottes aus Lehm in religiösen Schöpfungs-

---

65 »Wie ist es, eine Fledermaus zu sein?« (Nagel, in: Hofstadter/Dennett 1992, S. 375-388).

geschichten, oder Schemata, die das Entstehen von Leben in biologische Evolutionstheorien beschreiben ... usw.

Der kunstvolle Trick bei der Konstruktion der Außenwelt liegt darin, sie als Fortsetzung der Innenwelt zu konstruieren (oder umgekehrt: die Innenwelt als Fortsetzung der Außenwelt zu deuten, wie dies innerhalb der religiösen Konstitutionssysteme geschieht). Nur damit ist gesichert, daß beide Bereiche durchgängige Sinnstrukturen aufweisen, die die Brücken der Kommunikation sind. Über diese Brücke gelangt man jeweils in das andere System. Wir wissen jetzt, daß es ein Trick ist – das »andere System« ist eine Konstruktion der Innenwelt, die mit dem Label »Außenwelt« etikettiert wird. Beide umgibt dieselbe »kulturelle Membrane«. Aber auch wenn wir die Konstruktion (gelegentlich) durchschauen, so funktioniert sie dennoch. Alles Wissen unterliegt weiterhin der Bedingung, daß die Grenzen der Kommunikation die Grenzen unserer Welt sind, aber indem die (im System fingierte) Außenwelt sinnhaft mit der Innenwelt verbunden wird, erweisen sich die (internen) Grenzflächen als durchlässig für den Transport von Botschaften, die dem Anschein nach »von außen« kommen.

Betrachten wir ein Beispiel, um zu verdeutlichen, was in Rede steht: Wenn man einen Roman liest, Filme auf der Leinwand oder dem Bildschirm sieht, blickt man (in der »Desktop-Metapher«) durch ein Fenster in eine andere Welt. Ein guter Roman oder Film ziehen den Betrachter emotional in ihre Welt hinein; der Betrachter weiß, daß diese Welt – ungeachtet ihrer realistischen Elemente – fiktional ist, dennoch kann er die Handlung mitvollziehen, als wäre er in sie eingebunden. Aber der Griff hält nicht lange; er löst sich auf, während wir die Augen abwenden. Die »Desktop-Virtuality« hat nur schwache Suggestionskräfte, sie ist noch weit vom »total-surround-« oder gar vom »immersive environment system« entfernt. Doch es gibt Tricks, mit denen die Virtualität ihren Griff verstärken kann. Gewisse TV-Serien sind dafür Beispiele. Ohne Änderung der Technologie (wir bleiben bei der »Fenster-Technologie« des Fernsehens) wird allein durch die ständige Fortsetzung der Serie im Betrachter allmählich das Bewußtsein der Fiktionalität gelöscht. Der Betrachter verliert seine Beobachterrolle, er wird mehr und mehr zu einem geladenen Gast, einem (passiven) Teilnehmer, der im Geschehen einen privilegierten Platz einnimmt, dem die anderen Akteure – wenn auch in einer indirekten Weise –

Bericht erstatten, Probleme offenbaren, Motive erklären usw. Der Ablauf der Ereignisse ist beobachterzentriert, so daß der Betrachter das Gefühl erhält, erst sein teilnehmendes Zuschauen konstituiere das Ganze.
Es wird behauptet, daß Zuschauer gelegentlich dieser Konstruktion der Virtualität so verfallen, daß sie in ihrem eigenen Denken und Handeln Beziehungsmuster dazu herstellen. Die Akteure, ihre Handlungssequenzen, ihre Kommunikationen und Orientierungsmuster werden – aus Sicht eines so affizierten Betrachters – Teil seiner Welt. Die Symbolik der Außenwelt – einer völlig fiktionalen, zusammenphantasierten Konstruktion, die es nirgendwo gibt – wird in der gesellschaftlichen Innenwelt benutzt, um passende Anschlüsse herzustellen. Es entstehen Alltagsszenen als Fortsetzung der fiktionalen Fernsehwelt oder Buchwelt oder Filmwelt.
Solche Anschlüsse halten stets nur kurze Zeit. Sie haben keine Stabilität. Es wird keine Energie aufgewendet, um sie zu erhalten, es sei denn, um damit Produkte zu vermarkten. Aber es gibt Bereiche, in denen sich das anders verhält. Betrachten wir das gedankliche Schema der Naturwissenschaften – etwa astrophysikalische Theorien, Theorien über das Entstehen des Weltalls, Kosmogonien. Friedmanns Modelle beispielsweise sind phantastische kosmische Szenerien sich ausdehnender und wieder zusammenziehender gekrümmter Räume (vgl. Hawking 1988, S. 62 ff.). Diese phantastischen Welten der Physik haben Anschlüsse in der Innenwelt über Wissenschaft, Forschung, Hochschulen, Ausbildung, Technik, Anwendung usw., die ihre Symbolik millionenfach mit der internen gesellschaftlichen Symbolik verknüpfen. Und hieraus entsteht die Stabilisierung von Innen- und Außenwelt, die wir genauer untersuchen müssen.
Ein berühmter Mann des 19. Jahrhunderts hat über die Kommunikation zwischen Wissenschaft und Natur gesagt: Ihr »Nein« schreie uns die Natur entgegen, ihr »Ja« hauche sie allenfalls. Aber diese Metaphern passen nicht. Weder schreit die Natur noch haucht sie, weder schweigt noch antwortet sie – *sie kommuniziert nicht*. Sie handelt nicht. Sie ist nicht menschlich. Sie ist Außenwelt – jenseits von Gesellschaft. Die physische Wirklichkeit ist – physische Wirklichkeit. Die gesellschaftliche Wirklichkeit dagegen ist eine Sinnwelt. Sie wird von Menschen durch Kommunikation erzeugt. Um ihre Grenzfläche durchlässig zu machen, müssen wir

fingieren, daß auch die physische Wirklichkeit in ihrer physikalischen Beschaffenheit »sinnhaft« angelegt, daß ihr eine erkennbare Ordnung zu entnehmen sei, die sich in die Schemata fassen ließe, über die unsere Gesellschaft verfügt – was bedeutet, daß sie nicht nur eine der menschlichen Vernunft allgemein, sondern eine der spezifischen Rationalität unserer Gesellschaft zugängliche – uns evidente! – Sinnhaftigkeit aufweisen muß. Das ist die Konstruktionsvoraussetzung, auf deren Basis wir die physische Wirklichkeit erst auf ihre vermuteten »Gesetzmäßigkeiten« hin auslegen, sie deuten, ihre Erscheinungsformen als nomologische Konfigurationen interpretieren können. Man darf dabei nicht aus den Augen verlieren, daß all diese Auslegungen sich an Ereignisse knüpfen, die sich in der Innenwelt – in der Gesellschaft – ereignen. Darin bedeutet der Ausdruck »sich ereignen« eben gerade nicht das »rohe physische Vorkommnis« (das immer Fiktion bleibt!), sondern das »kulturell konstituierte Ereignis«, das dadurch entsteht, daß ein Vorkommnis als Beobachtung semantisch kodifiziert und der Erfahrung sprachlich zugänglich gemacht wird. Außerhalb der Sprache bleibt jedes Vorkommnis gesellschaftlich »unfaßbar«.

Dies gilt nicht nur für die Kommunikation mit der Natur, sondern auch für die Kommunikation mit Gott. Religiöser Glaube enthält die Überzeugung, authentische Wahrheit von Gott zu erfahren. Auch dieser Glaube ist zirkulär: Er setzt die religiöse Überzeugung (daß Gott uns ein Zeichen gibt) voraus, deren Inhalt (Gott gibt uns ein Zeichen) er bildet. In derselben Weise, wie Evidenz den Glauben an eine intelligible Wirklichkeit impliziert, impliziert religiöser Glaube einen göttlichen Sinn der Welt.

Gefragt: »Läßt Gesellschaft die Kommunikation mit Gott zu?«, hat Niklas Luhmann bestritten, daß dies möglich sei.[66] Aber lehrt menschliche Erfahrung nicht das Gegenteil? Man kann zu Gott sprechen, und – was stärker wiegt – Gott spricht zu Menschen. Menschen bitten, er antwortet. Gelegentlich schneller als erwartet, wie die Teilnehmer einer Regenzeremonie erfuhren, als sie auf dem Heimweg heftig durchnäßt wurden. Kommunikation mit

66 »Kein Anschluß unter dieser Nummer. Läßt unser Telefonsystem die Kommunikation mit Gott nicht zu?« Unter diesem (oder einem ähnlichen) Titel hat Luhmann 1987, S. 227 ff., den Theologen die »Plausibilitätsabfuhr« erteilt, daß Gespräche mit Gott nicht möglich und weitere Anrufe dort sinnlos seien.

Gott ist jederzeit möglich; er antwortet auch – oder nicht. Man muß es eben nur glauben.
Glaube wird immer vorausgesetzt – in der Wissenschaft ebenso wie in der Religion. Dies bestreitet auch Luhmann nicht. Nur lasse die Theorie der Gesellschaft – die mitlaufende selbstreferentielle Selbstbeschreibung – unabhängig vom Inhalt des vorausgesetzten Glaubens die naive Vorstellung einer grenzüberschreitenden Kommunikation nicht länger zu. Dies folgt allein schon aus der zirkulären Definition von Gesellschaft und Kommunikation. Da Gott nicht Teil der Gesellschaft ist, kann man mit IHM auch nicht kommunizieren.

IV. Geschlossene Kommunikation

Es gibt keine Kommunikation über die Grenzen des Systems hinweg. Die Grenze der Gesellschaft ist die Grenze der Kommunikation. Was jenseits dieser Grenze liegt, ist nicht Gesellschaft und ist nicht Kommunikation. Diese Grenze ist keine permeable Grenze. Kommunikation ist ein in sich geschlossenes System. Aber zugleich gibt es in diesem vielfältig differenzierten Kommunikationssystem zahlreiche Sinnbezüge auf Bereiche, die jenseits der Grenzen des Systems vermutet werden. Die Möglichkeit solcher Sinnbezüge liegt in der doppelten Referenzstruktur von Kommunikation, die in ihrer symbolischen Referenz stets die Gesprächsreferenz (der aktualen Situation und ihrer Teilnehmer) transzendieren kann. (Man kann »jetzt und hier« über »Gottes Worte an Moses auf dem Berge Sinai« sprechen – oder über den Inhalt astrologischer Horoskope oder über Quantensprünge im Hilbert-Raum). Ereignisse »jenseits der Innenwelt« können symbolisch konstituiert und semantisch kodiert werden und damit in der Kommunikation in derselben Weise zirkulieren, wie beliebige Ereignisse der Innenwelt. Tatsächlich sind sie voneinander ununterscheidbar. Alles, worüber wir als »Ereignis« sprechen, ist im System konstituiert, ist nur Element im Cyberspace. Erst durch die Zurechnung an Bereiche, von denen wir *behaupten*, daß sie nicht Teil der Innenwelt seien, sondern »außen« lägen, entsteht das Problem, wie solche Unterscheidungen in eine entsprechend differenzierte Kommunikation einzubauen wären. Wir wissen also überhaupt nicht, ob wir von Ereignissen der Innen- oder

Außenwelt sprechen – solange nicht besondere Mechanismen installiert sind, die Referenzen von Innen- und Außenwelten trennen.

Es gibt keine Außenwelt; sie wird in der Innenwelt erzeugt. Ihr Ursprung ist die differenzierende Kommunikation. Sie gliedert Bereiche aus, denen unterschiedliche Beobachtungen zugerechnet werden. Wir befinden uns im Cyberspace – dem Cyberspace, den wir »Gesellschaft« nennen. Es gibt zwei grundsätzliche Fragen, mit denen wir (scheinbar) aus dem System hinausgreifen: erstens, die Frage nach der physischen Basis, der materiell-energetischen Beschaffenheit, der »Hardware-Anlage« des Cyberspace, und zweitens, die Frage nach dem Schöpfer und Betreiber dieser Anlage sowie seiner Absichten und Ziele, die ihn dabei leiten. Die erste Frage rechnen wir den (Natur-)Wissenschaften zu, die zweite der Theologie. Auf beide Fragen werden wir keine Antworten erhalten, die wir nicht selbst im System erzeugen. Der Cyberspace ist für die, die sich in ihm befinden, ein geschlossenes System. Die Außenwelt ist eine Fiktion der Innenwelt; alle Entdeckungen sind Folgen unserer Erfindungen. Aber das wissen Konstruktivisten schon. Kann man ihnen darüber hinaus noch etwas Neues sagen? Man kann andeuten, wie diese Konstruktion funktioniert – so funktioniert, als gebe es das, was die Konstruktion ausschließt: grenzüberschreitende Kommunikation zwischen Innen und Außen.

Wie diese Unterscheidung entsteht, wurde schon gesagt: durch die Fiktion einer Außenwelt, der gewisse Effekte der Innenwelt als Wirkungen zugerechnet werden, von denen aus dann wieder auf Detailstrukturen der (zuvor fingierten) Außenwelt rückgerechnet wird. Aber damit ist das Problem nicht gelöst. Die Aufgabe folgt erst: ein Schema zu bilden, das es erlaubt, Geschehnisse aus der rückerschlossenen sinnhaften Konfiguration des fingierten Außenbereichs in einer (von uns intern entwickelten) »Außensymbolik« zu kodifizieren und dann durch »ein Medium« in unsere normale »Innensprache« zu transferieren, so daß sie hier sinnhaft rekonstruiert werden können.[67]

Wie läßt sich ein solches Schema entwerfen, das den Sinn von

[67] Wir transkribieren gleichsam einen »Sternencode« aus einer anderen Galaxie in eine für uns sinnvolle Botschaft (Lem 1981a). In dieser »Science-fiction«-Version klingt das aufregend. Das Problem beginnt jedoch ganz banal in unserer unmittelbaren Umwelt.

Ereignissen, die in einem System kodifiziert sind, über Systemgrenzen hinweg in ein anderes System transportiert? Diese Aufgabe wird durch besondere Mechanismen gelöst, die Parsons entdeckt (oder – gut konstruktivistisch – erfunden?) und als »Medien« bezeichnet hat. Diese Medien operieren sowohl *in* Systemen, als auch *über die Grenzen* von Systemen hinweg. Einzelheiten des Medienkonzepts wird der Leser schon aus Platzmangel hier nicht erhalten können.[68] Man kann nur andeuten, in welcher Weise Medien die geschlossene Kommunikation im Cyberspace als offene Kommunikation über die Grenzen des Systems hinweg erscheinen lassen.

Wie erwähnt, entsteht die Vorstellung einer »Außenwelt« jenseits der Grenzen von Gesellschaft zum einen in Gestalt der physischen Außenwelt, zum anderen in Gestalt der transzendenten (meta-physischen) Sinnwelt. Jede derartige Außenwelt ist immer nur ein Produkt der Innenwelt. Sie entspringt der gesellschaftlichen Phantasie – oder sagen wir: Es gibt keinerlei Möglichkeit, Illusionen einer Außenwelt von einer tatsächlichen Außenwelt zu unterscheiden. Dies gilt sowohl von der physischen als auch von der metaphysischen »Realität«. Beide sind ein Teil der gesellschaftlichen Realität. Diese Realität wird vom »Cyberspace Gesellschaft« selbst erzeugt. Dabei handelt es sich, wie wir aus unzähligen soziologischen Untersuchungen wissen, um ein überaus vielfältig differenziertes System. Eine der grundlegenden Differenzierungen, die das System erzeugt, ist die Innen/Außen-Differenz. Damit hat sich die Systemtheorie frühzeitig beschäftigt, jedoch die radikal konstruktivistischen Konsequenzen erst spät gezogen.

Wie die Welt außerhalb des Cyberspace Gesellschaft aussieht, kann uns nur jemand sagen, der sich außerhalb befindet. Jedoch befindet sich dort niemand – oder? Können wir hoffen, irgend ein Zeichen von außen zu erhalten?

Wer glaubt, dem gibt Gott ein Zeichen. Solche Zeichen offenbaren

---

68 Parsons über »Macht«, »Einfluß« und »Wertbindungen« sowie »Sozialstruktur und symbolische Medien«; deutsche Übersetzungen in Jensen 1980; weiterführend Loubser u. a. 1976. Luhmann hat außerordentlich viele Beiträge zum Medienkonzept geschrieben; vgl. beispielsweise Luhmann 1970, S. 232 ff.; 1972, S. 186-210; 1975a, S. 170 ff.; 1975b, sowie nochmals ausführlich 1984, S. 220 ff.; 1988b, Kap. 7, S. 230 ff.

Jenseitiges und gewähren (persönliche – nicht gesellschaftliche) Erlebnisse transzendenten Geschehens mit authentischem Charakter. »Gottes Wort« ist ein Ereignis jenseits der Gesellschaft. Es kann jedoch gesellschaftlich so kodifiziert werden, daß die kulturelle Symbolik jenseitige Ereignisse diesseitig repräsentiert und damit normativ Anschlüsse für Erleben und Handeln in der Gesellschaft herstellt.

In ähnlicher Weise lehrt Wissenschaft, die Zeichen der Natur zu verstehen. Kognitiver Glaube ist die Überzeugung, aus den Zeichen der Natur eine objektive Ordnung lesen zu können (so wie Jacob Gafarelli glaubte, die Worte Gottes aus den Sternen lesen zu können – *derselbe* Glaube!). Die Ordnung der Natur ist eine Gegebenheit außerhalb der Grenzen der Gesellschaft. Sie kann jedoch gesellschaftlich so kodifiziert werden, daß die kulturelle Symbolik die jenseitige Struktur diesseitig repräsentiert und damit normativ Anschlüsse für Erleben und Handeln herstellt. So entstehen Bereiche wie Religion und Wissenschaft, die in ihrem konstitutiven Aufbau jenseits der Gesellschaft vermutete Bereiche repräsentieren und zugleich institutionelle Bereiche einer differenzierten Gesellschaft sind.

Differenzierung erfordert einen gegenläufigen integrativen Prozeß, der die Differenzierung nicht aufhebt, sondern stabilisiert. Eine solche Stabilisierung besteht darin, die übergeordneten normativen Strukturen des Gesamtsystems beim Aufbau differenzierter Teilzusammenhänge »immer wieder« zur Geltung zu bringen. Dazu müssen die relevanten Muster so kodifiziert werden, daß sie von einer konkreten Situation in andere übertragen werden.

Betrachten wir den Fall, in dem Gott ein Zeichen gibt. Jede Offenbarung ist zunächst an ihren Ursprung in einer konkreten Situation gebunden – so wie vergleichsweise alle Eigenschaften eines Organismus konkret und einmalig in den Chromosomen des Zellkerns gespeichert sind. Das Problem ist, das Ereignis als Information zu behandeln, also daraus eine Botschaft zu machen, die von ihrer Ursprungsstelle aus weitergegeben (»transferiert«) und an anderer Stelle kopiert werden kann, um systemintern rekonstruieren zu können, was extern vermutet wird.

Dieses Problem läßt sich durch einen Code lösen, wenn man es als semantisches Problem der Übertragung von Botschaften in Systemen behandelt. Dabei muß das zugrundegelegte Ereignis, von dem behauptet wird, es ereigne sich in »der Außenwelt jenseits der Gesellschaft«, semantisch verschlüsselt und zu einer Anweisung für Handeln in der Gesellschaft kodifiziert werden. Eine solche Botschaft hat einen bestimmten kulturellen Sinn: sie teilt mit, wie man eine gegenwärtige Situation so definiert, daß ein interner Erlebens- und Handlungszusammenhang entsteht, der sinnhaft auf ein vorausgesetztes (früheres) jenseitiges Ereignis bezogen ist (so wie das beispielsweise beim Abendmahl in der Kirche geschieht).

Die Codierung eines Geschehens, das sich (angeblich!) einmal als sinnhaftes Ereignis jenseits von Gesellschaft abgespielt hat und nun in der Gesellschaft in seiner doppelten Referenz: *als jenseitiges Ereignis mit diesseitiger Wirkung* rekonstruiert werden soll, erfordert ein Medium für Aufzeichnung, Transfer und Entschlüsselung – beispielsweise Sprache. Da »Sprache schlechthin« für diese Aufgabe zu allgemein ist, wird als »Transfer-Medium« (das heißt: als Medium für die Verschlüsselung, Übertragung und Entschlüsselung kulturellen Sinns) nicht die gesamte Sprache, sondern eine in sie »eingelagerte« Sub-Struktur betrachtet. Sie stellt eine funktional spezialisierte Sondersprache dar und wird als »kulturelles Medium« bezeichnet. Ein solches »kulturelles Medium« ist eine »Sondersprache«, spezialisiert auf die »Transfer-Funktion« zwischen verschiedenen gesellschaftlichen Sinnbereichen. Der Sinnbereich, um den es hier geht, ist die Verknüpfung von »Außenwelt« und »Innenwelt«. Man darf vermuten, daß auch hier ein Code operiert, der die Religions- und Wissenschaftssemantik mit der allgemeinen gesellschaftlichen Kommunikation verbindet. Ein solcher Code ist formal ähnlich wie ein Programm oder ein Algorithmus – eine Verarbeitungsvorschrift, die angibt, wie Eingabedaten schrittweise in Ausgabedaten umgewandelt werden. Bezogen auf den Kulturbereich bedeutet das, daß ein kultureller Code ein Programm zur Übertragung der normativen Strukturen von Sozialsystemen ist.

Die Religionssemantik, beispielsweise, rekonstruiert das außerhalb des Systems vermutete Geschehen in seiner spezifischen Symbolik als Ereignis im System und macht es damit im System kommunizierbar. Die Code-Komponente dient als Algorithmus, um in beiden Bereichen wechselseitig immer wieder die spezifische Sinnbedeutung zu erzeugen und zu stabilisieren, auf der eine Religion beruht – die jenseitige Sinnwelt und die diesseitige Hingabe an den Glauben.

Ausgangspunkt ist immer ein Geschehen, von dem eine Gesellschaft behauptet, es sei nicht Teil ihrer selbst, sondern Vorkommnis jenseits von Gesellschaft. Wir wissen, daß das nie der Fall sein kann: Was wir »Ereignis« nennen, entsteht immer erst in der gesellschaftlichen Kommunikation. Die gesellschaftliche Kommunikation fingiert eine »Außenwelt«, der ein Vorkommnis zugerechnet wird (dessen »Zeichen« oder »Wirkungen« aber immer in der Innenwelt liegen!). Diese Kommunikation verwendet eine doppelte Referenz: die Verknüpfung »innerweltlicher (gesellschaftlich sichtbarer) Zeichen« mit »außerweltlichen (physischen oder spirituellen) Vorkommnissen« (wie zum Beispiel das Einschlagen eines Blitzes als Naturphänomen oder als Gottesurteil). Der »jenseitige Bereich« hat eine (fingierte, gesellschaftlich aber als real unterstellte, nämlich als »eigentliche Realität« entdeckte oder offenbarte) Ordnung, die erschlossen und so kodifiziert werden muß, daß sie sich in eine innerweltliche normative Symbolik des Erlebens und Handelns transkribieren läßt. So wird ein Vorkommnis zunächst aus der Innenwelt ausgegliedert und einem »jenseitigen« Bereich zugewiesen, von dem aus es dann wieder – über besondere Mechanismen – in das System zurücktransportiert und mit Ereignissen der Innenwelt verknüpft wird, um Anschlüsse herzustellen, über die diese Ereignisstruktur fortwirken und durch Rückbezüge auf die »Außenwelt-Symbolik« den in der Vorstellung geschaffenen Zusammenhang stabilisieren kann.

Diese Struktur hat Ähnlichkeit mit genetischen Prozessen. Auch im genetischen Modell werden Konstruktionsanweisungen verschlüsselt, transkribiert und wieder entschlüsselt, um ein gegebenes System ein weiteres Mal zu erzeugen. Genau das ist die Funktion der Medien, die an den Grenzflächen der Gesellschaft operieren. Im ersten Fall habe ich diesen Effekt an der Grenze zur »jenseitigen Sinnwelt« betrachtet. Dieser Effekt wiederholt sich an einer zweiten Systemgrenze, nämlich an der Grenze zwischen Gesellschaft und physischer Realität. Auch hier werden zwei Welten gegeneinander ausdifferenziert: die gesellschaftliche Innenwelt »Wissenschaft« und ihr physischer Gegenpart, den wir »Natur« nennen. Ihre Einheit wird (in den modernen Gesellschaften) durch den gesellschaftlichen Kommunikationszusammenhang hergestellt, den wir »Wissenschaft« nennen.

Es scheint, als könne die empirische Wissenschaft in Gestalt von

Beobachtungen, Experimenten, Versuchsanordnungen und gezielter Erzeugung von Daten die Virtualität der physischen Außenwelt in Realität überführen, indem sie mit ihren methodologischen Operationen über die Grenze der Gesellschaft hinausreicht: »Die wissenschaftlich beobachteten Ereignisse sind die Ereignisse der physischen Wirklichkeit« oder »die Naturwissenschaften beobachten nichts anderes als eben die Natur«. So beispielsweise Carnap (1969, S. 14): »Die Wissenschaft beginnt mit der direkten Beobachtung einzelner Tatsachen. Nichts anderes ist beobachtbar.«

Aber die methodologischen Verfeinerungen verdecken nur den fundamentalen, nie abänderbaren Sachverhalt: Wissenschaft erfaßt nicht Tatsachen, nicht »die physische Wirklichkeit« (sozusagen in ihrem »Rohzustand«), sondern sie erzeugt sie – erzeugt sie als Resultante ihres Vorgehens, in Gestalt kulturimmanenter Konzepte. Sie beschäftigt sich mit der physischen Wirklichkeit, die die Gesellschaft in ihrer konstitutiven Symbolik geschaffen und semantisch kodifiziert hat. Es handelt sich um »externalisierte Kommunikation«, bestätigt uns Luhmann (1990a, S. 261, unter Berücksichtigung aller Argumente, die für eine »Ähnlichkeit« von Wirklichkeit und Konstruktion sprächen; ebd., S. 260). Wissenschaft ist ein besonderes Kommunikationssystem, ausdifferenziert aus dem größeren Zusammenhang Gesellschaft, spezialisiert auf kognitiv-rationale Systematisierungen. Wissenschaft ist Produktion von Sätzen, von Aussagen, von Semantik. In diesen Sätzen erscheint die Konstruktion der Wirklichkeit. Über diese Sätze – aus dem semantischen System – gelangen wir nie hinaus.[69]

Aussagen über »die Wirklichkeit« sind Aussagen einer Gesellschaft über eine von ihr konstruierte Wirklichkeit. Realität ist eine kulturelle Fiktion. Die Grundlage dieser Fiktion ist die konstitutive Symbolik einer Gesellschaft, in der sie (schöpferisch) den Sinn ihrer Welt auslegt. Im Rahmen dieser umfassenden Sinngebung wird Realität als transsubjektive Außenwelt gedeutet und als externer Komplex behandelt, der mit der gesellschaftlichen Le-

---

69 All das wird uns deutlich von Luhmann gesagt. Dort, wo wir immer tiefere Begründungen geben, verfahren wir nach dem Muster: »›Gründe‹, ›gute Gründe‹, ›überzeugende Gründe‹; wie ›Eier‹, ›frische Eier‹, ›echt frische Eier‹ ...« – ein Zitat aus Utter/Needham 1972, das Luhmann 1982, S. 373, einführt.

benswelt (angeblich) in einer erfahrbaren Wechselwirkung stehe. Über diese (angenommene) Wechselwirkung lassen sich Theorien aufstellen. Die Deutung dieser Theorien läßt dann die Wirklichkeit erscheinen. Formuliert man diese Theorie, so erscheint diese Wirklichkeit; formuliert man jene Theorie, erscheint jene. Und erst aus dieser metatheoretischen Formulierung, aus dem Umstand, daß sich einmal diese und ein andermal – in Abhängigkeit vom Wechsel unserer Konzepte – jene Wirklichkeit erschließt, läßt sich der Schluß auf eine reale Wirklichkeit jenseits aller Konzepte ziehen, die uns jedoch immer nur in einer konzeptionellen Fassung zugänglich erscheint (Hübner 1978). *Hysteron proteron*: daß wir diesen Schluß ziehen, ist nur die Folge unserer vorausgesetzten Annahmen – daß es eine »Wirklichkeit an sich« gibt, war ja die basale Prämisse, auf der die Konstruktion errichtet wurde.

Die Konstruktion der Außenwelt besteht in der Ausdifferenzierung eines besonderen Bereichs der Innenwelt. Die Verbindung zwischen diesen beiden Systembereichen erfolgt über eine spezielle Semantik. Sie steuert diese Konstruktion, die nicht statisch, sondern dynamisch ist; ein Fluß, in dem die kulturelle Symbolik kodifiziert, transferiert und rekonstruiert wird. So bilden sich zwei differenzierte, aber zugleich komplementär aufeinander bezogene und vielfältig miteinander verschränkte Systeme – die »in Wahrheit« (in der konstruktivistischen Wahrheit) nur einen einzigen, wenn auch in sich differenzierten, Komplex bilden – das gesellschaftsinterne Kommunikationssystem »Wissenschaft« und das gesellschaftsexterne System »Außenwelt«. Die Ausdifferenzierung des Wissenschaftssystems erfolgt unter der Leitvorstellung, daß es eine transsubjektive, vom Menschen unabhängige Außenwelt gebe, die schon vor dem Auftreten des Menschen auf der Erde bestand, die unabhängig von seiner Beobachtung besteht, und die auch dann noch bestehen wird, wenn es keine Menschen mehr geben sollte. Diese subjekt-unabhängige, daher objektiv-gegebene, Realität soll Wissenschaft erforschen. Genau diese Vorstellung konstituiert *uno actu* zwei differentielle Systembereiche – Wissenschaft *und* Außenwelt. All unser Wissen über die Außenwelt wird ausschließlich von der Wissenschaft erzeugt, mit den Mitteln, die Wissenschaft zum Zweck der Erforschung der Außenwelt entwickelt. Daran knüpft sich die Vorstellung, daß man den Inhalt von Aussagen, die in der Innenwelt (im Kommunikationssystem Wissenschaft) formuliert werden, direkt an Sachverhalten der Außenwelt (Realität) »verifizieren« könne. Aber dies ist kein »Sprung aus dem System«, sondern nur ein Wechsel der Referenz, der durch einen besonderen Code ermöglicht wird. Genau auf diesen scheinbaren »Sprung« bezieht sich die Theorie der kulturellen Medien.

v. Das Konzept der Medien

Talcott Parsons führte den Medien-Begriff[70] in den fünfziger Jahren in die soziologische Theorie ein, um Austauschprozesse zwischen differenzierten Einheiten in Handlungssystemen zu analysieren.[71]

70 Im Alltag bezieht sich der Medienbegriff meist auf Presse, Rundfunk und Fernsehen oder auf die »neuen Medien«: Audio-Visions-Systeme, Kabel- und Satellitenprogramme, Telekommunikation. Die Grundlage dieser Medien ist technischer Art – daher »technische Medien«; Luhmann verwendet den Ausdruck »Verbreitungsmedien«; vgl. Luhmann 1984, S. 221.
Der Begriff der »Medien« selbst ist älter. Beispiele dafür sind die Bezeichnung *medio* = Mitte (der 15. eines Monats); die Bezeichnung »Medium« für »das in der Mitte Befindliche«, das »vermittelnde Element« – insbesondere »Mittel zur Verbreitung oder Weitergabe (von Informationen) durch Sprache, Mimik, Gestik, Schrift oder Bild« (daher auch die Bedeutungsformen »Lehr/Lernmittel«, »Massenmedien«, »Massenkommunikationsmittel«, vgl. auch mit dem Wort »Medium/Medien« zusammengesetzte Begriffe wie »Medienpolitik«, »-pädagogik«, »-verbund«, »-zentrum« usw.).
71 Vgl. Parsons/Smelser 1956; Parsons/Platt 1990; Loubser u. a. 1976, Bd. 2, Teil IV. Zahlreiche weitere Hinweise bei Luhmann 1984 ab S. 191 ff.
Die genaue Begriffsbezeichnung (*media, media of interchange, media of interaction, media of communication*) schwankte anfänglich. Luhmann – der das Konzept frühzeitig aufnahm (beispielsweise wird Wahrheit als Kommunikationsmedium schon in Habermas/Luhmann 1971, S. 342 ff., diskutiert) – hat versucht, Parsons auf Tauschvermittlung festzulegen und für sich selbst das Konzept der Kommunikationsmedien zu reservieren (für das er, wie er behauptet, »eine eigenwillige, rein funktionale Neufassung« vorschlägt; Luhmann 1984, S. 220, Anm. 439). Das Urheberrecht am Medienkonzept insgesamt (das heißt, seinem gesamten Begriffsumfang: Tausch, Interaktionsvermittlung, Kommunikation) bleibt jedoch bei Parsons.

Zur Erklärung des Medienkonzeptes führte Parsons nacheinander drei verschiedene Paradigmen ein:
(1) Das *monetäre* (oder »ökonomische«) Paradigma. Darin verwendet Parsons Geld (sowie weitere Medien, die wie Geld funktionieren: Macht, Einfluß, Commitments), um Interaktionsprozesse im Sozialsystem zu analysieren.[72]
(2) Das *semantische* Paradigma: Damit verlagerte Parsons die Medientheorie von der Ebene der Interaktion auf die Ebene der Kommunikation. Medien sind als »Sondersprachen« im Fluß der Sprache eingebettet wie Kanäle und Schleusen; sie dienen zur Steuerung sensibler Kommunikation.[73]
(3) Das *biologische* Paradigma: Darin übertrug Parsons genetische Vorstellungen (Transfer von Erbinformationen) auf den Kulturbereich (Transfer von Kulturmustern). Diese drei Paradigmen ergänzen sich, überlagern sich aber auch. Hier interessiert vor allem das dritte Paradigma.
Das *biologische Paradigma* ist eine *Analogie*. Es vergleicht *kulturelle* mit *genetischen* Faktoren. Dabei wird vermutet, daß kulturelle Übertragungs-Medien nach demselben Prinzip operieren wie der *genetische Code*.[74]

---

72 »Für mich war *Geld* (Mill 1909) das Modell, von dem ich bei meinen Überlegungen zur Medientheorie ausging...« (Parsons 1980, S. 229). Zu Geld auch Luhmann 1988, S. 230 ff. (»Geld als Kommunikationsmedium: Über symbolische und diabolische Generalisierungen«).
73 »... in neueren Überlegungen zur Medientheorie (trat) in letzter Zeit mehr und mehr der Vergleich zur *Sprache* in den Vordergrund, insbesondere seit den Untersuchungen von Victor Lidz... In unseren Überlegungen zur Medientheorie greifen wir vor allem die früher vorfindliche Auffassung an, Phänomene wie Geld, Sprache usw. jeweils für sich zu betrachten und keine Querverbindung zu den anderen Aspekten des Handlungssystems zu ziehen. Intensiv erforscht wurde bisher nur die Gruppe, die im Sozialsystem verankert ist – Geld, politische Macht, Einfluß und Commitments. Die Analyse wurde nun auch auf das allgemeine Handlungssystem ausgedehnt« (Parsons 1980, S. 229).
74 Vgl. Parsons/Platt 1990 (Original 1973, S. 16: »Cultural Systems: Analogues of Genes. Just as the genes in the higher species transcend the life cycle of a particular organism and are transmitted from generation to generation, changing more slowly and by different processes than does the individual organism, so do culture traits transcend the viability of their host society... The core of a cultural system is its »code«

Genetik ist Lehre der biologischen Vererbung. Gene sind die Einheiten, die nach bestimmten Regeln von Generation zu Generation übertragen werden; sie determinieren die Merkmale des Individuums. Die Summe aller Gene eines Organismus wird als »Genom« bezeichnet. Gene sind die materiellen Träger der genetischen Information – das Genom ist die Gesamtheit der Baupläne aller Moleküle, die über zellulare Prozesse erzeugt werden können. Der gesamte Aufbau des Organismus bei allen Lebewesen und die Steuerung aller Lebensprozesse beruhen auf Vorgängen in den Zellen, die durch die Verarbeitung der genetischen Informationen gesteuert werden. Die Steuerung erfolgt über den genetischen Code. Das »biologische Paradigma« beschreibt die Übertragung genetischer »Daten«, ausgelöst durch Steuerungsprozesse im Zellkern. Dabei wird die in der DNA verschlüsselte Information durch Aufbau eines entsprechenden RNA-Moleküls kopiert und abgeschickt. Diese (inverse) Kopie wirkt an einer anderen Stelle der Zelle als Auslöser für die Eiweißsynthese.[75]

Parsons vermutet, daß eine prinzipielle Ähnlichkeit zwischen der Übertragung der genetischen Daten in der Zelle und der Übertragung kultureller Muster in der Gesellschaft besteht. Es kommt nicht auf die materiell/energetischen Strukturen an, sondern nur auf die informationelle Komponente. Dabei stößt man noch auf eine zweite Eigenschaft der Gene: Sie sind die letzte, unteilbare, zur *Autoreplikation* (»Selbst-Verdopplung«) befähigte Einheit der Erbinformation im Genom. »Autoreplikation« und alle damit zusammenhängenden Konnotationen sind zum zentralen Thema der Systemtheorie, der *Theorie selbstreferentieller Systeme*, der *Selbstorganisation*, geworden.[76] Auf unsere Problemlage bezogen: Wie können sich Systeme über Zeit und Raum hinweg erhalten? Wie können sie sich replizieren? Wie sind Sinn-Transfers möglich?

Parsons' Lösungsansatz für dieses Problem liegt in der Interpre-

> component...«).
> Stanislaw Lem hat (in einem seiner wissenschaftlichen Essays) dieser Analogie energisch widersprochen. Er hält sie für nicht begründet; vgl. Lem 1987, S. 42 ff.
>
> 75 Eine gute Darstellung dieser Abläufe gibt Hofstadter 1985, S. 540-584. Vgl. auch Jensen 1983, S. 61 f.
> 76 Zu »Selbstreferenz«, »Selbstorganisation«, »Reflexion«, »Reflexivität«, »Autopoiesis«, vgl. Luhmann 1984, S. 57 f.; zu »Selbstreplikation« vgl. Hofstadter 1985, Kap. XVI, S. 530.

tation der Kultur als einer Art von genetischem »pool« (Parsons/Platt 1973), also einem »kulturellen Genom«, in dem die Gesamtheit aller kulturellen Informationen verschlüsselt ist. Parallel zum genetischen Code müßte es folglich einen »kulturellen Code« geben, durch den diese Information im System übertragen wird. Diese Funktion sollen die kulturellen Medien erfüllen. Sie sollen gewährleisten, daß Kulturmuster über Zeit und Raum hinweg »immer wieder« entstehen können. Dieser Gedanke findet sich auch bei Douglas R. Hofstadter, der ihn seinerseits von dem Entwicklungsbiologen Richard Dawkins übernommen hat. Dawkins verwendet dazu den Begriff der »Meme« – parallel zu dem der Gene.

»Die Replikations- und Selektionseinheit in der Ideosphäre, also das Pendant der Gene in der Biosphäre, nennt Dawkins *Meme*. Ganz so wie eine Bücherei eine geordnete Büchersammlung, ist ein Gedächtnis eine geordnete Memsammlung. Und die Suppe, in der – in Analogie zur Ursuppe, aus der ganz zu Beginn das Leben quoll – Meme wachsen und gedeihen, ist die Suppe der menschlichen Kultur.«[77]

Meme sind Symbolanordnungen – Konfigurationen symbolischer Elemente, die »etwas bedeuten« und die zugleich so codiert sind, daß ihre Verwendung in einem kommunikativen Kontext sie erneut hervorbringt. Sie sind also *replikativ*. Um diese Eigenschaft besitzen zu können, müssen sie nicht nur eine Sachreferenz ausdrücken, sondern sie müssen zugleich ein Kulturmuster sein, das – zur Definition einer Situation eingesetzt – zur Replikation eines Systemzusammenhanges führt, der wiederum dieses Muster enthält ...
Meme – oder kulturelle Gene – enthalten also zwei Aspekte: erstens eine ideelle Komponente, mit der sie sich auf einen bestimmten Ideenzusammenhang beziehen, den sie in ihrer Symbolik repräsentieren (so wie ein Bild seinen Gegenstand repräsentiert), und zweitens eine normative Komponente, mit der sie sich auf die Sozialstruktur beziehen, in der sie als konstitutives Element vorkommen. Das nächstliegende Beispiel bietet vermutlich die Sprache mit ihren unzähligen Formeln, die wir standardmäßig »immer wieder« verwenden, um Situationen zu strukturieren. Und genau das macht es dann möglich, in einer so strukturierten Situation gerade wieder die Formeln einzusetzen, aus denen die Situation resultiert. Ein Beispiel wäre die Gesprächseröffnung zwischen

---

77 Hofstadter 1991, S. 54 f. Vgl. auch Hofstadter/Dennett 1992, S. 123-145.

Fremden über das Thema Wetter. Mit der Wahl dieses Themas wird die Situation festgelegt auf den Sinn »wie eröffne ich ein Gespräch unter Fremden«. Aus dieser Definition folgt wiederum die Möglichkeit, über das Wetter zu sprechen.

Dies war ein übermäßig simples Beispiel. Aber prinzipiell wird die Problemstellung nicht anders, wenn wir anstelle des einfachen Beispiels komplizierte Situationen setzen. Funktion des kulturellen Codes ist es, den Transfer der konstitutiven Symbolik zu ermöglichen und damit die Struktur des Systems zu replizieren. Die Information, die dazu benötigt wird, ist im System selbst verschlüsselt. Sie muß folglich im Kommunikationsprozeß entschlüsselt und transferiert werden – hier liegt die Parallele zum genetischen Code. Die Natur verwendet für die Verschlüsselung der relevanten Information als materielle Basis eine besondere chemische Verbindung – die Desoxyribonukleinsäure (DNS). Gesellschaftliche Systeme operieren statt dessen mit »externalized symbols« (Parsons/Platt 1990, S. 16) – mit Sprache, aber auch ihrer Verschlüsselung in Kunstwerken, gedrucktem Material, auf audio-visuellen Trägern usw. Ein großer Teil der relevanten Kulturinformationen ist (durch Lernprozesse) in den menschlichen Gehirnen gespeichert und entsprechend abrufbar.

Welche Vorgänge zur Aktivierung des »operativen Mechanismus« im Inneren des Zellkerns (und damit zum Transfer der genetischen Informationen) führen, ist in der molekularen Genetik teilweise noch immer unbekannt. Das Wesentliche dieser Vorgänge besteht darin, daß der DNA-Strang (über chemische Vorgänge) auf einen »Boten-Strang« (»messenger-RNA«) kopiert wird (»Transkription«); der »Boten-Strang« verläßt den permeablen Zellkern durch die Poren und gelangt mit seiner Botschaft zum Ort der Eiweißsynthese (zur »Zell-Fabrik«).

In einer analogen Weise muß die in der Kultur verschlüsselte Information durch einen »operativen Mechanismus« aktiviert und an den Ort der Aktion gebracht werden, das heißt dorthin, wo die »Definition der Situation« erfolgen soll. Dies geschieht durch Kommunikation – sie ist der »operative Mechanismus«, der die kulturellen Meme in ihrer symbolischen Verschlüsselung überträgt. Zur symbolischen Verschlüsselung – zur Codierung – bedient sich die Gesellschaft besonderer sprachlicher Strukturen, die als »Medien« bezeichnet werden.

Solche Codes entfalten ihre Wirksamkeit vor allem auf der institu-

tionellen Ebene von Gesellschaft. Auf der primären Ebene der alltäglichen Interaktion zwischen einzelnen Menschen in kleinen Gruppen bleiben sie unauffällig. Hier bedürfte es keiner ausdifferenzierten Medien, weil die »Definition der Situation« und die Verknüpfung der unterschiedlichen Systembereiche, an denen Menschen sich beteiligen können, durch die Beteiligten selbst erfolgt – jeder einzelne benutzt die in seinem Kopf gespeicherten oder in der Situation verfügbaren Kulturmuster, um sein Erleben und Handeln unmittelbar an die laufende Kommunikation anzuschließen.
Die Ansprüche an vermittelnde Kommunikation steigen mit der Komplexität der Sozialstrukturen. Das Problem, über die notwendigen kulturellen Informationen zu verfügen, um Anschlüsse zwischen differenzierten und hochspezialisierten gesellschaftlichen Systemen herzustellen, wächst mit der Komplexität der Organisationsformen auf den höheren Ebenen gesellschaftlicher Strukturbildungen.[78] Damit erhöht sich die Notwendigkeit, operative Mechanismen zu installieren, die Kulturmuster zwischen den Systemen transferieren, um die Einheit des Ganzen und die differentielle Struktur der Teile zu erhalten.
In diesem Aufsatz wurde mehrfach formuliert, daß die Gesellschaft an ihren Grenzen Systeme ausdifferenziert, die sie – in unterschiedlicher Bedeutung – als »jenseitige Außenwelten« betrachtet, obwohl sie Teil der Innenwelt bleiben. Zum einen erfolgt eine derartige Ausdifferenzierung in Gestalt des Systemkomplexes »Wissenschaft/physische Realität«, zum anderen über den Systemkomplex »Religion/transzendente Realität«. Gesellschaftlich hat sich damit die Vorstellung verbunden, es gebe Kommunikation über die Grenzen der Gesellschaft hinaus: Wissenschaft gelange über die Grenze zur physischen Realität; Religion zu Gott. Diese grenzüberschreitende Kommunikation scheint sich eines besonderen Mediums zu bedienen, das in der Wissenschafts- und der Religionssemantik operiert, nämlich »Wahrheit«.[79]
Sowohl Wissenschaft als auch Religion erheben den Anspruch, die Grenzen der Gesellschaft überqueren und aus den jenseitig liegenden Bereichen »Erkenntnis« in die Gesellschaft tragen zu können. Was jenseitig als Zeichen verstanden wird, wird diesseitig in Ge-

---

78 Vgl. Parsons 1958 und 1975 (deutsch in: Jensen 1976 und 1980).
79 Dazu ausführlich Luhmann, beispielsweise schon in 1975, S. 170 ff., insbesondere S. 177, 183.

stalt von Sätzen rekonstruiert und kommuniziert. Die Kontrolle über die »Authentizität« dieser Kommunikation erfolgt durch den Einsatz der entsprechenden Medien. Der Wahrheits-Code dient dabei als Programmstruktur, nach der die jenseitigen Zeichen verschlüsselt, transferiert und entschlüsselt werden.
Aber es gibt keine jenseitigen Zeichen. Was immer wir als Zeichen zu sehen glauben, glauben wir nur zu sehen. Daher dient die Medienstruktur nicht der Verschlüsselung jenseitiger Informationen, sondern der Verschlüsselung unseres grundlegenden Glaubens an die objektive Existenz solcher Zeichen. Die kulturellen Medien verschlüsseln die konstitutive Symbolik, die fundamentalen kulturellen Grundlagen des gesellschaftlichen Systems. Dies geschieht an den Grenzzonen der Gesellschaft, weil hier die Differenzierung zwischen System und Umwelt ansetzt, mit der eine Gesellschaft sich selbst definiert. Jenseits der Gesellschaft liegt nicht die Außenwelt, sondern »unmarked space«.[80] Dieser »unmarked space« ist weder Wirklichkeit noch Unwirklichkeit – er ist einfach gesellschaftlich unbestimmt. Er kann nur bestimmt werden durch Bestimmungen, die wir im System treffen. Wir bleiben in der Innenwelt.
»Es gibt«, sagt Luhmann, »keine ›hinausgreifende‹ Kommunikation, auf die etwas antworten könnte, was nicht zur Gesellschaft gehört.« Wäre Gott, wären Gottes Zeichen demnach ein Teil der Gesellschaft? Luhmann hat darauf ausführlich geantwortet.[81] Eine fiktional verschlüsselte Antwort auf dasselbe Problem hat auch Stanislaw Lem erteilt: »Jacob Gafarelli, der Bibliothekar Ludwig XIII., faßte die Psalmworte coeli enarrant gloriam DEI wortwörtlich auf: die Sterne seien in Form hebräischer Buchstaben am Himmel angeordnet, und man könne in ihnen wie in einem Buch alles lesen, was auf der Erde vorgehe.«[82]
Jacob Gafarellis Vorstellung, daß die Himmel unmittelbar vom Schöpfer künden, ist naiv und daher preisgegeben, aber die Vermutung, daß das Universum Zeichen gebe und es nur am Menschen liege, sie zu deuten, läßt sich nicht verdrängen. Ausgelöst durch eine pulsierende Neutrinostrahlung wurde, überwacht vom Pentagon, in der amerikanischen Mojave-Wüste das Projekt

---

80 »Die Welt bleibt stets der ›unmarked state‹ ...« (Luhmann 1990, S. 29).
81 Luhmann 1977 sowie 1984 und 1990.
82 Stanislaw Lem 1981a.

MAVO initiiert, in dem Lem eine unverkennbare Parallele zu dem berüchtigten Manhattan-Projekt sieht (»Manhattan Engineering District« – Gründung des US-amerikanischen Heeres unter General Leslie Groves nach dem 7. Dezember 1941, dem Tag des Angriffs auf Pearl Harbor, mit dem Ziel, die Atombombe – vor den Deutschen – zu entwickeln).

Auf die Einzelheiten des Projektes MAVO (die Abkürzung für den – ironisch gemeinten – längeren Namen »Master's Voice«: »Die Stimme des Herrn«) will ich hier nicht eingehen; man muß sie bei Lem nachlesen. Lem wie Luhmann führen die Möglichkeit der Kommunikation mit einem Adressaten jenseits oder außerhalb des gesellschaftlichen Systems auf dieselbe Frage zurück – ob man dem Universum »Zeichen« entnehmen könne. Beide negieren diese Möglichkeit. Zeichen erkennt nur, wer schon glaubt. Und erst dann setzt die Funktion der Medien ein: Gesellschaft so umzukonstruieren, daß in ihr als Wirklichkeit entsteht, was jenseits der Gesellschaft vermutet wird: Die Außenwelt der Innenwelt.

Wir leben in einer Paradoxie: im Kerngehäuse einer Innenwelt ohne Außenwelt. Ihre Grenze ist ein Spiegel; die scheinbare Außenwelt ist der Teil der Innenwelt, die wir in der Kommunikation externalisiert haben. Die Vorstellung der Außenwelt ist das Ergebnis einer differenzierenden Kommunikation. In diesem Aufsatz habe ich die beiden fiktiven Außenwelten angedeutet, die als physische Realität und als jenseitige Wirklichkeit Grenzflächen der Gesellschaft bilden. Beide Außenwelten sind noch sehr unvollkommen. Da die Grenze ein Spiegel ist, spiegeln sich darin schwerwiegende Unvollkommenheiten der Gesellschaft. Vielleicht läßt sich über eine konstruktivistische Beschäftigung mit diesen Problemen zumindest eine bessere Vorstellung davon erreichen, was eigentlich wir tun, wenn wir uns mit dem Problem der Realität beschäftigen.

Literatur

Albert, Hans (1968), *Traktat über kritische Vernunft*, Tübingen: Mohr.
– (1971), »Kritizismus und Naturalismus. Die Überwindung des klassischen Rationalitätsmodells und das Überbrückungsproblem«, in: Hans Lenk (Hg.) (1971), S. 111-128.

Böhme, Gernot (Hg.) (1974), *Protophysik*, Frankfurt am Main: Suhrkamp.
Bösel, Rainer (1981), *Physiologische Psychologie. Einführung in die biologischen und physiologischen Grundlagen der Psychologie*, Berlin/New York: de Gruyter.
Briggs, John und F. David Peat (1990), *Die Entdeckung des Chaos. Eine Reise durch die Chaos-Theorie*, München/Wien: Hanser.
Bublath, Joachim (1992), *Das neue Bild der Welt: Chaos, Relativität, Weltformel*, Wien: Überreuter.
Carnap, Rudolf (1954), *Testability and Meaning*, New Haven.
– (1959), »Beobachtungssprache und theoretische Sprache«, in: *Logica Studia Paul Bernays dedicata*, Neuchâtel, S. 32-44.
– (1969), *Einführung in die Philosophie der Naturwissenschaften*, München: Nymphenburg.
Cassirer, Ernst (1910), *Substanzbegriff und Funktionsbegriff. Untersuchungen über die Grundfragen der Erkenntniskritik*, Berlin.
Davies, Paul (1986), *Gott und die moderne Physik*, München: Bertelsmann; München: Goldmann 1969.
Dick, Philip K. (1970), *A Maze of Death*, London/Sidney: Pan Books.
– (1977a), *Ubik*, Frankfurt am Main: Suhrkamp.
– (1977b), *Mozart für Marsianer*, Frankfurt am Main: Suhrkamp.
– (1980), *Das Orakel vom Berge*, Bergisch-Gladbach: Lübbe.
– (1981), *Valis*, London: Transworld/Corgi.
– (1982), *LSD-Astronauten*, Frankfurt am Main: Suhrkamp.
Essler, Wilhelm K. (1984), »W. V. O. Quine: Empirismus auf pragmatischer Grundlage«, in: Josef Speck (Hg.), S. 86-125.
Feyerabend, Paul (1980), *Erkenntnis für freie Menschen. Veränderte Ausgabe*, Frankfurt am Main: Suhrkamp.
Foerster, Heinz von (1985), *Sicht und Einsicht. Versuche zu einer operativen Erkenntnistheorie*, Braunschweig: Vieweg.
– (1990), »Kausalität, Unordnung, Selbstorganisation«, in: Karl W. Kratky und Friedrich Wallner (Hg.), 1990, S. 77-95.
Forum für Philosophie Bad Homburg (Hg.) (1992), *Realismus und Antirealismus*, Frankfurt am Main: Suhrkamp.
Galouye, Daniel F. (1982), *Welt am Draht*, München: Goldmann.
Geier, Manfred (1989), *Das Sprachspiel der Philosophen. Von Parminedes bis Wittgenstein*, Reinbek: Rowohlt.
Glasersfeld, Ernst von (1987), *Wissen, Sprache und Wirklichkeit. Arbeiten zum radikalen Konstruktivismus*, Braunschweig: Vieweg.
– (1991), »Abschied von der Objektivität«, in: Watzlawik/Krieg (Hg.) (1991), S. 17-30.
– (1992), »Aspekte des Konstruktivismus: Vico, Berkeley, Piaget«, in: Rusch/Schmidt (Hg.) (1992), S. 20-33.
Habermas, Jürgen und Niklas Luhmann (1971), *Theorie der Gesellschaft oder Sozialtechnologie*, Frankfurt am Main: Suhrkamp.

Hawking, Stephen (1988), *Eine kurze Geschichte der Zeit. Die Suche nach der Urkraft des Universums*, Reinbek: Rowohlt.

Hempel, Carl Gustav (1958), »The Theoretician's Dilemma. A Study in the Logic of Theory Construction«, in: H. Feigl, M. Scriven und G. Maxwell (Hg.), *Minnesota Studies in the Philosophy of Science*, Bd. II, S. 37-98.

Hermes, Hans (1961), *Aufzählbarkeit, Entscheidbarkeit, Berechenbarkeit*, Berlin/Göttingen/Heidelberg: Springer.

Hofstadter, Douglas R. (1985), *Gödel, Escher, Bach. Ein endlos geflochtenes Band*, Stuttgart: Klett-Cotta.

– (1991), *Metamagicum. Fragen nach der Essenz von Geist und Struktur*, Stuttgart: Klett-Cotta.

Hofstadter, Douglas R. und Daniel Dennett (Hg.) (1986), *Einsicht ins Ich. Fantasien und Reflexionen über Selbst und Seele*, Stuttgart: Klett-Cotta; München: dtv 1992.

Hübner, Kurt (1978), *Kritik der wissenschaftlichen Vernunft*, Freiburg/München: Alber.

Janich, P., F. Kambartel und J. Mittelstraß (1974), *Wissenschaftstheorie als Wissenschaftskritik*, Frankfurt am Main: Suhrkamp.

Janich, Peter (1992), »Die methodische Ordnung von Konstruktionen. Der Radikale Konstruktivismus aus der Sicht des Erlanger Konstruktivismus«, in: Siegfried J. Schmidt (Hg.), 1992, S. 24-41.

Janich, Peter (Hg.) (1992), *Entwicklungen der methodischen Philosophie*, Frankfurt am Main: Suhrkamp.

Jantsch, Erich (1992), »Erkenntnistheoretische Aspekte der Selbstorganisation natürlicher Systeme«, in: Schmidt (1987), S. 159-191.

Jensen, Stefan (Hg.) (1976), *Talcott Parsons: Zur Theorie sozialer Systeme*, Opladen: Westdeutscher Verlag.

– (Hg.) (1980), *Talcott Parsons: Zur Theorie der sozialen Interaktionsmedien*, Opladen: Westdeutscher Verlag.

– (1983), *Systemtheorie*, Stuttgart/Berlin/Köln/Mainz: Kohlhammer.

Kamlah, Wilhelm und Paul Lorenzen (1967), *Logische Propädeutik oder Vorschule des vernünftigen Redens*, Mannheim: BI Hochschulverlag.

Kratky, Karl W. und Friedrich Wallner (Hg.) (1990), *Grundprinzipien der Selbstorganisation*, Darmstadt: Wissenschaftliche Buchgesellschaft.

Krohn, Wolfgang und Günter Küppers (Hg.) (1990), *Selbstorganisation. Aspekte einer wissenschaftlichen Revolution*, Braunschweig/Wiesbaden: Vieweg.

– (1992), *Emergenz: Die Entstehung von Ordnung, Organisation und Bedeutung*, Frankfurt am Main: Suhrkamp.

Kropp, Gerhard (1950), *Erkenntnistheorie I. Allgemeine Grundlegung*, Berlin: de Gruyter.

Krüger, Lorenz (Hg.) (1970), *Erkenntnisprobleme der Naturwissenschaften. Texte zur Einführung in die Philosophie der Wissenschaft*, Köln/Berlin: Kiepenheuer & Witsch.

Lem, Stanislaw (1972), *Der futurologische Kongreß*, Frankfurt am Main: Insel.
- (1976), *Imaginäre Größe*, Frankfurt am Main: Insel.
- (1980), *Die phantastischen Erzählungen des Stanislaw Lem*, Frankfurt am Main: Insel.
- (1981), *Die Stimme des Herrn. Roman*, Frankfurt am Main: Insel.
- (1982), *Die Ratte im Labyrinth*, Frankfurt am Main: Suhrkamp.
- (1987), *Über außersinnliche Wahrnehmung*, Frankfurt am Main: Suhrkamp.

Lenk, Hans (Hg.) (1971), *Neue Aspekte der Wissenschaftstheorie. Beiträge zur wissenschaftlichen Tagung des Engeren Kreises der Allgemeinen Gesellschaft für Philosophie in Deutschland*, Karlsruhe 1970; Braunschweig: Vieweg.

Loubser, Jan J., Rainer C. Baum, Andrew Effrat und Victor Meyer Lidz (Hg.) (1976), *Explorations in General Theory in Social Science. Essays in Honor of Talcott Parsons*, New York/London: The Free Press.
- (1974), *Konstruktive Wissenschaftstheorie*, Frankfurt am Main: Suhrkamp.

Luhmann, Niklas (1970), *Soziologische Aufklärung 1. Aufsätze zur Theorie sozialer Systeme*, Opladen: Westdeutscher Verlag.
- (1972), »Knappheit, Geld und die bürgerliche Gesellschaft«, in: *Jahrbuch für Sozialwissenschaft* 23 (2), S. 186-210.
- (1975a), *Soziologische Aufklärung 2. Aufsätze zur Theorie der Gesellschaft*, Opladen: Westdeutscher Verlag.
- (1975b), *Macht*, Stuttgart: Enke.
- (1977), *Die Funktion der Religion*, Frankfurt am Main: Suhrkamp.
- (1982), »Autopoiesis, Handlung und kommunikative Verständigung«, in: *Zeitschrift für Soziologie* 11 (4), S. 366-379.
- (1984), *Soziale Systeme*, Frankfurt am Main: Suhrkamp.
- (1987), *Soziologische Aufklärung 4*, Opladen: Westdeutscher Verlag.
- (1988a), *Ökologische Kommunikation*, Opladen: Westdeutscher Verlag.
- (1988b), *Die Wirtschaft der Gesellschaft*, Frankfurt am Main: Suhrkamp.
- (1990a), *Die Wissenschaft der Gesellschaft*, Frankfurt am Main: Suhrkamp.
- (1990b), *Soziologische Aufklärung 5. Konstruktivistische Perspektiven*, Opladen: Westdeutscher Verlag.
- (1992), *Beobachtungen der Moderne*, Opladen: Westdeutscher Verlag.

Maturana, Humberto R. (1982), *Erkennen. Die Organisation und Verkörperung von Wirklichkeit*, Braunschweig/Wiesbaden: Vieweg.

Maturana, Humberto R. und Francisco J. Varela (1987), *Der Baum der Erkenntnis. Die biologischen Wurzeln des menschlichen Erkennens*, Bern/München: Scherz; München: Goldmann 1990.

Meja, Volker und Nico Stehr (Hg.) (1982), *Der Streit um die Wissenssoziologie*, Frankfurt am Main: Suhrkamp.

Mittelstaedt, P. (1966), *Philosophische Probleme der modernen Physik*, Mannheim.

Mittelstraß, Jürgen (1970), *Neuzeit und Aufklärung*, Berlin/New York: Springer.

– (1974), *Die Möglichkeit von Wissenschaft*, Frankfurt am Main: Suhrkamp.

Mittelstraß, Jürgen (Hg.) (1975), *Methodologische Probleme einer normativ-kritischen Gesellschaftstheorie*, Frankfurt am Main: Suhrkamp.

Morazé, Charles (1976), »›Introduction‹ to Part Three: ›Social, Cultural and Religious Aspects‹«, in: Charles Morazé (Hg.), *History of Mankind. Cultural and Scientific Development. Part V: The Nineteenth Century*, London: Allen & Unwin.

Morin, Edgar (1991), »Kultur – Erkenntnis«, in: Paul Watzlawick und Peter Krieg (Hg.) (1991), S. 75-84.

Münch, Dieter (Hg.) (1992), *Kognitionswissenschaft. Grundlagen, Probleme, Perspektiven*, Frankfurt am Main: Suhrkamp.

Nagel, Thomas (1986), »Wie ist es, eine Fledermaus zu sein?«, in: Douglas R. Hofstadter und Daniel Denett (Hg.) (1992), S. 375-388.

Parsons, Talcott (1976), *Zur Theorie sozialer Systeme*, hg. von Stefan Jensen, Opladen: Westdeutscher Verlag.

– (1977), *Social Systems and the Evolution of Action Systems*, New York: Free Press.

– (1978), *Action Theory and the Human Condition*, New York: Free Press.

– (1980), *Zur Theorie der sozialen Interaktionsmedien*, hg. von Stefan Jensen, Opladen: Westdeutscher Verlag.

Parsons, Talcott und Neil J. Smelser (1956), *Economy and Society*, London/New York: Free Press.

Parsons, Talcott und Gerald M. Platt (1990), *Die amerikanische Universität*, Frankfurt am Main: Suhrkamp.

Peat, F. David (1992), *Der Stein der Weisen. Chaos und verborgene Weltordnung*, Hamburg: Hoffmann und Campe.

Penrose, Roger (o. J.), *Computerdenken. Die Debatte um künstliche Intelligenz, Bewußtsein und die Gesetze der Physik*, Heidelberg: Spektrum der Wissenschaften.

Popper, Karl R. (1934), *Logik der Forschung*, Tübingen: Mohr.

Prigogine, Ilya (1979), *Vom Sein zum Werden. Zeit und Komplexität in den Naturwissenschaften*, München/Zürich: Piper.

Rheingold, Howard (1992), *Virtuelle Welten. Reisen im Cyberspace*, Reinbek: Rowohlt.

Roth, Gerhard (1987), »Autopoiese und Kognition. Die Theorie H. R. Maturanas und die Notwendigkeit ihrer Weiterentwicklung«, in: Siegfried J. Schmidt (Hg.), *Der Diskurs des radikalen Konstruktivismus*, Frankfurt am Main: Suhrkamp, S. 256-286.

– (1992a), »Gehirn in Selbstorganisation«, in: Wolfgang Krohn und Günter Küppers (Hg.) 1990, S. 167-180.

– (1992b), »Das konstruktive Gehirn: Neurobiologische Grundlagen von Wahrnehmung und Erkenntnis«, in: Siegfried J. Schmidt (Hg.), 1992, S. 277-336.

Rusch, Gebhard und Siegfried J. Schmidt (Hg.) (1992), *Konstruktivismus: Geschichte und Anwendung. Delfin 1992*, Frankfurt am Main: Suhrkamp.

Schmidt, Siegfried J. (Hg.) (1987), *Der Diskurs des Radikalen Konstruktivismus 1*, Frankfurt am Main: Suhrkamp.

– (1992), *Kognition und Gesellschaft. Der Diskurs des Radikalen Konstruktivismus 2*, Frankfurt am Main: Suhrkamp.

Schulte, Joachim und Brian McGuinness (Hg.) (1992), *Einheitswissenschaft*, Frankfurt am Main: Suhrkamp.

Speck, Josef (Hg.) (1972), *Grundprobleme der großen Philosophen. Philosophie der Gegenwart*, Bd. 1, Göttingen: Vandenhoeck und Ruprecht.

– (1984), *Grundprobleme der großen Philosophen. Philosophie der Gegenwart*, Bd. 3, Göttingen: Vandenhoeck und Ruprecht.

– (1992), *Grundprobleme der großen Philosophen. Philosophie der Neuzeit*, Bd. 6, Göttingen: Vandenhoeck und Ruprecht.

Stegmüller, Wolfgang (1965), *Glauben, Wissen und Erkennen. Das Universalienproblem*, Darmstadt: Wissenschaftliche Buchgesellschaft.

– (1969), *Metaphysik, Skepsis, Wissenschaft*, 2. Auflage, Berlin–Heidelberg–New York: Springer.

– (1980), *Neue Wege der Wissenschaftsphilosophie*, Berlin–Heidelberg–New York: Springer.

– (1987), *Hauptströmungen der Gegenwartsphilosophie*, 3 Bde., Stuttgart: Kröner.

Vincent, Jean-Didier (1990), *Biologie des Begehrens. Wie Gefühle entstehen*, Reinbek: Rowohlt.

Waffender, Manfred (Hg.) (1991), *Cyberspace. Ausflüge in virtuelle Wirklichkeiten*, Reinbek: Rowohlt.

Walker, John (1991), »Hinter den Spiegeln«, in: Manfred Waffender (Hg.), 1991, S. 20-31.

Watzlawik, Paul (1976), *Wie wirklich ist die Wirklichkeit? Wahn, Täuschung, Verstehen*, München: Piper.

Watzlawik, Paul (Hg.) (1981), *Die erfundene Wirklichkeit. Wie wissen wir, was wir zu wissen glauben? Beiträge zum Konstruktivismus*, München: Piper.

Watzlawik, Paul und Peter Krieg (Hg.) (1991), *Das Auge des Betrachters. Beiträge zum Konstruktivismus. Festschrift für Heinz von Foerster*, München/Zürich: Piper.

Weizsäcker, Carl Friedrich von (1970), »Die Einheit der Physik als konstruktive Aufgabe«, in: Lorenz Krüger (Hg.), 1971, S. 372-388.

– (1992), *Zeit und Wissen*, München/Wien: Hanser.

Wiener, Philip P. (1973), *Studies of Selected Pivotal Ideas*, New York: Scribner's.
Wittgenstein, Ludwig (1963), *Tractatus logico-philosophicus*, Frankfurt am Main: Suhrkamp.

Peter M. Hejl
Die Entwicklung der Organisation von Sozialsystemen und ihr Beitrag zum Systemverhalten

1. Vorbemerkung

Der Beitrag soll mit dem Vorschlag eines allgemeinen Modells sozialer Systeme zeigen, daß – entgegen verbreiteten Vorurteilen – soziologische Theorie erkenntnistheoretische Fragen einbeziehen kann und muß und damit die Alternative zwischen Individuum (im Sinne der Psychologie) und Sozialem hinter sich lassen kann. Dafür zentral sind das vorzuschlagende Verständnis von Komponenten und ihre Beziehung zu Individuen sowie das hier im Mittelpunkt stehende Organisationskonzept.
Ich beginne mit Thesen, die die hier zugrunde gelegte theoretische Ausgangsposition zum Verhältnis zwischen erkenntnistheoretischem Konstruktivismus und Soziologie sowie zum Mikro-Makro-Problem skizzieren (Thesen 1-4). Die folgenden Thesen (und einige Kommentare zu ihnen) nennen dann Anforderungen an soziologische Theoriebildung, die sich aus diesem Kontext ergeben. Da die Diskussion der Systemorganisation und ihres Beitrages zum Systemverhalten nur innerhalb des dazugehörigen Systemkonzepts möglich ist, beginnt der dritte Teil mit einer Skizze eben dieses Systemkonzepts, um dann auf das Problem der Organisation einzugehen.

2. Thesen zum theoretischen Kontext des Themas

1. Die Theoriebildung in der Soziologie kann aus systematischen Gründen noch weniger als die Theoriebildung in anderen Disziplinen darauf verzichten, Erkenntnisfragen einen zentralen Platz einzuräumen.
2. Nachdem reduktionistische und kollektivistische Extrempositionen in der soziologischen Theoriebildung auf dem Rückzug

sind, rückt erneut eine Auffassung des Gegenstandes der Soziologie in den Vordergrund, die sich bereits bei Durkheim finden läßt. Sie geht über einen Kompromiß zwischen den Extremen hinaus, indem sie die Dichotomie von »individuell« und »sozial« hinter sich läßt.

3. Unter dem Einfluß philosophischer, historischer, biologischer u. a. Kritik wurde das traditionelle erkenntnis- und wissenschaftstheoretische Programm zu einem philosophischen Archaismus. Dieses Programm beruhte auf der aus der Antike stammenden »Theorie der Wahrheit als Kopie«[1] der im Singular gedachten Realität an sich. Obwohl seit langem so nachhaltig erschüttert, daß das Thema »Wirklichkeit« sehr oft aus theoretischen Überlegungen ganz ausgeklammert wird, wagte man mangels eines Ersatzes doch nicht, es ganz aufzugeben. Die Entscheidung für eine radikalkonstruktivistische Position beendet diese Unklarheit. Sie führt darüber hinaus zur »Rehabilitierung« von Wirklichkeit als einem zentralen Thema für alle Arbeitsgebiete der Soziologie.

4. Soziologische Theorie ist, wie jede Theorie, Systemtheorie oder in Systemtheorie übersetzbar. Das bedeutet allgemein, daß sich theoretische Aussagen explikativer Art auf abgrenzbare zusammengesetzte Einheiten beziehen. Derartige Einheiten werden folglich aus Komponenten und der Organisation, die zwischen den Komponenten beobachtet wird, konstruiert.

5. Speziell für die Soziologie ist das Systemkonzept auf den erkenntnistheoretischen (Konstruktivismus) und soziologischen Diskussionsstand (Mikro-Makro-Problem) abzustimmen.

Kommentar: Soziale Systeme sind demnach als theoretische Konstrukte aufzufassen. Die für Sozialsysteme behaupteten Eigenschaften und Verhaltensweisen sind so zu konstruieren, daß sie als bewirkt und kausal analysierbar gelten können. Das schließt etwa als unerklärbar behandelte »holistische« Eigenschaften aus.

5.1 Eine konstruktivistische Systemtheorie muß ihre theoretischen Aussagen als Konstrukte auffassen.

Kommentar: Im engeren Sinne, dem der Erklärung, beziehen sich diese Aussagen auf ein *Erklärungsziel*. Zum Beispiel fragt Durk-

---

[1] In seiner Auseinandersetzung mit dem Pragmatismus charakterisiert Durkheim das vom Pragmatismus kritisierte traditionelle Erkenntnisprogramm als »théorie de la vérité-copie« und macht klar, daß er diese Kritik durchaus teilt; vgl. Durkheim 1955, S. 52 f.

heim (1986, S. XLIII f.): Wie kommt es, daß Individualisierung (das heißt größere Eigenständigkeit des einzelnen gegenüber der Gemeinschaft) und soziale Differenzierung (das heißt: größere Abhängigkeit des einzelnen von der Gesellschaft) sich parallel entwickeln? Die Erklärung besteht dann im *Vorschlag und in der empirischen Absicherung eines dynamischen Systems, das das zu erklärende Phänomen auf der theoretischen Ebene erzeugt* (etwa im Sinne logischer Folgerungen aus den Aussagen über die Komponenten und ihre Beziehungen). Dabei sind sowohl die *Konstruktion des Systems* als auch seine *empirische Prüfung*[2] prinzipiell *kontingent*.[3]

5.2 Eine konstruktivistische Systemtheorie muß in ihren Modellierungen sozialer Prozesse berücksichtigen, daß diese auf Vorstellungen[4] bezogen sind, das heißt auf individuell und/oder sozial erzeugte Wirklichkeitskonstrukte sowie auf deren Veränderung bzw. normative Handhabung.[5]

Kommentar: Soziologische Theorie sollte also versuchen, die in sozialen Systemen zugrundegelegten oder von Akteuren verwendeten Repertoires oder Systeme von Vorstellungen zu erfassen und auf kausale Interdependenzen mit der Handlungsebene zu analysieren. Damit wird eine systematische Verbindung zwischen sozialem Handeln und der Wissens- bzw. Kultursoziologie hergestellt.[6] Deren Wiedererstarken ist angesichts der revolutionären

---

2 So verweist Knorr-Cetina 1984, S. 28 ff. darauf, daß der *context of discovery* wissenschaftlicher Wissensproduktion auch deren *context of validation* ist.

3 Vgl. Alexander 1988, S. 78 f. zur Uneinigkeit von Soziologen bereits über Gegenstandsbeschreibungen als Voraussetzungen von Empirie und zur daraus folgenden Diskursivität soziologischer Theoriebildung.

4 Vgl. Durkheim 1983, wo er im wichtigen »Vorwort zur zweiten Auflage« der *Regeln der soziologischen Methode* gegen Kritiker gewandt sagt: »Obwohl wir ausdrücklich gesagt und auf jegliche Art wiederholt hatten, daß sich das soziale Leben gänzlich aus Vorstellungen aufbaue, klagt man uns an, wir wollten das geistige Element aus der Soziologie entfernen« (dtsch. Ausgabe, 1976, S. 88). Vgl. dazu auch Farr/Moscovici 1984.

5 Damit ist die Absicht gemeint, Wirklichkeitskonstrukte gegen Erfahrungen abzuschirmen. Vgl. zu diesem Normenkonzept Luhmann 1983, S. 43.

6 Vgl. zur analytischen Trennung von sozialer Ebene und Kultur: Archer 1988. Zur Entwicklung einer systemtheoretischen Kulturkonzeption, die die hier angesprochenen Überlegungen aufnimmt, vgl. Hejl 1993.

Veränderungen in Osteuropa und nicht zuletzt auch des massiven Wiederauftretens nationalistischer Strömungen unschwer vorherzusagen. Schließlich wird damit auch der Anschluß an die mentalitätsgeschichtlichen Arbeiten der *Annales*-Schule möglich.[7]

5.3 Eine konstruktivistische Systemtheorie muß soziale Konflikte auch als Auseinandersetzungen um Wirklichkeitskonstrukte verstehen und sich darüber klar sein, daß soziologische Theorien ebenfalls einen Beitrag zu der im sozialen Netzwerk verteilten Konstruktion sozialer Wirklichkeit leisten.[8] Dies stellt (bei allen sonstigen Unterschieden) soziologische Theorieproduktion auf eine Ebene mit anderen Wirklichkeitskonstruktionen innerhalb der Gesellschaft.

6. Gemäß These 2 sind die analytischen Einheiten sozialer Systeme so zu wählen, daß die alte Dichotomie von Mikro- und Makroebene nicht reproduziert wird und statt dessen ein systematischer Zusammenhang zwischen diesen Ebenen deutlich wird.

3. Sozialsysteme in einer konstruktivistischen Sozialtheorie

Die gestellten Forderungen können im Rahmen einer konstruktivistischen Theorie sozialer Systeme erfüllt werden. Ihre wichtigsten Komponenten sollen nunmehr in allgemeiner Form dargestellt werden. In diesem Rahmen ist dann auch das Organisationskonzept und seine Bedeutung für das Systemverhalten zu diskutieren.

---

7 Einen vorzüglichen Überblick bietet Schöttler 1989.
8 So betont Alexander (1988, S. 80), die Diskursivität soziologischer Theoriedebatten, in denen neben logischen und empirischen Aspekten oft auch politische, ethische und rhetorische Elemente eine wichtige Rolle spielen. Faßt man diese Merkmale soziologischer Theoriediskurse als Ergebnis des unvermeidlichen Versuchs auf, in einer prinzipiell kontingenten Situation eine spezifische Wirklichkeitsvorstellung durchzusetzen, so gelangt ein Prozeß in den Blick, der wichtig ist sowohl für die Soziologie als Subsystem der Wissenschaft als auch für die Gesellschaft.

3.1 Systeme

Ich schlage vor, *Sozialsysteme* zu bestimmen als bestehend aus einer *Menge von Individuen*[9], die zwei Bedingungen erfüllen, durch die sie zu Systemkomponenten werden und zur Systemorganisation beitragen. Sie müssen (a) die gleichen Wirklichkeitskonstrukte ausgebildet haben und mit Bezug auf sie in einer spezifischen und dem Wirklichkeitskonstrukt zugeordneten Weise handeln können (wobei die Handlungen als angemessener Umgang mit dieser Wirklichkeit gesehen werden); *und* sie müssen (b) mit Bezug auf diese Wirklichkeitskonstruktion tatsächlich handeln und interagieren.[10]

Um die Besonderheit von Sozialsystemen hervorzuheben, durch die sie sich von allen anderen Systemen unterscheiden, bezeichne ich sie als »synreferentiell«. Damit wird unterstrichen, daß sich die Kommunikationen und Verhaltensweisen, die zwischen den Komponenten eines Sozialsystems stattfinden, auf Wirklichkeitskonstrukte beziehen, die ganz überwiegend im System selber, das heißt, sozial erzeugt und elaboriert wurden.

Da dieser Aspekt hier nicht weiter zu diskutieren ist, sei lediglich darauf verwiesen, daß man auf der Grundlage der Systemdefinition analytisch unterscheiden kann zwischen »aktiven« und »passiven« Systemen, wenn man sich dafür interessiert, warum und wie die Dynamik von Sozialsystemen entsteht. Aktive Systeme sind dann durch Interaktionsbeziehungen zwischen ihren Komponenten gekennzeichnet. Als passive Systeme kann man dagegen Vorstellungen über Wirklichkeiten und den Umgang mit ihnen auffassen (wissenschaftliche Theorien und Alltagstheorien, soziale Selbstbeschreibungen wie zum Beispiel Vorstellungen über die Besonderheit der eigenen Nation, der natürlichen und sozialen Umwelt, ästhetische Normen etc.), soweit sie ein gewisses Maß an Elaboration erreicht haben.[11] Aktive Systeme sind dann dadurch

9 Im Sinne des auf Durkheim 1986 zurückgehenden soziologischen Individuenbegriffs. Vgl. dazu auch Giddens 1971 und Hejl 1987b. Zu den Folgen der auf Durkheim zurückgehenden »Individualisierungshypothese« vgl. auch Beck 1986 und Esser 1989, der bereits 1979 auf die sich damit abzeichnende methodische Problematik verwiesen hat.
10 Vgl. dazu ausführlich Hejl 1987a.
11 Wieweit den für ein Sozialsystem charakteristischen Vorstellungen Systemcharakter zukommt, ist umstritten. Es scheint jedoch angemessen

gekennzeichnet, daß sie über passive Systeme verfügen, das heißt, sie übernehmen und/oder ausbilden, sie zur Grundlage ihres Handelns machen und als Ergebnis von Handlungen auch verändern. Im Zusammenhang mit einer Medientheorie und einer Theorie sozialer Differenzierung kann so eine soziologische Kulturtheorie skizziert werden, die einen breiten Kulturbegriff verwendet und Kultur damit in den Zusammenhang sozialer Prozesse zwischen Arbeit[12], Politik und Kunst/Wissenschaft stellt.[13]
Gemäß These 6 besteht ein systematischer Zusammenhang zwischen der Mikroebene und der Makroebene des Systemkonzepts. Um dies deutlich zu machen, sind zunächst Komponenten genauer zu bestimmen. Daran schließt sich dann die Diskussion der Systemorganisation an.

3.2 Komponenten

Obwohl der Systembegriff keineswegs neu ist, sind doch nicht einmal die wichtigsten Konzepte befriedigend geklärt, mit denen der Systembegriff[14] erläutert wird. 1956 veröffentlichten Hall und Fagen erstmals ihren eher tentativ[15] gemeinten Aufsatz »Defini-

---

zu sein, von »Vorstellungsrepertoires mit eingebetteten Vorstellungssystemen« zu sprechen. Kultureller Wandel dürfte sowohl mit Repertoireveränderungen als auch mit veränderten Einschätzungen des Systemcharakters von Vorstellungsmengen einhergehen. Wie etwa die Wissenschaftsentwicklung zeigt, ist einer ihrer »Motoren«, daß Theorienutzer als Ergebnis unterschiedlichster Erfahrungen Widersprüche und Unangemessenheiten feststellen, wo vorher Systematizität und Angemessenheit zu bestehen schienen.

12 Vgl. zur betrieblichen Wirklichkeitskonstruktion Pries 1991.
13 Vgl. Fußnote 6.
14 Da ich nur bei Autoren, die den traditionellen Systembegriff verwenden (vgl. Bertalanffy 1968, S. 55), für mich nachvollziehbare Definitionsbemühungen erkenne, verwende ich den traditionellen Systembegriff sowohl aufgrund erklärungstheoretischer Überlegungen als auch mangels einer klaren Alternative.
15 »The ›definition‹ ... is certainly terse and vague enough to merit further comments, the first of which should, in all fairness, be a note of caution. The ›definition‹ is in no sense intended or pretended to be a definition in the mathematical or philosophical sense« (Hall/Fagen 1969, S. 81).

tion of Systems«. Die in ihm enthaltene Definition von Systemen wurde faktisch zur Standarddefinition. Sie lautet:

»A system is a set of objects together with relationships between the objects and between their attributes« (Hall/Fagen 1969, S. 81).

Wie zu zeigen sein wird, ist diese Bestimmung irreführend und demnach als Definition unbrauchbar. Der Grund dafür ist, daß Hall und Fagen zwischen »Eigenschaften« von Komponenten und »Beziehungen« zwischen Komponenten unterscheiden. Damit legen sie eine Trennung von Eigenschaften und Beziehungen nahe. Sie scheint zwar auf den ersten Blick plausibel zu sein, hält aber genauerer Überlegung nicht stand. Nach Hall und Fagen bestehen Beziehungen zwischen Komponenten und zwischen ihren Eigenschaften. Wie sind jedoch Beziehungen zwischen Komponenten zu denken, die unabhängig von den Eigenschaften der Komponenten bestehen sollen? Indem man außerdem den Einheiten, die man als Komponenten betrachtet, Eigenschaften zuweist, die nicht notwendig in einer Beziehung zum System stehen[16], sind sie nicht von anderen Einheiten unterscheidbar, insbesondere nicht von Systemen. Letztlich bleibt offen, was die betrachteten Einheiten zu Komponenten macht und wie sich die für die Komponentenrolle charakteristischen Eigenschaften zu anderen Eigenschaften verhalten. Damit wird vergessen, daß Komponenten die Einheiten sind, aus deren Zusammenwirken das Systemverhalten erklärt werden soll.[17]

Im Gegensatz zu Hall und Fagen sind in der vorgeschlagenen Definition sozialer Systeme Individuen[18], soweit sie als Kompo-

---

16 So kann zum Beispiel ein menschliches lebendes System die Eigenschaft haben, Aussagen über den Urgrund allen Seins zu produzieren, lieber Marzipan als Schokolade zu essen und außerdem mit seinem Dackel, seinen Parteifreunden usw. in spezifischer Weise interagieren.
17 Davon bleibt völlig unberührt, daß man natürlich in einem anderen Analyseschritt Komponenten auch als (Sub-)Systeme auffassen kann. Was letztlich als Komponente und was als System durch einen Beobachter festgelegt wird, ist abhängig von sehr kontingenten Bedingungen. Wie immer diese Grenzziehung vollzogen wird, stets bleibt die Notwendigkeit bestehen, die System- bzw. Komponentenspezifik zu erhalten, da sonst Ursachen und Wirkungen vermischt werden. Vgl. jedoch unten, »Selbstorganisation«.
18 Wird eine systematische Betrachtung auf entsprechendem Aggregationsniveau angesetzt oder wird dies durch die Fragestellung erlaubt,

nenten betrachtet werden, ausschließlich durch die Eigenschaften gekennzeichnet, aufgrund derer sie mit anderen Komponenten interagieren und damit zum Systemverhalten beitragen. Damit werden die Komponenteneigenschaften auf das System bezogen und die Unterscheidung von Relationen zwischen Komponenten und Relationen zwischen Komponenteneigenschaften aufgegeben. In sozialsysteminternen Interaktionen werden Komponenteneigenschaften generell vorausgesetzt, aktiviert und im Zuge der Interaktionen auch verändert. Individuen sind nur so weit Komponenten von Sozialsystemen, wie sie die genannten Bedingungen für eine Systemmitgliedschaft erfüllen.

Zwar sind Komponenten mit Bezug auf das jeweilige System bestimmt; dennoch unterliegen kognitive Prozesse wie Wahrnehmen, Schließen, Entscheiden sowie mit ihnen verbundene Handlungsrepertoires (oder Handlungsprogramme) natürlich auch der Dynamik der denkenden und handelnden Individuen, die eben mit einem Teil ihrer Möglichkeiten als Komponenten am System beteiligt sind. Diese Individualität ist sowohl durch biologische Einmaligkeit als auch durch gesellschaftliche Veränderungen begründet. Als biologische Systeme, die sich selbst erhalten, sind Menschen autopoietische Systeme. Soweit ihre kognitiven Möglichkeiten nicht durch Selbsterhaltungsnotwendigkeiten beansprucht sind (Roth 1987, S. 262 ff.), müssen sie aus Gründen kognitiver Stabilisierung sozial leben. Damit gibt es bereits eine fundamentale Spannung zwischen primärer Notwendigkeit (Selbsterhaltung, also Arbeit usw.) und Freiheit (Religion, Wissenschaft, Kunst usw.), die mich »postmoderne« Reduktionen der Gesellschaftsproblematik, etwa auf Kommunikation, ablehnen läßt. Statt solcher Reduktionen benötigt die Soziologie ein Verständnis von Individuen (vgl. aber oben zu den Gründen von Individualität) im Sinne der Weiterentwicklung der Autopoiesetheorie von Maturana/Varela (Maturana 1982; Varela 1979)[19], das

dann können auch Systeme als Komponenten verwendet werden. Für sie gelten dann die gleichen Bedingungen. Prinzipiell muß Systemverhalten jedoch auf »›Individuen als Komponenten‹ plus Organisation« zurückverfolgt werden können. Daß dies keinen Reduktionismus, aber auch keinen rational nicht nachvollziehbaren Emergentismus bedeutet, wird bei der Diskussion der Systemorganisation deutlich.

19 Vgl. dazu ebenfalls an der Heiden/Roth/Schwegler 1985, Roth 1987 sowie die vorwiegend kritischen Beiträge in Riegas/Vetter 1990.

es erlaubt, Individuen als eigendynamische Systeme aufzufassen. Versteht man dann die Eigenschaften, die eine Komponente definieren, als (sozial ausgebildete) Eigenschaften von Individuen, dann – und nur dann – kann man erklären, wie Sozialsysteme entstehen und warum sie aktiv sind.

3.3 Organisation

Den Überlegungen zur Charakterisierung von Komponenten entsprechend kann man nun die Systemorganisation bestimmen: *Die Organisation eines Systems ist das Interaktionsmuster zwischen ihren Komponenten, das in einem Beobachtungsintervall stabil bleibt.*
Die Systemorganisation wird damit als Prozeß zwischen prinzipiell als unterschiedlich akzeptierten Komponenten aufgefaßt und nicht als eine Art statische Einheit, wie es der in der Soziologie verbreitete Strukturbegriff nahelegt. »Systemorganisation« bezeichnet hier also primär die wiederkehrenden Interaktionen zwischen Komponenten, und zwar unabhängig davon, wie diese Regelmäßigkeit entsteht.[20]
Die Systemorganisation hat zwei wichtige Eigenschaften: sie ist gegenüber einzelnen Komponenten autonomisiert, und sie ist selektiv.

3.31 Zur Autonomisierung der Systemorganisation

Da die Systemorganisation aus wiederkehrenden Interaktionen letztlich aller Komponenten eines Systems besteht, führen Verhaltensänderungen weniger Individuen oder Subsysteme, die als Komponenten agieren, *nicht* zu Organisationsveränderungen; in einem solchen Fall handelt die große Zahl anderer Komponenten normalerweise in der ihnen bekannten Weise weiter. Das nicht zuletzt auch deshalb, weil durch derartige Verhaltensänderungen

20 Sie kann sich spontan bilden als Ergebnis sozialer Interaktionen, in denen die Partner die Eigenschaften entwickeln, die für Systembildung notwendig sind, aber auch aus der Einhaltung formaler Vorschriften, wobei die Fähigkeit und Bereitschaft dazu außerhalb des Systems erlernt worden sein kann.

im System schnell Probleme für das Verständnis von Handlungen und Kommunikationen entstehen. Sozialsysteme haben deshalb eine Tendenz zum Konservatismus. Sie neigen dazu, einmal ausgebildetes Verhalten so lange wie möglich fortzusetzen.[21] In diesem Sinne kann man von einer *Autonomisierung der Organisation* gegenüber Einzelkomponenten sprechen. Diese Autonomisierung erklärt, warum ein Sozialsystem, ohne sich notwendigerweise zu verändern, im Zeitverlauf seine Komponenten austauschen kann. Wegen dieser Autonomisierung kann die Organisation auch als eigene analytische Einheit betrachtet werden. Trotz ihrer Autonomisierung besteht die Organisation aber aus nichts als den Interaktionen der Komponenten, selbst wenn diese Interaktionen durch evolutionär sekundäre Zusatzvorkehrungen wie Rechtsvorschriften usw. gesichert werden.

Betrachtet man die Systemorganisation in der hier vorgeschlagenen Weise, so wird deutlich, warum das Systemkonzept keinen Reduktionismus im Sinne einer Reduktion sozialer Phänomene auf psychologische zuläßt, obwohl das Komponentenkonzept den Bezug zum Individuum nicht aufgibt. Betrachtet man menschliche Akteure als selbsterhaltende und selbstreferentielle Systeme, so kann man argumentieren, daß beides, physische Selbsterhaltung und kognitive Entwicklung, stets in sozialen Systemen geleistet wird, das heißt von Individuen-Komponenten in einer autonomisierten Systemorganisation. Daraus folgt, daß man die Wirklichkeitsvorstellungen und Handlungsmöglichkeiten von Individuen, aufgrund deren sie als Komponenten in Sozialsystemen interagieren, als Eigenschaften von Individuen auffassen kann. Dann läßt sich *beobachten und beschreiben,* ob die betreffenden Eigenschaften vorhanden sind oder nicht. Will man jedoch die Entstehung der Eigenschaften *erklären* – und der Reduktionismus ist eine Erklärungsstrategie –, dann muß man auf den Interaktionszusammenhang zurückgreifen, in dem die Eigenschaften in sozialen Prozessen ausgebildet wurden.

21 Auch wenn es Parallelen zwischen den Gründen für konservatives Verhalten von Sozialsystemen und Individuen gibt, so zeigt die skizzierte Analyse doch, daß der stereotyp unterstellte Grund – individueller Konservatismus etwa von Mitgliedern großer Verwaltungen – zu kurz greift. Das Argument zielt nur auf die Komponenten-, nicht aber auf die Organisationsebene.

3.32 Die Selektivität der Systemorganisation

Sieht man vom Grenzfall uniformer Interaktionen zwischen allen Komponenten ab, so interagiert immer nur eine Teilmenge der zu einem System gehörenden Komponenten. Die Interaktionen sind außerdem in der Regel nicht gleichförmig. Organisationen sind also durch eine je spezifische Selektivität gekennzeichnet, so daß man sagen kann: »Organisation« bezeichnet ein in der Regel notwendig selektives Netz von Input-Output-Beziehungen zwischen den Komponenten eines Systems.

Diese *Selektivität* entsteht wegen der Anzahl und der unterschiedlichen Eigenschaften von Komponenten sowie, zumindest im Anfangsstadium von Differenzierungsprozessen[22], aufgrund der räumlichen Ausdehnung des Systems. Je nach den konkret gegebenen Bedingungen finden manche Interaktionen nicht oder zu selten statt, obwohl sie prinzipiell möglich sind, während andere eine größere Bedeutung erlangen.[23] Gründe dafür können beispielsweise sein: *zu große Entfernungen* zwischen Komponenten, *zeitliche Differenzen zwischen Inputs*, Überlastung von *Komponenten* durch ein Übermaß an Interaktionsangeboten mit verschiedenen Reaktionsmöglichkeiten usw. Bei fortgeschrittener interner Differenzierung insbesondere größerer Sozialsysteme kommt es schließlich zunehmend zur funktionsspezifischen Rekrutierung von Komponenten.

Vernachlässigt man, daß in geplanten und selbstplanenden Sozialsystemen Komponenten nach ihren Interaktionsmöglichkeiten rekrutiert und Interaktionsbeziehungen mit Blick auf angestrebte Ergebnisse hergestellt werden, so kann man sich die Selektivität der Organisation verdeutlichen, wenn man unterstellt, daß alle Komponenten über Freiheitsgrade verfügen, mit denen sie ihre Interaktionen unterschiedlich gestalten können.[24] Auf diesem

---

22 Später fördert die bereits bestehende Selektivität einer Organisation ihre weitere Differenzierung; siehe unten zur Selbstorganisation.

23 Freese (1988a, b) unterscheidet in ähnlicher Weise zwischen »active«, »dormant« und »degenerate« Beziehungen.

24 »Komponente eines sozialen Systems« bezeichnet mit Blick auf Individuen Wirklichkeitskonstrukte und ihre Handhabung, die Individuen ausgebildet haben. Beide unterliegen Einflüssen, die (1) auch mit den biologischen Bedürfnissen der Individuen zu tun haben, die außerdem (2) abhängig sind von deren kognitiven Möglichkeiten (Menschen

Wege können sie zum Beispiel Dissens in das Systemhandeln eingehen lassen; sie können versuchen, auf die systemkonstitutive Wirklichkeitskonstruktion einzuwirken, den Output zu verändern oder was immer. Sowohl die Interaktionen innerhalb des Systems als auch das, was an der Systemgrenze passiert, kann als Ereignis verstanden werden. Damit ein als Komponente handelndes Individuum nun von einem Ereignis erfährt und deshalb entsprechend seiner Eigendynamik sein Interaktionsverhalten ändern kann, muß es trivialerweise von diesem Ereignis erfahren. Das aber hängt von der Selektivität der Systemorganisation ab. Die Selektivität entsteht ja gerade dadurch, daß, aus welchen Gründen auch immer, nicht jede Komponente mit jeder anderen interagiert. Je nach Selektivität wird es also Ereignisse geben, von denen manche Komponenten nie etwas »erfahren« und deshalb nie darauf reagieren können. Betrachtet man den Prozeß zwischen einem Ereignis in der Umwelt des Systems und seiner Reaktion auf dieses Ereignis, so ist klar, daß das resultierende Verhalten vollständig davon abhängt, welche Komponenten (mit welchen Handlungen bzw. Handlungsmöglichkeiten) in welcher Reihenfolge an der Verarbeitung eines Ereignisses beteiligt sind. Änderte man die Organisation, ohne die Komponenten zu verändern, so entstünde ein anderes Systemverhalten.

Da die Selektivität der Organisation von Sozialsystemen ganz unterschiedlich ausgeprägt sein kann, seien nunmehr die Extremwerte maximaler und minimaler Selektivität der Systemorganisation genauer betrachtet, wobei auf Mischformen erst später eingegangen wird.

können über sich und ihre Welt nachdenken, sich dabei gegenüber ihrer sozialen Welt autonomisieren und schließlich auch in Abhängigkeit von ihren Denkmöglichkeiten zu unterschiedlichen Ergebnissen kommen) und die (3) schließlich über körperliche und kognitive Prozesse beeinflußt werden, die aus anderen Sozialsystemen herrühren, in denen das betreffende Individuum ebenfalls Komponente ist, wenn auch in anderer Hinsicht.

3.33 Maximale Selektivität der Systemorganisation: Linearität und Hierarchie

Hierarchische Organisationen bestehen aus einer Verkettung von Komponenten, wobei die Spezifik dieser Verkettung darin liegt, daß sie die Komponenten in einer transitiven[25] Abfolge an der Verarbeitung der Ereignisse beteiligt, aus der das Systemverhalten besteht. Durch diese Selektivität legen die früher beteiligten für die folgenden Komponenten die diesen verbleibenden Entscheidungsmöglichkeiten fest. Hierarchische Organisationen sind grundlegend gekennzeichnet durch eine lineare Abfolge von Inputs und Outputs, seien diese nun Entscheidungen, Mitteilungen oder Produktionsprozesse. An dieser basalen Linearität ändern auch Verzweigungen oder eingebaute Rückkopplungen nichts. Die klassischen Beispiele für Hierarchien sind Kommandostrukturen bzw. klassische Bürokratien.[26] Hierarchien weisen eine maximale Selektivität auf, indem sie idealiter so konzipiert sind, daß man versucht, die Anzahl der Komponenten zu minimieren, die an der Verarbeitung eines Ereignisses beteiligt sind.

3.34 Minimale Selektivität der Systemorganisation: Zirkularität und Heterarchie

Während uns Hierarchien wohlvertraut sind und die Kritik an ihnen zum Standardrepertoire eines liberalen Demokratieverständnisses gehört[27], ist der zu ihnen konträre Organisationstyp theoretisch weitaus weniger klar ausgearbeitet. Diesen zur Hier-

---

25 Das logische Theorem der Transitivität erzeugt eine lineare Präferenzordnung. Angewendet etwa auf eine Menge von drei Wahlmöglichkeiten (A, B und C), stipuliert das Theorem, daß, wenn A B vorgezogen wird und B C, A auch C präferiert wird.
26 Auf tatsächlich, oft aber nur vermeintlich hierarchisch organisierte Vorstellungssysteme, zum Beispiel Normensysteme, wird hier nicht eingegangen.
27 Die »radikaldemokratische« oder »basisdemokratische« Entdifferenzierung (imperatives Mandat, »permanente Öffentlichkeit«) knüpft – abgesehen von dem Idealismus, der darin liegt – an die rousseausche Vorstellung einer »Diktatur der Mehrheit« an und vernachlässigt das liberale Konzept des Minderheitenschutzes.

archie konträren Organisationstyp kann man in Aufnahme eines Vorschlages des Neurophysiologen und Kybernetikers McCulloch (1965) als »Heterarchie« bezeichnen.[28] McCullochs Überlegungen aufnehmend, kann man den Gegensatz zur Definition hierarchischer Organisationen so bestimmen: *Heterarchische Organisationen bestehen aus einer Verkettung von Komponenten, die diese so am Systemverhalten beteiligt, daß keine Komponente aufgrund der Organisation von Entscheidungs- und damit Einflußmöglichkeiten auf das Gesamtsystem ausgeschlossen wird.* Im Gegensatz zur Linearität hierarchischer Organisationen sind Heterarchien kreisstrukturell organisiert, wozu bei steigender Komponentenzahl sekundäre Rückkopplungen kommen. Auf der Ebene des Vergleichs von Idealtypen (und nur darum kann es hier gehen) kann man die Heterarchie als die Organisation kennzeichnen, deren Selektivität mimimal ist.

3.35 Soziale Differenzierung als Selbstorganisation

Obwohl eine evolutionstheoretisch orientierte Analyse gesellschaftlicher Entwicklung – nach der Blütezeit des Evolutionismus am Ende des letzten Jahrhunderts – zeitweise auf Zurückhaltung gestoßen ist[29], hat sich inzwischen doch gezeigt, daß die Evolutionstheorie[30] das ist, was man in den Vereinigten Staaten eine »powerful idea« nennt. Dazu haben nicht nur eine Fülle evolutionstheoretisch orientierter kulturanthropologischer Arbeiten beigetragen (vgl. Durham 1990), sondern auch Ergebnisse aus der Genetik, die starke Argumente für den gemeinsamen Ursprung der gegenwärtigen Menschheit und damit für eine evolutionstheo-

---

28 McCullochs Beitrag behandelt freilich nicht heterarchische Systeme als solche. Vielmehr diskutiert er, welches Minimum an Organisation notwendig ist, damit ein Netzwerk idealisierter Neuronen heterarchische, das heißt hier: intransitive Entscheidungen zwischen unterschiedlichen Werten treffen kann.
29 Was im Zusammenhang steht mit der allgemeinen Diskreditierung biologischer Überlegungen in den Sozialwissenschaften durch Faschismus und Rassismus, eine Grundposition, die verständlicherweise besonders in Deutschland die Diskussion beherrscht hat.
30 Verstanden im Sinne von »Abstammung mit Veränderung«.

retische Perspektive liefert (vgl. zum Beispiel Cann 1988). Damit wird ein nicht nur nostalgischer, sondern auch theorieorientierter Rückblick auf Durkheims Modell der Entwicklung von Gemeinschaften zu Gesellschaften interessant. Durkheims Erklärung dieser Veränderungen, mit denen er die oben erwähnte selbstgestellte Frage beantwortete, läßt sich mit den skizzierten Konzepten als soziale Selbstorganisation rekonstruieren, wobei ich von Einzelheiten und Problemen hier absehen muß. Durkheims *idealtypische* Unterscheidung[31] zwischen primitiven Gesellschaften, das heißt Gemeinschaften, die durch mechanische Solidarität gekennzeichnet sind, und fortgeschrittenen Gesellschaften, in denen Arbeitsteilung und organische Solidarität vorherrschen[32], setze ich dabei aus Platzgründen weitgehend voraus.

Gemeinschaften lassen sich systemtheoretisch rekonstruieren als eine Menge von Komponenten, die überwiegend die gleichen Wirklichkeitskonstrukte sowie eine nicht-selektive Systemorganisation ausgebildet haben.[33] Gemeinschaften entsprechen demnach heterarchisch organisierten Sozialsystemen. Ihre Besonderheit liegt darin, daß als ihre Komponenten *Individuen* angenommen werden, die lediglich Komponente *eines* Sozialsystems sind, nämlich ihrer Gesellschaft. Da alle Mitglieder solcher Gemeinschaften über die gleichen Wirklichkeitsvorstellungen verfügen und alle interagieren, handeln sie auch gleich (mechanische Solidarität), sieht man von biologischen Differenzen ab.

Wenn nun (1) das »Volumen« einer Gemeinschaft zunimmt, das heißt, wenn sich das besiedelte Territorium vergrößert und sich

---

31 Durkheim hat sie von Tönnies 1887 übernommen und teilweise verändert.
32 Andere Einflüsse nennt Lukes 1975, S. 140.
33 Differenzierungen werden nur als biologisch (Alter, Geschlecht) begründet angesehen. Durkheim teilte mit anderen Evolutionisten seiner Zeit die Vorstellung, daß ursprüngliche Gesellschaften praktisch nicht differenziert waren, eine Vorstellung, die heute inakzeptabel ist. Da sich an seinem Argument jedoch wenig ändert, wenn man die Differenzierungsprozesse nicht in der Nähe eines ohnehin problematischen »Nullpunktes« beginnen läßt, kann sein Grundmodell beibehalten werden. Ebenfalls nicht eingegangen wird hier auf die Problematik der zu einseitigen Orientierung an gesellschaftsinternen Prozessen. Sie ist bedingt durch die Übernahme des Organismusmodells und die Abgrenzung gegenüber anderen Disziplinen; vgl. Hejl 1994.

ihre Mitgliederzahl erhöht[34], und wenn (2) die »dynamische oder moralische« Dichte[35] steigt, das heißt, wenn die Menge stattfindender Interaktionen zunimmt, dann kommt es zu sozialer Differenzierung (sozialer Arbeitsteilung)[36] und Individualisierung.
Die »Mechanik«, die Durkheim dabei skizziert, unterstellt, daß durch die angegebenen Entwicklungen die für Gemeinschaften charakteristische soziale Kontrolle durch direkte Einwirkung insbesondere der Familie und durch die allgemeine Orientierung an Traditionen zurückgeht. Gleichzeitig werden die gesellschaftsweit geteilten Wirklichkeitskonstrukte und auf sie bezogene Handlungsprogramme abstrakter. Je mehr diese Entwicklung voranschreitet, desto mehr müssen die einzelnen Gesellschaftsmitglieder selbst entscheiden, was vorliegt und wie zu handeln ist. Sie müssen also Leistungen der Präzisierung von Wirklichkeitskonstrukten und der Handlungswahl, die früher sozial erbracht wurden, zunehmend selbst übernehmen, wenn auch im Rahmen gesellschaftlicher »Vorgaben«. Damit kommt es zu einer Differenzierung von Wahrnehmen und Handeln und schließlich dazu, daß die Gesellschaftsmitglieder sich selbst zunehmend als Ursprung und Bezug ihres Handelns wahrnehmen. Aus den in kognitiver Hinsicht und im Handeln konzeptuell sehr wenig unterschiedenen Gemeinschaftsmitgliedern werden zunehmend gegenüber den entstehenden Gesellschaften autonomisierte Individuen.
Gleichzeitig nimmt mit der sozialen Differenzierung auch die Selektivität der Systemorganisation zu. Das führt dazu, daß immer weniger Gesellschaftsmitglieder in untereinander vergleichbaren Interaktionen miteinander und mit ihrer gegenständlichen Um-

---

34 Durkheim unterschätzte die Bedeutung des Übergangs zu landwirtschaftlicher Produktion und damit der Seßhaftwerdung für die Beschleunigung und Ausformung sozialer Differenzierung.
35 Vgl. dazu neuerdings auch Collins 1987, S. 196.
36 Ich verwende hier den Begriff sozialer Differenzierung, der sich in der Soziologie durchgesetzt hat. Durkheim (1893; dtsch. Ausgabe 1988, S. 421 f.) lehnte den Begriff ab und sprach statt dessen von »Arbeitsteilung« oder »sozialer Arbeitsteilung«. Unter »Differenzierung« verstand er für die Gesellschaft negative (Differenzierungs-)Prozesse, etwa des Ausscheidens von Gesellschaftsmitgliedern aus einer allgemeinen Normenakzeptanz. Deshalb diskutiert er die Differenz zwischen Arbeitsteilung und Differenzierung auch erst im Zusammenhang mit seinem Konzept der Anomie.

welt stehen. Die durch die ursprünglichen Gründe ausgelösten Veränderungen werden ihrerseits zur Ursache weiterer Veränderungen. Der Prozeß wird selbsttragend. Das Grundmuster dieses Prozesses ist: Individualisierung → Steigerung der Selektivität der gesellschaftlichen Organisation → Individualisierung → Steigerung der Selektivität der gesellschaftlichen Organisation usw.[37] *Diese Wechselwirkung zwischen der Komponentenebene und der Organisationsebene, die in einer Veränderung beider resultiert, nenne ich selbstorganisierend.*
Ich habe bisher Durkheims Erklärungsmodell in der auch von ihm verwendeten Verkürzung auf eine Gesellschaft bzw. auf ein Sozialsystem skizziert. Tatsächlich entstehen jedoch mit den Individuen auch funktional spezialisierte Subsysteme. Damit ergibt sich eine zweite wichtige Quelle von Individualisierungsprozessen. Während die erste in Richtung einer Autonomisierung gegenüber der Gesellschaft wirkt, hat die zweite eine zwar auch individualisierende, aber doch sozial integrative Wirkung, obgleich – bezogen auf das einzelne Gesellschaftsmitglied – nicht mehr die Gesellschaft insgesamt als Bezug dieser Integration dient. Indem die Gesellschaftsmitglieder an mehreren Subsystemen als Komponenten beteiligt sind, entsteht ein zusätzlicher Individualisierungsschub dadurch, daß die Gesellschaftsmitglieder sich bezüglich der Kombinationen von Komponentenrollen unterscheiden, in denen sie in verschiedenen Sozialsystemen interagieren. Gleichzeitig entsteht auf der Ebene funktional spezialisierter Subsysteme eine Situation, die derjenigen primitiver Gesellschaften ähnlich ist, auch wenn sie sich von der dortigen Situation durch ihre Spezifikation unterscheidet.[38]

37 Hier wird nicht – wie in zivilisationskritisch-romantischen Argumentationen mehr oder weniger deutlich – behauptet, daß dieser Individualisierungsprozeß erst bei der völligen sozialen »Atomisierung« ende. Vielmehr steht diesen Prozessen der Bildung neuer Wirklichkeiten und neuer sozialer Subsysteme auch das Verschwinden älterer Bereiche gegenüber. Zur sozialen Emergenz gehört auch eine Imergenz, selbst wenn keine Gleichgewichtigkeit der beiden Prozesse leichtfertig unterstellt werden sollte. Vgl. dazu Hejl 1992b.
38 Hier kann man an das Kuhnsche Konzept der Paradigmengruppen in der Wissenschaft anschließen oder an berufssoziologische Überlegungen. Vgl. als direkte Aufnahme des Durkheimschen Konzepts primitiver Gesellschaften: Hill 1973.

Gesellschaften im Sinne von Durkheim können demnach als Netzwerke sozialer (Sub-)Systeme verstanden werden. Je nach gewählter Ebene bestehen Gesellschaften aus (Sub-)Systemen, die ihrerseits aus (Sub-)Systemen gebildet werden. Auf jeder Ebene besteht eine spezifische Organisation, was zum Auftreten organisationsspezifischer Phänomene führt.

Im Gegensatz zu Gemeinschaften produzieren Gesellschaften eine Pluralität von Wirklichkeiten und ihnen zugeordneten Handlungsprogrammen. Während in Gemeinschaften das Wissen der Mitglieder (im Grenzfall) dem Wissen der ganzen Gemeinschaft entspricht, ist das in Gesellschaften grundsätzlich ausgeschlossen. Als Komponenten handelnde Individuen sind, ebenfalls im Gegensatz zu Gemeinschaften, Mitglieder in einer Vielzahl sozialer Systeme. Die Organisation von Gesellschaften ist nicht homogen. Entsprechend ihrer funktionalen Differenzierung findet sich eine starke Selektivität, die jedoch vereinbar ist mit heterarchisch und hierarchisch organisierten Subsystemen. Beides ist für die Lösung des Problems sozialer Selbstregelung notwendig, wie nun abschließend zu skizzieren ist.

3.36 Heterarchie und Selbstregelung

Da hier nicht ausführlich auf die Problematik von Regelung und Selbstregelung sozialer Systeme eingegangen werden soll (vgl. Hejl 1992a), mag es genügen, als Ausgangspunkt darauf zu verweisen, daß jedes Sozialsystem sich im Maße seiner Autonomisierung selbst regeln muß.

In vielen hierarchisch organisierten Systemen gibt es eine Komponente oder ein Subsystem, das Entscheidungen trifft, die für alle anderen verbindlich sind. Betrachtet man der Klarheit wegen wiederum den idealtypischen Fall, vernachlässigt also das verbreitete Phänomen der »Unterwachung« (Luhmann) durch selektive Information, so läßt sich sagen, daß die an der Hierarchiespitze oder im Entscheidungszentrum operierende Komponente als selber nicht von anderen Komponenten geregelter Regler fungiert. Zwar wird das System von innen geregelt, doch regelt es sich nicht als System. Bei der hierarchischen Regelung ist das Hauptproblem die Kapazität der Spitze, Informationen über das System und seine Umwelt aufzunehmen und zu verarbeiten. Das hat dazu geführt, daß man versucht hat, nach Ashbys »law of requisite variety« (Ashby 1965, S. 207) hierarchische Regler so komplex zu machen, daß sie alle auszuregelnden Verhaltensweisen konterkarieren können. Wie sich zeigen läßt, führt diese Strategie jedoch in den unendlichen Regreß der vollständigen Selbstbeschreibung bzw. vollständigen Wissens (vgl. Hejl 1990, S. 26 ff.). Das ist aber nicht erreichbar. Aufgrund des in differenzierten Gesellschaften unvermeidlichen Pluralismus von Wirklichkeit kann ihre Selbsregelung kein umfassendes Wissen voraussetzen. Im Gegensatz zur eben angesprochenen Strategie muß man also für die Erklärung von Selbstregelung fordern: sie muß zulassen, daß die Regelung des gesamten Systems durch Komponenten auf der Grundlage des ihnen zugänglichen Wissens möglich ist. Das Einfache muß das Komplexe regeln können. Weil aber absolutes Wissen nirgendwo vorhanden ist, muß die Verhaltensregelung opportunistisch sein können. Sie muß Fehler ausgleichen, auf unerwartete Ereignisse reagieren und unvereinbare Ziele verfolgen können. Das ist im Rahmen einer hierarchischen Systemorganisation nur auf der Ebene der Freiheiten der regelnden Komponenten möglich. Die hierarchische Organisation unterstützt wegen ihrer Selektivität solche Anpassungen nicht.

Eben dies leistet jedoch eine heterarchische Organisation. In einem System mit heterarchischer Organisation sind alle überhaupt wahrnehmbaren Ereignisse, alle Verhaltensweisen und Ziele *gleich bedeutsam*, da keine Komponente aufgrund der Organisation vom Systemgeschehen ausgeschlossen ist. Alle partikular im System erzeugten Ziele können prinzipiell zu Zielen des Gesamtsystems werden. Ein heterarchisches System ist jedoch *organisationell entscheidungsunfähig*. Um trotzdem Regelungsentscheidungen treffen zu können, das heißt, um sich selbst regeln zu können, müssen soziale Systeme heterarchisch organisiert sein und entweder einen Konsens ihrer Mitglieder erreichen oder sich *temporär* hierarchisieren. Da breiter Konsens in intern differenzierten Gesellschaften aufgrund der in ihnen ausgebildeten unterschiedlichen Erfahrungsbereiche und der mit ihnen einhergehenden unterschiedlichen Interessen und Handlungsmöglichkeiten nur selten möglich ist – und dann meist nur auf sehr abstraktem Niveau (»Einigkeit und Recht und Freiheit«, »Freiheitlich-demokratische Grundordnung«) –, sind Verfahren der temporären Hierarchiebildung besonders wichtig. Temporäre Hierarchisierungen können erreicht werden durch gezielte Überlastung von Systemmitgliedern oder durch informelle Übereinkünfte (»Mauscheleien« oder »Klüngeleien«) oder, mit dem Übergang zu demokratischen Entscheidungsformen besonders wichtig geworden, durch formale Verfahren wie Wahlen oder, in Gremien, Anträge auf »Schluß der Debatte und Abstimmung«.[39] Unter dem Gesichtspunkt der Selbstregelung besteht freilich immer die Gefahr, daß Systemmitglieder versuchen, eine zu ihren Gunsten sich auswirkende temporäre Hierarchie zu erhalten. Damit ginge jedoch die Selbstregelungsfähigkeit des betreffenden Systems oder Subsystems verloren. Seine Fähigkeit zur Selbsterhaltung in einer von ihm nur beschränkt kontrollierbaren Umwelt würde gefährdet. Bei Sozialsystemen bestünde überdies die Gefahr, daß mit der damit einhergehenden Hierarchisierung immer mehr Mitglieder von Möglichkeiten der Einflußnahme auf die Entwicklung des synreferentiellen Bereichs (siehe oben, Teil 3.1) ausgeschlossen würden, der systemkonstitutiv ist. Der externen Gefährdung entsprechen also nicht minder wichtige interne Folgekosten.

Die angesprochenen Arten der Regelung können mit der Einschränkung, daß auf dem als am wichtigsten erachteten Niveau heterarchische Selbstregelung dominieren muß, gemischt und verschachtelt werden. Das heißt, es kann in einem intern differenzierten System Untereinheiten geben, die hierarchisch von einer Komponente oder weitgehend von außen geregelt werden. Daneben kann es heterarchisch sich selbst regelnde Subsysteme geben oder Systeme, die von einem Regelungsmodus zum anderen wechseln in Abhängigkeit von den zu lösenden Problemen.

4. Zusammenfassung

Die Thesen und die systemtheoretische Skizze sollten deutlich werden lassen, daß sehr wohl eine Sozialtheorie konzipiert werden kann, die die Konstruktivität unserer Erkenntnis in den verschiedenen »Dimensionen« berücksichtigt, die sich insbesondere für eine soziologische Theorie ergeben. Eine derartige Theorie kann als Systemtheorie konzipiert werden, die die analytischen Ebenen der Biologie (Kognition und körperliche Bedürfnisse,

---

39 Vgl. auch Coleman 1987, S. 168 ff. zur Wirkung von Wahlverfahren.

hier nicht weiter verfolgt), sozialer Prozesse und der Kultur im weiteren Sinne (als Repertoires/passive Systeme generalisierter Wissensbestände, hier nur kurz erwähnt) aufweist. Für die Erklärung des für die Soziologie zentralen »mittleren« Bereichs – sozialer Systeme und ihres Verhaltens – erweist sich das Organisationskonzept als wichtig.[40] Konzipiert man die Selbstorganisation als durch das Interaktionsmuster der aktiven Systemkomponenten gebildet, so ergibt sich über die Autonomisierung und die Selektivität der Organisation eine Ebene der Analyse, die von der der Handlungen und Kognitionen der als Komponenten in Sozialsystemen agierenden Individuen getrennt werden kann. In diesem Zusammenhang lassen sich Phänomene wie Selbstorganisation und Selbstregelung in einer auf soziologische Probleme abgestellten Weise diskutieren und so auch unkontrollierte Übernahmen von Begriffen/Konzepten aus anderen Disziplinen vermeiden.

Literatur

An der Heiden, Uwe/Gerhard Roth/Helmut Schwegler (1985), »Die Organisation der Organismen: Selbstherstellung und Selbsterhaltung«, in: *Funktionale Biologie und Medizin* 5, S. 330-346.

Alexander, Jeffrey C. (1988), »The New Theoretical Movement«, in: Neil J. Smelser (Hg.) (1988), *Handbook of Sociology*, Newbury Park u. a.: Sage, S. 77-101.

Archer, Margaret S. (1988), *Culture and Agency. The Place of Culture in Social Theory*, Cambridge: Cambridge University Press.

Ashby, W. Ross (1965), *An Introduction to Cybernetics*, London: Methuen; zuerst London: Chapman & Hall 1956; dt. *Einführung in die Kybernetik*, Frankfurt am Main: Suhrkamp 1974,

Beck, Ulrich (1986), *Risikogesellschaft. Auf dem Weg in eine andere Moderne*, Frankfurt am Main: Suhrkamp.

Bertalanffy, Ludwig von (1968), *General System Theory. Foundations, Development, Applications*, Harmondsworth: Penguin.

Cann, Rebecca L. (1988), »DNA and the Human Origins«, in: *Annual Review of Anthropology* 17, S. 127-143.

Coleman, James S. (1987), »Microfoundations and Macrosocial Beha-

---

40 Siehe in diesem Sinne auch Coleman 1987, S. 155 und Wippler/Lindenberg 1987, S. 145.

vior«, in: Jeffrey C. Alexander u. a. (Hg.), *The Micro-Macro Link*, Berkeley/Los Angeles/London: University of California Press 1987, S. 153-173.

Collins, Randall (1987), Interaction Ritual Chains, Power and Property: The Micro-Macro Connection as an Empirically based Theoretical Problem«, in: Jeffrey C. Alexander u. a. (Hg.), *The Micro-Macro Link*, Berkeley/Los Angeles/London: University of California Press 1987, S. 193-206.

Durham, William H. (1990), »Advances in Evolutionary Culture Theory«, in: *Annual Review of Anthropology* 19, S. 187-210.

Durkheim, Émile (1955), *Pragmatisme et sociologie. Cours inédit prononcé à la Sorbonne en 1913/1914 et restitué par Armand Cuvillier d'après des notes d'étudiants*, Vorwort von A. Cuvillier, Paris: Vrin.

– (1981[1901]), *Les règles de la méthode sociologique*, Paris: PUF, 21. Aufl.; dt. *Die Regeln der soziologischen Methode*, hg. und eingeleitet von René König, Darmstadt/Neuwied: Luchterhand, 5. Auflage 1976.

– (1986[1893]), *De la division du travail social, Étude sur l'organisation des sociétiés supérieures*, Paris: PUF, 11. Auflage; dt. *Über soziale Arbeitsteilung. Studie über die Organisation höherer Gesellschaften*, Frankfurt am Main: Suhrkamp 1988.

Esser, Hartmut (1979), »Methodische Konsequenzen, gesellschaftlicher Differenzierung«, in: *Zeitschrift für Soziologie* 8 (1), S. 14-27.

– (1989), »Die Eingliederung der zweiten Generation. Zur Erklärung ›kultureller Differenzen‹«, in: *Zeitschrift für Soziologie* 18 (6), S. 426-443.

Farr, Robert, M./Serge Moscovici (Hg.) (1984), *Social Representations*, Cambridge: Cambridge University Press.

Freese, Lee (1988a), »Evolution and Sociogenesis. Part 1: Ecological Origins«, in: Edward J. Lawler/Barry Markowsky (Hg.), *Advances in Group Processes*, Greenwich, Conn.: JAI Press, 1988, Bd. 5, S. 53-89.

– (1988b), »Evolution and Sociogenesis. Part 2: Social continuities«, in: Edward J. Lawler/Barry Markowsky (Hg.), *Advances in Group Processes*, Greenwich, Conn.: JAI Press 1988, Bd. 5, S. 91-118.

Giddens, Anthony (1971), »The ›Individual‹ in the Writings of Durkheim« in: *European journal of sociologie / Archives européennes de sociologie* 12, S. 210-228.

Hall, A. D./R. E. Fagen (1969), »Definition of System«, in: Walter Buckley (Hg.), *Modern Systems Research for the Behavioral Scientist. A Sourcebook*, Chicago: Aldine 1969, S. 81-92. Zuerst veröffentlicht in: *General Systems* 1 (1956), S. 18-28.

Hejl, Peter M. (1987a), »Konstruktion der sozialen Konstruktion: Grundlinien einer konstruktivistischen Sozialtheorie«, in: S. J. Schmidt (Hg.), *Der Diskurs des Radikalen Konstruktivismus*, Frankfurt am Main: Suhrkamp, S. 303-339.

- (1987b), »Zum Begriff des Individuums. Bemerkungen zum ungeklärten Verhältnis von Psychologie und Soziologie«, in: G. Schiepek (Hg.), *Systeme erkennen Systeme. Individuelle, soziale und methodische Bedingungen systemischer Diagnostik*, München/Weinheim: Psychologie Verlags Union 1987, S. 115-154.
- (1990), »Self-regulation in social systems«, in: Wolfgang Krohn/Günter Küppers/Helga Nowotny (Hg.), *Selforganization – Portrait of a Scientific Revolution (Sociology of Sciences. A Yearbook*, Bd. 14), Dordrecht/Boston/London: Kluwer Academic Publications 1990, S. 114-127.
- (1992a), »Die zwei Seiten der Eigengesetzlichkeit. Zur Konstruktion natürlicher Sozialsysteme und dem Problem ihrer Regelung« in: Siegfried J. Schmidt (Hg.), *Kognition und Gesellschaft*, Frankfurt am Main: Suhrkamp 1992, S. 166-212.
- (1992b), »Selbstorganisation und Emmergenz in sozialen Systemen«, in: Wolfgang Krohn/Günter Küppers (Hg.), *Emergenz. Die Entstehung von Ordnung, Organisation und Bedeutung*, Frankfurt am Main: Suhrkamp 1992, S. 269-292.
- (1993) »Culture as a Network of Socially Constructed Realities«, in: Douwe Fokkema/Ann Rigney (Hg.), *Cultural Participation. Trends since the Middle Ages*, Amsterdam, Philadelphia: J. Benjamins, S. 227-250.
- (1994), »The Importance of the Concepts of ›Organism‹ and ›Evolution‹ in E. Durkheim's ›Division of Social Labor‹ and the Influence of H. Spencer«, in: Everett Mendelson/Peter Weingart (Hg.), *The Transfer of Images and Metaphors between Biology and the Social Sciences*. (Sociology of Sciences. A Yearbook, Vol. 18), Dordrecht/Boston/London: Kluwer Akademic Publications (im Druck).

Hill, Stephen C. (1973), »Professions: Mechanical Solidarity and Process or: ›How I learnt to live with a primitive society‹«, in: *Australian and New Zealand Journal of Sociology* 9 (3), S. 30-37.

Knorr-Cetina, Karin D. (1984), *Die Fabrikation von Erkenntnis. Zur Anthropologie der Naturwissenschaft*, Frankfurt am Main: Suhrkamp.

Luhmann, Niklas (1983), *Rechtssoziologie*, Opladen: Westdeutscher Verlag, 2., erweiterte Auflage.

Lukes, Steven (1975), *Émile Durkheim. His Life and Work. A Historical and Critical Study*, Harmondsworth: Penguin.

Maturana, Humberto R. (1982), *Erkennen. Die Organisation und Verkörperung von Wirklichkeit. Ausgewählte Arbeiten zur biologischen Epistemologie*, Braunschweig/Wiesbaden: Vieweg.

McCulloch, Warren S. (1965), »A Heterarchy of Values Determined by the Topology of Nervous Nets«, in: Warren S. McCulloch, *Embodiments of Mind*. Cambridge, Mass.: M. I. T. Press 1965, S. 40-45.

Pries, Ludger (1991), »Die betriebliche Produktion von Wirklichkeit im Arbeitshandeln«, in: *Zeitschrift für Soziologie* 20 (4), S. 257-274.

Riegas, Volker/Christian Vetter (Hg.) (1990), *Zur Biologie der Kognition. Ein Gespräch mit Humberto R. Maturana und Beiträge zur Diskussion seines Werkes*, Frankfurt am Main: Suhrkamp.

Roth, Gerhard (1987), »Autopoiesis und Kognition. Die Theorie H. R. Maturanas und die Notwendigkeit ihrer Weiterentwicklung«, in: S. J. Schmidt (Hg.), *Der Diskurs des Radikalen Konstruktivismus*, Frankfurt am Main: Suhrkamp 1987, S. 256-286.

Schöttler, Peter (1989), »Mentalitäten, Ideologie, Diskurse. Zur sozialgeschichtlichen Thematisierung der ›dritten Ebene‹«, in: A. Lüttke (Hg.), *Alltagsgeschichte. Zur Rekonstruktion historischer Erfahrungen und Lebensweisen*, Frankfurt am Main/New York: Campus 1989, S. 85-133.

Tönnies, Ferdinand (1979[1887]), *Gemeinschaft und Gesellschaft. Grundbegriffe der reinen Soziologie*, Darmstadt: Wissenschaftliche Buchgesellschaft 1979.

Varela, Francisco J. (1979), *Principles of Biological Autonomy*, New York/Oxford: North Holland.

Wippler, Reinhard/Siegwart Lindenberg (1987), »Collective Phenomena and Rational Choice«, in: Jeffrey C. Alexander u. a. (Hg.), *The Micro-Macro Link*, Berkeley/Los Angeles/London: University of California Press 1987, S. 135-152.

Manfred Hennen
Motivation als Konstrukt einer Sozialtheorie

1. Sozialtheorie: Konstruktivistische Maßstäbe

Eine Sozialtheorie wird hier als analytisch-begrifflicher Modellbau verstanden, der, teils an sozialwissenschaftliche, teils an interdisziplinäre Traditionen anknüpfend, Erklärungen liefern soll für Handlungsvoraussetzungen und Handlungskonsequenzen im Handlungsverbund von Menschen. Dieser Modellbau unterliegt zum einen grundsätzlich der Notwendigkeit und Tücke der Abstraktion, muß andererseits aber insofern empirisch sein, als er umfassende Zusammenhänge sichtbar machen soll. Der Strukturierung und Restrukturierung von Handlungen kommt dabei eine besondere Bedeutung zu. Ziel der Überlegungen ist der Entwurf eines Modells der Handlungsorganisation.
Eine so entworfene Sozialtheorie zeigt auffällige Parallelen zu dem interdisziplinären Programm des Konstruktivismus. Der Konstruktivismus hat seinen wissenschaftlichen Ursprung in der Biologie und ist zu einem wissenschaftstheoretischen Konzept zur Darstellung von Vernetzungen und Systemleistungen schlechthin geworden. Er radikalisiert eine kritisch-skeptische Tradition der Erkenntnistheorie, die an einer gegebenen Objektivität zweifelt, durch den Verweis auf die autonome Kreativität erkennender Systeme. Vor der Erfindung des Konstruktivismus hat die Soziologie bereits erkannt, daß die Menschen ihre Wirklichkeiten nicht vorfinden, sondern selbst zur Geltung bringen (Max Weber), ihre Situationen definieren und damit in Realität verwandeln (William I. Thomas, Robert K. Merton) und sich selbst im Blick der anderen erzeugen (George H. Mead). Mit anderen Worten: Der Zugang zu dem, was als Realität bezeichnet wird, ist das Werk von Beschreibungen.
Durch Beschreibungen sind Systeme in der Lage, ihre Umwelt selbständig zu verarbeiten. Hier liegt auch das zentrale Interesse des Konstruktivismus, das sich im Begriff des Beobachtens aus-

drückt. Mit Beobachten ist zunächst eine einseitige Operation der Verarbeitung von Umwelten und intelligente Anpassung gemeint. Beobachten können lebende Systeme wie Augen, Zellen, Immunsysteme und insbesondere Gehirne. Das ist der Ausgangspunkt des biologischen Konstruktivismus. Der Beobachtungsbegriff ist von der Sozialwissenschaft aufgenommen und verallgemeinert worden. Luhmann hat auch ›geglückte Kommunikationen‹ zu Beobachtungen erklärt, die unabhängig von organisch-psychischen Abläufen sein sollen.[1] In seiner Sicht erzeugen Kommunikationen weitere Kommunikationen; so entsteht Gesellschaft. In dieser Arbeit wird die Auffassung vertreten, daß es für eine handlungstheoretische Sozialtheorie problematisch ist, derartige makrosoziologische Gesetzmäßigkeiten ohne die kognitiven Verarbeitungen im Handeln zu bemühen.[2] Kognition gehört nach dieser Entscheidung zu einer handlungstheoretischen Sozialtheorie.

Diese unterschiedlichen Auffassungen von Beobachten können durch zwei Perspektiven kontrastiert werden: 1. Man konzipiert das Beobachten als eine Teilleistung in einem größeren Funktionszusammenhang. Dann ist es sozusagen eine Stimme im babylonischen Stimmenmeer oder vielleicht in einem gewaltigen Chor. In dieser Sicht haben wir es mit einem immer wiederkehrenden Operationsmodus in einem Großsystem zu tun. Dafür werden bezeichnenderweise Begriffsverbindungen gewählt, die mit ›Selbst-‹ beginnen wie Selbstorganisation und Selbstreferenz.[3] 2. Die Beobachtungsleistung kann als autonomer Beitrag in einem Kooperationszusammenhang unterschiedlicher Systeme verstanden werden. Dann sind diese Beiträge und ihre Koppelung nicht als selbstverständlich, sondern als grundsätzlich problematisch anzusehen.

Die Unterschiede zwischen den beiden Perspektiven sind keines-

---

1 Vgl. Niklas Luhmann, »Das Erkenntnisprogramm des Konstruktivismus und die unerkannt bleibende Realität«, in: *Soziologische Aufklärung* 5, Opladen 1990, S. 53.
2 Vgl. Hartmut Esser, »›Foundations of Social Theory‹ oder ›Foundations of Sociology‹?, in: *Analyse und Kritik* 14 (2), 1992, S. 132. Esser hält den Konstruktivismus für eine Fehlentwicklung und kritisiert »das Theater um ihn«.
3 Peter M. Hejl, »Konstruktion der sozialen Konstruktion – Grundlinien einer konstruktivistischen Sozialtheorie«, in: *Einführung in den Konstruktivismus*, München, Zürich 1992, S. 114 f.

wegs unüberbrückbar, es handelt sich um unterschiedliche Schwerpunkte, die im ersten Fall auf dem Funktionieren des Gesamtzyklus, im zweiten Fall auf dem Herstellen der anschlußfähigen Kooperation liegen. Ich gebe in dieser Arbeit der zweiten Sicht den Vorzug und betone die Darstellung der Verknüpfungen und Koppelung der Beiträge unterscheidbarer Systeme.

Die Hervorhebung des Beobachtens als autonomes Strukturieren setzt sich in jedem Fall von der klassischen Wissenschaft ab, in der eine Beschreibung gerade deshalb als objektiv galt, weil der Beobachter ausgeschlossen werden konnte.[4] Der Konstruktivismus wirft dagegen die Frage auf, wie zwischen der Welt und dem Geist, der erkennt, überhaupt eine Beziehung zu denken sei.[5] Um die Antwort bemüht sich insbesondere die Kognitionswissenschaft, die den Konstruktivismus von einer Naturwissenschaft des menschlichen Erkennens zu einem interdisziplinären[6] Paradigma der Systembildungen entwickelt hat, an denen lebende und insbesondere humane Systeme beteiligt sind. »Leben ist Erkennen (Leben ist effektive Handlung im Existieren als Lebewesen).«[7] Damit ist zunächst die grundsätzliche Abhängigkeit aller Beobachtung von Lebensprozessen gemeint. »Wenn das menschliche Wesen, das der Beobachter ist, stirbt, dann enden der Beobachter und das Beobachten.«[8] Alle Handlungen sind Operationen innerhalb der Dynamik von Zuständen eines lebenden Systems.[9]

---

4 Ilya Prigogine und Isabelle Stengers, *Dialog mit der Natur*, 6. Auflage, München 1990, S. 59; Peter Janich, »Die methodische Ordnung von Konstruktionen«, in: Siegfried J. Schmidt (Hg.), *Kognition und Gesellschaft. Diskurs des Radikalen Konstruktivismus 2*, Frankfurt am Main 1992, S. 32.
5 Vgl. Prigogine und Stengers, *Dialog mit der Natur*, a.a.O., S. 84.
6 Siegfried J. Schmidt, »Radikaler Konstruktivismus«, in: ders. (Hg.), *Kognition und Gesellschaft. Diskurs des Radikalen Konstruktivismus 2*, a.a.O., S. 20; Jochen Baecker u. a., »Sozialer Konstruktivismus – eine neue Perspektive in der Psychologie«, in: ebd., S. 138.
7 Humberto Maturana und Francisco Varela, *Der Baum der Erkenntnis*, 2. Auflage Bern/München/Wien 1987, S. 191.
8 Humberto Maturana, »Wissenschaft und Alltag. Die Ontologie wissenschaftlicher Erklärungen«, in: Paul Watzlawik und Peter Krieg (Hg.), *Das Auge des Beobachters. Festschrift für Heinz v. Foerster*, München/Zürich 1991, S. 168.
9 Ebd., S. 171.

Hierin kann eine Wiederentdeckung der Intentionalität durch die Kognitionswissenschaft erblickt werden.[10]
Damit wird nicht ausgeschlossen, daß auch technische Systeme in die Beobachtung einbezogen werden können, wie z. B. ein Thermometer. Für eine Sozialtheorie ist dabei entscheidend, daß die Beobachtung mit der menschlichen Handlung verbunden ist.[11] Ein Computer beispielsweise stellt eine selbständige Systembildung dar. Die Verwendung des Computers setzt aber permanent die produktiven Beobachtungs- und Selektionsleistungen menschlichen Handelns voraus. Selbst wenn künstliche Intelligenz ihrerseits die natürliche Intelligenz spezifiziert und umbaut, ist dies als eine »strukturelle Kopplung« analog zu anderen Kopplungsprozessen in der Evolution des menschlichen Lebens zu begreifen.[12]
Die Entstehung und Kooperation von menschlichen Handlungen im Verbund kann nur sehr begrenzt rekonstruiert werden. Wir haben von einer umfassenden Interaktion organischer, psychischer, sozialer und kultureller Systeme auszugehen. Dies bedarf noch der Ergänzung um kognitive, affektive und konative Systeme.[13] Soll eine Sozialtheorie die Vorstellung der operativen Geschlossenheit mit der Sichtweise des Operierens im Prozeß der Kopplung verbinden, kann man nicht nur von einer historischen, jetzt abgeschlossenen Kooperation im Prozeß der Evolution ausgehen. Das liefe auf die Feststellung hinaus: Es gibt Gesellschaft und es wird sie in irgendeiner Form geben. Eine beobachtende Sozialtheorie, die sich an Menschen richtet, die wiederum ihren Verbund, damit andere und sich selbst als uneinheitlich zusammengesetzt beobachten können, muß den Schnittstellen zwischen kopräsenten Systemen analytisch Raum geben. So wie es je nach Problemstellung unverzichtbar ist, zur Darstellung von Lebens-

10 Francisco J. Varela, *Kognitionswissenschaft – Kognitionstechnik*, Frankfurt am Main 1990, S. 20.
11 Dies wird als ›pragmatisches Defizit‹ kritisiert; vgl. Janich, »Die methodische Ordnung von Konstruktionen«, a.a.O., S. 36.
12 Der Begriff wird von Maturana und Varela verwendet; dazu später mehr.
13 Erich Witte, *Sozialpsychologie*, München 1989, S. 140f. Auch dies ist dem Pragmatismus geläufig; vgl. den Zusammenhang von Motivation, Emotion und Willen bei George H. Mead, *Gesammelte Aufsätze*, herausgegeben von Hans Joas, Bd. 2, Frankfurt am Main 1987, S. 397ff.

vorgängen Gene kooperieren zu lassen, so wenig können aus dem Bauplan von Sozialsystemen handelnde Menschen verschwinden.
Zum Verständnis einer Sozialtheorie kann menschliches Beobachten über alle Wege des Beobachtens auf verschiedenen Ebenen als zirkulär aufgefaßt werden. Die Beobachtungen erhalten den Interpretationsstatus erst durch eine Rekursion, die wieder zu Menschen führt. Rekursivität bedeutet Anwendung des Ergebnisses auf das anwendende System.[14] Erst mit dem Erkennen der Vernetzungen wird derjenige kreative Zirkel geschlossen, welcher zur Erweiterung des Handelns führen kann. So hat z. B. eine Sozialtheorie die Aggregationen individueller Handlungsentwürfe zu sozialen Effekten zu erklären, um einen Zugewinn an künftiger Handlungsrationalität erklären zu können. Zirkularität liegt damit in allem Handeln und Verstehen.[15] Ohne Rekurs auf den Menschen als Standardbeobachter sind alle Beobachtungselaborationen ohne Sinn. So entstehen soziale Beobachtungszyklen: Die pharmazeutische Forschung beobachtet Naturvorgänge und produziert Interventionssysteme. Ärzte erhalten Beobachtungsinstruktionen und stellen Betreuungsfelder her. Patienten beobachten unter der Assistenz von Medienbeobachtung und produzieren Willfährigkeits- oder Mißbrauchssysteme. In dieser ganzen künstlichen Welt sind also immer natürliche, wenngleich modifizierte Beobachtungs- und Handlungssysteme adressiert. Das Medikament, das niemand begreift, niemand kennt, niemand kauft, niemand verwertet, niemand wahrnimmt, ist um alle Wirklichkeit gebracht.
Ein weiterer wichtiger Begriff des Konstruktivismus, der für eine Sozialtheorie umsetzbar ist, ist derjenige der Viabilität. Darunter ist eine bestimmte Problemlösungskapazität zu verstehen.[16] Handeln als Problemlösen ist durch die Aufgabenstellung des Pragmatismus mit der Soziologie eng verbunden. Der Kerngedanke besteht darin, daß Handeln in der Wahrheitssuche und Weltgestaltung kooperativ sein muß, und dazu auf fortgesetzte Herstellung

14 Rainer Paslak, »Ursprünge der Selbstorganisation«, in: Gebhard Rusch und Siegfried Schmidt (Hg.), *Konstruktivismus: Geschichte und Anwendung. Delfin 1992*, Frankfurt am Main 1992, S. 79.
15 Varela, *Kognitionswissenschaft – Kognitionstechnik*, a.a.O., S. 91.
16 Hejl, »Konstruktion der sozialen Konstruktion – Grundlinien einer konstruktivistischen Sozialtheorie«, a.a.O., S. 111 f.

von Handlungsroutinen angewiesen ist. »Die Wahrnehmung muß neue oder andere Aspekte der Wirklichkeit erfassen; die Handlung muß an anderen Punkten der Welt ansetzen oder sich selbst umstrukturieren. Diese Rekonstruktion ist eine kreative Leistung des Handelnden.«[17] Handeln muß immer weiteres Handeln ermöglichen.[18] Nichts ist endgültig fertig, alles muß ständig wieder aufgenommen werden. Weniger der Beginn der Weltbearbeitung, sondern die Anschlußfähigkeit ist ausschlaggebend für erfolgreiche Kooperation. Insofern kann die kreative Kognition, das ständige ›Hervorbringen von Welten im Prozeß der viablen Geschichte von Lebewesen‹, als wiederholte Kognitionsleistungen konzipiert werden.[19] Die Frage ist lediglich, wie eng oder weit Kognition gefaßt werde und ob Kognition selbst nicht im systemischen Verbund erklärt werden muß. Jedenfalls bewährt sich erkennendes und verarbeitendes Operieren dadurch, daß es viabel ist, daß es paßt.[20]

Da Beobachten hier nicht heißen soll, es handele sich um die geschlossene Leistung nur eines Systems, muß ein Zyklus der Gesamtpassung rekonstruierbar sein. Diese Überlegungen legen nahe, von Synreferenz anstatt von Selbstreferenz zu sprechen.[21] Wechselseitig ergänzen sich Systeme durch ihre Eigenleistungen, eine Eigenschaft, die auch als Interpenetration bezeichnet wird.[22] Der kognitiv orientierte Konstruktivismus spricht von Koordination von Organismen und Milieus, von Strukturkopplung von

---

17 Hans Joas, *Die Kreativität des Handelns*, Frankfurt am Main 1992, S. 190.
18 Peter M. Hejl, »Soziale Systeme: Körper ohne Gehirne oder Gehirne ohne Körper?«, in: Volker Riegas und Christian Vetter (Hg.), in: *Zur Biologie der Kognition*, Frankfurt am Main 1990, S. 211.
19 Varela, *Kognitionswissenschaft – Kognitionstechnik*, a.a.O., S. 109.
20 Ernst v. Glasersfeld, »Aspekte des Konstruktivismus: Vico, Berkeley, Piaget«, in: *Konstruktivismus: Geschichte und Anwendung, Delfin 1992*, a.a.O., S. 30.
21 Hejl, »Soziale Systeme: Körper ohne Gehirne oder Gehirne ohne Körper?«, a.a.O., S. 217 f.; ders., »Konstruktion der sozialen Konstruktion – Grundlinien einer konstruktivistischen Sozialtheorie«, a.a.O., S. 136.
22 Niklas Luhman, *Soziale Systeme*, Frankfurt am Main 1984, S. 289 f.; Richard Münch, *Dialektik der Kommunikationsgesellschaft*, Frankfurt am Main 1991, S. 137. Auf Differenzen wird hier nicht eingegangen.

Organismen bzw. reziproker struktureller Kopplung, die von chemischer Koordination bis zur Koordination von Verhalten ansonsten unabhängiger Individuen, der Strukturkopplung dritter Ordnung, führt.[23]
Konstruktivismus kann insofern als ein Programm der Sozialtheorie verwendet werden. »Die gesellschaftliche Wirklichkeitskonstruktion schleicht sich bei den Individuen ein und wird zur individuell erlebten, aber dennoch gesellschaftlich vorbestimmten Wirklicheit.«[24] Wie kann eine Sozialtheorie viabel sein, wenn sie eine Gesellschaft im Rücken der Individuen konstruiert? Eine Theorie der kollektiven Ohnmacht, der verschwindend geringen Scheinbeteiligung? »Das, was wir als Erkenntnis kennen, ist Produkt des Kommunikationssystems Gesellschaft, an dem das Bewußtsein zwar jeweils aktuell, aber immer nur in minimalen Bruchteilen teilhat.«[25] Was kann in diesem Zusammenhang ›posthumanistische Theorie‹ heißen?[26] Erkennen, das keine individuellen Rekonstruktionen des eigenen Handelns mehr zuläßt, muß auch nach dem Verständnis des Konstruktivismus seine Fähigkeit des Operierens verlieren. Nur im Verbund der kleinsten Beiträge erschließt sich der jeweils größere Zusammenhang, der seinerseits die Beiträge transformiert.
Eine Sozialtheorie antwortet auf die Frage, wie soziale Ordnung möglich sei: Sie beobachtet, wie sich Funktionszusammenhänge in lebenden Systemen zu Handlungsbereitschaften formieren auf der Grundlage struktureller Kopplungen über mehrere Ebenen hinweg. Wissen bleibt an lebende und handelnde Systeme rückgekoppelt. Die Konstruktionsleistungen, welche in sozialen Systemen existieren, werden durch den Verbund kognizierender und erlebender Systeme ermöglicht. »Menschen leben sozial aus biologischen Gründen und können biologisch sein, wie sie sind, weil

---

23 Maturana und Varela, *Der Baum der Erkenntnis*, a.a.O., S. 186 ff., 197 ff., 203 ff. und passim.
24 Jochen Baecker u. a., »Sozialer Konstruktivismus – eine neue Perspektive in der Psychologie«, in: Schmidt (Hg.), *Kognition und Gesellschaft*, a.a.O., S. 117.
25 Luhmann, »Das Erkenntnisprogramm des Konstruktivismus und die unerkannt bleibende Realität«, in: a.a.O., S. 54.
26 Vgl. ebd., S. 53.

sie sozial leben.«[27] Heinz von Foerster setzt Wirklichkeit mit Gemeinschaft gleich: »Willst Du erkennen, lerne zu handeln.«[28]

11. Die Mehrebenenkonstruktion einer Sozialtheorie

In den zurückliegenden Jahren ist hinsichtlich der wissenschaftlichen und insbesondere der sozialwissenschaftlichen Erklärungen komplexer Phänomene ein Umdenken zu verzeichnen, das Varela zu einer der wichtigsten Innovationen der Kognitionswissenschaften erklärt. Es handelt sich um die Mehrebenenkonzeption. Dabei geht es darum, sogenannte rekursive Strukturen als eine zirkuläre Organisation zwischen einer ›niedrigeren‹ und einer ›höheren‹ Ebene zu konstruieren.[29] ›Kreative Zirkelschlüsse‹ sollen Vorgänge des Lebens und des Sozialen transparent machen.[30] »Die Form dieser Logik ist diejenige zweier Ebenen, die unterscheidbar sind und doch eng miteinander verknüpft sind.«[31] So wandeln sich Proteine einerseits in ein genetisches Programm um, die DNA, und ermöglichen deren permanente Transkription, und dabei sind die Proteine andererseits selbst durch das Programm codiert. Die Proteine stellen die eine Ebene, das genetische Programm die andere dar; beide sind durch eine zirkuläre Kausalität, durch eine ›operationale Schließung‹ miteinander gekoppelt. Nicht anders ist es mit der Beziehung von Zellen (Ebene 1) und Stoffwechsel (Ebene 2). Der Stoffwechsel erzeugt die Zelle, die Zelle ermöglicht den Stoffwechsel.[32]

---

27 Hejl, »Konstruktion der sozialen Konstruktion – Grundlinien einer konstruktivistischen Sozialtheorie«, a.a.O., S. 123. Fraglich, ob man das ›Erfindung‹ der Gesellschaft nennen sollte, weil die Koevolution damit nicht zum Ausdruck gebracht wäre.
28 Heinz von Foerster, »Das Konstruieren einer Wirklichkeit«, in: Paul Watzlawick (Hg.), *Die erfundene Wirklichkeit*, 2. Auflage München/Zürich 1985, S. 59 f.
29 Varela, *Kognitionswissenschaft – Kognitionstechnik*, a.a.O., S. 42, 84.
30 Jean-Pierre Dupuy und Francisco Varela, »Kreative Zirkelschlüsse. Zum Verständnis der Ursprünge«, in: Paul Watzlawick und Peter Krieg (Hg.), *Das Auge des Betrachters*, München/Zürich 1991, S. 247.
31 Ebd., S. 253.
32 Ebd., S. 251 ff.

Eine Mehrebenen-Analyse legt quasi einen rekonstruierenden Schnitt durch den ›Hyperzyklus‹ einer Evolution. Wie ist das im Fall der Sozialorganisation? Individuen ›erzeugen‹ ohne Kenntnis des Gesamtzyklus (›méconnaissance‹) die ›Gesellschaft‹. Von dieser Ebene werden umgekehrt über ›Zwänge‹ und ›Sozialisierung‹ die Individuen gesteuert.[33] Für die Sozialtheorie liegt der Vorzug dieses analytisch-generativen Schemas vor allen Dingen darin, daß die Einseitigkeit ad absurdum geführt wird, die darin liegt, entweder Individuen als Bausteine einer Gesellschaft zu verstehen oder Handeln als sozial determiniert vorzustellen.[34] Statt dessen sind Sozialstrukturen als Produkte und als Bedingungen zu konzipieren.[35] Alexander formuliert dies treffend: »The collective environments of action simultaneously inspire and confine it. If I have conceptualized action correctly, these environments will be seen as its products; if I can conceptualize the environments correctly, action will be seen as their result.«[36]

Der angemessene Zugang eröffnet sich über das Mikro-Makro-Problem.[37] Mehrebenenanalyse bezeichnete ursprünglich bestimmte statistische Verfahren, durch die Objekte verschiedener Ebenen gleichzeitig zum Gegenstand einer Untersuchung werden.[38] Neuerdings wird erkannt, »daß die Mehrebenenanalyse ein zentrales und theoretisches Problem und nicht nur ein solches der statistischen Aggregation und Variablenanalyse darstellt«.[39] Die Mikro-Makro-Verbindung sieht einerseits individuelle Dispositionen vor, welche durch ihre Kreativität Soziales hervorbringen; dazu müssen sie formbar sein. Andererseits muß es strukturierende Rückläufe geben, welche die Dispositionen umformen kön-

33 Ebd., S. 257.
34 Vgl. Richard Pieper, *Die Neue Sozialphysik*, Frankfurt am Main/New York 1989, S. 135.
35 Ebd., S. 144.
36 Jeffrey C. Alexander, »Action and its Environments«, in: ders. u. a. (Hg.), *The Micro-Macro Link*, Berkeley/Los Angeles/London 1987, S. 303.
37 Hartmut Esser, »›Foundations of Social Theory‹ oder ›Foundations of Sociology‹?, a.a.O., S. 134.
38 Hans J. Hummel, *Probleme der Mehrebenenanalyse*, Stuttgart 1972, S. 12 f.
39 Hartmut Esser, »Sozialökologische Stadtforschung und Mehr-Ebenen-Analyse«, in: Jürgen Friedrichs (Hg.), *Soziologische Stadtforschung*, Opladen 1988, S. 39.

nen. Die beiden Ebenen können zunächst als Akteure und Kontexte bezeichnet werden. Personen werden durch Kontexte konstituiert und Kontexte durch Personen.[40] ›Akteur‹ und ›Kontext‹ stellen aber uneinheitliche Abstraktionen dar. Darum plädiere ich zunächst für eine allgemeine Kennzeichnung der Ebenen als ›Parameter‹ und ›Kontext‹. Parameter sind die konstanten Eingangsgrößen für situatives Handeln.
Parameter werden als ›anthropologische Grundkonstanten‹ verstanden, wie unter anderem »Verhaltensstrukturen hoher Stabilität«, die »alle Zeitalter zu überdauern.«[41] Unter Kontext ist die Menge der handlungsmodifizierenden Situationsvariablen zu verstehen. »Kontexte stellen zunächst ›objektive‹ Bedingungen (im Sinne von Opportunitäten und Begrenzungen) für bestimmtes Handeln dar«.[42]
Kontexte modifizieren also die Parameter und unterliegen bei diesem Vorgang selbst der Modifikation. Das bezeichnet man als endogene Feedback-Prozesse. Das Handeln strukturiert fortwährend die nachfolgenden Handlungen.[43] Damit findet der konstruktivistische Gedanke der Autopoiese Eingang in die Sozialtheorie, allerdings in der Form einer ›akteurbezogenen Theorie des Handelns‹[44] bzw. einer ›subjektbezogenen Systemlehre des Sozialen‹.[45]
Die Bezeichnungen Parameter und Kontext sollen für eine anwendungsbezogene Sozialtheorie allerdings durch Begriffe ersetzt werden, die für eine Handlungsanalyse angemessener sind. Ich beginne mit der Ebene der Paramter. Wo sind gleichbleibende und überdauernde Dispositionen für menschliches Handeln auszumachen? Was ist unter Verhaltenskonstanten zu verstehen? Informationen über die individuelle Psyche sind unbrauchbar, weil für eine Sozialtheorie die ›analytische Priorität‹ bei sozialen Systemen liegt. Mit der Psychologie teilt sie sich lediglich die ›theoretische

---

40 Ebd.
41 Johannes Huinink, *Mehrebenensystem-Modelle in den Sozialwissenschaften*, Wiesbaden 1989, S. 154.
42 Esser, »Sozialökologische Stadtforschung und Mehr-Ebenen-Analyse«, a.a.O., S. 49.
43 Ebd.
44 Ebd.
45 Manfred Hennen, *Soziale Motivation und paradoxe Handlungsfolgen*, Opladen 1990, S. 58.

Priorität‹ für das Individuum.⁴⁶ Erst die Kombination von analytischer (Gesellschaft) und theoretischer Priorität (Individuen) macht die analytische Tiefe einer Mehr-Ebenen-Theorie aus.⁴⁷ Sie kann in einer Sozialtheorie erst zu befriedigenden Erklärungen kommen, wenn sie auch konstante Dispositionen der Menschen in ihr Modell aufnimmt. Es wäre ein tautologischer Kreislauf, eine Zeiterscheinung vom Typ X durch den Menschen vom Typ X als Reaktion auf ebendiese Zeiterscheinung erklären zu wollen.

Solche unverzichtbaren parametrischen Annahmen über Individuen sind als Brückenannahmen *(bridge-assumptions)* zu verstehen.⁴⁸ Diese operieren zweiseitig, sie verbinden die Erkenntnis-Apparat beobachtender Systeme mit der Vielfalt ihrer Objekte. Sie variieren mit dem Erkenntnisfortschritt und werden durch ihn abgelöst und ersetzt gemäß ihrem Problemlösungsvermögen.⁴⁹ Ihre Konstruktion hängt von der Fragestellung ab. Die gesuchte Brückenannahme für eine Sozialtheorie wird in der menschlich-biologischen Natur erblickt.⁵⁰ Die Natur des Menschen gibt für die Mikro-Makro-Analyse das viable Konstrukt ab. Von menschlichem Handeln läßt sich sagen, es sei ›resourceful‹, das heißt hier: kreativ, weil mit gleichen Grundlagen viele unterschiedliche soziale Zustände herzustellen sind.⁵¹

Zintl, der die Mehrebenenanalyse um einige wichtige Perspektiven erweitert hat, verweist darauf, daß die Mikroebene nicht zu detailliert ausgebaut werden dürfe. Es gehe gar nicht um eine komplette Mikrotheorie, die ein bestimmtes Verhalten prognostizieren könne. Statt dessen reiche eine ›Mikrofundierung‹ aus, die mit der Problemstellung zu variieren habe.⁵² Das ermöglicht ihm

---

46 Siegwart Lindenberg, »Rational Choice and Sociological Theory«, in: *Zeitschrift für die gesamte Staatswissenschaft* 141 (1985), S. 250.

47 Reinhard Wippler und Siegwart Lindenberg, »Collective Phenomena and Rational Choice«, in: Alexander u. a. (Hg.), *The Micro-Macro Link*, a.a.O., S. 138 f.

48 Siegwart Lindenberg, »An Assessment of the New Political Economy«, in: *Sociological Theory* 3 (1985), S. 108 f.

49 Ebd., S. 109.

50 Ebd., S. 107.

51 Ebd., S. 109; ders., »Rational Choice and Sociological Theory«, a.a.O., S. 251.

52 Reinhard Zintl, »Der *homo oeconomicus*: Ausnahmeerscheinung in jeder Situation oder Jedermann in Ausnahmesituationen?«, in: *Analyse und Kritik* 11 (1989), S. 57 ff.

einen Rückgriff auf den sozialwissenschaftlich viel geschmähten *homo oeconomicus*. Er rekonstruiert ihn zweistufig. »Die Figur des homo oeconomicus sollte nicht als Behauptung über die Eigenschaften von Menschen *im allgemeinen* wahrgenommen werden, sondern als Behauptung über ihre Handlungsweisen *in bestimmten Situationen*.«[53] Das ist eine treffende Beschreibung der Mikro-Makro-Konstruktion auf der Ebene der parametrischen Dispositionen.

Ich wende mich der Spezifikation der Kontextebene zu. Hier kann besonders auf jüngere Entwicklungen der *Rational-Choice*-Theorie zurückgegriffen werden. Sie liegen darin, das Problem der Knappheit mit demjenigen der Definition der Situation in Zusammenhang zu bringen. Dabei steuern sozial vorgeprägte Wahrnehmungen und Orientierungen die Kalkulationen der Akteure.[54] Symbolische und ökonomische Handlungsorientierungen verbinden sich.[55] Lindenberg zeigt, daß »die Definition der Situation (Soziologie) und rationale Wahl (Ökonomie) eng miteinander verknüpft sind«. Die rationale, ökonomisch orientierte Wahl kann nicht eindimensional als Maximierung von Nutzen verstanden werden, sondern benötigt vorausgehende Strukturierungen von Zieldimensionen und Handlungswegen. In mehrdimensional strukturierten Situationen, wie sie für das soziale Leben typisch sind, würde »das ›Maximieren‹ in bezug auf alle denkbaren Alternativen sogar ›irrational‹« sein.[56]

Kontexte stellen Konzepte zur Strukturierung von Situationen dar.[57] Handlungen können durch diese Strukturierung differenzierter werden, ohne daß sich die ›Natur‹ des Menschen ändern muß.[58] Diese Handlungsorientierungen haben damit einen problemlösenden Charakter, der evolutionär entstanden ist; sie müssen aber für diesen Zweck ihrerseits als Problemlösung erkannt,

53 Ebd., S. 60f.
54 Esser, »›Foundations of Social Theory‹ oder ›Foundations of Sociology‹?«, a.a.O., S. 140.
55 Axel Honneth, *Die zerrissene Welt des Sozialen*, Ffm. 1990, S. 160f.
56 Hartmut Esser, »›Habits‹, ›Frames‹ und ›Rational Choice‹ – Die Reichweite von Theorien der rationalen Wahl«, in: *Zeitschrift für Soziologie* 19 (1990), S. 238.
57 Ders., *Alltagshandeln und Verstehen*, Tübingen 1991, S. 66.
58 Ders., »›Habits‹, ›Frames‹ und ›Rational Choice‹ – Die Reichweite von Theorien der rationalen Wahl«, a.a.O., S. 245.

akzeptiert und gewählt werden. Es gibt keine Rationalitätskalküle, die nicht der Makroebene entnommen, und es gibt keine Makroebene, die nicht auf die fortgesetzte Reproduktion der Handlungsorientierungen durch Mikrovollzüge angewiesen wäre. Die Wahlakte beruhen so auf einer konstanten menschlichen Natur, die durch ihre Wahlen variabel wird.[59] Damit ist das Mikro-Makro-Problem der Handlung selbst immanent.

III. Was heißt: sich binden?

Ich habe bereits hervorgehoben, daß für die Rekonstruktion komplexer Sozialphänomene den Schnittstellen zwischen unterscheidbaren Systemen besondere Aufmerksamkeit geschenkt werden muß. In der Unterscheidung zwischen der Mikro- und der Makro-Ebene ist eine solche Schnittstelle zu sehen. Die Koppelung einer invariant gedachten Natur des Menschen mit kontingenten Formen der Situationsstrukturierung muß verdeutlicht werden. Situationsstrukturierung ersetze ich im folgenden durch den Begriff der Handlungsregulation. Solche Schnittstellen haben eine Entsprechung im Handeln und Erleben von Menschen in der Form von Konflikten und Entscheidungsdruck. Die Mehr-Ebenen-Konstitution des Handelns wird zur praktischen Erfahrung. Dies als ein Grundproblem menschlichen Handelns insbesondere in der modernen Welt zu verstehen, scheint mir für den sozialtheoretischen Modellbau unverzichtbar. Die Ebene der Nutzenkalkulationen und damit des *homo oeconomicus* ist keineswegs dem spezifischen Bereich des ökonomischen Handelns allein zuzurechnen, sondern als eine Grunddisposition des Handelns zu interpretieren, die unter allen Bedingungen der Knappheit wirksam ist und sich an höchst unterschiedliche Handlungsregulationen binden kann.

Wenn man Nutzenmaximierung und Handlungsregulation als eine Schnittstelle begreift, löst sich das alte Problem auf, den Uti-

---

[59] Die frühere Systemtheorie hat mit der Unterscheidung von Trägerschicht und Steuerschicht operiert. Vgl. Stefan Jensen, *Systemtheorie*, Stuttgart 1983, S. 54; die menschliche Natur wäre die Trägerschicht, den Handlungslogiken entspräche die Steuerschicht.

litarismus als ›Beefsteak-Philosophie‹ verstehen zu wollen.⁶⁰ Der *homo oeconomicus* wird der Verwechslung von Aussage- und Objektebene entzogen. Er muß nicht länger als bindungslos und materialistisch verspottet werden, sondern durch den *homo oeconomicus* können Bedingungen des Sichbindens unter Bedingungen der Knappheit analysiert werden.⁶¹ Erst der Begriff der Bindung macht das ökonomische Programm fruchtbar. Soziale Bindung ist, ohne ein Zentralbegriff der Soziologie zu sein, indirekt seit der Entstehung des Faches behandelt worden. Zunächst ist gesellschaftliche Integration das Leitthema gewesen; dabei hat besonders der Wechsel ihrer Formen Beachtung gefunden: Die Substitution des persönlichen Bandes ist das die Gründerväter faszinierende Thema. Max Weber grenzt ›gefühlte Zusammengehörigkeit‹ gegen ›Interessen‹ ab. Die Solidarität wandelt sich, Loyalitäten können hinderlich werden⁶², und Verpflichtung *(commitment)* bindet sich bei Parsons an Werte. Einige Soziologen haben Bindung als Begriff in ihre Analyse aufgenommen, so Simmel⁶³, Mauss⁶⁴, von Wiese⁶⁵ oder Parsons⁶⁶, der von *attachment* spricht. Die Ethologie kennt soziale Bindung als Affiliation, die Psychologie als Verinnerlichung, Identifikation oder Abhängigkeit⁶⁷ und die Psychoanalyse als Objektbesetzung. Jüngst ist von Dahrendorf soziale Bindung wieder in die Diskussion gebracht worden. Seine Darstellung benutze ich für meine Argumentation.

60 Ein Ausdruck von Schumpeter; vgl. Alfred Bohnen, *Individualismus und Gesellschaftstheorie*, Tübingen 1975, S. 25.
61 Dazu: Richard Münch, *Dialektik der Kommunikationsgesellschaft*, a.a.O., S. 180.
62 Vgl. Albert O. Hirschman, *Abwanderung und Widerspruch*, Tübingen 1974.
63 Georg Simmel, *Soziologie*, 6. Auflage, Berlin 1983, S. 58.
64 Marcel Mauss, *Die Gabe*, 3. Auflage, Frankfurt am Main 1984, S. 35, 77, 121, 123 f., 129.
65 Leopold von Wiese, *System der allgemeinen Soziologie*, 4. Auflage, Berlin 1966, S. 151 ff.
66 Talcott Parsons und Edward Shils, »Values, Motives, and Systems of Action«, in: dies. (Hg.), *Towards a General Theory of Action*, 7. Auflage, Cambridge, Mass./London 1976, S. 54.
67 Norbert Bischof, *Das Rätsel Ödipus. Die biologischen Wurzeln des Urkonflikts von Intimität und Autonomie*, 2. Auflage, München/Zürich 1989, S. 159 ff.; Talcott Parsons, *Sozialstruktur und Persönlichkeit*, Frankfurt am Main 1968, S. 28.

Zunächst ist Bindung als ein zweiseitiger Vorgang zu verstehen, nämlich als Externalisierung natürlicher Handlungsressourcen (Dispositionen) und als Internalisierung sozialer Ressourcen (Handlungsregulationen). Es wäre viel zu eng, diese externen Ressourcen nur in Personen oder Leistungen zu suchen. Das träfe nur auf die enge Selbstverständlichkeit vertrauter Beziehungen zu. Über Handlungsregulationen kann wohl dagegen der Zugang zu Personen und Leistungen hergestellt werden. Externe Ressourcen sind Operationsmodi, die den symbolisch-sozialen Aufbau von Handeln ermöglichen. Handlungsregulationen unterliegen ihrer eigenen sozialen und kulturellen Evolution durch die Anhäufung langer Erfahrungsketten und können deshalb intelligenter sein als isolierte spontane Kalkulationen. Diese Erweiterung des Erlebnis-, Erfahrungs- und Handlungsraumes durch Externalisierung muß aber fortwährend durch Bedingungen hergestellt werden. Mit dieser Vorstellung eines erweiterten Innenschemas soll verdeutlicht werden, daß der Mensch auch vorsozial gedacht werden muß, wenn seine Sozialkonstitution erklärt werden soll. Der Bindungsbegriff soll darauf verweisen, daß Handeln erst über externe Steuerung individuell reich werden kann. Hierin erkennt man die paradoxe Struktur aller Mehrebenen-Konstitution.[68]

Bindung geht über Personenbindung, über Objektbindung im engeren Sinne hinaus. Die Bedeutung der Bindung an Handlungsregulationen ist verkannt worden. Im folgenden werde ich von Programmbindung sprechen, Bindungen an Programme des Handelns sind damit gemeint.[69] Programme führen Dinge, Personen, Seele und Symbole zusammen.[70] Die unterschiedlichsten Ressourcen der Lebensführung integrieren sich im Programmbegriff. Neben dem Charakter der Erweiterung werden auch Zugehörigkeit und Verpflichtung Bindungen zugerechnet. Auch dies ist in einem Begriff der Programmbindung insofern enthalten, als mit der Verbindung der Ebenen die Nutzenkalkulation neutralisiert und die Programmebene individualisiert werden. Bindung ist auch im Fall der Programmbindung eine sekundäre Vertrautheit.[71]

68 Niklas Luhmann »Sozialsystem Familie«, in: *Soziologische Aufklärung 5.*, a.a.O., S. 205.
69 Dem Programmbegriff wird später noch eine ausführlichere Diskussion gewidmet.
70 Vgl. Marcel Mauss, *Die Gabe*, a.a.O., S. 35, 52, 64, 67, 123 f., 129, 147.
71 Bischof, *Das Rätsel Ödipus*, a.a.O., S. 119.

Dahrendorf hat dem Thema sozialer Bindungen mit zwei Begriffen prägnanten Ausdruck verliehen.[72] Er unterscheidet Ligaturen und Optionen. »Optionen sind in sozialen Strukturen gegebene Wahlmöglichkeiten, Alternativen des Handelns.«[73] Dagegen versteht er unter Ligaturen »strukturell vorgezeichnete Felder menschlichen Handelns«.[74] Dahrendorfs Konzept ist für die hier verfolgte Argumentation deshalb hilfreich, weil die Verknüpfung von Optionen und Ligaturen angestrebt wird. Eine ›Optimierung des Gleichgewichts‹ der unterschiedlichen Bindungsformen soll eine Steigerung der Lebenschancen bewirken.[75] Das ›komplizierteste aller Ideale‹ nennt Dahrendorf die ›liberale Gesellschaft ohne Libertinage‹.[76] Mit anderen Worten, es soll die liberale Möglichkeit von Optionen mit der Bewahrung hergebrachter Ligaturen verbunden werden. Das Konzept der Integration bleibt Dahrendorf schuldig, denn die Frage, wie Ligaturen in der Form von Ahnen, Heimat, Gemeinde und Kirche[77] zu Optionen werden können, müßte erklärt werden. Ich verstehe Dahrendorf allenfalls so, daß Traditionen als Selbstbindung um ihrer Programmqualität willen gewählt werden. Nimmt man Ligatur und Option als zwei Aspekte ein und desselben Bindungsvorganges, so entsprechen Ligaturen der Ebene der Programme, Optionen derjenigen der Nutzenkalkulation. Es ist schwierig, um bei Dahrendorfs Aufzählung zu bleiben, Familientradition mit Berufswünschen, Heimatverbundenheit mit Karriere, Gemeindearbeit mit Beförderung, Kirche mit Wissenschaft zu verbinden. Beide Seiten müssen jeweils zusammenführbar sein: denn Wahlen ohne Gegenstände sind leer, Bindungen ohne Bewußtsein sind blind.

---

72 Ralf Dahrendorf, *Lebenschancen*, Frankfurt am Main 1979.
73 Ebd., S. 50.
74 Ebd., S. 51.
75 Ebd., S. 55.
76 Ebd., S. 54.
77 Ebd., S. 51.

IV. Von der Knappheit der Handlungsregulation

Es ist bereits angeklungen, daß Programmbindungen dann zum Thema werden, wenn selbstverständliche und als natürlich geltende Bindungen verlorengegangen sind. Natürliche Bindung ist in abnehmendem Maße bei Systemen der Blutsverwandschaft, solchen der zurechnenden Verwandtschaft, der umfassenden, oikosartigen Hausgemeinschaft und gering differenzierten Gesellschaften gegeben. Mit zunehmender Vielfalt der Handlungsmöglichkeiten und der Lebensformen kommt die Konkurrenz der Programme um Wählbarkeit und Akzeptanz in den Blick. Programme stellen per se noch keine Bindungen, sondern Angebote für Bindungen dar. Programme sind zunächst ein Erfolgsversprechen von der Art: ›Dies ist ein Problem und jenes dessen Lösung‹. Findet ein solches Angebot Handlungsbereitschaft, beginnt die Inbetriebnahme, ein sozialer Test sozusagen.

Die Akzeptanz von Programmen entscheidet sich auf der Ebene der Nutzenkalkulation. Dabei ist das ökonomische Modell unspezifisch und muß es sein. Handeln als Mikro-Ebene sozialer Phänomene zu konzipieren[78], reicht nicht aus; diese Ebene besteht aus Dispositionen. Handeln selbst ist erklärungsbedürftig; es muß zustande kommen können, sich mit der Ebene der Dispositionen verknüpfen und ist insofern knapp. In der Konkurrenz der Programme können sich nur solche erhalten, die mehr als eine vereinzelte und episodische Akzeptanz finden. Sie sind auf Geltung angewiesen. Dazu ist eine umfassende innere Bejahung durch viele Akteure als Medium der Bindung notwendig. Es wäre eine wichtige Ergänzung im Rahmen der *Rational-Choice*-Theorie[79], ein generelles Medium der Akzeptanz einzuführen. Parsons hat dieses Medium als Affekt bezeichnet. Affekt ist gleichermaßen im Organismus wie im Persönlichkeitssystem verankert und vermittelt zwischen diesen.[80] Affekte sind ebenfalls konstruierte

78 James S. Coleman, *Grundlagen der Sozialtheorie*, Bd. 1; München 1991, S. 23.
79 Vgl. Bernd Biervert und Josef Wieland, »Gegenstandsbereich und Rationalitätsform der Ökonomie und der Ökonomik«, in: Bernd Biervert, Klaus Held und Josef Wieland (Hg.), *Sozialphilosophische Grundlagen ökonomischen Handelns*, Frankfurt am Main 1990, S. 15.
80 Parsons, *Sozialstruktur und Persönlichkeit*, a.a.O., S. 39.

Brückenannahmen, mit deren Hilfe die Parameterebene spezifiziert werden kann. Affekte stellen ein unspezifisches, diffuses Akzeptanzpotential für Programme dar, sie sind Lust/Unlustskaliert und können daher mit positiven wie negativen Besetzungen von Programmen über deren Schicksal entscheiden. Affektive Bejahung bedeutet Energetisierung eines Programms.[81] Affekte werden fälschlicherweise oft mit Emotionen gleichgesetzt; tatsächlich sind sie eine mediatisierte innere Natur, entsprechend der Auffassungen über Brückenannahmen.

Affekt hat zudem die Eigenschaft, Bindungen sozial zu generalisieren, weil neben den Programmen selbst auch die Bindungen anderer affektwirksam sind. Ein Programm kann nämlich in mehreren Ebenen Akzeptanz finden. Einer bewährten Unterscheidung folgend, müssen die Bindungen, um sozial genannt werden zu können, zeitlich, sachlich und sozial generalisiert sein.[82] Das ist sehr wichtig für das Verständnis sozialer Bindungen. Zeitlich müssen Programme gebunden sein, um Gratifikationsaufschub zu ermöglichen; wenn ich jetzt entsprechend handle, muß es sich später auszahlen. Programme müssen dazu aber auch sachlich überzeugen können, sie sollen Problemlösungen sein und müssen als solche für sich sprechen. Für eine Generalisierung der Bindung ist aber eine zusätzliche, im engeren Sinne soziale Dimension vonnöten: Programmbindungen und Problemlösungen überzeugen, weil andere sich bereits für bestimmte Programme entschieden haben. Der Vorgang einer politischen Wahl verdeutlicht das. Die Wahl einer oder auch keiner Partei soll Vorteile in der Zukunft bringen. Das Parteiprogramm oder das Verweigerungsprogramm soll sachlich angemessene Antworten bereithalten. Das erfahrene oder vermutete Verhalten anderer ist dabei ein wichtiger Bestandteil der sozialen Überzeugung. Zum Beispiel kann man seine Stimme an eine 2-Prozent-Partei verschenken.

Wichtig ist nun, daß sich Affekte mit dem ökonomischen Programm auf der Parameterebene verbinden lassen. Die Akzeptanz von Programmen unterliegt einer verallgemeinerten Nutzenkalkulation und hat insofern auch eine hedonistische Färbung, die

81 Die Aufrechterhaltung emotionaler Verbundenheit hat in der Evolution von sozialem Handeln eine besondere Rolle gespielt. Dazu: Maturana und Varela, *Der Baum der Erkenntnis,* a.a.O., S. 236.
82 Vgl. Luhmann, »Das Erkenntnisprogramm des Konstruktivismus und die unerkannt bleibende Realität«, a.a.O., S. 43 f.

sich damit rechtfertigt, daß etwas Spaß mache oder, salopper, ›etwas bringe‹. Subjektive Nutzenerwartung verbindet sich in der Abstraktion der Mehrebenenanalyse mit dem hedonistischen Konzept.[83] Sie hat die Gestalt einer affektiven Bejahung anzunehmen[84], um Option und Ligatur zu einem Programm-Optimismus zu verschmelzen. Als gemeinsamen Namen für diese abstrakte Ebene der Option wähle ich den Begriff ›Motiv‹.[85] Der Begriff ›Affektökonomie‹ von Parsons verdeutlicht diese Fusion sehr eindrucksvoll.[86]

Die Knappheit von Programmen drückt sich nicht nur in deren Konkurrenz aus. Sie zeigt sich auch in der Notwendigkeit, daß Programme sich zu kulturellen Komplexen verknüpfen müssen, um leistungsfähig und kompatibel zu sein. Ganze Programmbündel von kulturellen Routinen, Fertigkeiten und Sinngebungen müssen mit Attraktionswert ausgestattet werden, ohne daß die Gesamtheit der Möglichkeiten und Horizonte kognitiv und emotional von allen Akteuren bewertet werden könnte. Dem generalisierten Medium Nutzen/Affekt, dem Motiv, fällt dabei die Aufgabe zu, Programmbindung herzustellen. Der alte Begriff des Vertrauens wird hier in neuer Form wiederbelebt. Vertrauen ist nötig, um sich auf ganze Programmsysteme einzulassen.[87] Programme evolvieren sozial, und zum Eintritt in die Evolutionsgeschichte müssen die Akteure ohne umfassende Kenntnis auskommen. Das ist bei der Wahl eines Berufes nicht anders als bei der Entscheidung für bestimmte Lebensstile. Immer wird eine Vielzahl von Unterprogrammen mitgewählt, und man muß nach und nach lernen, was zusammengehört und was unverträglich ist. Das macht Bindung noch anspruchsvoller und zusätzlich knapp.

Lindenberg hat dem Knappheitsproblem, um das es hier geht, in einer anderen Weise Ausdruck verliehen, nämlich mit dem Über-

---

83 David Krech u. a., *Grundlagen der Psychologie*, Bd. 5: *Motivations- und Emotionspsychologie*, Weinheim/Basel 1985, S. 23.

84 Manfred Hennen, *Soziale Motivation und paradoxe Handlungsfolgen*, Opladen 1990, S. 60.

85 Vgl. Charles S. Peirce, *Naturordnung und Zeichenprozeß*, Frankfurt am Main 1991, S. 238.

86 Talcott Parsons, *Social Systems and the Evolution of Action Theory*, New York/London 1977, S. 60.

87 Auf diese Notwendigkeit hat Niklas Luhmann schon früh hingewiesen: *Legitimation durch Verfahren*, Neuwied/Berlin 1969, S. 185 f.

gang von individuellen Nutzenkalkulationen zu sozialen Produktionsfunktionen. Menschen erstreben Güter als Mittel materieller und immaterieller Bedürfnisbefriedigung. Diese Güter haben entweder die Form von fundamentalen oder von instrumentellen Gütern. Fundamentale Güter sind als allgemein menschliche Ziele zu verstehen[88] oder auch als fundamentale Bedürfnisse.[89] Alle Menschen wollen fundamentale Güter maximieren.[90] Dazu gehören physisches Wohlergehen, Anerkennung und Verlustvermeidung.[91] Unschwer erkennt man darin die Ebene der Motive. Instrumentelle Güter dienen der Herstellung fundamentaler Güter. Es sind spezifische, an Situationen gebundene Mittel, welche für die Produktion fundamentaler Güter gewählt und eingesetzt werden.[92] Um sich als Mensch zu verwirklichen, können demnach die unterschiedlichsten Wege gewählt werden, aber ohne eine Wahl gibt es keine Selbstverwirklichung. Instrumentelle Güter entsprechen also den Programmen. Menschen sind an Umwege gebunden. An diese Überlegungen schließt die Einführung der ›sozialen Produktionsfunktionen‹ an.[93] Eine Produktionsfunktion verknüpft Input- und Outputmengen unterschiedlicher Güterklassen und beschreibt die Transformation von Investitionsaufwand in erwünschte Zustände, als Ertrag gedacht. Unspezifische Anlagen müssen in konkrete Handlungsbereitschaft umgewandelt werden. Evolutionsdifferenzen zwischen der menschlich-biologischen Natur einerseits und den sozialen Bedingungen der kulturellen Existenz andererseits werden auch in dieser Konzeption überbrückt.[94]

Auch Lindenberg spricht von Affekt sowie von Verhaltensbestätigung. Affekt erhalte ich von einer Person, der mein Wohlergehen am Herzen liegt. Verhaltensbestätigung besteht in dem »Gefühl,

---

88 Siegwart Lindenberg, »Rationalität und Kultur«, in: Hans Haferkamp (Hg.), *Sozialstruktur und Kultur*, Frankfurt am Main 1990, S. 272.
89 Ders., »Normen und die Allokation sozialer Wertschätzung«, in: Horst Todt (Hg.), *Normengeleitetes Verhalten in den Sozialwissenschaften*, Berlin 1984, S. 176.
90 Lindenberg, »Rationaliät und Kultur«, a.a.O., S. 271 f.
91 Ebd., S. 271.
92 Ebd., S. 272.
93 Ebd.
94 Lindenberg, »An Assessment of the New Political Economy«, a.a.O., S. 107.

in den Augen der anderen auch nach eigenem Ermessen ›das Richtige‹ zu tun oder getan zu haben«.[95] Affekt und Bestätigung sind nun paradoxerweise nicht unmittelbar zu erlangen, sondern sie müssen aufwendig produziert werden. Ein guter Arzt erhält Anerkennung wegen seiner Kompetenz und seines persönlichen Einsatzes, nicht aber weil er offen erkennbar Affekt und Bestätigung suchte. Ein solches Buhlen um Wertschätzung wäre peinlich und ›kontraproduktiv‹. »Affekt und Bestätigung sind Nebeneffekte gegebener sozialer Strukturen«, die von Individuen aufgesucht werden, um sich »mit Affekt und Bestätigung« zu versorgen.[96] Motiv- und Programmebene entsprechen dieser Zweiseitigkeit der Produktion. Es geht jetzt um eine grundbegriffliche Umsetzung vermittels einer zugänglicheren Ausdrucksweise, die für die Alltagserfahrung unterschiedlicher Praxisfelder viabler sein könnte. Dem widmet sich der folgende Abschnitt.

v. Soziale Motivation als kreativer Zirkel

Die bisherigen Überlegungen für die Konstruktion einer Sozialtheorie sollen nun zusammengeführt werden zu einer viablen Begrifflichkeit, die die Rekonstruktion der zum Teil komplizierten Ableitungen erlaubt. Der Aufbau soll schrittweise erfolgen. Ausgangspunkt sind die Überlegungen zur Mehrebenenanalyse einer Handlungstheorie. Deren Parameterstruktur besteht aus dem Konstrukt einer hypothetischen Tiefenstruktur, die utilitaristisch/hedonistisch konzipiert ist. Auf dieser Ebene gibt es Kalkulationen des *homo oeconomicus* und der rationalen Wahlen in der Sicht der Akteure.[97] Diese Instanz aus Nutzen und Affekt hat medialen Charakter, sie bindet und trägt Entscheidungen und stellt insofern eine Handlungstendenz dar. Ich habe diese Ebene deshalb mit dem Motivbegriff bezeichnet.

Das entspricht einer eingeführten Vorstellung einer primären Energetisierung des Handelns, so wie Parsons und Shils es aus-

---

95 Lindenberg, »Normen und die Allokation sozialer Wertschätzung«, a.a.O., S. 175.
96 Ebd., S. 181.
97 Coleman, Grundlagen der Sozialtheorie, a.a.O., S. 22.

führlich konzipiert haben.[98] Dabei werden kognitive Prozesse ausdrücklich nicht ausgeschlossen, diese können sogar Voraussetzung sein.[99] Zwischen der rationalen Wahl und dem sie tragenden Affekt ist kein Widerspruch zu suchen, auch hier haben wir eine strukturelle Kopplung vor uns, die zu oft vernachlässigt worden ist. Ohne Affekt gibt es keine Gesellschaft und keine Rationalität.[100] Erst affektiv besetzte Muster schränken den Egoismus ein. Die Verknüpfung von Affekt und Kognition ist unauflösbar.[101] Heckhausen definiert Motive als »solche Inhaltsklassen von Handlungszielen... die in Form überdauernder und relativ konstanter Wertungsdispositionen«[102] existieren. Dabei werden Motive ausdrücklich nicht auf physiologisch bedingte Bedürfnisse bezogen.[103] Das entspricht einem Abgrenzungsinteresse der Psychologie. Für ein analytisches Grundmodell einer soziologischen Mehrebenenanalyse muß die Konstanz der Handlungsdispositionen hingegen nicht in der jeweiligen Persönlichkeitsstruktur gesucht werden, sondern in allgemeinmenschlichen Zielen. Es sei daran erinnert, daß für soziologische Modelle die menschliche Natur erklärungsfähiger ist als individuelle Dispositionen einzelner Persönlichkeiten. Motive stellen in diesem Verständnis analytische Konstrukte dar, sie sind der Sammelbegriff zur Charakterisierung dessen, was Lindenberg ›allgemeine menschliche Ziele‹ nennt.[104] Durch Motive ist damit die Parameterstruktur des Handlungsmodells in seiner Mikroebene erfaßt.

Es sei daran erinnert, daß die Mehrebenenanalyse zur Voraussetzung hat, Handeln gerade nicht der einen oder anderen Ebene zuzurechnen, sondern immer beiden. Insofern kann man von Motiven nur dann sprechen, wenn die Ebene der Programme mitge-

---

98 Parsons und Shils, »Values, Motives, and Systems of Action«, a.a.O., S. 111.
99 Parsons, *Sozialstruktur und Persönlichkeit*, a.a.O., S. 29.
100 Parsons und Shils, »Values, Motives, and Systems of Actions«, a.a.O., S. 167, 178, auch 164.
101 Parsons, *Aktor, Situation und normative Muster*, Frankfurt am Main 1986, S. 46f., 51.
102 Heinz Heckhausen, *Motivation und Handeln*, 2. Auflage, Berlin 1989, S. 9.
103 Ebd., S. 90.
104 Lindenberg, »Rationalität und Kultur«, a.a.O., S. 270.

dacht wird.[105] Programme müssen, um zu sozialer Geltung zu finden, internalisiert werden können, indem sich affektive und kulturelle Muster verbinden. Tritt diese Programmbindung ein und machen sich Akteure Programme zu eigen, dann ist es sinnvoll, von Motivation zu sprechen, und zwar von sozialer Motivation. Wie Motive so sind auch Motivationen keine Handlungen, sondern spezifische, komplexe Handlungsbereitschaften. Sie wandeln kurzfristige Motive in langfristige Interessen und Handlungsbereitschaften um und bieten Akteuren Selbstbindungsfähigkeit.[106] Motivationen rechnen Handlungen zu, indem sie über deren Kontext aufklären. Handlungen können zu gänzlich verschiedenen Kontexten gehören, und erst im Zusammenhang mit diesen wird ihr Sinn deutlich. Der Dienst nach Vorschrift hat uns dafür die Augen geöffnet.

Auch in der psychologischen Motivationstheorie spielt die Mehrebenenanalyse eine Rolle. Viele Autoren unterscheiden zwischen primären und sekundären Motiven oder Motivationen.[107] Für die sozialanalytische Theoriebildung sind diese Erkenntnisse allerdings im Akzent zu verschieben. Für die Interpretation des Handelns vieler muß das zugrunde liegende Modell vom Menschen einfacher werden. Personen können sehr verschieden sein, aber die menschliche Natur wird in der Sozialtheorie als überpersonal behandelt.[108] Individuen mögen mehr und weniger egoistisch sein; für eine soziologische Analyse sind die Randbedingungen, unter denen sich ihre selbstinteressierte Natur formt, analytisch relevant.

Festzuhalten ist also: Motivationen sind zweiseitig organisierte Handlungsbereitschaften und Handlungsregulationen. Sie verbinden das Selbstinteresse mit Gruppeninteressen[109] oder besser: mit evolutionären Errungenschaften des handelnden Problemlösens

---

105 Manfred Hennen, *Soziale Motivation und paradoxe Handlungsfolgen*, Opladen 1990, S. 109.
106 Hartmut Kliemt, *Moralische Institutionen*, Freiburg/München 1985, S. 115.
107 Hennen, *Soziale Motivation und paradoxe Handlungsfolgen*, a.a.O., S. 79-93.
108 James S. Coleman und Siegwart Lindenberg, »In memoriam Georg Caspar Homans«, in: *Kölner Zeitschrift für Soziologie und Sozialpsychologie* 42 (1990), S. 189.
109 Mauss, *Die Gabe*, a.a.O., S. 162.

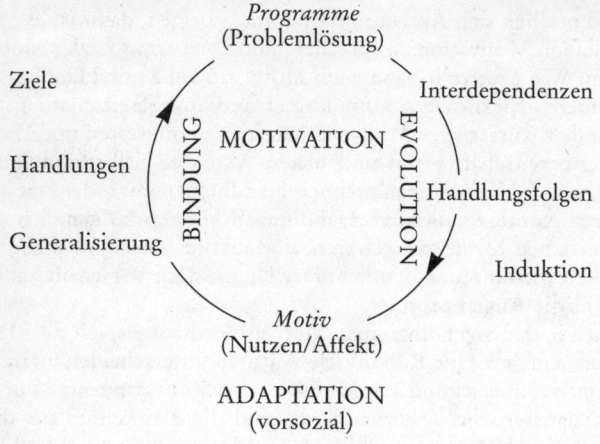

Abbildung 1: Aufbau und Modifikation von Motivation

im Verbund. Sie führen von der Erfüllung der Motive zu den Programmen des Sozialsystems. Dieser Weg der Bindung an Programme ist sozusagen der Hinweg. Will man aber die Veränderung von Programmen erklären, führt das zu den Motiven zurück, das ist der Rückweg. Dazu muß die Interdependenz unerwarteter Handlungsfolgen und Paradoxien[110] verarbeitet werden. Daraus ergeben sich neue Einwirkungen, Induktionen, die dazu führen, daß sich Motive neu und anders binden. Dieser Weg ist derjenige der Evolution. Soziale Motivation ist also ebenfalls als ein kreativer Zirkel vorzustellen. Wo auch immer die Analyse in diesem Kreislauf beginnt – zum Beispiel beim Motiv –, sie muß dahin zurückkehren. Die Abbildung 1 soll das verdeutlichen.

Ich zeichne zunächst den Weg der Bindung nach, der auf der linken Seite der Abbildung von den Motiven zu den Programmen führt. Das einfache Motivationsmodell des ökonomischen Pro-

---

110 Bei der Behandlung von Paradoxien bin ich auf die Notwendigkeit einer dualen Handlungsorganisation gestoßen. Vgl. Hennen, *Soziale Motivation und paradoxe Handlungsfolgen*, a.a.O., S. 192.

gramms hatte vorgesehen, daß diejenigen Handlungen ausgeführt werden, die den höchsten Nutzen versprechen. Diese Vorstellung wird jedoch unrealistisch, wenn die Handlungsfelder komplexer werden.[111] Es sind nicht einzelne Handlungen, sondern Bündel von Handlungen und weiterreichende Kontexte, die problemlösenden Charakter haben. Der Nutzen einer Handlung verändert sich mit der Erweiterung des Horizonts. Ohne Programme würde ein maximierender Akteur also »eher als unberechenbarer Chaot und Hektiker denn als verläßlicher, vernünftiger und besonnener Mensch eingeschätzt werden«.[112] Erst der Umweg über Programme ermöglicht Nutzenmaximierung.

Der Weg führt über verschiedene Stationen, die der Erörterung bedürfen. Zunächst stellt die Generalisierung von Motiven einen wichtigen Mechanismus auf dem Weg der Programmbindung dar. Motive binden sich: zeitlich in Gratifikationsaufschub, sachlich durch Bewertung der Problemlösungschancen, sozial unter Abwägung der bereits gefundenen Akzeptanz der Programme, man bedenke nur die heutige Faszination, welche die Bilanzierung nach *in* oder *out* ausstrahlt. Diese Generalisierungsvorgänge geben, wie erwähnt, den Motiven den Charakter eines Mediums. Parsons hat diesen Gedanken mit dem Verweis auf die ›four wishes‹ von Thomas angedeutet, die ja ebenfalls als Motive interpretierbar sind.[113] Motive sind unspezifische Antriebsenergien, die spezifizierbar sind.[114] Auf der Ebene der Motive sind die Menschen unspezifisch gleich, erst die Einbindung der Motive entscheidet über höchst unterschiedliche Schicksale.

In einem weiteren Schritt des Bindungsprozesses muß aus der Generalisierung eine erkennbare Handlungsbereitschaft hervorgehen. Motivationen, die nicht zum Handeln finden, verlieren sich. Der Handlungsbegriff soll also keineswegs aufgegeben oder er-

---

111 Die Ergebnisse der *prospect-theory* und die Überlegungen zum Diskriminationsmodell haben das bestätigt. Vgl. Lindenberg, »Rationalität und Kultur«, a.a.O., S. 261 ff.
112 Esser, »›Habits‹, ›Frames‹ und ›Rational Choice‹ – Die Reichweite von Theorien der rationalen Wahl«, a.a.O., S. 244.
113 Parsons, *Social Systems and the Evolution of Action Theory*, a.a.O., S. 247.
114 Manfred Hennen, Art. »Handlungstheorie«, in: Günter Endruweit und Gisela Trommsdorff (Hg.), *Wörterbuch der Soziologie*, Stuttgart 1989, S. 266.

setzt werden; der Begriff des Handelns bleibt vielmehr der harte Kern einer empirischen Sozialwissenschaft. Aber er erweist sich für die Soziologie als voraussetzungsreicher als bisher angenommen. Hier geht es zunächst um den Aspekt der Mobilisierung von Handlungen, Handlungen müssen gewollt sein. Eine komplexere Betrachtungsweise von Handeln muß es deshalb in seiner Verbundenheit darstellen, und das in mehreren Dimensionen. Die Handlungen müssen in ihrer Zugehörigkeit zu Programmen identifiziert werden: Darf man als Intellektueller eine Krawatte tragen? Darf oder muß man als Manager von seiner Zeitknappheit reden? Das Handeln in karitativen Organisationen kann auf gänzlich verschiedenen Programmbindungen beruhen: ethischen, politischen oder kommerziellen. Die praktische wie die wissenschaftliche Beurteilung des Handelns erfordern die Kenntnis der entsprechenden Programmzugehörigkeit. Damit ist auch die Verbundenheit von Handlungen untereinander angesprochen. Jede Wahl einer Handlung schränkt andere ein und legt wieder andere nahe.

In einem nächsten Schritt auf dem Weg der Bindung an Programme ist von Handlungszielen zu sprechen. Es sei an das erinnert, was Lindenberg als Produktionsfunktionen beschrieben hat. Motive binden sich an Handlungen, weil diese Selbstkonzepte darstellen und Erfüllung bieten können. Ich führe Handlungen aus, weil sie mich zu dem machen, was ich sein möchte. Auf dieser Grundlage können soziale Umwege bejaht werden. Selbstkonzepte sind insbesondere auf soziale Wertschätzung angewiesen[115], welche Motive binden können. Das führt weiter zu der Erkenntnis, daß Motivationen um begehrte Ziele zentriert sein müssen.

Programme koordinieren Handlungen immer auf bestimmte zentrale Zielvorstellungen hin. Sie stellen insofern ein gerichtetes Problemlösungsrepertoire dar.[116] Motivationen verknüpfen erwartete Handlungsfolgen mit den individuellen Antriebsenergien über Programme des Handelns.[117] Diese Ziele des Handelns bedürfen einer Entsprechung auf der Ebene der Motive. Es gibt zwei verschiedene Zielebenen, wie wir von Lindenberg wissen. Der Akteur hat sozusagen 1. sich selbst und 2. konkrete Verwirkli-

---

115 Coleman und Lindenberg, »In memoriam Georg Caspar Homans«, a.a.O., S. 190.
116 Michel Crozier und Erhard Friedberg, *Macht und Organisation*, Königstein 1979, S. 132.
117 Heckhausen, *Motivation und Handeln*, a.a.O., S. 10 ff.

chungswege zum Ziel. Die Kopplung dieser beiden Zielebenen kann nicht durch isolierte Handlungen erfolgen, sondern erfordert die übersituative Bindung an Programme. Sie sind insofern kontextgebundene Angebote der Selbstverwirklichung. Nicht für jede einzelne Klavierstunde wird der Nutzen erwogen, nicht nur für das Ziel späterer Virtuosität, sondern für den Selbstentwurf eines Menschen, der sich als Pianist sehen möchte. Oft bestehen Motivationsleistungen zunächst in einer Abfolge aus Antizipationen und Intentionen von Zielen und Zuständen, die zu Selbstdisziplinierung und Verzicht führen. Spätere Motivationsleistungen ermöglichen dann unter Umständen eine wesentlich engere Bindung an die Programme, man bedient sie nicht mehr, sondern man lebt mit ihnen und in ihnen. Der Weg wird das Ziel; dies ist das Bekenntnis sowohl von Hochmotivierten wie von Lebenskünstlern. Unter einer Zielperspektive wirken das affektive und das kognitive Subsystem bei der Auswahl einer Handlung aus einem Handlungsspektrum zusammen.[118]

Durch Programme werden, wie besprochen, Personen, Dinge, Symbole, Erwartungen und Werte verknüpft.[119] Gerade diese Verbundenheit und Ungeschiedenheit zeichnet den Programmcharakter aus. Programme sind bis zu Körpertechniken ausdifferenziert[120], und unter anderem liegt darin ihre Bindungsfähigkeit und ihr Appell an Motive. Um beispielsweise das, was einen Advokaten ausmacht, auszufüllen, bedarf es mehr als der Anwendung von Rechtskenntnis. Es geht um ein Sonderverhältnis zu bestimmten Gegenständen, z. B. Akten, Büchern oder Pulten, um spezifische Wahrnehmungen von Personen, um die Beherrschung von Argumentationsstilen bis hin zu Techniken des Blätterns, des Ganges, der Haltung und der Mimik. Ganz im Sinne der operativen Geschlossenheit formen Programme Handlungen. Hierbei gibt es durchaus Parallelen zu dem, was die Ethologen als Funktionslust bezeichnet haben.[121] So wird es verständlich, daß bereits die Ausübung eines trivialen Teilprogramms, wie etwa die Handhabung eines bestimmten Schreibgerätes, den Affekt für das gesamte Pro-

---

118 Erich H. Witte, *Sozialpsychologie*, München 1989, S. 141.
119 Mauss, *Die Gabe*, a.a.O., S. 35, 52, 64, 67, 123 f., 129, 147.
120 Marcel Mauss, *Soziologie und Anthropologie*, Bd. 2, Frankfurt am Main 1989, S. 199 ff.
121 Konrad Lorenz, *Vergleichende Verhaltensforschung*, Wien/New York 1978, S. 251.

gramm des Formulierens beleben kann. Mit der Mehrebenenanalyse löst sich der Streit über die sogenannten ›Ursachen‹ und ›Gründe‹ des Handelns auf. Motive können jetzt als Ursachen, Motivationen als Gründe interpretieren werden. Der Nutzenbegriff verweist auf den Produktionsbegriff.
Ich gehe nun zur Beschreibung der Evolution von Programmen über. Das heißt, ich bewege mich in meiner Analyse auf dem Schaubild von rechts oben im Uhrzeigersinn nach unten zurück zum Motivbegriff. Der erste Schritt besteht in der Erläuterung des Interdependenzbegriffs. Unter Interdependenz ist zu verstehen, daß beim Handeln im Verbund permanent eine aktive und passive wechselseitige Beeinflussung vorliegt. Man kann auch sagen, Handeln im Verbund verändere unaufhörlich die Kosten- und Anreizstruktur für die Handlungen der anderen. Besonders die Aggregation von Handlungen bringt Externalitäten, Drittwirkungen in Form von Vorteilen und Nachteilen für andere mit sich. Diese können sich zu Austausch-, Abhängigkeits- und Kooperationsbeziehungen[122] verfestigen. Mit diesen Formen sind auch Programme zu erzeugen und zu verändern.
Interdependenz hat also Folgen, die für die Handelnden Überraschungen darstellen können. Wir kommen damit zur nächsten Station in der Erklärung der Evolution von Programmen. Die Differenz von »Absichten, Bewertungen und Erwartungen der Akteure« einerseits und nichtintendierten Handlungskonsequenzen[123] andererseits ist das wohl umfassendste Thema jeder Sozialanalyse, die sich mit Interventionen in Sozialsystemen befaßt. Was dem Individuum Überraschung ist, wird leicht zu einem eigenen Reich der Gesellschaft[124] erklärt. Tatsächlich erfordert eine Rekonstruktion der Dynamik sozialer Systeme, auf die intendierten Ziele in Verbindung mit nicht-intendierten Handlungskonsequenzen einzugehen. Unbeabsichtigte und paradoxe Handlungsfolgen setzen Ziele, Willen und motivierte Handlungen mehrerer

---

122 Siegwart Lindenberg, »Individuelle Effekte, kollektive Phänomene und das Problem der Transformation«, in: Klaus Eichner und Werner Habermehl (Hg.), *Probleme der Erklärung sozialen Verhaltens*, Meisenheim am Glan 1977, S. 224.
123 Esser, »Sozialökologische Stadtforschung und Mehr-Ebenen-Analyse«, a.a.O., S. 41.
124 Hennen, *Soziale Motivation und paradoxe Handlungsfolgen*, a.a.O., S. 54, 66.

Akteure voraus und entstammen ihnen.[125] Man kann deshalb von der Ziel-Folgen-Differenz sprechen. In der Differenz von Handlungszielen und Handlungsfolgen macht der Akteur die Erfahrung einer sozialen, seinen Intentionen nicht gehorchenden Welt.
Gerade die Trennung zwischen Zielen und Folgen macht es aber notwendig, die unbeabsichtigten Folgen den Zielen zuzurechnen. Eine Preiserhöhung, die auf gestiegene Nachfrage zurückgeht, kann nur angemessen gewürdigt werden, wenn die eigene Kaufaktivität damit in Zusammenhang gebracht wird. Bei interdependenten Handlungsfolgen werden immer Handlungsbereitschaften und Handlungsregulationen, also Motivationen, berührt. Es handelt sich dabei stets auch um Nutzeninterdependenzen[126]; denn Motive binden sich an Programme und lösen sich davon, wenn Preise und Kosten und Bewertungen sich ändern. Auf diese Weise ist für Dauerdynamik gesorgt. Jede Handlungslehre muß deshalb auch als Handlungsfolgen-Lehre konzipiert sein.[127]
Um zu zeigen, wie Programme sich ändern, benötigen wir einen Begriff, der die Beeinflussung der Motivebene beschreibt. Soziale Systeme erklären sich nicht ausschließlich aus ›Sozialem‹, sondern die Analyse muß an vorsoziale Dispositionen anschließen, aus denen Korrekturen der bisherigen Bindungen hervorgehen. Motive sind insofern Dauerbeobachter sozialer Prozesse. Für den gesuchten Begriff schlage ich die Bezeichnung ›Induktion‹ vor. Induktionen werden durch Externalitäten in Gang gesetzt. Nicht nur im Bereich des Erkennens, sondern auch im Bereich des praktischen Handelns ist das, was Campbell ›pattern matching‹ (Musteranpassung) genannt hat, von zentraler Bedeutung.[128] »Induktion soll als

---

125 Karl-Dieter Opp, »Ökonomie und Soziologie – die gemeinsamen Grundlagen beider Fachdisziplinen«, in: Hans-Bernd Schäfer und Klaus Wehrt (Hg.), *Die Ökonomisierung der Sozialwissenschaften*, Frankfurt/New York 1989, S. 114.
126 Martin Held, »»Die Ökonomik hat kein Menschenbild‹ – Institutionen, Normen, Menschenbild«, in: Bernd Bievert und Martin Held (Hg.), *Das Menschenbild der ökonomischen Theorie*, Frankfurt am Main 1991, S. 22 f.
127 Hennen, *Soziale Motivation und paradoxe Handlungsfolgen*, a.a.O., S. 54.
128 Vgl. Konrad Lorenz, *Die Rückseite des Spiegels*, 8. Auflage, München 1985, S. 40 f.

die Auslösung eines Vorgangs« der Programmvariation einschießlich der Programmschöpfung verstanden werden.[129] Soziologisch interessant sind besonders diejenigen Induktionen von Motivation, die durch sozialpolitische Interventionsabsichten ausgelöst werden. Der Eingriff in bestehende Motivationen führt immer zu wenig vorhersehbaren Induktionen. Interdependenzen schöpfen Programme.

Paradigmatisch dafür ist folgender Vorgang: Unter der Bezeichnung ›Aid for Dependent Children‹ sollte in den USA Kindern aus vaterlosen Familien durch materielle Unterstützung der alleinerziehenden Mutter geholfen werden. Dadurch »wurde die Motivation systematisch erzeugt, die vorgegebene oder tatsächliche Desertion von Vätern und Männern zu beschleunigen«, um in den Genuß der finanziellen Förderung zu gelangen.[130] Abläufe dieser Art finden sich in allen Praxisfeldern. Es ist geradezu ein Merkmal von Laien und Vertretern eindimensionalen sozialen Engagements aller Art, solche Induktionswirkungen nicht mitzudenken. Probleme wie Arbeitslosigkeit, Bildungsmisere, ökologische Probleme oder der Zuzug aus bedrohten Welten lassen sich nicht angemessen darstellen und behandeln ohne Rekonstruktion und Vermutung von Induktionsvorgängen.[131]

Durch Induktion wird ein neuer Prozeß der Änderung, der Übertragung und Bildung von Programmen in Gang gesetzt. Damit schließt sich der Kreis. Wandlungsprozesse werden als Schnittstellen zwischen Interdependenzen, Handlungsfolgen und Induktionen beschrieben, die immer den Nutzen/Affekthaushalt von Motiven in Anspruch nehmen. Eben das macht eigendynamische Prozesse aus.[132]

Dieser schöpferische Vorgang beruht darauf, daß Akteure Vorteile und Nischen suchen und danach trachten, Programme zu ihrem

---

129 Hennen, *Soziale Motivation und paradoxe Handlungsfolgen*, a.a.O., S. 136.
130 Vgl. weitere Beispiele ebd., S. 199.
131 Exemplarisch hinsichtlich der Arbeitslosigkeit: Münch, *Dialektik der Kommunikationsgesellschaft*, a.a.O., S. 192 ff.
132 Renate Mayntz und Birgitta Nedelmann, »Eigendynamische soziale Prozesse«, in: *Kölner Zeitschrift für Soziologie und Sozialpsychologie* 39 (1987), S. 661.

eigenen Vorteil auszunutzen oder zu verändern.[133] Akteure wollen Kosten vermeiden und ›das Beste aus ihrer Situation machen‹.[134] Der Motivbegriff beschreibt ein Menschenbild unter Bedingungen der Interdependenz und vielseitiger Interaktion. Individuelle Unterschiede der Geschicklichkeit in der Realisierung sind sicherlich vorhanden; für eine Sozialtheorie ist es aber wichtiger, daß unter Bedingungen der großen Zahl der Mensch aufhört, ein *animal sociale* zu sein.[135] Motive sind durch diese kalkulierende Daueräberwachung sozialer Vorgänge die Ebene der ständigen Adaptation.[136]

Dieser Gedanke ist auch der sozialwissenschaftlichen Konzeption des *homo oeconomicus* vertraut. Opp hat das sogenannte ökonomische Kernmodell mit einer Motivationshypothese in Zusammenhang gebracht. Er geht dabei von drei Grundannahmen aus.[137] 1. Im Handeln bemüht sich der Akteur grundsätzlich, das Beste aus der Situation zu machen (Hypothese der Nutzenmaximierung). 2. Handeln ist in seinen Möglichkeiten begrenzt (Hypothese der Handlungsbeschränkung); und 3. Handeln ist individuell motiviert (Motivationshypothese). Der Vergleich mit meiner Theorie sozialer Motivation bietet sich an. Mit der ersten Hypothese sind nach meiner Sprachregelung Motive bezeichnet. Die Annahme einer konstanten Disposition im Sinne allgemeinmenschlicher Ziele wird auch hier getroffen. Die zweite Hypothese der Handlungsbeschränkung schließt auch Handlungsempfehlungen ein.[138] Sie gibt wieder, was ich über Handlungsselektion und Handlungsstrukturierung gesagt habe. Die begrenzte Rationalität ist soziologisch immer auch eine ›gebundene‹, eine handlungsleitende Rationalität, mit der Handlungsmöglichkeiten eröffnet werden. Die dritte Hypothese spricht hier für sich.

133 Erich Weede, »Kosten-Nutzen-Kalküle als Grundlage einer allgemeinen Konfliktsoziologie«, in: *Zeitschrift für Soziologie* 13 (1984), S. 11.
134 Opp, »Ökonomie und Soziologie – die gemeinsamen Grundlagen beider Fachdisziplinen«, a.a.O., S. 105.
135 James M. Buchanan, *Die Grenzen der Freiheit*, Tübingen 1984, S. 94.
136 Ernst v. Glasersfeld, »Einführung in den radikalen Konstruktivismus«, in: Paul Watzlawick (Hg.), *Die erfundene Wirklichkeit*, a.a.O., S. 27.
137 Opp, »Ökonomie und Soziologie – die gemeinsamen Grundlagen beider Fachdisziplinen«, a.a.O., S. 105.
138 Ebd.

Kein Zweifel, das ökonomische Modell schließt eine implizite Motivationslehre ein. Opp weist darauf hin, daß das im Bereich der Ökonomie ausgearbeitete Kernmodell auch soziologischen Fragestellungen dienen kann. Dazu müssen nicht nur die ›harten Spezifikationen‹ der Ökonomen in der Form materieller Anreize[139], sondern auch ›weiche Spezifikationen‹ in der Form immaterieller oder auch ideeller Motive zugelassen sein. Darunter versteht Opp z. B. Ziele, Präferenzen und Normen.[140] Weiche Spezifikationen sind aber Eigenschaften der Programme, die harten Spezifikationen kommen den Motiven zu, durch welche Programme gewogen und verändert werden.

Zum Abschluß dieses Kapitels möchte ich zeigen, daß die Verwendung des Begriffs ›Motivation‹ für eine Sozialtheorie neben methodischen Überlegungen im engeren Sinne ein viabler Weg zur Charakterisierung aktueller Probleme der modernen Lebenswelt ist. In vielen Praxisfeldern des sozialen Lebens wird Motivation nicht von ungefähr zum Thema gemacht. Praktiker bestätigen, daß Motivation nicht als Eingriff, sondern als Selbstbindung und Selbstachtung zu verstehen sei.[141] Motivation gilt als positive Grundeinstellung gegenüber Handlungsanforderungen. Darin spiegelt sich die zunehmende Bedeutung des Humankapitals als entscheidender Wettbewerbsfaktor für die Produktion von Wohlstand.[142] Nicht virtuose Einzelleistungen sind hier das Thema, sondern Motivation als ein soziales Grundphänomen. Wir haben uns an den Begriff der wohlstandsfördernden Massenproduktion gewöhnt, jetzt geht es um eine Art Kapitalisierung von Motiven zur Produktionsbereitschaft von Leistungen aller Art und vor allen Dingen von Bereitschaft für die Zuständigkeit von Problemlösungen in unterschiedlichen Feldern.

Der Motivationsbegriff macht deutlich, daß hier ein ganz neues und umfassendes Problem der Knappheit in modernen und reichen Gesellschaften entstanden ist. Vernünftige Regeln aller Art für alle möglichen Felder können weder per Dekret noch per Dis-

139 Ebd., S. 120.
140 Ebd., S. 123.
141 Reinhard K. Sprenger, *Mythos Motivation*, 2. Auflage, Frankfurt am Main 1992, S. 225 ff.
142 Dean R. Gerstein, »To Unpack Micro and Macro: Link Small with Large and Part with Whole«, in: Alexander u. a. (Hg.), *The Micro-Macro Link*, a.a.O., S. 107.

kurs etabliert werden. Fernziele müssen für ihre Betriebsfähigkeit durch Nahbelohnungen gesichert werden.[143]
Das Verschwinden von Traditionen, Prozesse der Enttabuisierung, der Zweifel an Autoritäten, die Chancen von Verweigerung und von Sanktionsentzug, die Bestärkung von Begehren, die Belohnung des Ausreizens von Möglichkeiten, das alles sind nicht nur Klagen von Kulturpessimisten, sondern die Realität von freigesetzten und mobilisierten Motivationsprozessen. Die Mehrstufigkeit von Motiv und Motivation, von Nutzen und Bindung wird nach und nach freigelegt. Wie kann man unter Bedingungen solcher Kontingenz Handlungsmaßstäbe finden?[144] Selbstbindung scheint das Zauberwort zu heißen. Selbstbindung unter ständiger Aufsicht kollektiv erzeugter Nutzen- und Affektbilanzen. ›Das bringt's, jenes nicht‹.
Bereitschaft, Wille, Anstrengung, Verzicht, Belohnungsaufschub und Zuversicht sind immer knappe Güter gewesen, jetzt werden sie in einem Teil der Welt deshalb knapp, weil Programmvielfalt und die Befreiung der Motive sie zum Produktionsfaktor machen. Luhmann hat darauf hingewiesen, daß mit der Aufnahme des Themas des Interesses das Ende der alten Welt eingeläutet worden sei.[145] Die Steigerung der Optionen hat sich seitdem fortgesetzt, heute löst der Motivationsbegriff den des Interesses ab, das Wollen ist ein noch abstrakteres Thema geworden. Verstehen, Bejahen und Wollen sind zentrale Motivationskomponenten.[146] Je anspruchsvoller die Programme sind, desto mehr benötigen sie die Bereitschaft zu Aufschub und Umwegen für die Befriedigung der allgemeinmenschlichen Ziele. Die Weisheit liegt darin, »daß man dasjenige, was man will, nur bekommt, wenn man es nicht direkt anstrebt«.[147] Das ist eventuell für moderne Gesellschaften eine Gefahr für Segregationsvorgänge.[148]

143 Vgl. Bischof, *Das Rätsel Ödipus*, a.a.O., S. 181.
144 Das ist das Thema von Richard Rorty, *Kontingenz, Ironie und Solidarität*, Frankfurt am Main 1989; sowie ders., *Solidarität oder Objektivität?*, Stuttgart 1988.
145 Luhmann, »Sozialsystem Familie«, a.a.O., S. 199; vgl. auch Albert O. Hirschman, *Leidenschaften und Interessen*, Frankfurt am Main 1980.
146 Witte, *Sozialpsychologie*, a.a.O., S. 171.
147 Lindenberg, »Rationalität und Kultur«, a.a.O., S. 273.
148 Manfred Hennen, »Zur Betriebsfähigkeit postmoderner Sozialent-

Chancen haben diejenigen, die Voraussetzungen mitbringen, sich selbst an Programme zu binden, sich an deren Möglichkeiten zu erfreuen und deren Grenzen nicht als Dauerzumutungen zu erleben.

Berelson und Steiner haben vor fast dreißig Jahren die empirischen Erkenntnisse über menschliches Verhalten zusammengetragen, um ein umfassendes Bild vom Menschen innerhalb der Sozialwelt zu erhalten. Dieses Vorhaben ist oft belächelt und kritisiert worden. Dabei hat man verkannt, daß die empirischen Ergebnisse in einer konstruktivistischen Sicht gipfelten. Sie schrieben: »Vielleicht kann die Eigenheit des Menschen, wie es in den Verhaltenswissenschaften erscheint, am besten im Hinblick auf sein Verhältnis zur Realität erfaßt werden. Er ist ein Lebewesen, das die Realität seinen eigenen Zielen anpaßt, das die Realität in eine ihm gemäße Form umwandelt, das sich seine eigene Realität schafft ... Er arbeitet nicht nur für das, was er wünscht, sondern er wünscht auch das, für das er arbeiten muß.«[149]

Wir müssen versuchen, dasjenige Leben zu führen, das wir wollen können: Eine Dopplung der Motivation!

VI. Die Gesellschaft der Programme

Im abschließenden Kapitel möchte ich noch einige Überlegungen anstellen, die den Programmbegriff als einen Zentralbegriff einer Sozialtheorie betreffen. Programme versprechen dem Akteur, auf seinen Affekt zielend das, was man im Rahmen der Möglichkeiten das ›gute Leben‹[150] nennt. Zunächst ist zu fragen, warum er anderen Bezeichnungen vorgezogen wird, die bereits eingeführt sind. Dazu gehören vor allen Dingen: Habits, Frames, Scripts oder Schemata.[151] Eine kurze vergleichende Kritik muß hier ausrei-

würfe«, in: Günther Eifler und Otto Saame (Hg.), *Postmoderne – Anbruch einer neuen Epoche?*, Wien 1990, S. 69 ff.; ders., »Kindheit, Jugend und Schule im Wandel moderner Gesellschaften«, in: *Pädagogische Rundschau* 45 (1991), S. 539-560.
149 Bernard Berelson und Gary A. Steiner, *Menschliches Verhalten*, Bd. 2: *Soziale Aspekte*, Weinheim 1972, S. 429.
150 Parsons, *Sozialstruktur und Persönlichkeit*, a.a.O., S. 247.
151 Vgl. Charles Camic, »The Matter of Habit«, in: *American Journal of Sociology* 91 (1986); Robert P. Abelson, »Script Processing in Atti-

chen: Habits legen eine zu traditionale Orientierung nahe; Rahmen sind eher grenzorientierte Unterscheidungen, nicht Detailregulationen; Scripts suggerieren zu enge Vorgaben. Im Falle der Schemata haben wir zweifellos einen der leistungsfähigsten Ordnungsbegriffe vor uns. Andere Begriffe wie Strategien und Heuristiken zielen auf den Umgang mit einer begrenzt transparenten Wirklichkeit.[152] Es geht aber zum angemessenen Verständnis des sozialen Lebens moderner Gesellschaften nicht um Vorschreiben, sondern um Nahelegen, um Anbieten, um Empfehlen, um Attraktion und vor allen Dingen um Wandelbarkeit und Dynamik der Orientierung. Ich bevorzuge den Programmbegriff, weil er weniger rigide hinsichtlich des unmittelbaren Anweisungscharakters ist und die Evolutionsmöglichkeiten der Handlungsregulation mitkonzipiert werden. Im Begriff der Programmbindung wird zudem die motivationale Seite deutlich.[153]

In die Soziologie hat der Begriff des Programms zunächst keinen Eingang gefunden. Eine Ausnahme bildet Jensen, der von der ›Programmstruktur des menschlichen Verhaltens‹ gesprochen hat.[154] Esser hat die Kombinierbarkeit von Habits als Bündel von Handlungen, Frames als Situationsdefinitionen und Rezepten als ›standard operating procedures‹ in Anlehnung an Schütz hervorgehoben.[155] Ich füge hier aus einem Text von Schütz, der besonders sensibel für die kulturellen Organisationsleistungen des Handelns ist, weitere Ausdrücke hinzu, die in der Verdeutlichung dessen, was Programme zu leisten haben, für sich sprechen: »Zi-

> tude Formation and Decision Making«, in: John S. Carroll und John W. Payne (Hg.), *Cognition and Social Behavior*, New York 1976, S. 33-45; Norbert Schwarz, »Theorien konzeptgesteuerter Informationsverarbeitung in der Sozialpsychologie«, in: Dieter Frey und Martin Irle (Hg.), *Theorien der Sozialpsychologie*, Bd. 3: *Motivations- und Informationsverarbeitungstheorien*, Bern/Stuttgart/Toronto 1985, S. 269-291; Heinz-Günter Vester, »Transformation von Sinn«, in: *Zeitschrift für Soziologie* 15 (1986), S. 89; Esser, »›Habits‹, ›Frames‹ und ›Rational Choice‹ – Die Reichweite von Theorien der rationalen Wahl«, a.a.O., S. 231-247.

152 Krech u. a., *Grundlagen der Psychologie*, Bd. 5: *Motivations- und Emotionspsychologie*, a.a.O., S. 23.
153 Hennen, *Soziale Motivation und paradoxe Handlungsfolgen*, a.a.O., S. 113, 118, 191.
154 Stefan Jensen, *Systemtheorie*, Stuttgart 1983, S. 70, 82 f., 98.
155 Esser, *Alltagshandeln und Verstehen*, a.a.O., S. 65 f.

vilisationsmuster des Gruppenlebens, Kulturmuster, allgemeines Auslegungsschema der Welt, Schema, Auslegungs- und Ausdrucksschema, Anweisungsschema, fertige Gebrauchsanweisungen, Vorschrift für Handlungen, fertiges Vorstellungsmuster, Zivilisationsmuster und sein Lebensstil, Auslegungsschema, habituelles Denken wie üblich, handliches Auslegungsschema, Rezept-Systeme«.[156] Die umfassendste und besonders treffende Formulierung stellt fest, es handele sich um »vertrauenswerte Rezepte, um damit die soziale Welt auszulegen und um mit den Dingen und Menschen umzugehen, damit die besten Resultate in jeder Situation mit einem Minimum von Anstrengung und bei Vermeidung unerwünschter Konsequenzen erlangt werden können«.[157]

Schmidt hat neuerdings den Programmbegriff als ›Wirklichkeitsmodell einer Gesellschaft‹ und eines ihrer Subprogramme ins Spiel gebracht. Besonders überzeugend erscheint mir dabei der Verweis auf die mit diesem Begriff verbundene Vorstellung von Flexibilität, Interaktivität und Lernfähigkeit zu sein.[158] Hier wird deutlich, daß Programme ihre eigene Evolution haben. Sie gehen aus einer Abfolge von Versuch und Irrtum hervor. Programme können Problemlösungen für Handlungen bereithalten, weil sie »Weisheit« als »Wissen um das größere Interaktionssystem«[159] ansammeln können. Die Irrtümer vorangegangener Handlungsstrategien führen zu Konsequenzen, die im ersten Anlauf noch nicht überschaubar waren. Es handelt sich bei Programmen zudem in vielen Fällen um Ergebnisse einer Evolution über viele Generationen von Akteuren. Programme sind kulturell gespeichertes Vorwissen. Für die Charakterisierung von Programmen eignet sich damit das, was Popper über die von ihm so bezeichnete Welt 3 gesagt hat. Die Welt 3 erfaßt, wie er sich ausdrückt, Problemlösungen, Deskriptionen und unpersönliche Argumente. Diese Welt stellt den Stand einer Diskussion zu einem Problem dar.[160]

156 Alfred Schütz, »Der Fremde«, in: *Gesammelte Aufsätze,* Bd. 2, Den Haag 1972, S. 53-69.
157 Ebd., S. 58.
158 Siegfried J. Schmidt, »Medien, Kultur: Medienkultur«, in: ders. (Hg.), *Kognition und Gesellschaft. Der Diskurs des Radikalen Konstruktivismus* 2, a.a.O., S. 434 ff.
159 Gregory Bateson, *Ökologie des Geistes,* Frankfurt am Main 1981, S. 558.
160 Karl R. Popper, *Objektive Erkenntnis,* Hamburg 1974, S. 99, 124, 137.

Die Welt des Sozialen kann in modernen Gesellschaften kaum noch zutreffend mit dem Begriff Gesellschaft beschrieben werden. Es existieren weder eindeutige Vorbilder noch Zugehörigkeiten. Sie zerfällt in Programme, und sie lebt von deren Überzeugungskraft. Die Programmtiefe ist wenigen zugänglich; und doch hängen wir alle davon ab, daß Programme von zentraler Bedeutung zu Motivationen werden können. Mit anderen Worten, wir müssen auf den Mechanismus bauen, daß die Detailnutzung eines Programms an einer Stelle zu einem möglichen Einklinken in das Gesamtprogramm führen kann. Das schließt ein, daß Programme das aufweisen, was man mediengerecht ›thrill‹ nennt, um Bindungschancen zu eröffnen. Für Hochmotivierte und anspruchsvolle Hochleistungs-Programme ist für den gleichen Vorgang der Ausdruck ›flow‹ geprägt worden.[161] Jedenfalls ist es ein Merkmal von Programmen, daß bei der Nutzung nur ein kleiner Teil ihrer in ihnen enthaltenen Möglichkeiten realisiert wird. Das heißt aber auch, daß die latent bleibenden Programmteile trotzdem mit einbinden. Lindenberg hat darauf hingewiesen, daß mit dem Rückgang von Traditionen ein Fehlen von ›Reusen‹ festzustellen sei, in denen sich Menschen fangen, weil mit dem Eintritt in institutionelle Arrangements die Kostenstruktur sich so verändert, daß dem Akteur ein Austritt zunehmend teurer zu stehen kommt.[162] Programme haben allenfalls eine begrenzte Reusenstruktur insofern, als mit den ersten Kontakten weitere kostengünstiger werden.

Programme sind untereinander verbunden, geschachtelt und in unterschiedlicher Weise verträglich. Der Beruf legt Wohnformen, diese legen die Wahl von Verkehrsmitteln nahe; das eröffnet Möglichkeiten und Hindernisse für die Planung der Urlaubsziele, und diese mögen die Einstellung zu politischen Nachbarn und bis hin zur Philosophie prägen. Lebensstile komponieren sich aus unterschiedlichen Programmen und richten diese auf Kernwahlen aus. Die Zentrierung des Lebens auf Familie oder Beruf, auf Fachkompetenz oder Reputation, auf Macht oder Kontemplation wird nunmehr verstanden als Bindung an Programme, die sich explizit oder implizit gegen andere Programme abheben. Sicherlich gehö-

161 Mihaly Csikszentmihalyi, *Das Flow-Erlebnis*, Stuttgart 1985; sowie ders., *Flow. Das Geheimnis des Glücks*, 2. Auflage, Stuttgart 1992.
162 Lindenberg, »Normen und die Allokation sozialer Wertschätzung«, a.a.O., S. 182.

ren Programme zu Sozialsystemen, aber mir scheint auch wichtig zu sein, daß sie über diese Grenzen hinweg Verknüpfungen leisten müssen.

Der Programmbegriff hat als weiteren Vorteil den der Interdisziplinarität. Zu den Nachbarwissenschaften, die den Programmbegriff im hier vertretenen Sinne verwenden, gehören insbesondere die Biologie und Ethologie. Er ist dort nicht nur verankert[163], sondern er wird darüber hinaus den Sozialwissenschaften gleichsam nahegelegt. So wird von unterschiedlichen Programmstufen gesprochen sowie von der »Befreiung des menschlichen Verhaltens von angeborenen Programmen«.[164] Wickler/Seibt sprechen von kulturellen und traditiven Verhaltensprogrammen und schildern sie als ›Meme‹, die Gene ergänzen müssen. »Es gibt eine notwendige Interaktion zwischen genetischen und traditiven Programmen«. »›Natur‹ ist das notwendige Substrat für ›Kultur‹.«[165]

»Entscheidend dafür ist jedoch nicht die Akten-Existenz von Handlungsprogrammen, sondern ihre Durchführung, ihre Ausprägung im Verhalten, mit dem anschließenden Folgen-Vergleich. Ob ein ausgeklügeltes Gesetz sich für das handelnde Individuum bewährt, läßt sich nicht verordnen... Es genügt nicht, allgemeine Gesetze zu erlassen, nach denen sich im akuten Fall vielleicht niemand richten mag; der Evolution durch Selektion unterliegen nur Gesetze, die aus dem Handeln ablesbar sind.«[166]

Die Zweistufigkeit der Motivation muß im Dialog mit der Natur modelliert werden: »Kulturen schaffen nicht neue Antriebe und Bedürfnisse, sondern neue Formen ihres Ausdrucks, ihrer Befriedigung – und ihrer Frustration.« Kulturen ›programmieren‹.[167]

Damit ist ein Problem angesprochen, das ich als das der sozialen Allokation bezeichnen möchte. Wo ist der Ort der Beeinflussung, der Variation, der Bildung und Veränderung von sozialem Ge-

---

163 Vgl. Lorenz, *Die Rückseite des Spiegels*, a.a.O., S. 90 ff.
164 Hubert Markl, *Evolution, Genetik und menschliches Verhalten*, 2. Auflage, München/Zürich 1988, S. 68 f.
165 Wolfgang Wickler und Uta Seibt, *Das Prinzip Eigennutz*, München/Zürich 1991, S. 265 ff.
166 Ebd., S. 285.
167 Gerhard Vowinckel, »Homo sapiens sociologicus, oder: Der Egoismus der Gene und die List der Kultur«, in: *Kölner Zeitschrift für Soziologie und Sozialpsychologie* 43 (1991), S. 537.

schehen? Luhmanns Insistieren, auf Kommunikationen und nur auf diese abzustellen, um den Betrieb sozialer Systeme zu beschreiben[168], halte ich in diesem Punkt für eine theoriestrategische Überzeichnung. An der Schnittstelle von Natur und Kultur, von Motiv und Programm entscheiden sich Bindungen und Leistungsbereitschaften für alle möglichen Problemlösungen. Es geht weniger um Kommunikation als um Mobilisierung. Nicht Kommunikation ist knapp, sondern Motivation. Die folgende Erkenntnis mag Konjunkturen von Aktualität haben, aber sie darf nicht verlorengehen: Zivilisation ist nicht selbstverständlich; sie muß immer durch Bereitschaften und Handlungen hindurch aus einer unspezifischen Natur solche sozialen Programme formen, welche das Selbstinteresse mit sozialen Notwendigkeiten verschmelzen. Uns sind viele Formen der Opferbereitschaft aus Zeiten rigider Bindungen und geringer Optionen bekannt. Unter offeneren und freieren Bedingungen müssen Menschen sich selbst fragen, welche Umwege sie auf sich nehmen wollen, um ihre Zukunft wie ihr Selbstverständnis zu finden.

Die Akzeptanz anspruchsvollerer Programme wird dabei im Konkurrenzkampf mit weniger anspruchsvollen stets einen schweren Stand haben.[169] Wir dürfen nicht davor zurückscheuen, über ferne Programmkonsequenzen vorbehaltlos aufzuklären und für Akzeptanz zu werben: Programme müssen Attraktoren haben. Rationalität und Affektivität gehören auch in dieser Hinsicht zusammen.[170]

---

168 Luhmann, *Soziale Systeme*, a.a.O., S. 191.
169 Vgl. Manfred Hennen, »Kindheit, Jugend und Schule im Wandel moderner Gesellschaften«, in: *Pädagogische Rundschau* 45 (1991), S. 539-560.
170 Der intensiven Zusammenarbeit mit Thomas Rein, M. A., u. a. verdanke ich viele Anregungen, Kontrollen und Erkenntnisse.

Hartmut Esser
Kommunikation und »Handlung«

Eines der erstaunlichsten Phänomene im Zusammenhang der gesellschaftlichen Konstruktion der soziologischen Systemtheorie insbesondere unter Mitwirkung von Niklas Luhmann ist die Serie von Verwirrungs-Lawinen, die in regelmäßigen Abständen über bis dahin ganz verständliche Einsichten der Soziologie stürzen und sie zeitweise zu begraben drohen. Ein frühes Beispiel dafür war das Konzept der »funktional-strukturellen« Systemtheorie, das so viel an logischen Fehlern enthielt, daß es noch heute als sehr wirksam abschreckendes Musterbeispiel bei der wissenschaftstheoretischen Grundausbildung seine guten Dienste tut. Später kam die überraschende These auf, daß es Sinnlosigkeit nicht geben könne, weil soziale und psychische Systeme nur über Sinn prozessieren könnten, und täten sie es nicht, könnten sie nicht existieren; so daß es nur »Sinn« oder gar nichts, jedenfalls keine »Sinnlosigkeit« geben könne. Auch dies war ein didaktisch gut brauchbares Beispiel für die Fallen der Erschleichung empirischer Hypothesen durch eine bloße definitorische Festlegung. Ein dritter Fall war die – wohl bei Hegel ausgeborgte – Vorstellung, daß man reale Konflikte nur durch »logische Widersprüche« und soziale Phänomene der Selbstreferentialität nur durch formale Tautologien theoretisch erfassen könne. Ohne Luhmann und ohne die »Systemtheorie« wäre die Demonstration der Vorzüge einiger Regeln des rationalen Argumentierens in der Ausbildung von Studenten noch viel schwieriger, als sie es ohnehin manchmal ist.
Noch erstaunlicher als diese immer nur rein sprachlich erzeugten »Abklärungen« der Systemtheorie ist allerdings die Bereitschaft einer gewissen soziologischen Fachöffentlichkeit, diesen Verwirrungen nicht nur zu folgen, sondern daraus dann ganze Kaskaden neuer Konstruktionen soziologischer »Theorie« entstehen zu lassen, ein Vorgang, der alle Merkmale eines sich selbst organisierenden sozialen Systems hat. So kann dann schon der Eindruck entstehen, daß die Wissenschaft ein bloßes System einer speziellen Kommunikation und der konstruktivistischen »Fabrikation« von Erkenntnissen sei, bei der nur das fortgesetzte »Prozessieren« die-

ses Systems wichtig sei und bei der der »Wirklichkeit« und deren Widerständigkeit in experimentellen Tests von inhaltlichen Hypothesen kaum eine Bedeutung zukomme. Einer der Hintergründe der zahllosen begrifflichen Neuschöpfungen und Umformulierungen, die der Systemtheorie dann oft den Schein einer besonderen Originalität und Leistungsfähigkeit verleihen, ist sicher auch die Auffassung, daß sich das komplexe Geschehen bei der wechselseitigen Konstitution von sozialen und psychischen Systemen über die Regeln der Analytischen Wissenschaftstheorie grundsätzlich nicht erfassen lasse. Und eines der zentralen Theoreme der Systemtheorie in diesem Zusammenhang ist die Behauptung gewesen, daß sich Prozesse der Kommunikation, die ja die besondere Form des Prozessierens von Sinn bei den sozialen Systemen sind, grundsätzlich nicht auf »Handlungen« von Akteuren beziehen lassen: Kommunikation sei grundsätzlich nicht als »Handlung« oder als »Kette« von Handlungen zu konzeptualisieren.
Der Gegenstand des folgenden Beitrags ist die Rekonstruktion dieser Behauptung und der Versuch zur Entwicklung eines analytischen Modells zur Erklärung von Prozessen der Kommunikation.[1] Dabei soll insbesondere auch begründet werden, warum Kommunikationen tatsächlich nicht (allein) aus »Handlungen« bestehen, daß dies aber andererseits in keiner Weise bedeutet, daß kommunikative Prozesse nicht auf eine »handlungstheoretische« Weise erklärbar wären. Das Ergebnis der Analyse sei hier schon vorweggenommen: Prozesse der »Interpenetration« und der wechselseitigen »Konstitution« von sozialen und psychischen Systemen lassen sich mit den Mitteln der analytisch-nomologischen Erklärung erfassen und präzisieren; einer »systemtheoretischen« Sondermethode für die Soziologie bedarf es hinsichtlich der Erklärung kommunikativer Prozesse in keiner Weise.

---

1 Wir stützen uns bei der folgenden Argumentation im wesentlichen auf Niklas Luhmanns Hauptschrift *Soziale Systeme. Grundriß einer allgemeinen Theorie*, Frankfurt am Main 1984, Kapitel 4: »Kommunikation und Handlung«.

1. Ein naives Modell:
Kommunikation als Sequenz

Wir wollen mit dem herkömmlichen, mittlerweile oft als etwas sehr naiv angesehenen Modell der Kommunikation beginnen. Das klassische allgemeine Modell der Kommunikation unterscheidet in seiner einfachsten Form drei Elemente: *Sender, Medium* und *Empfänger*. Damit ergeben sich für einen abgeschlossenen Kommunikationsakt (in eine Richtung) zwei Beziehungen: die Beziehung zwischen Sender und Medium einerseits; und die Beziehung zwischen Medium und Empfänger andererseits.
Die erste Beziehung ist die der Eingabe einer Information in das Medium durch den Sender. Sie wird als *Enkodierung* bezeichnet. Die Enkodierung erfolgt über besondere Effektor-Organe: Kehlköpfe oder Füllfederhalter zum Beispiel. Die zweite Beziehung ist die Rezeption, die Aufnahme der Information über die *Dekodierung* der im Medium verschlüsselten Information durch den Empfänger. Die Dekodierung setzt spezielle Rezeptor-Organe voraus, die mit den Effektor-Organen korrespondieren müssen: zuhörende Ohren oder lesende Augen zum Beispiel. Die im Medium verschlüsselte Information wird über einen »Kanal« übertragen: Schallwellen oder die Schriften zum Beispiel. Dabei können gewisse Störungen – »Rauschen« – auftreten, die die Dekodierung erschweren oder gar ausschließen können: Nebengeräusche am Biertisch oder verschmierte Photokopien etwa. Ist die Redundanz der Mitteilung groß genug, dann können auch star k ver tü melte Nchrcten ohne besonderen Informationsverlust übertragen werden. Dies hängt nicht zuletzt auch davon ab, ob Sender und Empfänger bereits über sehr ähnliche Vorstellungswelten und über gemeinsame Medien der Verständigung verfügen: Je weniger vorgängige Gemeinsamkeiten vorhanden sind, um so größer muß die Redundanz, die »Elaboriertheit«, die Befolgung syntaktischer Regeln und die Störungsfreiheit der Kommunikation sein. Von Kommunikation kann bereits dann gesprochen werden, wenn den Empfänger die Botschaft des Senders erreicht hat und die Dekodierung erfolgt ist. Oft wird aber noch der Weg zurück zum Sender hinzugefügt: Kommunikation als »reziproker« Prozeß.
Hinter diesem Modell verbergen sich eine Reihe sehr verschiede-

ner Einzelprozesse. In einer sehr bekannten Kurzformel – die man inzwischen fast schon nicht mehr hören kann – sind von Harold D. Lasswell einige dieser Einzelvorgänge und Elemente der Kommunikation in einer längeren, hier etwas modifizierten Frage zusammengefaßt worden[2]: Wer sagt was mit welcher Absicht womit wodurch mit welcher Wirkung zu wem? Es geht dabei eigentlich nur um drei verschiedene Schritte, die aber wiederum in unterschiedliche Teil-Selektionen zergliedert werden müssen.

Der erste Schritt ist die Selektion bestimmter kommunikativer Akte durch den *Sender*. Dieser Schritt besteht aus zwei verschiedenen Teil-Selektionen: Die Auswahl der zu übermittelnden *Information* und die Auswahl der übermittelnden Handlung bzw. Technik der Übermittlung: die *Mitteilung* des Senders. Der zweite Schritt ist der des *Erreichens* des Empfängers. Dieser Schritt hat zur Folge, daß die Mitteilung zu einem Bestandteil der »Situation« des Empfängers wird (oder nicht). Mit dem bloßen »Erreichen« ist die Information aber beim Empfänger noch keineswegs »angekommen«. Dies geschieht erst in der dritten Phase. Diese besteht wieder aus Selektionen, diesmal aber solchen, die der *Empfänger* vornimmt. Drei Teil-Selektionen müssen dabei unterschieden werden: Erst einmal das *Verstehen* der Mitteilung; dann die *Rezeption* der Information in der Weise, daß sie den Empfänger »beeinflußt«; und schließlich die *Wirkung* der mitgeteilten Information in der Hinsicht, daß der Empfänger nun auch in bestimmter Weise handelt.

Die Schritte eins und drei können ohne größere Schwierigkeiten als besondere Formen des selegierenden »Handelns« aufgefaßt werden: Die Selektion von »Information« und »Mitteilung« zum Zwecke der Kommunikation ist ohne Zweifel ein – mehr oder weniger – absichtsvolles »Handeln« des Senders. Das »Verstehen« und die »Rezeption« können aber auch als Handeln, als »mentales Handeln«, als – wie Max Weber sagt – »innerliches Tun« des Empfängers, als Interpretation von Wahrnehmungen und als Selektion bestimmter kognitiver und emotionaler Orientierungen aufgefaßt werden. Und die »bewirkte« Reaktion auf die

2 Harold D. Lasswell, »The Structure and Function of Communication«, in: Lyman Bryson (Hg.), *The Communication of Ideas*, New York 1948, S. 37-51.

mitgeteilte, verstandene und rezipierte Information ist ja ohnehin ein ganz normaler Vorgang der Selektion eines Handelns durch den Empfänger.

Mit den verschiedenen selegierenden »Akten« des Senders und des Empfängers ist es ohne Zweifel nicht getan: Die Selektionen von Sender und Empfänger werden erst über den Schritt des »Erreichens« miteinander gekoppelt. Wir wollen diesen Schritt als *strukturelle Kopplung* bezeichnen. Es ist zunächst einmal ein eher technischer Vorgang. Er hat vor allem mit der Reichweite des Mediums zu tun: Schallwellen werden durch Mauern gebremst, die Bild-Zeitung gibt es nicht überall; und der neueste Klatsch aus der Fakultät erreicht den Professor nicht, der gerade sein Freisemester in der Toskana verbringt. Oft genug sind hier aber auch wieder soziale Prozesse und »Selektionen« von Akteuren beteiligt: Wissenschaftliche Aufsätze können ihr Publikum erst dann »erreichen«, wenn die Herausgeber einer Fachzeitschrift sich entschieden haben, ihn abzudrucken; Gerüchte nehmen einen ganz unterschiedlichen Weg je nach der Art der Struktur des Netzwerks der Personen; erst wenn mir jemand, auf dessen Urteil ich viel gebe, sagt, daß im *Spiegel* stehe, jetzt sei die Zeit reif für Kohl, beachte ich die Information – selbst wenn es vorher noch so oft schon im *Spiegel* gestanden hatte. Kurz: Die strukturelle Kopplung von Sender und Empfänger ist ein eigenständiges Problem der Erklärung eines »aggregierten« Effektes der Selektionen des Senders auf die *Situation* des Empfängers.

Geht man mit den einschlägigen Theorien der Selektion des Handelns – gleichgültig, ob »innerliches« oder »äußeres« Tun – davon aus, daß die beteiligten Akteure ihre Selektionen immer vor dem Hintergrund von Erwartungen und Bewertungen der Konsequenzen ihrer Selektionen vornehmen, dann kann die komplette erste Sequenz der kommunikativen Selektionen und der strukturellen Kopplung von Sender und Empfänger etwa so wie in Abbildung 1 zusammengefaßt und schematisiert werden.

Leicht ist nun die Grundstruktur einer ganz normalen, »handlungstheoretischen« Erklärung einer Kommunikation über die Selektion von Kommunikations-Handlungen und deren externe Effekte zu erkennen. Geht man von der – selbstverständlichen – Annahme aus, daß auch der Sender sich bereits in einer Situation befunden hat und danach den initiierenden kommunikativen Akt selegierte, und setzt man den ganzen Prozeß jetzt »reziprok« wei-

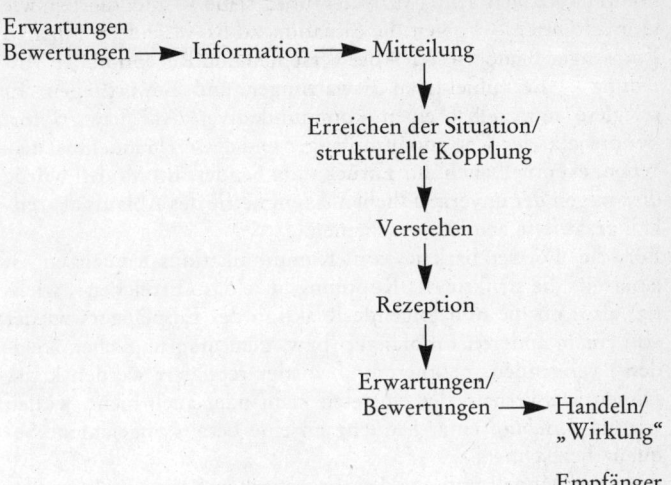

Abbildung 1: Die Schritte einer Sequenz der Kommunikation

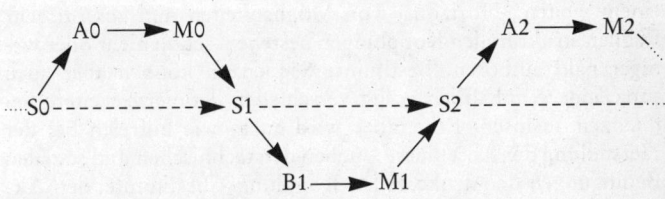

Abbildung 2: Das Prozessieren der Kommunikation als Sequenz von Selektionen

ter fort, dann ergibt sich das noch etwas stärker vereinfachende Schema des »Prozessierens« einer Kommunikation über die weitere Anschließung und strukturelle Kopplung folgender Selektionen der Akteure als Erweiterung des Erklärungsmodells in Form einer »genetischen Erklärung« (Abbildung 2).

In der Situation S0 selegiert der Sender A zum Zeitpunkt 0 einen kommunikativen Akt (M0), der über seine – intendierten wie unintendierten – Folgen die Situation zu S1 verändert. Für den Empfänger B ändern sich – bei Verstehen und Rezeption der Mitteilung – die subjektiven Erwartungen und Bewertungen. Er selegiere nun selbst einen kommunikativen Akt usw. Sofort könnte jetzt der Weg zum Empfänger und dessen Handeln weitergehen, eventuell auch nur zurück zum Sender. Im Modell würde dies wegen der unvermeidlichen Asymmetrie des Ablaufs als zeitlich gestaffelte Sequenz erscheinen.

Für die Fortsetzbarkeit von Kommunikations-Sequenzen ist einerseits die strukturelle Kopplung, u. a. das »Erreichen«, wichtig; also: ob die nun folgende Reaktion des Empfängers wieder von einem anderen Empfänger (bzw. dem ursprünglichen »Sender«) verstanden, rezipiert und wieder repliziert werden kann. Diesen Sachverhalt, der eintreten kann oder auch nicht, wollen wir als *Anschluß* einer Sequenz an eine bereits abgelaufene Sequenz bezeichnen.

Aus dem Modell und aus der theoretischen Rekonstruktion des Geschehens als Kette von aneinander »anschließenden« Selektionen und strukturellen Kopplungen wird deutlich, daß es Anschlußmöglichkeiten und tatsächlich realisierte Anschlüsse keineswegs geben »muß«. Kommunikationssequenzen können allein deshalb, weil sie immer aus höchst »anfälligen« Selektionen aus einem weiten »Horizont« von Möglichkeiten und aus oft sehr fragilen strukturellen Kopplungen bestehen, schon mehr oder weniger bald aufhören. Bestimmte Sequenzen können aber auch ganz andere, inhaltlich völlig verschieden definierte weitere Sequenzen auslösen. Erkennbar wird auch, wie hilfreich bei der Herstellung der Anschlüsse – neben den technischen und sozialen Bedingungen der strukturellen Kopplung – bestimmte, den Akteuren vorher bekannte, mehr oder weniger grobe Regeln über geeignete »Anschlüsse« einzelner Teile von Sequenzen wären. Es wird aber auch deutlich, daß es – in empirisch allerdings nur schwer vorstellbaren Fällen – im Prinzip auch gänzlich ohne solche Regeln ginge: als ein offener Prozeß, der sich einfach so »ergibt«.

2. Zwei Extremfälle:
Rituale und offene Sequenzen

Wenigstens im naiven Modell läßt sich der Vorgang der Kommunikation durchaus als »Kette« des selegierenden Handelns von Akteuren – unter Einschluß der jeweils erforderlichen strukturellen Kopplungen – rekonstruieren. Der gesamte Ablauf besteht zunächst ausschließlich aus »unintendierten« Effekten und einer »von hinten getriebenen« Sequenz der Kopplung von Selektionen auf der Grundlage von Situationen, die durch vorherige Selektionen und vorher gelungene strukturelle Kopplungen strukturiert sind. Der Vorgang erinnert nicht ganz zufällig an den in die Zukunft hinein offenen Prozeß einer spontan verlaufenden »Evolution«, bei der auch die vorhergehenden Generationen nicht wissen (konnten), was sie in Gang gesetzt haben, bei der die aktuell lebenden Organismen bei ihrer Reproduktion nichts über ihre Vorfahren wissen müssen und gleichwohl von ihnen indirekt »beeinflußt« sind, und bei der es für die Erklärung des Ablaufs nur darauf ankommt, die strukturellen Kopplungen und die Selektionen zu rekonstruieren, ohne ein »missing link« zu lassen.

Die gänzlich offene Sequenz erscheint als ein etwas ungewöhnlicher Prozeß eines »kommunikativen« Geschehens. Normalerweise wird »Kommunikation« in einem engeren Verständnis gesehen: Kommunikation als eine – wenn auch noch so unvollständige – *Einheit* der Selektionen, Anschlüsse und strukturellen Kopplungen. So definiert beispielsweise Niklas Luhmann Kommunikation als »koordinierte Selektivität« und als »Einheit aus Information, Mitteilung und Verstehen«.[3] Damit ist nicht unbedingt gemeint, daß der komplette Ablauf von allen Akteuren auch bereits als volle »Einheit« gesehen, antizipiert und dann nur noch exekutiert wird. Gemeint ist aber mindestens, daß der Empfänger weiß und in Rechnung stellt, daß alles, was von dem Sender ausgeht, letztlich bestimmte Selektionen sind, die auch anders hätten ausfallen können, daß auch der Sender weiß, daß seine Mitteilung vom Empfänger erst einmal verstanden und rezipiert werden muß; und daß dies – ebenso wie das darauf folgende Handeln des Empfängers – ebenfalls nichts anderes als Selektionen sind, die er nicht unmittelbar beeinflussen kann.

---

3 Luhmann, *Soziale Systeme*, a.a.O., S. 212 und 203.

Kommunikative Sequenzen können sich daher in dem Ausmaß unterscheiden, in dem sich die Akteure an bestimmten vorgefertigten, ihnen als typisiertes Wissen verfügbaren und als soziale Regeln vielleicht sogar institutionalisierten Vorstellungen über feste Sequenzen von Kommunikationen orientieren. Themen, »Programme«, Rollen, soziale Drehbücher und das »Framing« von Situationen dienen nicht zuletzt auch der Herstellung einer solchen gedanklichen »Einheit« und »Linie« von Sequenzen der Kommunikation – meist ohne daß die Akteure darüber lange nachdenken müßten. Und die bei vielen Kommunikationen immer mitlaufende sprachliche Konversation ist – indem sie bestimmte markierende »Namen« für ganze Bündel solcher typisierten Sequenz-Vorstellungen bereithält und jeweils immer wieder neu aktiviert – ein sehr wirksames Mittel der stetigen Vergewisserung der Akteure, daß sie sich tatsächlich gerade am »richtigen« Modell, am »richtigen« Drehbuch und an dem tatsächlich »relevanten« Rahmen bei ihren Kommunikations-Versuchen orientieren.

Solche integrierenden Vorstellungen über komplette Sequenzen der Kommunikation haben einen wichtigen Effekt: Sie erzeugen eine – mehr oder weniger – starke »Definition der Situation« und Vorhersagbarkeit des Verlaufs kommunikativer Sequenzen und damit verbundener sozialer Prozesse. Sie vereinfachen und ökonomisieren dadurch viele wichtige Vollzüge und Transaktionen des Alltagshandelns. Sie steuern die Kommunikation durch deutliche Ko-Orientierungen auch dann, wenn es viel »Rauschen« und Abweichungen aus menschlichem Versagen gibt. Und sie helfen den Menschen nicht zuletzt auch, die Unsicherheiten, die Regellosigkeiten und die A-Nomie der Welt gegen alle Fluktuationen des tatsächlichen Vollzugs der Sequenzen einzudämmen.

Der Extremfall dafür wären stark fixierte *Rituale*, bei denen allen Beteiligten, die miteinander »kommunizieren«, der komplette Ablauf der gesamten Sequenz bis in alle Einzelheiten bekannt ist – auch wenn sie nicht »verstehen«, warum diese Sequenz so ablaufen muß, wie sie es offenbar tut. Und es ist kein Zufall, daß die wichtigste Erfindung der Menschen zur Bändigung der »Weltoffenheit« und Überkomplexität der Orientierungen – die Religion – immer mit besonders stark fixierten Ritualen arbeitet, ja arbeiten muß, will sie ihre Hauptfunktion, die Bändigung der A-Nomie, nicht verlieren. In einem gewissen Sinn kann man bei Ritualen davon sprechen, daß die darüber ablaufenden Sequenzen von Handlungen bzw. Kommunikationen ein »Eigenleben« haben – so wie alle sozialen Regeln, von denen die Akteure subjektiv annehmen, daß sie »gelten«: nämlich ein Eigenleben in den mentalen *Vorstellungen* über bestimmte Abläufe. Wenn die Einhaltung dieser Regeln für die beteiligten Menschen wichtig ist, dann ist auch zu erwarten, daß die Menschen den empirischen Vollzug einer solchen standardisierten und geregelten Sequenz ständig (selbst-)beobachten, auf eventuelle Abweichungen von der »Referenz« dieses Standards hin überwachen und ihr Verhalten und das der anderen auf die Einhaltung des Standards hin kontrollieren.

Da die »empirischen« Menschen, die solche Rituale des Alltags ausführen, oft genug – aus Unkenntnis, mangelnden Fähigkeiten oder Nachlässigkeit – die »richtige« Ausführung solcher Sequenzen »gefährden«, könnte man sogar eine Metapher gebrauchen, die auf den ersten Blick ganz und gar eigenartig klingt: Die Menschen seien »Umwelten« für die Rituale der Kommunikation. Das heißt: der korrekte Vollzug des »Drehbuchs« einer Kommunikation sei durch die Unzulänglichkeiten der Menschen immer wieder gefährdet. Eines dürfte aber wohl selbst als Metapher nicht vertretbar sein zu sagen: daß es die Rituale oder gar die »Kommunikation« selbst (und *nicht* die an ihren Vorstellungen über das Drehbuch einer Kommunikation orientierten Akteure) seien, die sich selbst beobachten, die sich kontrollierend auf sich selbst beziehen und die sich gewissermaßen aus sich selbst heraus herstellen und dabei die Akteure nur als notwendige »Umwelt« benötigen (etwa so wie die Menschen die Luft zum Atmen als Voraussetzung ihres Handelns brauchen).

Rituale sind ein Extremfall kommunikativer Sequenzen. Wir hatten oben bereits auf den anderen Extremfall hingewiesen: Vollständig offene und ungesteuerte, »evolutionäre« Sequenzen, bei denen die Akteure keinerlei Vorstellungen über einen »typischen« Ablauf mitbringen, sondern sich ausschließlich an ihren »privaten« Erwartungen und Bewertungen *und* an der vom jeweils anderen Akteur erzeugten Situationsänderung orientieren. Diese Variante wollen wir als *offene Sequenz* bezeichnen.

Die beiden Extremvarianten lassen sich als Spezialfälle des Modells aus Abbildung 2 schematisieren (Abbildung 3).

Bei den offenen Sequenzen gibt es eine spontan entstehende »Linie« der Kommunikation ohne jede vorherige »Vorstellung« der

(a) Offene Sequenz

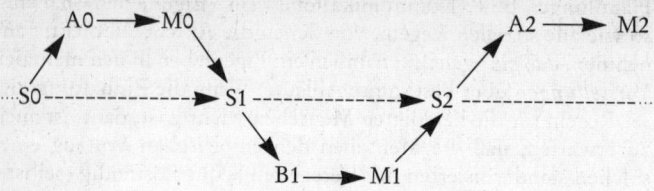

(b) Ritual

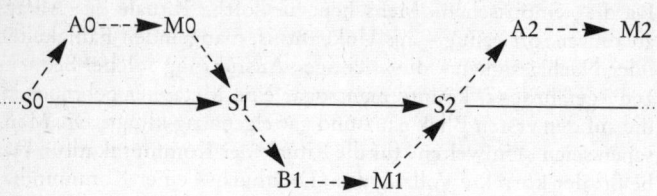

Abbildung 3: Offene Sequenzen und Rituale als Spezialfälle des Grundmodells der Kommunikation

Akteure darüber. Sie entstehen unintendiert und ausschließlich »evolutionär« als Nebenprodukt der sequentiellen und aufeinander bezogenen Re-Aktionen der Akteure. Hier sind die Akteure ganz »individuell« die Träger der Einheit der Kommunikation. Bei den Ritualen folgen die Akteure dagegen peinlich genau gewissen geteilten »Vorstellungen« und korrigieren eventuelle Abweichung davon unmittelbar.

Noch eine interessante dritte Variante der Verkettung kommunikativer Akte sei angefügt: Eine kommunikative Sequenz, die über symbolisch generalisierte Medien zu einer festen Einheit zusammengefügt wird, *ohne* daß diese Einheit – wie beim Ritual – von den Akteuren selbst intendiert und überwacht würde. Generalisierte Medien – wie Geld oder Liebe – sorgen ja bekanntlich dafür, daß die strukturelle Kopplung, der »Erfolg« und damit die Anschlußhandlung nahezu »garantiert« werden, auch wenn die Akteure sehr verschiedene Motive und »Vorstellungen« haben. Dadurch erhält die kommunikative Sequenz äußerlich eine Sicherheit der Fortsetzung des »Prozessierens«, die der der rituellen Kommunikation nicht nachsteht, ja viel sicherer noch als diese einen *bestimmten* Ablauf der Kommunikationen garantiert. Im jeweiligen »Teilsystem« erzeugen Zahlungen zwingend neue Zahlungen, und Liebeserklärungen ziehen – unter gewissen Bedingungen – ebenso zwingend Liebeserklärungen nach sich – scheinbar so, als ob selegierende Akteure überhaupt nicht daran beteiligt wären. Und genau das ist auch die spezifische Leistung solcher »generalisierten Medien« der Kommunikation: Sie binden die Menschen und ihr Handeln auch dann sehr fest zusammen, wenn die Menschen sehr unterschiedlich sind und wenn sie selbst gar keine besondere »Vorstellung« von der »Einheit« der Kommunikation (im Extremfall: von der Einheit einer »Gesellschaft« insgesamt) haben.

Zwischen diesen Extremformen gibt es unzählige Zwischentypen von mehr oder weniger »vorgestellten«, typisierten, normierten Abläufen: über gewisse »Themen« gesteuerte, aber im genauen Ablauf relativ offene Sequenzen, mehr oder weniger eingeübte und kontrollierte Programme und Drehbücher für standardisierte Situationen, Teilrituale mit einer gewissen Flexibilität usw. Hier müssen die Akteure fortwährend Lücken des Verlaufs selbst füllen und selbst für neue Anschlüsse sorgen, wenn sie an der Fortsetzung einer bestimmten »Linie« interessiert sind. Da dies ein Problem auf beiden Seiten – bei Sender wie Empfänger – ist, findet diese Suche nach Überbrückungen und Linien in einem fortwährenden Test über neue Gemeinsamkeiten und andere Anschlußmöglichkeiten statt. Und hierbei helfen viele nützliche Nebensächlichkeiten: der Stil der Sprache, gewisse Gesten, der Verweis auf gemeinsame Erinnerungen und nicht zuletzt: das Herausheben, Markieren und Etikettieren bestimmter Abschnitte der ablaufenden Kommunikation als einer von jedermann zunächst als bekannt unterstellten Normalsequenz.

3. »Kommunikation« und »Handlung« in der Systemtheorie

In dem Sequenz-Modell erscheint die Kommunikation als eine Kette von Selektionen in Form von Handlungen – unabhängig davon, ob es über die »Einheit« der Kommunikation dabei besondere Vorstellungen gibt oder nicht. Der auch nur etwas mit der Bielefelder Systemtheorie vertraute Leser wird gemerkt haben, daß sich die vorgeschlagene »handlungstheoretische« Rekonstruktion kommunikativer Prozesse eng an Anregungen und sogar an die Terminologie von Luhmann selbst anlehnt. Das war durchaus beabsichtigt: Luhmann hat – insoweit – durchaus eine »handlungstheoretische« Konzeption von Prozessen der Kommunikation geliefert. Die Pikanterie liegt aber genau darin, daß Luhmann exakt dies vehement abstreitet: daß Kommunikation auf »Handlung« zu beziehen wäre. Er äußert sich in dieser Hinsicht ganz unmißverständlich:

»Als *Ausgangspunkt* ist festzuhalten, daß Kommunikation nicht als Handlung und der Kommunikationsprozeß nicht als Kette von Handlungen begriffen werden kann.«[4]

Wie das? Die hier vorgetragene These ist, daß Luhmann diese Festlegung nur aufgrund einer – wieder einmal: sehr willkürlich vorgenommenen und nicht deutlich gemachten – Umdefinition des Begriffs der »Handlung« treffen kann, daß die Auflösung der durch diese Umdefinition erzeugten semantischen Verwirrung aber relativ leicht möglich ist und daß das oben skizzierte handlungstheoretische Modell der Kommunikation als Sequenz der Selektion von Kommunikationsakten durch Akteure sich in der Tat als heimliches Erklärungsmodell der Systemtheorie selbst wiederfindet.

Zur Verdeutlichung des Arguments muß – kurz – auf einige Grundaussagen der Luhmannschen Systemtheorie eingegangen werden. Der zentrale Begriff ist der des »Sinns«. Sinn kommt in zwei Formen vor: als Bewußtsein und als Kommunikation. Diesen beiden Formen des Sinns sind zwei typische Systeme zugeordnet: psychische und soziale Systeme. Die psychischen Systeme prozessieren Sinn in der Form von Bewußtsein, die sozialen Sy-

---

4 Ebd., S. 225; Hervorhebung nicht im Original.

steme in der Form von Kommunikation. Sie benötigen und sie begrenzen sich in ihrem jeweils spezifischen Prozessieren gegenseitig. Und sie »konstituieren« sich über diese »Interpenetration« der wechselseitigen Anregung, Ermöglichung und Begrenzung. Diese Interpenetration der psychischen und der sozialen Systeme wird aber erst über ein drittes »System« möglich, von dem Luhmann im Zusammenhang mit der Selbstreferentialität der Systeme spricht, ohne es als eigenes »System« zu benennen. Es sind die Regeln, die Zuschreibungen, die Typisierungen und Vereinfachungen, die Modelle, die »Drehbücher«, die »Codes«, an denen sich die psychischen Systeme bei ihren »kommunikativen« Selektionen orientieren. Die Grundidee dabei ist auch sehr naheliegend: Wenn es ein geteiltes Wissen über ein »Modell« eines kommunikativen Ablaufs gibt, dann erleichtert dies die höchst riskanten Selektionen der psychischen Systeme so sehr, daß dann auch zu erwarten ist, daß sich ein gut identifizierbares soziales System als Prozessieren der entsprechenden kommunikativen Akte leichter herausbilden kann. Luhmann drückt dies so aus:

»Am besten läßt sich die laufende Herstellung von Einzelhandlungen in sozialen Systemen begreifen als Vollzug einer mitlaufenden Einzelbeobachtung, durch die elementare Einheiten so markiert werden, daß sich Abstützpunkte für Anschlußhandlungen ergeben.«[5]

Riskante Sequenzen der Kommunikation werden also durch besonders markierte »Abstützpunkte« möglich. Eigenartigerweise nennt Luhmann solche fixierbaren Modelle der Orientierung bei der Selektion der kommunikativen Akte »Handlungen«. »Handlungen« sind danach für Luhmann nichts anderes als deutliche »Markierungen«, mit denen kommunikative Akte »ausgeflaggt« werden können, so daß sich die Akteure in ihren stets unsicheren Selektionen daran (erst einmal) halten können. So verstandene »Handlungen« haben daher die »Funktion«, das Entstehen und das Prozessieren sozialer Systeme zu ermöglichen und auch gegen Einflüsse aus der »Umwelt« abzusichern. Der niederländische Soziologe Wil Martens hat dies in einem kritisch-rekonstruierenden Beitrag zu Luhmanns Konzept der Kommunikation so ausgedrückt:

»Erstens muß ... von beiden durch Kommunikationen verbundenen psychischen Systemen ein *Modell* der Kommunikation produziert werden,

5 Ebd., S. 229.

damit es überhaupt zum – ständig (re-)produzierten – kommunikativen Prozeß kommen kann. Zweitens spielen bei Absendern und Empfängern mehrere spezifische *gedankliche Modelle* eine Rolle bei der Konstitution der Information, der Auswahl und Emission der Mitteilung und dem Verstehen.«[6]

Damit löst sich das Rätsel um das Verhältnis von »Kommunikation« und »Handlung« auf eine überraschend einfache Weise auf. Was Luhmann »Handlung« *nennt*, ist deutlich erkennbar nicht das, was üblicherweise darunter verstanden wird – nämlich: ein mit subjektivem Sinn verbundenes »Verhalten« zur Lösung von Problemen, wie es etwa Max Weber verstanden hatte. Sondern es ist das »System« eines vorgestellten, mehr oder weniger institutionalisierten, von den Akteuren geteilten und präsenten, durch den Ablauf der Kommunikation immer wieder neu bestärkten und immer wieder neu »konstituierten« *Wissens* über typisierte und – meist – mit sprachlichen Ausdrücken belegte *Einheiten* eines umgrenzten Ablaufs von Selektionen. Beispielsweise: bei Rot über eine Ampel fahren, Luhmann nicht zitieren, eine Zahlungsanweisung veranlassen, über das Wetter oder über Helmut Kohl schimpfen. Es sind die »Handlungs*linien*«, von denen Herbert Blumer gesprochen hat. Max Weber fand für die gleiche Vorstellung den Begriff des »Sinn*zusammenhangs*«.

Ein Hintergrund für dieses Konzept der »Handlung« ist ganz ohne Zweifel die Idee des *unit act* von Talcott Parsons gewesen. Damit hatte dieser die kleinste vorstellbare *Einheit* des Handelns bezeichnen wollen. Der bei dieser Abgrenzung wichtigste Gesichtspunkt war für Parsons der *frame of reference*, unter dem dieser *unit act* jeweils stehe. Der *frame of reference* bestehe dabei aus der jeweils typischen normativen »Orientierung«, auf die sich jede Handlung stützen müsse, weil ein normativ nicht orientiertes Handeln wegen der »Zufälligkeit« der Ziele der Menschen schlechterdings nicht denkbar sei.

Die Grundidee zu der Definition einer »Handlung« als markante und jedermann sichtbare Einheit hat Luhmann aber wohl eher von Alfred Schütz bezogen. Der hatte zwischen »Handeln« und »Handlung« unterschieden.[7] Eine »Handlung« ist danach eine

[6] Wil Martens, »Die Autopoiesis sozialer Systeme«, in: *Kölner Zeitschrift für Soziologie und Sozialpsychologie* 43 (1991), S. 640 f.
[7] Alfred Schütz, *Der sinnhafte Aufbau der sozialen Welt. Eine Einleitung in die verstehende Soziologie*, Frankfurt am Main 1974, S. 50 f., 74 ff.

»abgeschlossene Einheit«, ein »fertig konstituiertes Erzeugnis«, ein »wohlumgrenztes Erlebnis«, das »unabhängig von dem Erlebnisablauf« betrachtet werden kann. Das »Handeln« ist – im Unterschied zur »Handlung« – dann nur die Abfolge der mehr oder weniger systematischen Einzelschritte des Erlebens und des Tuns hin zur Verwirklichung eines »vorimaginierten Entwurfs«, der erst die komplette »Handlung« ausmacht. Eine »Handlung« ist also eine »Einheit«, die aus dem fortwährenden Strom des »Handelns« markant herausgehoben ist und so für die beteiligten Akteure einen Abstützpunkt für die wechselseitige Orientierung bieten kann.

»Handlungen« sind in dieser Fassung deutlich abgegrenzte, fest typisierte, im *stock of knowledge* gut verankerte und für problemlos gehaltene *Vorstellungen* von Akteuren über typische »Einheiten« eines an sich ununterbrochenen Handlungs»stromes«. Handlungen sind »imaginierte Entwürfe«, kognitive Konstrukte über abgegrenzte »Projekte«, über erwünschte oder vorgestellte typische Abläufe eines Geschehens. Es sind also *keine* »Akte« des (overten oder coverten) »Tuns«, sondern vorgestellte »Projekte«, an denen sich die Selektion der einzelnen Kommunikationsakte, das Sprechen, das Befehlen oder das Schreiben von Briefen oder Aufsätzen zum Beispiel, orientiert.

Meistens sind diese »wohlumgrenzten« Projekte mit Symbolen sprachlicher Art, mit deutlichen »Namen« und »Begriffen«, besonders hervorgehoben und markiert. Und über die Sprache, die ja bei fast allen Kommunikationen immer »mitläuft«, wird es so möglich, die mit der Kommunikation voranschreitende oder scheiternde Realisierung dieses Entwurfs immer wieder abzutesten und die eigenen Vorstellungen über das »Modell«, das das overte Handeln leitet, beständig neu zu fassen oder beizubehalten und sich bestärkt zu fühlen, daß die Kommunikation auch »gelingt«. Musiker in einem Orchester orientieren sich in der Koordination ihrer Einzelstimmen an Partituren, an einem Dirigenten und »mitlaufend« am Spiel der anderen Musiker. Menschen im Alltag orientieren sich in ganz ähnlicher Weise bei ihren gemeinsamen Projekten und Kommunikationen an den gegenseitig erkennbaren Reaktionen und – insbesondere – an den mit Namen erkennbar gemachten »Handlungen«. »Handlungen« sind, so verstanden, nichts als die Partituren der Lebenswelt, die den Menschen als Normalabläufe des Alltags, als mehr oder weniger fest institutionalisiert, bekannt sind – oder die sie versuchsweise unterstellen und dann zusehen und »erleben«, was geschieht und worauf orientiert dann wieder »gehandelt« und kommuniziert werden kann.

Wenn eine »Handlung« so verstanden wird – ganz allgemein: nicht als Einzel-»Akt«, sondern als fertige Vorstellung, als Modell, als »Schema«, als »Projekt« oder als soziales Drehbuch, als »Skript«, als Teilpartitur, als institutionalisierte »soziale Regel« –, dann wird sofort verständlich, warum Luhmann immer und immer wieder behaupten kann, daß sich Kommunikationen und soziale Systeme »*handlungs*theoretisch« und über »kommunikatives *Handeln*« grundsätzlich nicht erklären ließen. Die sozialen Regeln – die Luhmannschen »Handlungen« – *sind* ja nicht bereits der »Akt« des »Handelns«, sondern die *Vorstellungen* darüber. Und die Vorstellungen und die »Projekte« der Akteure machen ohne Zweifel auch nicht bereits das soziale Geschehen einer Kommunikation insgesamt aus. Es sind ja nicht bereits die Partituren, die die »Sym«-Phonie erklingen lassen, sondern die Musiker, die sich ihrer bedienen und die, jeder für sich, ihr Instrument mehr oder weniger virtuos beherrschen und handhaben. Zu Kommunikationen gehören die »Handlungen«, aber auch immer ein »äußerliches Tun«, ein Sprech»akt« etwa, dessen Selektion gesondert erklärt werden muß. Und nicht zuletzt gehören dazu die – unintendierten – externen Effekte, die »Wirkungen« der Kommunikationsakte, aus denen sich erst der aggregierte Effekt einer ablaufenden »Kommunikation« ableiten läßt.

Mit diesen, eigentlich nicht schwer zu verstehenden Einzelheiten im Sinn wird auch gleich verständlich, warum Luhmann den oben zitierten, vor dem üblichen soziologischen Verständnis von Handeln, Handlung und Kommunikation eher unverständlichen Satz schreiben konnte. Übernimmt man den Sprachgebrauch von Luhmann, so stimmt das alles ja auch ganz ohne Zweifel: Kommunikationen – als Prozesse der fortlaufenden und immer neu »anschließenden« Selektionen von Information, Mitteilung, Erreichen, Verstehen, Rezeption und »Wirkung« – sind so gut wie nie selbst als die genaue Ausführung eines komplett fertigen, übergreifenden Modells zu begreifen. Dies gilt nicht einmal für den Spezialfall des Rituals, das als komplette »Handlung« in den Köpfen aller beteiligten Akteure als Modell vorhanden ist und als komplette »Handlung« über die »Kommunikation« exekutiert werden soll.

Nun wird außerdem auch noch einmal verständlich, was mit der Metapher gemeint sein kann, wonach die psychischen Systeme zur »Umwelt« der sozialen Systeme gehören: Die Akteure können sich in der Orientierung an den Modellen von »Handlungen«, die sie unterstellt oder angenommen haben, ja irren. Sie können schlecht aufgelegt sein und den Modellen deshalb nicht folgen. Oder sie können einfach nicht mehr weiter wissen, weil ihnen das »Projekt« oder die »Partitur« fehlt. Und dann ist es durchaus rasch zu Ende mit einem bestimmten sozialen System, beispielsweise mit dem gemeinsamen Absingen des Liedes »Brüder, zur Sonne, zur Freiheit...« zum Abschluß von sozialdemokratischen Parteitagen am Ende des 20. Jahrhunderts – weil niemand das richtige »Modell« mehr kennt und schon die dritte Zeile der ersten Strophe der Stolperstein des sozialen Systems »gemeinsamer Abschlußgesang« ist, weil die »Handlung« des betreffenden Arbeiterliedes den Bewußtseinen der psychischen Systeme im Saale wie auf dem Podium leider inzwischen entfallen ist und sie es sich so rasch auch nicht wieder, wechselseitig von den Lippen ablesend, re-»konstituieren« können.

4. Die Selektion von »Handlungen«

»Handlungen« sind damit nichts anderes als vorgefertigte Elemente eines von den Akteuren als unproblematisch angenommenen Vorwissens. Das Mißverständnis, das Luhmann mit seiner Terminologie erzeugt, ist nun leicht benannt: Er vermittelt den Eindruck, als seien mit den »Handlungen« die üblichen Gesetze der Logik der Selektion des Handelns außer Kraft gesetzt. Dies ist aber mitnichten der Fall. Und warum sollte das auch so sein? Warum sollte eine festumgrenzte »Einheit« des Handelns, gewissermaßen ein ganzes Bündel des Handelns, nicht auch »gewählt« werden? Und warum sollten bei dieser Wahl nicht die gleichen Regeln gelten wie bei allen anderen, wenn auch noch so kleinen, Einheiten jedes einzelnen Aktes? Eine Besonderheit haben die Selektionen von »Handlungen« allerdings: Da es sich dabei um »Modelle« in den *Vorstellungen* der Akteure handelt, geht es hier um *mentale* Selektionen, um ein »innerliches Tun«.
Luhmann greift eine Form von solchen mentalen Selektionen insbesondere heraus: die *Zurechnung*. Wir erfahren dazu: »Hand-

lungen werden durch Zurechnungsprozesse konstituiert«.[8] Zuschreibungen sind »mentale« Vereinfachungen von Situationen. Die vielfältigen Deutungsmöglichkeiten in einer Situation werden dadurch simplifiziert, daß bestimmte Ereignisse in *einer* sehr stark radikalisierten Interpretation festgelegt und Zweideutigkeiten und Unbestimmtheiten ausgeschlossen werden. Beispielsweise: Daß mein Gegenüber Helmut Kohl gerade beschimpft, schreibe ich nicht der »Person« meines Alter ego zu, sondern der »Situation«, in der er sich gerade befindet: arbeitslos, schlecht geschlafen, Fortuna hat verloren. Damit kann ich nun wieder sehr viel leichter die Kommunikation weiterführen, als wenn es eine differenziertere und damit weniger simplifizierende Deutung gäbe – wie etwa die Unterstellung, mein Alter ego denke etwa so: »Kohl ist zwar ganz in Ordnung, aber er wird einfach mit der deutschen Einheit nicht fertig; und überhaupt ist diese Regierung am Ende, weil sich nach zehn Jahren der ursprüngliche *drive* verbraucht hat.« In dieser Zuschreibung wird also eine sehr einseitige und stark vereinfachende Zurechnung auf die dem Akteur externen Bedingungen vorgenommen – gegenüber der anderen extremen Möglichkeit einer Zurechnung ausschließlich auf die »internen« Eigenschaften der Person – etwa einer tiefsitzenden Abneigung gegen schwammige Männer, auf die das Bewußtsein von Alter ego mit dem Stimulus »Kohl« nicht sofort gekommen ist.

An dieser Stelle muß – vorsichtshalber – auf ein weiteres der vielen terminologischen Verwirrnisse des Luhmannschen Sprachsystems hingewiesen werden: Zuschreibungen auf die internen Zustände des Akteurs nennt Luhmann jetzt plötzlich »Handeln« – ganz anders als Alfred Schütz also, von dem er ja den Begriff der »Handlung« als fertige Einheit geborgt hatte und der mit dem »Handeln« die Einzelakte zu einer Handlung bezeichnet hatte. Zuschreibungen auf die externen Umstände der Situation nennt Luhmann im Unterschied dazu »Erleben«. Das »Handeln« ist in diesem Sprachgebrauch eine besondere Form der Konstitution einer »Handlung«, nämlich die Konstitution einer »Handlung« über eine Zuschreibung auf die internalen Eigenschaften eines Akteurs: er habe »gehandelt« und eben nicht »erlebt« – als vereinfachende und typisierende Deutung der Situation. Wer solche Sprachspiele liebt, kann viel Freude mit der Systemtheorie haben.

8 Luhmann, *Soziale Systeme*, a.a.O., S. 228.

Mit der Selektion einer solchen zuschreibenden Vereinfachung wird also zwischen verschiedenen extremen und vereinfachenden Deutungen eines Ablaufs gewählt. Hier: Hat der Akteur gerade »gehandelt« (und ist damit für sein Tun »verantwortlich«), oder hat er nur »erlebt« (und ist damit nicht verantwortlich)? Mit dieser Vereinfachung kann es dann erst einmal weitergehen.

Wichtig ist insbesondere, daß es sich dabei um *drastisch* vereinfachende Zuschreibungen handeln muß. Solche Vereinfachungen sind besonders stark, wenn nur noch zwischen zwei Möglichkeiten »selegiert« werden kann und damit immer nur eine Alternative abgelehnt werden muß. Daher »müssen« diese Vereinfachungen sich an »*binären* Schematismen« der Zuschreibung orientieren. Weniger als zwei Möglichkeiten darf es schon deshalb nicht geben, weil es sonst ja keine »Selektion« mehr wäre – und mithin auch kein Prozessieren von »Sinn« mehr sein könnte, da »Sinn« selbst immer nur als »Selektion« denkbar ist.

Luhmann unterscheidet bekanntlich drei verschiedene »Sinndimensionen« solcher simplifizierenden, binär schematisierten, typisierenden Zuschreibungen: die zeitliche, die sachliche und die soziale Dimension. Für die zeitliche Dimension ist der betreffende »binäre Schematismus« die Dichotomie von »konstant/variabel«, für die sachliche Dimension die oben besprochene von »internal/external« bzw. von »Handeln/Erleben« und für die soziale Dimension die von »Ego/Alter ego« in Form von Zuschreibungen von »Identitäten, Namen und Adressen«, also: über rasch vollziehbare Selbst- und Fremdstereotypisierungen der beteiligten Personen.[9]

Über Zuschreibungen vereinfachte Situationen erlauben es, daß die bei allen Kommunikationen notwendigen raschen Selektionen – von Information, von Mitteilung und Verstehen – auch unter großem Zeit- und Problemdruck und unter großer Unsicherheit, also mit enormer Komplexität und Kontingenz hinreichend koordiniert erfolgen können. Einer der jüngeren Luhmann-Schüler, Mathias Heidenescher, hat den Vorgang und die Bedeutung solcher Zuschreibungen für die Konstitution sozialer Systeme in schönstem Luhmann-Jargon zusammengefaßt und fast schon mit einem funktionalistischen Argument der ganz alten Art begründet: »Die einseitige Engführung [durch die Zuschreibung auf je

---

9 Vgl. ebd., S. 123 ff.

eine Alternative des binären Schematismus; HE] ist also unter funktionalen Gesichtspunkten des Aufrechterhaltens von sozialen Systemen zu verstehen.«[10]

Wie könnte in dem Modell der soziologischen Erklärung dann aber die wichtige Idee der mit praktisch jeder Kommunikation notwendigen Selektion von Markierungspunkten, die Luhmann »Handlungen« nennt, berücksichtigt werden? Auch hierfür ist eine Lösung nicht schwer vorstellbar. Die in den Modellen von Abbildung 1 bis 3 als unproblematisch angenommene Beziehung von der Situation zum Akteur – die »Logik der Situation« bei einer Kommunikation also – müßte dann selbst als ein eigenes Selektionsproblem konzipiert werden: Warum wählt ein Akteur gerade jenes Modell einer orientierenden »Handlung« und nicht dieses? Warum ist es gerade eine internale und nicht eine externale Zuschreibung? Warum attribuiert er auf die variablen und nicht auf die konstanten Elemente der Situation? Und so weiter. Kurz: Auch die Selektion der »Definition der Situation« müßte erklärt werden; und zwar: mit Hilfe von Theorien, die sich mit den entsprechenden kognitiven Vorgängen befassen. Solche erklärenden Theorien der Selektion von kognitiven »Modellen« gibt es in großer Zahl: angefangen von den Theorien des Lernens bis hin zu solchen der Wahrnehmung, der Bildung von »Inferenzen« und Zurechnungen oder der Selektion von Schemata, Skripten, Personen-Typisierungen oder kompletter Orientierungen auf einen bestimmten »Sinnhorizont«.[11]

Das eigentliche Kommunikationshandeln in einer Situation folgt danach also offenbar einem *zwei*stufigen Selektionsprozeß. Auf

10 Mathias Heidenescher, »Zurechnung als soziologische Kategorie«, in: *Zeitschrift für Soziologie* 21 (1992), S. 450.
11 Vgl. dazu etwa Robert P. Abelson, »Psychological Status of the Script Concept«, in: *American Psychologist* 36 (1981), S. 715-729; William F. Brewer und Glenn V. Nakamura, »The Nature and the Functions of Schemas«, in: Robert S. Wyer, Jr., und Thomas K. Skrull (Hg.), *Handbook of Social Cognition*, Bd. 1, Hillsdale, N. J., und London 1984, S. 153-159; N. Rumelhart, »Schemata: The Building Blocks of Cognition«, in: R. Spiro, B. Bruce und W. Brewer (Hg.), *Theoretical Issues in Reading Comprehension*, Hillsdale, N. J., und London 1980; Norbert Schwarz, »Theorien konzeptgesteuerter Informationsverarbeitung in der Sozialpsychologie«, in: Dieter Frey und Martin Irle (Hg.), *Theorien der Sozialpsychologie*, Bd. 3: *Motivations- und Informationsverarbeitungstheorien*, Bern 1985, S. 269-291.

der ersten Stufe wird eine stark vereinfachende und deutlich typisierende »Definition der Situation« selegiert – meist sogar in der von Luhmann angenommenen Form der »binären Schematismen«. Stark typisierte *Erwartungen* von Situationen nannte Alfred Schütz auch Routinen. Wir wollen sie als *Habits* bezeichnen. Stark typisierte *Bewertungen* von Situationen nannte Alfred Schütz auch Relevanzen. Wir wollen sie als *Frames* bezeichnen. In der ersten Stufe selegiert der Akteur dann die ihm jeweils, aufgrund der ihm erkennbaren Symbole und sonstigen »Indikatoren«, als angemessen bzw. als »unproblematisch« erscheinenden Habits und Frames. Und erst auf der Grundlage der so selegierten Habits und Frames – der »Handlungen« in Luhmanns Terminologie also – wird kommunikativ gehandelt.

Das (kommunikative) Handeln geschieht nach der vorgängigen Selektion der Habits und der Frames dann meist ganz unreflektiert, aber gleichwohl ausgesprochen »sinnhaft« und »verständlich«. Probleme gibt es erst, wenn in der Folge Reaktionen eintreten, die in den »Programmen« der jeweils selegierten Habits und Frames nicht vorgesehen waren. Die Menschen, deren »Handlungen« auch nur ein wenig von einem fremden »signifikanten« Symbol gestört werden, reagieren dann oft ganz eigenartig – von trotzigem Beharren, belustigtem Erstaunen bis hin zu Entsetzen, Flucht und zur aggressiven Beschimpfung der Störquelle. Nichts irritiert, verärgert und entsetzt die Menschen mehr als die Störung des für selbstverständlich Gehaltenen.

Schematisch ließe sich dieser zweistufige Selektions-Prozeß in Erweiterung eines – beliebigen – Ausschnittes der Modelle aus Abbildung 1 bis 3 etwa so darstellen (Abbildung 4):

Die erste Stufe der Selektion eines (Kommunikations-)Handelns besteht also aus der Selektion der »Definition« der Situation durch die Selektion eines »Modells«. Diese Selektion geht von den aus den externen Effekten des Handelns anderer Akteure eingehenden »Daten«, von der »Situation« aus. Diese Daten haben nie eine »objektive«, sondern (zumindest: auch) immer eine »symbolische« Bedeutung für die Akteure. Die symbolischen Daten sind Auslöser von mentalen Assoziationen. »Sym-ballein« heißt im Griechischen wörtlich: »zusammen-werfen«. Sie fungieren als – mehr oder weniger eindeutige und dem Akteur »verständliche« – Anzeichen dafür, daß in der Situation die Selektion eines bestimmten »Modells« der Orientierung angemessen ist und ein

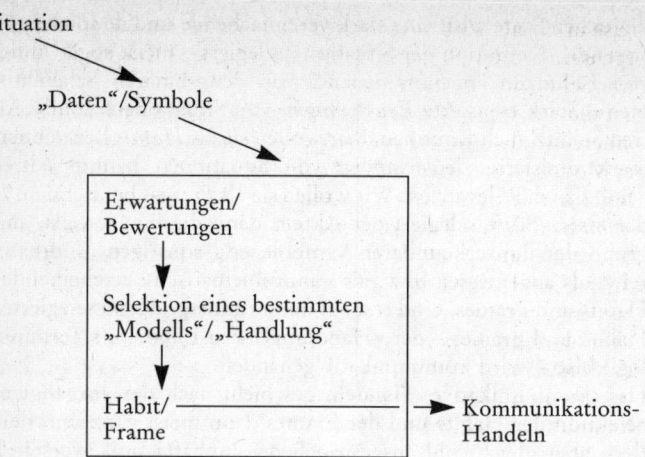

Abbildung 4: Die Selektion einer „Handlung" bei der Kommunikation

anderes eben nicht. Daher sind dabei die Vor-Erwartungen, der verfügbare Wissensstock, die gespeicherten Beziehungen zwischen den »Zeichen« und dem damit subjektiv verbundenen »Modell« so wichtig.

Diese Vor-Erwartungen bilden die »kognitive« Seite der Selektion eines Modells der Situation. Die Selektion wird aber immer auch vor dem Hintergrund der Interessen und der bewertenden Intentionen des Akteurs vorgenommen: Unwahrscheinliche, aber sehr »günstige« Modelle werden gegenüber wahrscheinlicheren, aber deutlich ungünstigeren Modellen oft vorgezogen. Natürlich haben wahrscheinlich erscheinende und gleichzeitig günstige Modelle die größten Chancen. Dabei bilden die Akteure sehr selektive und von Dissonanzen bereinigte »Fiktionen« der Situation. Alle Zweifel und »Anomalien« werden – wenn das »intentionale« Interesse groß ist und die »Daten« nicht allzu widersprüchlich erscheinen – mit oft erstaunlicher Hartnäckigkeit ausgebügelt. Und eventuell störende Elemente werden – in oft sehr großen Toleranzen – im wörtlichen Sinn einfach »übersehen«. Solche fiktiven, oft ganz und gar absurden Sinnwelten entstehen vorzugsweise in kleinen, relativ isolierten Gruppen, deren Mitglieder sich gegenseitig fortwährend in der Richtigkeit der »Konstruktionen« ihrer Scheinwelt bestätigen.

Erst die aus kognitiven *und* bewertenden Elementen kombinierte »innere« Evaluation der symbolischen Daten steuert die Selektion des Modells – und damit: die »Definition« der Situation. Auch die Definition der Situation ist ein Fall von Optimierung der *Kombination* bestimmter Erwartungen und Bewertungen. Es ist prinzipiell kein neues Prinzip der »Stellungnahme« des Organismus zu seiner Umgebung.

Das Ergebnis dieses ersten Selektions-Schrittes ist die Selektion des in dem definierten Typ der Situation gewohnten Habits und des dominanten Frames, die der Akteur in der Situation dann – einstweilen – als ganz und gar »fraglos« gegeben ansieht. Das Kommunikationshandeln selbst ist dann nur noch ein eher beiläufiger Schritt der Abwicklung einer Routine. Dieser Schritt bleibt aber formal immer eine »Selektion« auf der Grundlage der Habits und der Frames: Habits und Frames sind *typisierte* und drastisch *vereinfachte* Erwartungen und Bewertungen, und sie werden genauso »gewählt« wie andere Dinge auch.[12]

Den gesamten Vorgang der »Definition« der Situation und die Wahl der »richtigen« Habits und Frames könnte man – wenn die selegierte Definition der Situation dem Akteur selbst »sinnvoll« erscheint – auch als »Verstehen« bezeichnen: Es wird ein dem Akteur subjektiv »sinnvolles« Modell gewählt, das die Situation in einem »Sinnzusammenhang« interpretieren hilft und das Hinweise auf die nun angemessenen nächsten Schritte gibt. Bei Kommunikationen geschieht dies in einem sequentiellen und dabei beide Akteure wechselseitig erfassenden Prozeß. Ob es ein »tatsächliches« Verstehen ist, merken die Akteure – wenn überhaupt – erst im weiteren Verlauf des Prozesses und am Tun des Gegenübers. Nämlich dann, wenn die wechselseitigen Reaktionen die

---

12 Zu einer formalen Darstellung auch der »Gesetze« dieser Selektion von Habits und Frames, den die Kommunikation markierenden »Handlungen« also, vgl. Hartmut Esser, »The Rationality of Everyday Behavior. A Rational Choice Reconstruction of the Theory of Action by Alfred Schütz«, in: *Rationality and Society* 5 (1993), S. 21 ff.; ders., *Alltagshandeln und Verstehen. Zum Verhältnis von erklärender und verstehender Soziologie am Beispiel von Alfred Schütz und »Rational Choice«*, Tübingen 1991, S. 61 ff.

antizipierten Vor-Erwartungen bestätigen. Andernfalls: Garfinkel, Loriot, Harald Schmidt, Zentralinstitut für seelische Gesundheit.

Die Grundlage für die Erklärung dieser Selektionen zur »Definition der Situation« sind die einschlägigen Theorien der Wahrnehmung, der Orientierung und der Zuschreibung. Sie erklären den Vorgang der »Selektion« einer Situationsdeutung und der Vereinfachung einer an sich immer überkomplexen »Situation« als eine Art von Wechselspiel des Eingangs gewisser »objektiver« Daten in den Akteur, die aber nicht »sensualistisch«-passiv aufgenommen, sondern konstruierend-aktiv, nach Maßgabe der bereits bestehenden Alltagstheorien und der jeweiligen Intentionen und Interessen, interpretiert und selegiert werden.[13] Kurz: Jede Definition der Situation beruht sowohl auf »objektiven« Merkmalen der Situation – Schallwellen, Mauern, anderen Menschen – wie auf den subjektiven Selektionen und intentionalen Deutungen dieser objektiven Merkmale durch einerseits findige, andererseits aber auch stark in ihrer Informationsverarbeitungsfähigkeit begrenzte Akteure. Dabei darf nicht übersehen werden, daß die »objektive« Situation den »materiellen«, letztlich durch keine »Definition« auszuräumenden, restriktiven Rahmen jeder »subjektiven« Selektion darstellt und daß vor deren Hintergrund nicht jede Selektion gleich möglich, gleich wahrscheinlich oder gleich »vernünftig« wäre. »Konstruktionen« der Wirklichkeit sind nicht in völlig beliebiger Weise möglich.

5. Die »Konstitution« der psychischen und der sozialen Systeme

Soweit ergeben sich keine besonderen wissenschaftstheoretischen Komplikationen bei der Erklärung der Selektion von kommunikativen »Handlungen« als Modelle und Vorstellungen über den

13 Vgl. etwa Richard L. Gregory, *Mind in Science. A History of Explanations in Psychology and Physics*, London 1981, Kapitel 12; Waldemar Lilli, »Hypothesentheorie der Wahrnehmung«, in: Dieter Frey und Siegfried Greif (Hg.), *Sozialpsychologie. Ein Handbuch in Schlüsselbegriffen*, München/Wien/Baltimore 1983, S. 192 ff.; Albert H. Hastorf, David J. Schneider und Judith Polefka, *Person Perception*, Menlo Park, Cal. 1970, Kapitel 1.

jeweils nächsten Schritt. Die Systemtheorie bezieht aber einen Teil der Überzeugung, daß sie etwas Besonderes sei, aus der Annahme, daß bei dieser Rekonstruktion die wechselseitige »Konstitution« der beteiligten Systeme systematisch ausgeblendet werden müsse und daß nur die Systemtheorie damit angemessen umzugehen wisse.

Und so sieht die Argumentation der Systemtheorie dazu aus: Die »Systeme« können das kommunikative Geschehen nicht unmittelbar beobachten. Das müßten sie aber allein schon deshalb, weil sie sonst nicht wissen können, woran sie gerade sind. Sie könnten das Geschehen nur über diese Markierungen als »Handlungen« beobachten. Die kommunikativen Selektionen für die Konstitution sozialer Systeme sind also auf »Handlungen« bzw. auf »Zurechnungen« allein schon deshalb angewiesen, weil sie sonst »blind« füreinander wären. Daher *müssen* immer Modelle, Vereinfachungen und Typisierungen jeweils mitlaufend selegiert und über den Ablauf der Kommunikation selbst auch wieder neu konstituiert werden. Die Modelle dienen so der dringend erforderlichen, »selbstreferentiellen« Beobachtung des Ablaufs und damit der Absicherung eines konsistenten und anschlußsicheren Geschehens.

Die benutzten Zuschreibungen und die Selektion der Simplifikationen bleiben im Laufe des kommunikativen Geschehens immer flexibel und änderbar, so daß die Kommunikationen auch bei gewissen Fluktuationen des erkennbaren »Sinns« nicht abgebrochen werden müssen: »Gerade das ständige Fluktuieren der Verknüpfungen im Kommunikationsprozeß wie im Gehirn erfordert ausreichende momentane Eindeutigkeit, die auch riskiert werden kann, weil sie sich bei Bedarf wieder auflösen läßt. Die Schematismen zwingen zu unrealistischen Operationen und strukturieren damit, ohne sie zu determinieren, die laufende Selbstsimplifikation des Systems.«[14]

Die Zuschreibungen und die Modelle werden also im Prozeß der Kommunikation fortwährend geändert. Sie müssen ohnehin immer wieder neu vorgenommen werden. Diese Flexibilität und Instabilität ist gerade die *Voraussetzung* für eine variable Fortsetzung der Kommunikation, die nicht gerade ein ganz fixes Ritual ist. »Konstanz« in den Zuschreibungen wie in allen anderen Se-

---

14 Luhmann, *Soziale Systeme*, a.a.O., S. 126.

lektionen ist nichts anderes als fortgesetzte prozessuale Reproduktion. Und sowohl bei der Reproduktion der Modelle, Zuschreibungen bzw. »Handlungen« wie bei deren Änderung sind immer auch die Ergebnisse der voranschreitenden Kommunikation beteiligt.

Diese Modelle, die »Handlungen« also, sind dabei *gleichzeitig* die *Voraussetzung* wie das *Ergebnis* ablaufender Kommunikation. Das ist mit dem Begriff der »Konstitution« der psychischen Systeme, der Modelle und der sozialen Systme gemeint. Auch dafür hat die Systemtheorie ihre Formeln bereit: »Handlungen sind also sowohl das Ergebnis eines systemischen Zusammenhangs, als auch ihrerseits Voraussetzung für den Systemaufbau, sie sind gleichzeitig Artefakt des Systems und dessen Baustein. Dies berechtigt zu der Formulierung von der wechselseitigen Konstitution zwischen Handlung und System. Die Mechanismen der Zurechnung (die Handlungen also, H. E.) sind die Bindeglieder dieses Konstitutionsverhältnisses.«[15]

Der »Erfolg« der ablaufenden Kommunikation unterstützt die dabei vorgenommenen Zuschreibungen, Vereinfachungen und jeweils vorgenommenen Selektionen typisierter »Handlungen«. Insofern sind diese »Handlungen« – die vereinfachenden Markierungen und Zurechnungen – die »eigentliche« Grundlage des kommunikativen Geschehens von seiten der »Selbstbeobachtung« der beteiligten Systeme: »Auf der Basis des Grundgeschehens Kommunikation und mit ihren operativen Mitteln konstituiert sich ein soziales System demnach als Handlungssystem. Es fertigt in sich selbst eine Beschreibung von sich selbst an, um den Fortgang der Prozesse, die Reproduktion des Systems zu steuern. Für die Zwecke der Selbstbeobachtung und Selbstbeschreibung wird die Symmetrie der Kommunikation asymmetrisiert, wird die offene Anregbarkeit durch Verantwortlichkeit für Folgen reduziert. Und in dieser verkürzten, vereinfachten, dadurch leichter faßlichen Selbstbeschreibung dient Handlung, nicht Kommunikation als Letztelement.«[16]

»Handlung« als »Letztelement« meint hier also folgerichtig: Grundlage der Selbstbeobachtung, nicht aber: Grundlage des

---

15 Heidenescher, »Zurechnung als soziologische Kategorie«, a.a.O., S. 451.
16 Luhmann, *Soziale Systeme*, a.a.O., S. 227 f.

kommunikativen Geschehens. Die »Handlung« ist die Grundlage des mitlaufenden *Vergleichs* zwischen empirischem Ablauf und vorgestelltem Modell im Verlauf der Kommunikation durch die Systeme. Die Konstitution des sozialen Systems bleibt dabei immer auf die ablaufende Kommunikation bezogen – und in dieser Hinsicht eben nicht auf das dabei benutzte Modell einer »Handlung«. Die »Handlungen« sind nur die – wenngleich: unentbehrlichen – »Abstützpunkte«, denen sich die Akteure dabei bedienen (müssen), damit Kommunikation möglich wird. Sie sind für die Akteure die »Letztelemente« der vergleichenden Selbstreferentialität, ob alles so läuft wie vorgesehen. Und daher kann gesagt werden: »Kommunikation ist die elementare Einheit der Selbst*konstitution*, Handlung ist die elementare Einheit der Selbst*beobachtung* und Selbst*beschreibung* sozialer Systeme.«[17]

Auch wenn Luhmann hier von »Selbstbeobachtung« und von »Selbstbeschreibung« *sozialer* Systeme spricht, wird bei der gesamten Begründung der Bedeutung von »Handlungen« für die kommunikativen Selektionen deutlich, daß solche Zurechnungen und Selektionen von »Handlungen« nur menschliche Akteure, *nur* die psychischen Systeme vornehmen können – will man nicht eigentlich von der Systemtheorie selbst bekämpfte funktionalistische oder teleologische Argumente benutzen, wonach die Selektion der Handlungen wichtig ist, »damit« die sozialen Systeme gelingen. Darauf hat Wil Martens in dem oben erwähnten Beitrag hingewiesen. Und Niklas Luhmann hat darauf sogleich etwas aufgeregt geantwortet – was sonst seine Art nicht gerade ist.[18]

Uwe Schimank hat den naheliegenden Gedanken, daß die »Handlungen« und die selbstreferentiellen Vorstellungen über »soziale Systeme« nichts sind als »Fiktionen«, die sich die *Akteure* über bestimmte »gesellschaftliche Teilsysteme« machen und in ihren Kommunikationen sowohl diese »Teilsysteme« wie ihre Fiktionen darüber immer wieder neu bestärken, in seiner – allerdings immer noch stark systemtheoretisch geprägten – Sprache so zusammengefaßt: »Als sinnhafte Zusammenhänge generalisierter evaluativer, normativer und kognitiver Orientierungen sind gesellschaftliche Teilsysteme simplifizierende Abstraktionen der

17 Ebd., S. 241; Hervorhebungen nicht im Original.
18 Niklas Luhmann, »Wer kennt Wil Martens? Eine Anmerkung zum Problem der Emergenz sozialer Systeme«, in: *Kölner Zeitschrift für Soziologie und Sozialpsychologie* 44 (1992), S. 139-142.

Kontingenz sozialer Situationen. Diese simplifizierenden Abstraktionen werden von den gesellschaftlichen Akteuren als kontingenzbestimmende *Fiktionen* benutzt... Die Antizipation der Fiktion des jeweiligen gesellschaftlichen Teilsystems durch die in die konkrete soziale Situation involvierten Akteure führt zu einer Fiktionalisierung der Situation im Sinne einer Annäherung an die abstrakte Handlungslogik des gesellschaftlichen Teilsystems. Dies wiederum bestätigt die Adäquanz der Fiktion, wodurch die Fiktionalisierung entsprechender sozialer Situationen beibehalten werden kann.« Und er fügt hinzu: »Das, was Systemtheoretiker unter einem gesellschaftlichen Teilsystem verstehen, läßt sich offenbar akteurtheoretisch rekonstruieren und in die akteurtheoretische Perspektive einfügen.«[19]

So ist es. Wegen dieser Häresie wird Uwe Schimank in Bielefeld nur noch mit viel Argwohn betrachtet. Dabei findet man viele Stellen bei den Systemtheoretikern selbst, die eine solche akteursorientierte Interpretation der Selektion von »Handlungen« nahelegen. Mathias Heidenescher etwa scheint – wie Luhmann an vielen Stellen selbst – dies de facto auch so zu sehen: »Zurechnungsprozesse sind simplifizierende Mechanismen, durch die man sich mit dem Alltag in Verbindung setzt«[20].

Wer ist denn wohl »man«? Nur Menschen nehmen mit ihren Wahrnehmungsorganen und ihren Gehirnen »Inferenzen« vor dem Hintergrund eingehender Eindrücke, bereits vorliegender »Hypothesen« und – last but not least – bestimmter Interessen vor. Und nur Menschen »selegieren« Informationen, Mitteilungen und Verstehen. Wer auch sonst? Gespräche, Betriebe, Doppelpässe oder Regierungen selegieren keine »Handlungen«: das tun nur die daran beteiligten und sich gegenseitig und die sichtbaren Folgen des jeweils angenommenen Modells beobachtenden Akteure.

Soziale Systeme prozessieren Kommunikation nur als Folge der Selektionen der beteiligten, selbst über »Bewußtsein« prozessierenden Akteure. Sie selegieren als »soziale Systeme« selbst nichts. Auch die »Kommunikation« tut nichts dergleichen. Soziale Sy-

19 Uwe Schimank, »Gesellschaftliche Teilsysteme als Akteurfiktionen«, in: *Kölner Zeitschrift für Soziologie und Sozialpsychologie* 40 (1988), S. 636.
20 Mathias Heidenescher, Zurechnung als soziologische Kategorie, a.a.O., S. 450; Hervorhebung nicht Original.

steme vollziehen auch keine Zuschreibungen. Und sie orientieren sich als »soziale Systeme« auch nicht an Modellen oder »Handlungen«. Sie selbst benötigen keine Abstützpunkte, »damit« sie gelingen. Sie geschehen oder sie geschehen nicht – je nachdem wie die menschlichen Akteure »kommunikativ« handeln und welche (unintendierten und beabsichtigten) Folgen sie dabei schaffen. Alles andere würde bedeuten, daß den sozialen Systemen irgendeine eigene Art von eigenem »Bewußtsein« zugeschrieben würde – eine Vorstellung, die in der Soziologie sicher eine Zeit lang nicht ganz unvertraut war, aber mittlerweile doch wohl endlich abgelegt sein sollte.

6. Soziale Systeme, Kommunikation und die leibhaftigen Menschen

Die Erklärung des Prozessierens von »Kommunikation« ist, so wird nun leicht erkennbar, auch unter Einschluß einer vorgängigen Selektion von abstützenden »Handlungen« nichts weiter als ein Spezialfall der genetischen, »handlungstheoretischen« Erklärung kollektiver Effekte: das Prozessieren eines sozialen Systems als intendierte oder unintendierte Folge des aufeinander bezogenen und vom Prozessieren des Bewußtseins der psychischen Systeme begleiteten Handelns von Akteuren. Kommunikation ist also nichts als das *aggregierte* Ergebnis von kommunikativen Akten menschlicher Akteure, die ihre Eigenschaften auch wiederum im Prozeß der fortlaufenden Kommunikation ändern (können) – gleichgültig, ob es dabei »Modelle« dieses Ablaufs bei den beteiligten Akteuren gibt oder nicht.

Das heißt natürlich auch, daß die »Kommunikation« – wie jedes kollektive Phänomen – mit den Akteuren und mit deren Handeln alleine nicht vollständig erfaßbar ist (aber nur »darüber« erklärt werden kann): Es gehören die »Situationen« dazu, in denen die Akteure kommunikativ werden, es gehören die »Modelle« dazu, die die Akteure zur »Definition« der Situation selegieren, und es gehören – last but not least – alle aggregierten externen Effekte, einschließlich der immer wieder neu hergestellten »strukturellen Kopplungen« dazu. Insofern könnte durchaus auch von der analytisch-nomologischen, erklärenden Perspektive her dem nur allzu bekannten, zunächst etwas eigenartig klingenden Satz Luhmanns vollauf zugestimmt werden: »Wir gehen davon aus, daß die sozialen Systeme nicht aus psychischen Systemen, geschweige denn aus leibhaftigen Menschen bestehen. Demnach gehören die psychischen Systeme zur Umwelt sozialer Systeme«[21].

So ist es in der Tat. Fertige Modelle der Kommunikation in den Köpfen der psychischen Systeme – »Handlungen« in der Sprache Luhmanns also – können den Ablauf von Kommunikationen dabei sicher sehr erleichtern. Ganz ohne Zweifel sind bei diesem Geschehen auch immer kognitive Vereinfachungen der Situation beteiligt und für ein Gelingen »notwendig«. Insofern ist es schon richtig, daß für jede kommunikative Handlung wie für jede andere Handlung auch zuvor gewisse Vereinfachungen und Typisierungen selegiert werden müssen. Kein Akteur kann in jeder Situation alles wissen und alles berücksichtigen. Menschen sind nie perfekt informiert, sondern unterliegen einer deutlichen »bounded rationality«, die sie immer zu Simplifikationen zwingt. Zu diesen vereinfachenden Situations-Definitionen gehören »Zurechnungen« ebenso wie der Rückgriff auf vertraute Muster oder fertig vorliegende »Modelle« eines Ablaufs.

An dem Erklärungs-Modell wird auch deutlich, daß die »Selbstreferentialität« für ein komplettes soziales System keinerlei notwendige Bedingung für eine erfolgreiche Kommunikation darstellt. Nur für Rituale und durchbürokratisierte Abläufe, für die die Akteure bereits im vorhinein fertige Modelle oder komplette und fest fixierte »Drehbücher« in ihrem »Bewußtsein« haben, gilt dies. Nicht alle Kommunikationen sind aber fixierte Rituale, und nicht alle sozialen Systeme sind Verwaltungs-Bürokratien oder folgen streng vorgeschriebenen Pfaden. Andererseits dürfte kaum ein »soziales System« ohne jede Vorgabe auskommen, die von den Akteuren nicht auch wenigstens partiell, für bestimmte Teil-Sequenzen und andeutungsweise geteilt wird. Allein das Sprechen setzt ja bereits die Kenntnis und die Befolgung gewisser Regeln voraus, die als »Referenz« auch für nicht-ritualisierte, nicht--institutionalisierte, nicht-kontrollierte Kommunikationen Geltung beanspruchen – soll ein Gespräch überhaupt beginnen, und ein entsprechendes soziales System überhaupt anfangen können zu prozessieren. Auch die Themen eines Gespräches gehören zu

21 Niklas Luhmann, Soziale Systeme, a.a.O., S. 346.

solchen »Skripten«, die nicht ohne weiteres verlassen werden können, ohne daß sich Irritationen ergeben würden. Sie binden daher die Akteure wenigstens partiell und für eine gewisse Zeit – und erlauben so das gelegentliche Aufflackern eines eigentlich schon gestorbenen »einfachen Sozialsystems«, etwa in einem Zugabteil zwischen Köln und Mannheim.
Denkbar – und empirisch vorkommend – sind aber im genauen inhaltlichen Ergebnis auch »nach vorne« gänzlich offene Abläufe von Kommunikationen. Es lassen sich soziale Systeme denken und empirisch beobachten, die eher einer nach vorne offenen »Evolution« denn einem Ritual gleichen. Eine Kommunikation kann als offene Sequenz daher durchaus auch beginnen und sich sogar über die Jahrhunderte als Sequenz fortsetzen, ohne daß der »Initiator« – oder irgend jemand sonst – je daran gedacht hätte, daß er so lange im sozialen System der wissenschaftlichen Kommunikation lebendig bleiben wird. Und auch Jahrhunderte später muß man über Sokrates, Hegel oder Jean Paul nicht viel wissen – und kann trotzdem über sie mit anderen psychischen Systemen »Kommunikation« treiben: über deren geschriebene, archivierte und wiedergelesene Kommunikations-Akte. Hat Wil Martens beim Schreiben seiner Kritik an Luhmann bedacht, daß Luhmann reagiert? Vielleicht. Hat Aristoteles darauf gehofft, von Niklas Luhmann zitiert zu werden? Wahrscheinlich nicht. Lassen sich kommunikative Sequenzen erklären, auch wenn der weitere Verlauf in keiner Sekunde bei den Selektionen am Anfang bedacht wurde – wie bei Jean Paul oder Aristoteles? Aber selbstverständlich!
Soziale Systeme und Kommunikationen »bestehen« also sicher nicht aus »leibhaftigen Menschen« in dem Sinne, daß »alles«, was sie ausmacht, in die Kommunikation und erst recht nicht: in die Erklärung der Kommunikation eingeht. Es sind aber *nur* die menschlichen Akteure, die die Kommunikation betreiben und in Gang halten und die nur das, was sie erreicht und was sie »verstehen«, für ihre weiteren Selektionen nutzen können. Und um selbst wieder mit einem kommunikativen Akt »anzuschließen«, muß der empfangende, verstehende, rezipierende und wieder replizierende Akteur über einen Sender der Mitteilung sonst tatsächlich nichts weiter wissen.
Alle diese Vorgänge lassen sich ohne größere Schwierigkeiten analytisch-nomologisch bzw. »handlungtheoretisch« erklären, wenn

man das Modell der genetischen Erklärung und die bekannten Theorien der Selektion des – inneren wie äußeren – Handelns anwendet und auch die Aggregation der externen Effekte der Selektionen nicht vergißt. Eine Systemtheorie wird dazu nicht benötigt; und schon gar keine, die dies alles vorwiegend mit semantischen Kunststücken zu bewerkstelligen hofft.

Georg Lohmann
»Beobachtung« und Konstruktion von Wirklichkeit
Bemerkungen zum Luhmannschen Konstruktivismus

Im Prozeß der Selbstreflexion der Luhmannschen Theorie haben erkenntnistheoretische Fragen von Anfang an eine entscheidende Rolle gespielt. Die Radikalisierung des Funktionalismus erzwang eine funktionalistische Auffassung von Erkenntnis, die sich besonders deutlich an der funktionalistischen Umdeutung des Wahrheitsbegriffs zeigte[1] und mit Luhmanns Theorie der Wahrheit als eines »symbolisch generalisierten Kommunikationsmediums« Abschied nahm von den klassischen Adäquations- oder Korrespondenztheorien der Wahrheit.[2] Dieser Wandlungsprozeß wird in den jüngeren Arbeiten von Luhmann besonders durch seine Aufnahme des erkenntnistheoretischen »radikalen Konstruktivismus« verdeutlicht, dessen grundlegender Begriff der der Beobachtung ist.[3] Entgegen manchen Auffassungen von Vertretern des »radikalen Konstruktivismus« betont Luhmann aber, daß hier wie auch beim funktionalistischen Wahrheitsbegriff keineswegs ein Relativismus des »Anything goes« resultiere.[4] Luhmann will vielmehr durch das Beobachten von Beobachtungen, durch Beobachtungen zweiter Ordnung, einen »Prozeß der Selbstbindung«[5] in Gang setzen, der sich realistisch versteht und das heißt für Luhmann, daß alle Beobachtungen reale Prozesse sind und

1 Siehe N. Luhmann, »Wahrheit als Kommunikationsmedium«, in: J. Habermas und N. Luhmann, *Theorie der Gesellschaft oder Sozialtechnologie – Was leistet die Systemforschung?*, Frankfurt am Main 1971, S. 342 ff.
2 Siehe N. Luhmann, *Die Wissenschaft der Gesellschaft*, Frankfurt am Main 1990, S. 167 ff.
3 Siehe N. Luhmann, *Erkenntnis als Konstruktion*, Bern 1988; ders., *Die Wissenschaft der Gesellschaft*, a.a.O., S. 68 ff., und ders., *Soziologische Aufklärung 5. Konstruktivistische Perspektiven*, Opladen 1990.
4 Vgl. Luhmann, *Die Wissenschaft der Gesellschaft*, a.a.O., S. 177, und ders., *Soziologische Aufklärung 5*, a.a.O., S. 11.
5 Ebd.

ohne Zweifel die Außenwelt existiert. Hinter diesen positionalen Festlegungen stehen aber Probleme, die im folgenden zumindest in Hinsicht auf die Bedeutungen von »Wirklichkeit«, mit denen die Luhmannsche Theorie operiert, behandelt werden sollen. Man kann nämlich schon im *Ansatz* und an *Grundbegriffen* der Theorie zwei Begriffe von Wirklichkeit unterscheiden (1), deren problematisches Verhältnis zueinander in der Luhmannschen Deutung von »Beobachten«, mithin an ihrem kognitiven Vehikel, besonders hervortritt (2). Es geht so zunächst um eine Aufklärung von Luhmanns erkenntnistheoretischem Konstruktivismus, um die genauere Bestimmung seiner Position zwischen Realismus und konstruktivistischem Relativismus und schließlich um die Frage, ob die Form von Kohärenztheorie der Wahrheit, die Luhmann expliziert, dann zwingend ist.

I

Vom Selbstverständnis des »radikalen Konstruktivismus«[6] grenzt sich Luhmann mit der Auffassung ab, daß, »was immer seine Anhänger sagen mögen: selbstverständlich ist der Konstruktivismus eine realistische Erkenntnistheorie, die empirische Argumente benutzt«.[7] Wirklichkeit (wirkliche Welt) wird nach Luhmann nicht erfunden oder gemacht (konstruiert), sie wird aber ebensowenig als solche entdeckt. Sie kann nur, was immer von ihr entdeckt und über sie ausgesagt wird, im Vollzug von empirischen Operationen beobachtet werden, die systemrelativ sind und bleiben, und es ist dieser auf das jeweilige beobachtende System bezogene Relativismus, den Luhmann in *seinem* Konstruktivismus behauptet und ausformuliert. Was wir also als wirklich erkennen, das erkennen wir nur relativ zu unseren Operationen des Beobachtens, und die Frage, ob es eine Wirklichkeit unabhängig von ihrem Beobachtetwerden gibt oder nicht, kann [daher] nicht durch Beobachten erklärt oder bewiesen werden, sondern wird als Postulat der Theorie

---

6 Die wichtigsten Positionen sind gesammelt in: S. J. Schmidt, (Hg.), *Der Diskurs des Radikalen Konstruktivismus*, Frankfurt am Main 1987, und ders. (Hg.), *Kognition und Gesellschaft. Der Diskurs des Radikalen Konstruktivismus 2*, Frankfurt am Main 1992.

7 Luhmann, *Soziologische Aufklärung 5*, a.a.O., S. 15; siehe besonders die Auseinandersetzung in: *Die Wissenschaft der Gesellschaft*, a.a.O., S. 508 ff.

vorausgesetzt. Das alte erkenntnistheoretische Problem, ob etwas sei oder nicht vielmehr nichts, an dem die traditionellen Ansätze sich metaphysisch verknotet haben, wird von Luhmann mit einer vortheoretischen[8] Behauptung gelöst: Wirklichkeit wird vorausgesetzt und mit ihr die Wirklichkeit autopoietischer Systeme.[9]
Diese vorausgesetzte »wirkliche Welt«[10] ist die Welt, *auf* die sich die wissenschaftlichen Aussagen der Systemtheorie *beziehen* und *an* der sie sich *bewähren* müssen.[11] Luhmanns grundlegendes Werk *Soziale Systeme* beginnt daher in erkenntnistheoretischer Hinsicht insoweit konventionell; kompliziert wird es erst, wenn diese vorausgesetzte und »zu Grunde liegende [...] Realität«[12] durch die systemrelativen Unterscheidungen »überlagert« wird, wenn zu der vorausgesetzten Wirklichkeit$_1$ (wie ich im folgenden der Deutlichkeit halber sage) die systemrelativen Wirklichkeiten$_2$ kommen, das heißt Bestimmungen von etwas als wirklich, relativ zu systemeigenen Unterscheidungen. Das gilt schon für die grundlegende Unterscheidung von System und Umwelt, im weiteren dann ex hypothesi von allen weiteren Unterscheidungen. Von Umwelt ist nur relativ zu einem System zu sprechen, das diese Differenz beobachtet. Die wirkliche$_1$ Welt wird aber dadurch nicht in hier wirkliches$_1$ System und dort wirkliche$_1$ Umwelt eingeteilt. »Die Differenz ist keine ontologische«[13], sie ist lediglich systemrelativ zu verstehen, sie soll aber, obwohl »nur systemrelativ, [...] gleichwohl objektiv«[14] sein. Also gibt es so etwas wie die Differenz zwischen System und Umwelt, die in einem relativen Sinne »wirklich$_2$« für ein System ist. Darin liegt in der Tat eine »Schwierigkeit des Verständnisses«.[15] Als theorieimmanente Lösung schlägt Luhmann vor, die Operation des Beobachtens, der gemäß überhaupt erst von einer System/Umwelt-Differenz gesprochen werden kann, selber zu etwas wirklichem$_1$ zu erklären. Er knüpft an eine, wie er in *Soziale Systeme* noch sagt, »neu sich entwickelnde [...] Epistemologie von ›naturalen‹

8 Dazu später.
9 N. Luhmann, *Soziale Systeme*, Frankfurt am Main 1984, S. 30f.
10 Ebd.
11 Vgl. ebd.
12 Ebd., S. 245.
13 Ebd., S. 244.
14 Ebd.
15 Ebd.

Operationen«[16] an. Ihr Grundbegriff ist der der Beobachtung, und fortan ist jede Beobachtung eine wirkliche$_1$ Operation, die eben deshalb auch durch andere Beobachtungen, die ebenso wirklich$_1$ sind, beobachtet werden kann. Ziel von Luhmanns wissenschaftlicher Theorie ist es, »ihr eigenes Beobachtungsschema mit dem zur Deckung zu bringen, das im System selbst gehandhabt wird«; darin sieht er »den Realitätsbezug der Erkenntnis«.[17] Wenn man so will, es geht um die Übereinstimmung von systemrelativen Aussagen miteinander (Kohärenz), das heißt für Luhmann: um die gelingende (anschlußfähig bleibende) Wiederholbarkeit von Unterscheidungen, die »wirklich« im Sinne von Wirklichkeit$_2$ sind, und auf diese Weise soll der Realitätsbezug der Erkenntnis, jetzt aber zur Wirklichkeit$_1$, gesichert werden.

Luhmann hat diese paradoxe Programmatik in seinem Buch *Die Wissenschaft der Gesellschaft*[18] in beeindruckender Komplexität entfaltet. Wie immer bei Luhmann muß man die funktionalistischen Umdeutungen, hier: der traditionellen Erkenntnistheorie, sich zumindest vor Augen halten, damit der eigenartige Theoriekontext im Grundriß deutlich wird, in dem das obige Problem zu diskutieren ist. Die entscheidenden Weichenstellungen werden schon durch die Abkoppelung des Wissens von der üblichen Zuordnung auf ein subjektives Bewußtsein anhand des Unterschiedes von Bewußtsein und Kommunikation, dann aber besonders mit Hilfe der für Luhmann zentralen Theorie des Beobachtens als ereignishafter Operation von Unterscheiden und Bezeichnen (worauf ich zurückkomme) und schließlich in der Auffassung von Wissen als »Kondensierung von Beobachtungen« (123) und als »kognitiv stilisierter Sinn« (138), vorgenommen. Auf der Basis dieser Uminterpretationen erläutert Luhmann seine Auffassung des Wissenschaftssystems, in der Wahrheit als ein symbolisch generalisiertes Kommunikationsmedium (167 ff.) fungiert. Darunter ist »ein Medium der Emergenz unwahrscheinlicher Kommunikation« (173) zu verstehen, das am binären Code wahr/unwahr (und nicht an der Unterscheidung wahr/falsch!) orientiert ist. Als die für alle autopoietisch operierenden Systeme notwendige »elemen-

16 Ebd.   17 Ebd., S. 245.
18 Seitenzahlen ohne weitere Angaben beziehen sich im folgenden auf dieses Buch. – Die folgenden Ausführungen stützen sich auf meine Rezension »Des Teufels Nachfolger in der Soziologie«, in: *Sozialwissenschaftliche Literatur Rundschau*, Heft 24 (1992), S. 33 ff.

tare Einheit« wird »Wahrheitskommunikation« (284) bestimmt; das Wissenschaftssystem operiert auf diese Weise »selbstreferentiell geschlossen«, was Luhmann von seiner »Autonomie« als »Zustand der sich selbst implizierenden Imagination« unterscheidet (290 ff.), und gewinnt in der Steigerung seines »Auflöse- und Rekombinationsvermögens« (326 ff.) zunehmende Systemkomplexität (die man sonst wissenschaftlichen Fortschritt nennen würde). Was man gemeinhin oder bisher an dieser Stelle erwartet hätte, nämlich Kriterien für Wahrheit (zum Beispiel gemäß Korrespondenz- oder Kohärenztheorien der Wahrheit), wird jetzt ersetzt durch »richtige Reduktionen« (362 ff.) von Komplexität, die gemäß dem konstruktivistischen Ansatz durch »wiederholte Bezeichnung [...] Vertrautheitsqualität und den Anschein des Bewährten und weiter Bewährbaren« gewinnen (375). Damit soll gerade nicht ein Kohärenzkriterium gemeint sein (372 f.), sondern das »Komplexitätskriterium« ersetzt kognitive Konsistenzforderungen durch ein – entfernt an pragmatische Wahrheitstheorien erinnerndes – Erfolgskriterium: als wahr gilt, was die Anschlußfähigkeit der Systemoperationen sichert (392 ff.). Die nach wahr/unwahr codierten Operationen regelt das System durch Programme – das sind für Luhmann Methoden und Theorien (403 ff.) –, die die »Überprüfbarkeit aller Aussagen, die Anspruch auf Wissenschaftlichkeit erheben« (429), postulieren. Zum Selbstlauf, das heißt zum autopoietischen Operieren bringt es das Wissenschaftssystem freilich erst durch die »Form von Publikationen« (432 ff.), deren »Inhalte« aber nicht im herkömmlichen Sinne begründet sein müssen, um Anschlußfähigkeit zu sichern; sie müssen vielmehr »Redundanz und Varietät ausbalancieren« (440), was Luhmann auch »Argumentation« nennt (!, ebd.). Für die systemtheoretische Wissenschaftstheorie ergibt sich so der eigene Konstruktivismus als Vollender (510) der wissenschaftlichen Reflexionsbemühungen (516 ff.), reflektiert er doch »Erkenntnis als System ohne Zugang zur Außenwelt« (530).

Die autopoietischen Systeme operieren nur im Selbstkontakt; für ihre Beobachtung gibt es »in der Umwelt des Systems keine Korrelate«.[19] Statt dessen schaffen sie systemrelative Realitäten oder Wirklichkeiten$_2$, auf die sowohl das systemische Wissen wie die wissenschaftliche Wahrheit bezogen ist.

19 Luhmann, *Soziologische Aufklärung 5*, a.a.O., S. 40.

Nach sonst geläufiger Auffassung wird Wissen als eine begründete, wahre Meinung verstanden, die jemand über etwas hat, die er ferner sprachlich formulieren und (in der Kommunikation mit anderen) mit Gründen als wahr behaupten kann. Für den propositionalen Inhalt erhebt er in propositionaler Einstellung einen begründeten Wahrheitsanspruch (im Unterschied zu bloßen Meinungen), und dementsprechend kann er ihn intersubjektiven Überprüfungen (gemäß Kohärenz- oder Korrespondenzprinzipien) aussetzen. Der Wahrheitsanspruch von Aussagen impliziert die Annahme einer Wirklichkeit, die entweder essentialistisch vorausgesetzt oder aber in der Perspektive eines internen Realismus (Putnam) konstruiert wird. Wahr sind Aussagen (zumindest singuläre prädikative Aussagen), wenn das ausgesagte Prädikat wirklich auf den Gegenstand zutrifft. Das gilt auch dann, wenn man mit Quine annimmt, daß wahre (Beobachtungs-)Sätze theoretische Annahmen implizieren, so daß die Verifikation sich auf ganze Theorien erstrecken muß.

Durch die Umstellung, mit der Luhmann Wissen nicht mehr einem Bewußtsein, sondern Kommunikation zurechnet (23 ff.), koppelt Luhmann die Überprüfbarkeit von Wissen von subjektiven Wahrnehmungen und intersubjektiven Verständigungen ab. Es reicht jetzt, wenn durch »wiederholte Bezeichnung« der »Anschein des Bewährten« (375) erweckt wird; das jeweilige Kommunikationssystem erzeugt in sich Anschlußfähigkeit, ohne auf die (sonst) für Wissen konstitutive Differenz von ›begründet‹ und ›bloß gemeint‹ bezogen zu sein. Das wird auch nicht dadurch korrigiert, daß Luhmann sich später wieder dem normalen Sprachgebrauch annähert und unter Wissen (in einem weiten Sinne) immer »wahres Wissen« (134) versteht. Die »»unmarkiert« mitkommunizierte« Wahrheit des Wissens wird gerade nicht in Hinsicht auf Begründbarkeit eines Wahrheitsanspruchs verstanden. Deshalb bleibt auch später der Unterschied zwischen (bloßen) Meinungen und Wissen irrelevant, denn mit einem »kognitiven Erwartungsstil« (138) und einer »Zurechnung als Erleben« (143) sind beide interpretierbar.

Diese skizzenhaften Bemerkungen zu Luhmanns konstruktivistischer Erkenntnistheorie lassen vermuten, daß die anfänglich vorausgesetzte Wirklichkeit$_1$, die nur die Wirklichkeit$_1$ der kognitiven Operationen und der Systeme garantieren soll, für den Aufbau der kognitiven Systeme, für den Wahrheitsanspruch von

Beobachtungen und schließlich des Wissenschaftssystems (und somit für die erkannte Wirklichkeit$_2$) nicht mehr herangezogen werden muß. Luhmann kann aber eine dieser Vermutung entsprechende Position nicht konsequent durchhalten; er operiert mit Begriffen, die eine Einwirkung von Wirklichkeit$_1$ auf Wirklichkeit$_2$ unterstellen, und es bleibt meines Erachtens unklar, ob seine konstruktivistische Deutung dem gerecht wird. Darüber hinaus spielt die vorausgesetzte Wirklichkeit$_1$ eine nicht zu unterschätzende Rolle für das Selbstverständnis der Theorie im ganzen.

Ich will das an Luhmanns Begriff der »strukturellen Kopplung« beleuchten. Luhmann führt ihn ein, um die strikte Unterscheidung zwischen Bewußtsein und Kommunikation zu relativieren, er dient aber auch zur Charakterisierung der Beziehungen zwischen autopoietischen Systemen allgemein. Psychisches und soziales System sind für Luhmann zunächst füreinander opake, füreinander je in der Umwelt autonom operierende Systeme. Gleichwohl sieht er sich genötigt, besondere und notwendige Beziehungen zwischen Bewußtsein[20] und sozialen Systemen anzunehmen. Hatte er dafür noch in *Soziale Systeme* den Begriff der »Interpenetration« als wechselseitiges Zurverfügungstellen von Komplexität benutzt[21], so spricht er in *Die Wissenschaft der Gesellschaft* von »struktureller Kopplung« (38 ff., 103 ff.), die einen »notwendigen Zusammenhang« von Bewußtsein und Kommunikation konstituieren soll.[22] Damit ist zunächst ein bloß faktischer Zusammenhang behauptet: Wo immer Kommunikation stattfin-

20 In bezug auf die weitere Komplikation, daß auch Leben oder Organismus berücksichtigt werden, vgl. 28 ff.
21 Siehe dazu H.-J. Giegel, »Interpenetration und reflexive Bestimmung des Verhältnisses von psychischem und sozialem System«, in: H. Haferkamp/M. Schmid (Hg.), *Sinn, Kommunikation und soziale Differenzierung*, Frankfurt am Main 1987.
22 Kommunikation selbst, das ist bekannt, bedeutet auch hier nicht das, was man sonst darunter versteht, sondern wird von Luhmann als »dreistelliger Selektionsprozeß« verstanden, in dem der Unterschied von Information und Mitteilung beobachtet, das heißt verstanden wird. Während Bewußtsein im Wahrnehmen (als »anschauliche Imagination«) Unterschiedenes als Einheit erfassen soll, soll Kommunikation immer als prozessierende Unterscheidung operieren (20 f.). Auch deshalb sind beide nicht wechselseitig transformierbar, Wahrnehmen selbst ist nicht kommunizierbar, Kommunikation als solche ist nicht Wahrnehmen (ebd.).

det, ist Bewußtsein als »notwendige Umwelt« vorhanden, werden alle weiteren Einflüsse der Umwelt darüber ›vorgefiltert‹.[23] Strukturelle Kopplung muß sein, weil alle Systeme auf spezifische Umwelten angewiesen sind, auf die sie wirken und deren Einwirkungen sie ausgesetzt sind, weil sie also etwas Wirkliches$_1$ sind (und nicht bloß analytische Konstrukte), die sich »auf der Basis eines fortbestehenden Materialitätskontinuums« (39) ausdifferenzieren. Aber wie die durch die Kopplung bewerkstelligten Einschränkungen aussehen, das soll nicht aufgrund wechselseitiger, kausaler Einwirkung, sondern je nach der Eigenart des Operierens des jeweiligen Systems geschehen. Als Grund für den Ausschluß kausaler Wirkungen gibt Luhmann die Gleichzeitigkeit der je wirklichen Welt an. »Die Welt, die als *unmarked state* vorausgesetzt ist und der eigenen Operation [...] Realität verleiht, ist immer eine gleichzeitige Welt – ein entfernter Abkömmling jenes *periéchon*, das einst alles Sein gehalten hatte.«[24] Da (nach gängiger Auffassung) Kausalität immer eine zeitlich frühere Ursache vor der Wirkung voraussetzt, ist durch die Annahme der Gleichzeitigkeit kausale Bestimmung zwischen Gleichzeitigem in der Tat ausgeschlossen. Der konstruktivistische Ansatz verbietet die Annahme eines realen Determinismus, wie schon beim ›frühen‹ Luhmann ist »die Kausalbeziehung ein Anwendungsfall funktionaler Ordnung«[25], Kausalität ist dementsprechend immer von einem System aus konstruierte Kausalität. Das hat für die Wirklichkeitsauffassung in zwei Richtungen Folgen.

(a) Zunächst liegt darin eine Depotenzierung der Wirklichkeit$_1$, was ihr, verglichen mit realistischen Vorstellungen, abgesprochen wird, das wird der Wirklichkeit$_2$ zugesprochen. Die vorausgesetzte, unbestimmte und gleichzeitige Wirklichkeit$_1$ ist durch strukturelle Kopplung nicht als Totalität, sondern nur selektiv für die jeweiligen Operationen eines Systems »relevant«. Strukturelle Kopplungen, wie Luhmann sagt, »produzieren [...] Irritationen

---

23 »Es gibt keine *direkten* Einwirkungen physischer, chemischer oder biologischer Tatsachen auf kommunikative Systeme. Gewiß kann die Kommunikation auf physische oder chemische Weise oder durch Vernichtung des Lebens beendet werden. Sie kann auf diese Weise aber nicht irritiert, gestört, gereizt, stimuliert, beeinflußt werden.« Ebd., S. 45.
24 Luhmann, *Soziologische Aufklärung 5*, a.a.O., S. 102.
25 Luhmann, *Soziologische Aufklärung 1*, Köln und Opladen, 1970, S. 16.

(Überraschungen, Enttäuschungen, Störungen) des Systems«. Dabei soll »Irritation [...] eine nur systemintern, also nicht in der Umwelt, vorkommende Form«[26] sein. Irritationen sollen nicht kausal durch etwas in der Umwelt verursacht worden sein, sondern nur die systeminterne Registrierung von so etwas wie ein Sich-Zeigen der Wirklichkeit$_1$. »Die Umwelt zeigt sich an (wie immer minimalen) strukturellen Diskrepanzen: Beim ersten Versuch paßt der Schlüssel nicht ins Schloß, man muß es mit mehr Sorgfalt wiederholen.«[27] Erst wenn das System auf eine Irritation reagiert, wenn es sie aufgrund von Beobachtungen »bearbeitet, sucht es die Gründe dafür in der Form von Ursachen in der Umwelt«.[28] In diesem Fall ist es aber die vom System durch Beobachtung konstruierte Wirklichkeit$_2$, in deren ›Rahmen‹ Kausalbeziehungen angenommen werden. Im Begriff der Irritation deutet sich also ein »Zwischenzustand«[29] an, der auf eine bisher unklare Weise Wirklichkeit$_1$ und Wirklichkeit$_2$ in Beziehung bringt. Wie das genauer zu verstehen ist, läßt sich erst durch eine Analyse von Luhmanns Beobachtungsbegriff zeigen.

(b) Der Ausschluß jeder Kausalität aus der durch Gleichzeitigkeit bestimmten wirklichen$_1$ Welt läßt es andererseits unklar werden, was es heißen soll, daß diese vorausgesetzte Welt den Systemoperationen »Realität verleiht«. Folgt man dem Symbol des *periéchon*, »die umfassende und dadurch alles haltende Weltkugel«, auf das Luhmann hinweist[30], so »herrscht Ruhe und Sicherheit« in dieser gleichzeitigen Welt, weil es keine zeitlichen Veränderungen gibt und alles sachlich Unterschiedene gleichzeitig ist. Diese Bestimmung impliziert daher eine merkwürdige Meta-»stabilität« aller Systemoperationen, sofern sie diese Art von Wirklichkeit$_1$ besitzen; ein System »operiert [...] stets unaufhaltsam gleichzeitig mit der Umwelt«.[31] Diese im vorausgesetzten Wirklichkeits$_1$-Begriff implizierte »Ruhe und Sicherheit« kontrastiert drastisch mit der Instabilität und zunehmenden Unwahrscheinlichkeit, die nach Luhmann die Beobachtung der zeitlich sich erstreckenden Operationen autopoietischer Systeme erkennt: Was gerade als Er-

26 Luhmann, *Soziologische Aufklärung 5*, a.a.O., S. 40 ff.
27 Ebd., S. 103.
28 Ebd.
29 Ebd., S. 104.
30 Ebd., S. 112.
31 Ebd., S. 105.

eignis existiert, droht schon wieder zu verschwinden und muß Anschluß finden an weitere Operationen. Zeit ist für Luhmann, auf der Basis jener Gleichzeitigkeit der wirklichen$_1$ Welt, »Konstrukt eines Beobachters«.[32] Ihre Wirklichkeit ist daher, anders als die der gleichzeitigen Welt, immer systemrelativ. Aussagen über diese von einem System beobachtete Wirklichkeit$_2$ sind Aussagen, die die Luhmannsche Theorie als Theorie macht. Annahmen über die vorausgesetzte Wirklichkeit$_1$ entziehen sich jeder Beobachtung, über sie kann (wie über das Ding an sich bei Kant) nichts (bestimmtes) ausgesagt werden. Die postulierte Wirklichkeit$_1$ muß daher, von der entwickelten Theorie aus gesehen, als »sinnlos gedacht werden«.[33] Sie ist eine vortheoretische (s. o.) Annahme – aber: warum macht sie Luhmann?

2

Fundiert sind diese konstruktivistischen Uminterpretationen in einer Theorie des Beobachtens. Luhmann nimmt zwar immer wieder zustimmend Bezug auf konstruktivistische Autoren wie Maturana, Varela, von Foerster und andere, vor allem auf George Spencer Brown[34]; zugleich aber vertritt er eine eigene Begriffsbestimmung, die schon des theoretischen Kontextes wegen ihm eigentümlich ist und daher im folgenden auch als solche, ohne Reflexion auf das konstruktivistische Umfeld[35], behandelt werden soll.

Den theoretischen Aufgaben nach muß der Beobachtungsbegriff sehr allgemein und formal gefaßt werden; jedes System kann beobachten, also darf der Begriff weder auf Bewußtsein noch auf sinnliche Wahrnehmung eingeschränkt werden. Auch soll Beobachten, obwohl es eine realistische Operation sein soll, keine alltägliche, realistische erkenntnistheoretische Auffassung implizieren, nach der erstens das, was beobachtet wird, unabhängig davon, daß es beobachtet wird, existiert und nach der zweiten das,

32 Ebd., S. 114.
33 Ebd., S. 51.
34 George Spencer Brown, *Laws of Form*, London 1969, ²1971.
35 Auch Luhmann geht über eine detaillierte Auseinandersetzung mit den unterschiedlichen konstruktivistischen Autoren großzügig hinweg; siehe a.a.O., S. 510 f.

als was das Beobachtete durch die Beobachtung erkannt wird, Bestimmungen des Objekts oder der Wirklichkeit sind und nach der drittens Beobachtungsaussagen wahr sind, wenn sie zutreffen, und falsch, wenn sie nicht zutreffen.

Von alledem findet man daher in der verblüffend einfachen und »extrem formalen« Definition zunächst nichts. »Beobachten« wird definiert als »Operation des Unterscheidens und Bezeichnens« (73), und sie ist immer die »Einheit der zwei Komponenten Unterscheiden und Bezeichnen« (81). »Unterscheiden« wird (nach Spencer Brown) verstanden als »Markieren einer Grenze«, so »daß in der *einen* Form *zwei* Seiten entstehen« (79); und »Bezeichnen« wird so verstanden, daß damit festgelegt wird, von welcher Seite man diese Grenze überschreitet (80). In zeitlicher Hinsicht orientiert sich die Operation »an einer *Differenz von vorher und nachher*«.

»Andererseits sind ihr die beiden Seiten der Unterscheidung *gleichzeitig* gegeben« (ebd.). Beobachten als Einheit von Unterscheiden und Bezeichnen ist zeitlich also ein Paradox, das als solches, nach Luhmann, die Zeit selbst konstituiert, »nämlich als Gleichzeitigkeit des Ungleichzeitigen«.[36] Aber alles, was als Einheit fungiert, »fungiert durch einen Beobachter für einen Beobachter als Einheit«, im Falle von ›einfachen‹ Operationen allerdings so, »daß der Beobachter sie als beobachtungsunabhängige Gegebenheit sehen muß« (62). In diesem Fall unterstellt ein Beobachter die vorausgesetzte Wirklichkeit$_1$ als eine Gleichzeitigkeit sachlich unterschiedlicher *Einheiten*, die seiner Operation des Beobachtens und der beobachteten Operation Realität verleiht, und er unterstellt sie, interessanterweise, als »beobachtungsunabhängig«, damit er selbst beobachten kann. Wenn diese Interpretation zutrifft, dann unterstellt Luhmann in den Konsequenzen der Auslegung der zeitlichen Dimension von »Beobachten« eine recht traditionelle (transzendentale) Auffassung: Damit ich etwas beobachten kann, muß es unabhängig von Beobachten gegeben sein, auch wenn ich es als solches nicht beobachten kann. Das scheint im Widerspruch zu Luhmanns sonstigen Ausführungen zu stehen.

Beobachten ist, wie jede Operation, immer ein »empirisches Ereignis« (514f.), das heißt zeitpunktmarkiert (37) und als solches

36 Luhmann, *Soziologische Aufklärung* 5, a.a.O., S. 100.

beobachtbar (75), aber eben wiederum nur durch eine empirische Operation. Daß mit dem Vollzug der Operation »Beobachten« Realität »gegeben« ist (78), soll aber weder etwas über die Objektivität des Beobachtens aussagen (was einsichtig ist), noch soll damit ein vom jeweiligen Beobachten unabhängiger Gegenstand in der Außenwelt unterstellt werden (was nicht so einsichtig ist). Denn etwas muß vorausgesetzt werden, worauf das Beobachten als Unterscheiden, um (!) etwas zu bezeichnen, Bezug nimmt. Luhmann nennt das die Welt. »Es muß *vorausgesetzt* werden, daß die Welt (was immer das ist) das Unterscheiden *toleriert* und daß sie je nachdem, durch welche Unterscheidung sie *verletzt* wird, die dadurch angeleiteten Beobachtungen und Beschreibungen auf *verschiedene* Weise *irritiert*« (93, Hervorhebungen von G. L.). Die Frage ist, ob hier mit »Welt« Wirklichkeit$_1$ gemeint ist und ob es dann um eine irgendwie geartete Einwirkung von Wirklichkeit$_1$ auf Wirklichkeit$_2$ geht. Zunächst spricht Luhmanns Selbstinterpretation dafür, anzunehmen, daß hier gemeint ist, das Beobachten nehme nicht auf etwas in der Welt (Wirklichkeit$_1$) Bezug, sondern auf etwas (das heißt auf eine Seite einer Unterscheidung), das erst durch die in der Beobachtung verwendete Unterscheidung »bezeichnet« wird, also auf ein Konstrukt der Wirklichkeit$_2$. Gleichwohl soll diese rein selbstbezügliche Bezeichnung irgendwie *irritiert* werden können, weil die zugrundegelegte Unterscheidung »die Welt« (Wirklichkeit$_1$?) *verletzt* hat. Wie beim Begriff der »strukturellen Kopplung« zeigt der »Zwischenzustand« »Irritation« an, daß auf eine bisher unklare Weise eine systemrelative »Form« (die Luhmann »Irritation« nennt) einen Umwelt»bezug« zum Ausdruck bringt, ohne daß es dafür in der Umwelt etwas Entsprechendes gäbe oder daß gar eine externe Ursache damit gemeint sein könnte.

Die Lösung für diese Verständnisschwierigkeiten sehe ich darin, daß Luhmann hier seinen Begriff »Bezeichnen« in zweifacher Bedeutung verwendet und verwenden muß. Einmal meint er damit, daß durch die Bezeichnung die eine Seite der Unterscheidung festgehalten wird, zum Beispiel, daß bei der Unterscheidung links/rechts die operative Beobachtung sich links orientiert. In bezug auf die vorausgesetzte Wirklichkeit$_1$ oder in bezug auf etwas in der Realität im normalen Sinne geschieht dabei noch gar nichts. Die Operation geschieht insoweit in Wirklichkeit$_2$, und Luhmann kann sagen, daß die Welt als solche (Wirklichkeit$_1$) unzugänglich bleibt, wenn die Beobachtung Bezeichnung in diesem Sinne verwendet; sie »erscheint so gleichsam als involvierte Unsichtbarkeit« (93). Zum anderen aber meint hier Bezeichnen, daß eine *Referenz* (ein Bezug) hergestellt wird zwischen dieser einen Seite der Unterscheidung und dem, wovon die ganze Operation ihrerseits unterschieden ist. Das können zunächst andere Beobachtungsoperationen sein, der jeweils nötige reale$_2$ Kontext des Unterscheidens, aber es ist fraglich, ob nicht auch jene vorausgesetzte Wirklichkeit$_1$, die wirkliche$_1$ Welt gemeint ist. Wenn Luhmann sagt, daß »jede Bezeichnung immer noch etwas anderes voraussetzt, von dem sie unterschieden wird« (93), so ist zumindest für den Fall, daß durch diese Art von »Bezeichnung« die Welt *verletzt* wird und dies *Irritation* hervorruft, dieses andere als Wirklichkeit$_1$ aufzufassen. Eine Beobachtung, die diese Art von Bezeichnung verwendet, produziert »Störungen«, reagiert auf »Rauschen« und kann »irritiert« werden (vgl. 307), nämlich dann, wenn die Bezeichnung *unzutreffend* ist, das heißt, wenn der Kontext der im Beobachten getroffenen Unterscheidung, deren eine Seite die Bezeichnung festhält, widerspricht. »Widersprechen« heißt hier, daß aufgrund einer *Einwirkung* von Wirklichkeit$_1$ auf Wirklichkeit$_2$ eine der Bezeichnung entsprechende Annahme als unzutreffend zurückgewiesen wird. So kann man die Irritation in dem obigen Schlüssel-Beispiel verstehen. Dadurch wird allerdings nicht erkannt, wie Wirklichkeit$_1$ beschaffen ist, sondern nur, wie sie nicht beschaffen ist. Die Welt als solche, Wirklichkeit$_1$, bleibt auch so, wie Luhmann generell betont, kognitiv unzugänglich. Durch die im Bezeichnen implizite Referenz auf den Kontext »wird etwas Bestimmtes gewählt« (391), und dafür erhebt diese Art von referierendem Bezeichnen den Anspruch, daß eine entsprechende Beobachtungsaussage oder Beschreibung wahr sein kann, wenn sie zutrifft, falsch, wenn sie unzutreffend ist.

Deshalb kann Luhmann, wie wir gesehen haben, später davon sprechen, daß die »Wiederholung einer Bezeichnung«, die er (mit Spencer Brown) »Konfirmierung« nennt, Vertrautheit »und den Anschein des Bewährten und weiter Bewährbaren« (375) gewinnt. Aber genau diese Verbindung von Wahrheitsproblem und Referenzproblem will Luhmann trennen (167f., 706ff.). Er bereitet es vor, indem er die zweite Bedeutung von Bezeichnen, die man an und für sich nur in einer komplexen Theorie der Referenz als Teil einer Bedeutungstheorie erläutern könnte[37], selber verschwinden läßt, sobald er auf die Einheit von Unterscheiden und Bezeichnen, also auf die Einheit der Operation »Beobachten« zu sprechen kommt.

Diese latent mitgeführte zweite Bedeutung von Bezeichnen »verschwindet«, so scheint es, in Luhmanns Analyse. Offenbar auch deshalb, weil nach Luhmann auch der Beobachter gegen den Kontext seines Beobachtens indifferent operiert. »Ein Beobachter konzentriert sich auf das, *was* er beobachtet. Er vernachlässigt dabei zumeist das, wovon er das Beobachtete unterscheidet, oder setzt dies gänzlich unbestimmt als ›alles andere‹ voraus« (95). Luhmann legt den Schwerpunkt seiner Ausführungen auf eine *andere*, notwendige Latenz jeder Beobachtung (89 f.). Als Einheit der Unterscheidung von Unterscheiden und Bezeichnen (in der ersten Bedeutung, wie ich hinzufüge) kann Beobachten als einfache, empirisch ablaufende Operation sich nicht selbst beobachten. Diesen berühmten »blinden Fleck« des Beobachtens benutzt Luhmann, um einfache Operationen von Beobachtungen zu unterscheiden, sein, wie er sagt, »wohl schwierigstes Problem« (114). Operationen können sich nicht selbst beobachten, sie verwenden ihre Unterscheidungen blind. Sie brauchen daher andere Beobachtungen, um den kognitiven Gehalt ihrer Unterscheidungen (gemäß der zweiten Bedeutung von Bezeichnen) sicherzustellen. Deshalb müssen sie sich mit anderen Beobachtungen rekursiv vernetzen zu einem in sich geschlossenen System. Konstruktivistische Beobachtungstheorie und Systemtheorie erfordern sich wechselseitig.

Daraus folgt, was Luhmann unter dem Stichwort »Referenzverlust« (705) zusammenfaßt; es gibt für Systeme keine Außenwelt, auf die sie referieren und an welcher sie die Wahrheit ihrer Beobachtungen überprüfen; sie haben es nur mit ihren eigenen Unterscheidungen zu tun, auch da, wo sie referieren, das heißt bezeichnen gemäß der zweiten Bedeutung (707). Dementsprechend »verlagert« sich der »Realitätswert [...] von der *Bezeichnung* (Referenz) auf die in aller Bezeichnung mitaktualisierte *Unterscheidung*« (ebd.). Die vorausgesetzte Wirklichkeit$_1$ wird nur noch benötigt, um die autopoietischen Operationen eines Sy-

---

37 Siehe zum Beispiel die ganz unterschiedlichen Referenztheorien im Anschluß an Frege von M. Dummett, D. Davidson oder J. Searle.

stems in Gang zu setzen (vgl. 391), alles weitere geschieht systemrelativ. Durch Beobachtung der Beobachtungen konstruiert das System seine Wirklichkeiten$_2$. »Alles, was für einen Beobachter Realität ist, [ist] Realität dank der Einheit der Unterscheidung, die er verwendet, also Konstruktion« (519). Da die Einheit einer Unterscheidung aber durch die beobachtende Operation, die diese Unterscheidung verwendet, nach Luhmann von dieser nicht beobachtet werden kann, muß es dafür eine dritte Beobachtung geben. Das hat einmal den Effekt, daß auf diese Weise Selbstbeobachtungen immer zirkelhaft sind und in Paradoxien führen, die durch vereinfachende Selbstbeschreibungen latent gehalten und dadurch gelöst werden können. Zum anderen aber liegt darin der Grund, warum Luhmann die Verlagerung des Realitätswertes von Wirklichkeit$_1$ nach Wirklichkeit$_2$ nicht konsistent durchhalten kann und seine Behauptung abschwächen muß: »Real ist das, was als Unterscheidung praktiziert, durch sie zerlegt, durch sie sichtbar und unsichtbar gemacht wird: die Welt.« Hier zeigt sich eine schwächere Variante des Luhmannschen Konstruktivismus, die deutlicher noch an anderer Stelle ausgeführt wird: »Kein Zweifel [...], daß die Außenwelt existiert, und ebenso wenig ein Zweifel daran, daß ein wirklicher Kontakt mit ihr möglich ist als Bedingung der Wirklichkeit der Operationen des Systems selbst. Nur die Unterschiedenheit dessen, was existiert, wird durch den Beobachter hinzuimaginiert.«[38] Von dieser erkenntnistheoretischen Position ist zwar eine Korrespondenztheorie der Wahrheit ausgeschlossen, aber eine Kohärenztheorie der Wahrheit, was Luhmann selbst sieht (vgl. 372), geradezu naheliegend. Daß Luhmann diese Möglichkeit nicht wählt, liegt daran, daß er nicht nur die Verbindung zwischen Referenz und Wahrheit trennt, um eine Korrespondenztheorie der Wahrheit abzuwehren, sondern auch die zwischen Wahrheit und Rationalität, mit dem Effekt, daß auch eine Kohärenztheorie der Wahrheit, die auf rationalen Konsistenzforderungen (Widerspruchsfreiheit) beruht, abgelehnt werden kann.

---

38 Luhmann, *Soziologische Aufklärung 5*, a.a.O., S. 40 f.

Raimund Hasse, Georg Krücken,
Peter Weingart
Laborkonstruktivismus
Eine wissenschaftssoziologische Reflexion

1. Einleitung

Konstruktivismus ist *in*. Selbst in der sonst eher randständigen Wissenschaftssoziologie hat sich konstruktivistisches Denken weitgehend durchgesetzt. Geschwindigkeit und Verbreitungsgrad dieser Entwicklung seit Mitte der siebziger Jahre legen es nahe, von einem Paradigmenwechsel zu sprechen. Es fällt allerdings schwer, die verschiedenen, unter dem Begriffsdach des Konstruktivismus versammelten Ansätze als gemeinsames Programm zu verstehen. Luhmann (1990) läßt sich von dem Ziel leiten, klassische Annahmen einer Soziologie der Wissenschaft über die Zusammenführung von Gesellschafts- und Erkenntnistheorie zu reformulieren. Andere Autoren bevorzugen einen Umweg über die Wissenssoziologie. Der Versuch, Mannheims Annahme der Seinsbedingtheit des Wissens auch auf den Bereich des wissenschaftlichen Wissens auszudehnen, bildet die Grundlage der sich selbst so bezeichnenden »neueren« Wissenschaftssoziologie, die sich damit in deutlicher Abgrenzung zur traditionellen, auf die Analyse der wissenschaftlichen Sozialstruktur beschränkten Wissenschaftssoziologie etablierte. Unter ihrem Dach bestehen verschiedene Ansätze nebeneinander. Sie reichen von dem Versuch, über die Analyse von Texten gesellschaftliche Einflüsse auf das wissenschaftliche Wissen herzuleiten, bis hin zur teilnehmenden Beobachtung von Forschern an der Stätte der materiellen Produktion wissenschaftlichen Wissens, dem naturwissenschaftlichen Labor.

Gerade letztgenanntem Ansatz, den wir im folgenden als Laborkonstruktivismus bezeichnen, war ein beispielloser Erfolg innerhalb der Wissenschaftssoziologie beschieden. Rivalisierende Ansätze scheiterten entweder an Problemen der empirischen Umsetzung oder blieben in ihrem Neuigkeits- und Informationsgehalt begrenzt.[1] Diese immanenten Probleme, die ihrer weitergehenden Durchsetzung im Wege standen, konnten vom Laborkonstruktivismus gelöst werden, denn mit dem naturwissenschaftlichen Labor wurde der Wissenschaftssoziologie ein bislang unbekanntes Gebiet erschlossen und empirischer Forschung direkt zugänglich gemacht. Vor diesem Hintergrund mag es dann wenig verwundern, daß der Laborkonstruktivismus seine Mitstreiter und Konkurrenten des übergreifenden Programms einer Soziologie wissenschaftlichen Wissens aus dem Feld geschlagen hat.

Von Beginn an sah sich dieses Programm jedoch heftiger Kritik ausgesetzt, die in einer Art Zangenbewegung ansetzte. Zum einen kritisierten Philosophen die emphatisch vorgetragene Auflösung vermeintlich objektiv erfaßbarer Gegebenheiten der externen Welt in soziale Konstruktionen und warfen den Verfechtern Unkenntnis der philosophischen Tradition, erkenntnistheoretischen Solipsismus oder gar schlicht antiwissenschaftlichen Obskurantismus vor.[2] Zum anderen bestritten Wissenschaftssoziologen die soziologische Relevanz einer nicht an sozialen Strukturen ansetzenden Analyse der Wissenschaft. Sie sahen darüber hinaus die Gefahr, mit der Vermengung von philosophischen und soziologischen Geltungsansprüchen das historisch mühsam erkämpfte Terrain einer Soziologie der Wissenschaft vorschnell preiszugeben.[3] Kritik und Diskussion waren jedoch konstitutives Merkmal der Entwicklung der verschiedenen Ansätze der »neueren« Wissenschaftssoziologie; erst in der Auseinandersetzung mit Philosophie und traditioneller Wissenschaftssoziologie gewannen sie ihr unverwechselbares Profil.

Diese Auseinandersetzungen werden gegenwärtig kaum noch geführt. Die Diskussion mit Vertretern von Wissenschaftsphilosophie und Erkenntnistheorie sind abgeebbt; zu viele Unverständigkeiten und Mißverständnisse wurden in ihrem Verlauf produziert.

1 Wir beziehen uns hier auf das sogenannte »strong programme« in der Soziologie wissenschaftlichen Wissens (Bloor 1976; Barnes 1977), auf Diskursanalysen (Gilbert/Mulkay 1984) und Core-Set-Studien (Collins 1981a; Collins/Pinch 1982).
2 Vgl. Laudan 1981, 1982 sowie, im Rückblick besonders hart urteilend, Bunge 1991, 1992.
3 Vgl. den in der Merton-Tradition stehenden Beitrag von Gieryn 1982 sowie Whitley 1983 zu einer über diese Tradition hinausgehenden Kritik.

Auch innerhalb der disziplinären Grenzen sind Kontroversen über Status und Reichweite einer Soziologie wissenschaftlichen Wissens für eine Soziologie der Wissenschaft nahezu verschwunden. Die klassische strukturfunktionalistische Wissenschaftssoziologie gilt als überholt; und auch post-mertonianische Ansätze blieben zumeist in ihren Anfängen stecken und bieten somit keinen argumentativen Gegenpol, an dem sich die Diskussion hätte schärfen können.

Das ist bedauerlich, denn seit den Pionierarbeiten des Laborkonstruktivismus sind nahezu fünfzehn Jahre vergangen. Die anfangs schockierende These, daß auch dem wissenschaftlichen Wissen soziale Konstruktionsleistungen unterliegen, mag heutzutage kaum mehr zu verblüffen. Ihre stetige Wiederholung erzeugt allenfalls noch Langeweile. Folglich wurde die Suche nach Anschlußoptionen der Weiterentwicklung, die sich aus den basalen Annahmen des Laborkonstruktivismus ergeben, verstärkt. Vor diesem Hintergrund versuchen wir, die Auseinandersetzung mit dem Laborkonstruktivismus als der innovativsten und erfolgreichsten Variante einer Soziologie wissenschaftlichen Wissens über den bisherigen Stand hinauszuführen. Dabei werden wir uns auf eine wissenschaftssoziologische Auseinandersetzung beschränken; offene Fragen zu Epistemologie und Ontologie wissenschaftlicher Welterschließung spielen hier keine entscheidende Rolle.

Die Beschäftigung mit den dynamischen Tendenzen des Laborkonstruktivismus ist nicht neu. Vor allem Philosophen warnten vor seiner expansiven Dynamik und sahen die Gefahr eines soziologischen Totalitarismus bzw. Imperialismus, der wissenschaftliches Wissen ausschließlich auf seine soziale Dimension verkürze.[4] Genau hieraus speiste sich aber auch ein großer Teil der Energie, mit der das Programm vorangetrieben wurde. Seine Vertreter betonten, daß eine Blütezeit der Soziologie innerhalb der Wissenschaftsforschung bevorstehe.[5] Gegner und Befürworter gelangten also zu einer nahezu identischen Einschätzung der Situation, bei kontroverser Bewertung ihrer Implikationen. Gegenüber dieser Einschätzung vertreten wir hier die entgegengesetzte These, daß

---

4 Vgl. zusammenfassend Bunge 1992, S. 51 ff. und Chalmers 1988.
5 Vgl. hierzu den programmatischen Beitrag von Knorr-Cetina/Mulkay 1983.

nämlich die programminterne Dynamik des Laborkonstruktivismus geradewegs aus der Soziologie hinausführt. Das geschieht in zwei Phasen: in der ersten geht das spezifisch Soziale der Wissenschaft verloren, in der zweiten Phase kommt die Kategorie des Sozialen überhaupt abhanden. Diese These wird in drei Argumentationsschritten entwickelt.

Im ersten Schritt versuchen wir, den Laborkonstruktivismus in seinen wissenschaftssoziologischen Kontext zu stellen. Während zahlreiche seiner Vertreter sich ideengeschichtlich stärker mit der wissenssoziologischen Tradition verbunden sehen, werden wir den Laborkonstruktivismus aus spezifisch wissenschaftssoziologischen Problemstellungen, Theorieansätzen und Defiziten heraus rekonstruieren: die Auflösung der Selbstbeschränkungen der mertonianischen Wissenschaftssoziologie mündet in die Aporien des theoretisch ambitionierten »strong programme« und bereitet damit einer radikal empirisch orientierten Wissenschaftssoziologie den Boden.

Im zweiten Schritt werden zunächst die konstitutiven Elemente des Laborkonstruktivismus herausgearbeitet, die es erlauben, von einem Programm zu sprechen: der Fokus, der auf die soziale Praxis im Labor gelegt wird, die Annahme der sozialen Konstruiertheit wissenschaftlicher Tatsachen und die Zurückhaltung bezüglich sozialtheoretischer Annahmen.[6] Hieran schließt sich die Frage an, wie der Laborkonstruktivismus selbst seinen Gegenstand konstruiert – mit anderen Worten, eine Reflexion seiner (expliziten) Methoden und (impliziten) Theorien. Die Methoden des Laborkonstruktivismus zu erfassen ist vergleichsweise einfach. Sie leiten sich direkt aus dem Anspruch ab, die alltägliche Praxis der Forscher im Labor möglichst hautnah und ungefiltert einzufangen. Die Implikationen dieser Vorgehensweise sind jedoch im Hinblick auf die eigenen konstruktivistischen Annahmen alles andere als unproblematisch, weil mit dem Ziel der möglichst detailgetreuen Abbildung ein quasi-naturalistisches Erkenntnisideal angestrebt wird. Die Theorien des Laborkonstruktivismus bleiben demgegenüber zumeist implizit. Das Postulat der theoretisch unvorbelasteten Beobachtung der Laborforscher verdeckt die eigenen Theorieannahmen. Die behauptete Theorieabstinenz

---

6 Ähnlich auch die Definitionen von Collins 1983, S. 276 f. und Zuckerman 1988, S. 553 ff.

läßt sich faktisch jedoch nicht durchhalten und führt zu theoretisch unterkomplexen Beschreibungsformen, die entweder auf offen präsoziologischem Gedankengut basieren oder als Ad-hoc-Theorien formuliert sind.

In einem dritten Schritt sind dann, vor dem Hintergrund der methodischen und theoretischen Reflexion des Laborkonstruktivismus, die hieraus resultierenden Anschlußoptionen und Entwicklungstendenzen des Programms näher zu bestimmen. Wir identifizieren drei dominante Trends, die verkürzt als Reflexion, Implosion und Explosion bezeichnet werden können. Das verstärkte Bedürfnis nach Reflexion stellt sich ein, weil eine deutliche Diskrepanz zwischen der Realität konstruktivistischer Studien und dem Reflexionsanspruch konstruktivistischer Ansätze besteht. Eine Reflexion auf die Konstruktionsregeln des Konstruktivismus findet jedoch nicht statt. Statt dessen wird mit neuen Darstellungsformen wissenschaftlicher Prosa experimentiert. Deren Sterilität, Unergiebigkeit und Redundanz legen die Vermutung nahe, daß diese Form der Reflexion sich selbst zerstört und zeitlich nur von kurzer Dauer sein wird. Der aktive und unreflektierte Empirismus, der der reflexiven Wendung des konstruktivistischen Programms diametral gegenübersteht, ist eine Alternative. Im ersten Fall, hier Implosion genannt, sind die vermeintlich gegenläufigen Tendenzen des Soziomorphismus und des Technomorphismus bei Beibehaltung der engen Laborperspektive zu beobachten. Im zweiten Fall, hier als Explosion bezeichnet, wird mit der Erweiterung um Gesellschaft und Technik die Beschränkung auf naturwissenschaftliche Laboratorien als Forschungsgegenstand aufgegeben. Beide Innovationsstränge kulminieren in der Behauptung, auch vermeintlich nicht-soziale Entitäten wie Maschinen, Geräte und Mikroben als handelnde Akteure erfassen zu können. Damit gelangen wir an den Punkt, an dem die im methodisch-theoretischen Programmkern angelegten Tendenzen zur vollen Entfaltung kommen. Die Einebnung der Differenz von wissenschaftlichen und außerwissenschaftlichen Handlungsbereichen mündet ein in die Einebung der Differenz von Sozialem und Nicht-Sozialem. Damit verliert die Kategorie des Sozialen jegliche Konturen: Unter der Annahme totaler Sozialität wird der Ausstieg aus der Soziologie vollzogen.

2. Ideengeschichtliche Kontextierung

2.1 Die Anfänge der Wissenschaftssoziologie: Robert K. Merton

Die Etablierung der Wissenschaftssoziologie als eigenständige Teildisziplin verdankt sich insbesondere ihrer von Robert K. Merton vorangetriebenen Anbindung an die Theorie des Strukturfunktionalismus.[7] Sie ermöglicht es, Fragen der Leistungsfähigkeit von Wissenschaft für die Lösung gesellschaftlicher Probleme zu bearbeiten, ohne von den entsprechenden politischen Kontroversen vereinnahmt zu werden.[8] Der strukturfunktionalistische Kontext gab zudem vor, bei der Analyse deduktiv – also in Distanz zu Forschungsalltag und Selbstverständnis der Wissenschaftler – anzusetzen. Das Erkenntnisinteresse galt den gesellschafts- und wissenschaftsstrukturellen Voraussetzungen der Generierung wissenschaftlichen Wissens.

Indem die Analysen zur Sozialstruktur der Wissenschaft darauf verzichteten, die Genese der Inhalte wissenschaftlichen Wissens soziologisch zu begründen, wurden epistemologische Grundsatzfragen ausgeklammert und blieben eine Domäne von Erkenntnistheorie und Wissenschaftsphilosophie. Für die soziologische Analyse der sozialen Rahmenbedingungen der Genese wissenschaftlichen Wissens war irrelevant, ob dem als wissenschaftlich anerkannten Wissen objektive Naturerkenntnis oder soziale Kon-

---

7 Vgl. hierzu die Beiträge in Merton 1973. Folgt man der Argumentation Ben-Davids, fällt die sozialtheoretische Aufladung mit einer außergewöhnlichen Nachfrage nach wissenschaftssoziologischer Expertise zusammen. Er konstatiert für diese Phase, daß die Wissenschaftssoziologie »started to go about the problem in the way professional scientists do, namely, by trying to do what was intellectually possible, rather than what happened to be demanded by potential clients. Thus the sociology of science became much more closely to sociological theory and research than it used to be« (Ben-David 1991a, S. 421).

8 Zur wissenschaftspolitischen Kontroverse zwischen den »scientific humanists« um James D. Bernal, für die wissenschaftssoziologische Problemstellungen eher ein Mittel des geplanten gesellschaftlichen Zugriffs auf die Wissenschaft darstellten, und der Society for Freedom in Science um Michael Polanyi, die genau davor warnte, vgl. zusammenfassend Barber 1952.

struktionen zugrunde liegen. Diese früher viel gescholtene epistemologische Neutralität könnte sich noch als Stärke erweisen.
Die Konzentration auf die vergleichsweise harten Strukturdimensionen des Sozialen in der Wissenschaft garantierten eine weitestgehende Unabhängigkeit der Wissenschaftssoziologie gegenüber der soziologischen Theorie der Gesellschaft und der Wissenschaftsphilosophie. Dadurch konnte sie ein gesondertes Forschungsprogramm entwickeln, ohne damit beanspruchen zu müssen, die außerhalb der Wissenschaftssoziologie allgemein anerkannten Gesellschafts- und Erkenntnistheorien einzeln oder gar qua Synthese zu ersetzen.
Das von Merton inaugurierte Programm besticht durch innere Kohärenz. Aus ihm sind vielzählige Fragestellungen – auch für empirische Forschungen – zur wissenschaftlichen Sozialstruktur und zum Verhältnis der Wissenschaft zu anderen Institutionen hervorgegangen.[9] Die Rückbindung einzelner Forschungsresultate an den theoretisch-konzeptionellen Bezugsrahmen war jedoch nicht unproblematisch. Die empirische Umsetzung lief immer wieder auf das Problem auf, konstitutive Elemente des Programms auf der empirischen Ebene nicht einholen zu können. Vor allem Analysen zu normativen Strukturen in der Wissenschaft veranschaulichen das grundlegende Dilemma einer an Merton orientierten empirischen Wissenschaftssoziologie: Einerseits bilden strukturfunktionalistisch gesatzte Normen eine Kontrastfolie, vor deren Hintergrund sich zunächst nur auf den Einzelfall beschränkte Abweichungen aufspüren und theoretisch erfassen lassen.[10] Andererseits erhärteten empirische Beiträge zu diesem Thema aber den Verdacht, daß die von Merton entwickelten Nor-

---

9 Zu einem Rückblick auf die Reichhaltigkeit der Fragestellungen vgl. Gieryn 1982, der diese mit dem seines Erachtens eher spärlichen Fragenkatalog einer Soziologie wissenschaftlichen Wissens kontrastiert. Vgl. auch Ben-David 1991a, S. 413, der die umfangreiche Forschungsagenda beschreibt.
10 Auf dieser Basis läßt sich herausarbeiten, »that the institution of science has a distinctive set of norms and values; that these are legitimized by its principle goal, the extension of certified knowledge; that these are transmitted by socialization and reinforced by rewards and punishments; that the ethos or code of science can be inferred from [...] scientists' responses to departures from the posited norms« (Zuckerman 1988, S. 515).

men über den Einzelfall hinausreichend – regelmäßig – ignoriert werden, weil sie den Forschungsbedingungen moderner Wissenschaft nicht gerecht werden.[11]

Für die Wissenschaftssoziologie stellte sich die Frage, ob die Bezugnahme auf wissenschaftsspezifische und in der Wissenschaft zugleich universell gültige Normensets einen adäquaten Zugang zum Forschungsfeld darstellt (Barnes/Dolby 1970). Die strukturfunktionalistische Wissenschaftssoziologie konnte insbesondere disziplinäre und organisationsspezifische Unterschiede wissenschaftlicher Forschung innerhalb der Theorie selbst nicht begründen. Sie wandte sich seit den sechziger Jahren zunehmend disaggregierten Untersuchungseinheiten zu.[12]

2.2 Über Kuhn zur Soziologie wissenschaftlichen Wissens

Kuhns Konzept wissenschaftlicher Paradigmen (Kuhn 1973) bot einen Ausweg aus den skizzierten Problemen der strukturfunktionalistischen Wissenschaftssoziologie, weil es ermöglichte, soziale Strukturmuster und Prozeßdynamiken der Wissenschaft aus nicht-linearen Theorieentwicklungen einzelner Disziplinen herzuleiten. Dadurch schien es möglich, zum eigentlichen Kernbereich des Forschungsgegenstandes – nämlich dem wissenschaftlichen Wissen – vorzudringen. Kuhns Konzept wissenschaftlicher Revolutionen diente gar dazu, Zäsuren der disziplinären Entwicklung zu legitimieren.[13] Auch die Wissenschafts-

11 Vgl. hierzu Garfinkel 1967, S. 272 ff., der fünf an Merton erinnernde Basisregeln wissenschaftlicher Rationalität erstellt und zugleich die Notwendigkeit des Verstoßes gegen einzelne Regeln als für den Forschungsprozeß konstitutiv erachtet. Aufschlußreich ist auch die klassische Studie der normativen Orientierungen der *Apollo moon scientists* von Mitroff 1974, in der die aufgedeckten normativen Ambivalenzen als Triebfeder wissenschaftlichen Wandels verstanden werden.

12 Zu den Varianten von Community- und Specialty-Konzepten, mit denen Netzwerke innerhalb der Wissenschaft analysiert werden konnten, vgl. Hagstrom 1965, Ben-David/Collins 1966 und Mullins 1974. Die Einbeziehung sozialer Forschungskontexte führte zu einer Inkorporierung organisations- und professionssoziologischer Fragestellungen. Vgl. hierzu Kaplan 1964, Pelz/Andrews 1966 und Whitley 1984.

13 Allerdings primär in den Disziplinen, die Kuhn selbst zu den ›vorparadigmatischen‹ zählte. Vgl. Weingart 1986.

soziologen ermunterte es zur Proklamation eines »revolutionären« Neuanfangs.[14]

Der Bruch mit der zuvor skizzierten Entwicklung des Fachgebietes, den die »neue« Soziologie wissenschaftlichen Wissens vollzog, bestand vor allem darin, daß sie die Beschränkung auf die Analyse der Sozialstruktur als Explanandum aufgab. Vor allem unter Rückgriff auf Karl Mannheim wurde aus dessen These einer »Seinsbedingtheit des Denkens« der Anspruch abgeleitet, die soziale Konstituierung wissenschaftlichen Wissens auch dort nachzuweisen, wo vermeintlich die wenigsten Bezüge zwischen Forschungsgegenstand und Sozialstruktur vorliegen: in der Mathematik.[15] Jede Art von Wissen, so die Behauptung, ist relativ in bezug auf soziale, wissenschaftsexterne Vorgaben, und der Nachweis für die Mathematik wäre eine Art Härtetest des Programms.

Die Brisanz eines derartigen Wissenschafts- und Wahrheitsverständnisses wird deutlich, wenn man es mit vorausgegangenen Problemfassungen vergleicht: Es wird nicht nur die Möglichkeit objektiver Naturerkenntnis radikal in Frage gestellt, sondern da-

14 Dies gilt für die interdisziplinär ausgerichtete Wissenschaftsforschung Großbritanniens, wo man über Kuhn die wissenssoziologischen Klassiker wie Fleck und Scheler wiederentdeckte. Vgl. zusammenfassend Collins 1983. In den Vereinigten Staaten hingegen wurde die Arbeit Kuhns vor dem Hintergrund einer spezifisch wissenschaftssoziologischen Subdisziplin eher in bestehende Forschungsprogramme integriert und führte zu der zuvor erwähnten Entwicklung. Siehe auch Ben-David 1991b, S. 440 f.: »The difference between the American and the British group was most obvious in the way [...] they received the ideas of Kuhn. As has been shown, in the United States this influence was filtered through a strong disciplinary background in sociology [...]. Much less attention was paid to Kuhn's philosophical relativism and its implications for a sociology of knowledge.« Kuhn selbst neigte im übrigen auch dieser Deutung zu und verstand nicht, warum die europäischen Wissenschaftssoziologen ihn als Kronzeugen gegen die Merton-Schule zitierten.

15 So insbesondere von Bloor 1973, 1976, der seinen Forschungsgegenstand wie folgt charakterisiert: »the most stubborn of all obstacles to the sociology of knowledge – mathematical and logical thinking. They represent the holy of holies« (1976, S. 73). Mannheim selbst hingegen ging noch davon aus, daß »man der Aussage [...] 2 mal 2 = 4 nicht ansehen kann, durch wen und wann und wo sie so formuliert wurde« (1969, S. 234).

mit zugleich auch Poppers Vorstellung eines durch lineare und kumulative Theorieentwicklungen strukturierten Erkenntnisfortschritts. Darüber hinaus grenzt sich diese Position auch von Kuhns Modell nichtlinearer, theorienpluralistischer Wissenschaftsdynamik ab, weil deren Ursachen nicht auf interne Eigenschaften rivalisierender Paradigmen zurückgeführt werden. Schließlich wird auch der an Kuhn anschließende Versuch einer Modellierung des Zusammenspiels von sozialen und kognitiven Strukturen als wechselseitiges Konstitutionsverhältnis, wie er im Rahmen der »cognitive sociology of science« unternommen wurde, zugunsten der Annahme einer unilateralen Kausalbeziehung aufgegeben.[16]

Vordergründig wird damit insbesondere der epistemologische Sonderstatus vermeintlich überlegener Wissensformen demontiert. Die daraus resultierende Einebnung epistemologischer Unterschiede zwischen Natur- und Sozialwissenschaften erfordert aber auch im Selbstverständnis der Vertreter dieses Programms einen quasi-naturwissenschaftlichen Härtegrad wissenschaftssoziologischer Erklärungen, wenn nicht gar die auf die Ursprünge der Soziologie verweisende Übernahme des naturwissenschaftlichen Erklärungsideals.[17] Die selbstauferlegte Demonstration eindeutiger Kausalzusammenhänge zwischen Explanans (Wissen) und Explanandum (Gesellschaft), der Bezug auf Gesellschaft als vorgegebene und alles erklärende Entität[18], führte zu der für die Frühphase der Soziologie wissenschaftlichen Wissens charakteristischen Verquickung des erkenntnistheoretischen Relativismus-

---

16 Als Beiträge zur ›cognitive sociology of science‹ vgl. insbesondere Whitley 1974 und Weingart 1976. Dabei wird beansprucht, die »black box« des Forschungshandelns zu öffnen, indem die volle Reichweite und Tiefenschärfe einer originär soziologischen Analyse genutzt wird.

17 Vgl. hierzu die berühmt gewordene Auflistung der Grundprinzipien des »strong programme« in Bloor 1976, S. 4 f. sowie Bloors Zusammenfassung am Ende: »The overall strategy has been to link the social sciences as closely as possible with the methods of other empirical sciences. In a very orthodox way I have said only proceed as the other sciences proceed and all will be well« (1976, S. 141).

18 Vgl. wiederum Bloor: »There is indeed truth in the conviction that knowledge and science depends on something outside of mere belief [...] What is ›outside‹ knowledge; what is greater than it; what sustains it, is of course, society itself« (1976, S. 72).

postulats mit einem sozialen Objektivismus, der Gesellschaft als Quasi-Natur begreift.[19]
Im Vergleich zu den Selbstbeschränkungen des Strukturfunktionalismus stand diese Phase der Wissenschaftssoziologie im Zeichen einer Zunahme theoretischer Ansprüche, die mit der maximal möglichen Erweiterung des Gegenstandsbereiches einherging. Die frühe Soziologie wissenschaftlichen Wissens öffnete sich zwar epistemologischen Fragestellungen und rekurrierte auf gesamtgesellschaftliche Strukturmuster. Die systematische empirische Umsetzung dieses Programms stieß jedoch auf ähnlich gelagerte Schwierigkeiten, wie sie zuvor die strukturfunktionalistische Wissenschaftssozoiologie geplagt hatten: Insbesondere die kausale Bezugnahme auf »die Gesellschaft« stand einer sinnvollen Verschränkung von Theorie und Empirie im Wege. Das Dilemma bestand darin, entweder in reduktionistischer Manier analytisch fruchtbare Kategorien zu bilden – und damit Gefahr zu laufen, auf der Suche nach Ursachen für Ursachen in einen infiniten Regreß abzurutschen – oder durch zu hoch aggregierte Entitäten nicht das erforderliche Maß an Präzision aufzubringen – was insbesondere für den Begriff der Gesellschaft gilt.[20]
Die Überladung der Soziologie wissenschaftlichen Wissens mit sozial- und erkenntnistheoretischen Ansprüchen leitete für die Wissenschaftssoziologie eine Phase ein, in der funktionalistische und kausalanalytische Makrotheorien der Wissenschaft gleichermaßen diskreditiert sind. Auf die zermürbenden Frustrationen ausweglosen Theoretisierens schien der Laborkonstruktivismus die erlösende Antwort zu haben: die geradezu rücksichtslose Einbeziehung empirischer Phänomene.[21]

19 Vgl. auch die Kritik am »social realism« der Wissenssoziologie von Woolgar 1988a, S. 23 f.
20 Naturwissenschaftliche Kausalaussagen sind demgegenüber in eine spezifische Forschungslogik und -praxis eingebettet: Ziel ist die Isolierung einzelner Phänomene und die materielle Kontrolle ihrer Rahmenbedingungen im Labor gemäß den Vorgaben der experimentellen Philosophie. Außerdem besteht die empirische Überprüfung naturwissenschaftlicher Forschungshypothesen oft aus einer systematischen Variation einzelner Parameter. Die basal unterschiedlichen Zugangsweisen zum Forschungsgegenstand führen demnach zu besonderen Legitimationserfordernissen bei der Formulierung von Kausalannahmen in der (Wissenschafts-)Soziologie. Vgl. auch Stehr 1991, S. 155 ff.

3. Grundlagen des Laborkonstruktivismus

Die skizzierte Entwicklung plausibilisiert die stürmische Rezeption der Pionierarbeiten von Latour/Woolgar (1979) und Knorr-Cetina (1984).[22] Hier schien der Weg gewiesen, wie mit Hilfe qualitativer Forschungsmethoden von Soziologie und Anthropologie in den Kernbereich wissenschaftlicher Forschung vorgedrungen werden konnte. Der proklamierte Theorieverzicht – vornehmlich gegen deduktive makrosoziologische Satzungen gerichtet – galt als Voraussetzung für einen verheißungsvollen theoretischen Neuanfang.[23] Bevor wir die expliziten methodischen und impliziten theoretischen Bestandteile des laborkonstruktivistischen Ansatzes untersuchen, soll zunächst der programmatische Kern des Laborkonstruktivismus skizziert und mit den funktionalistischen und wissenssoziologischen Vorläufern in Beziehung gesetzt werden.

3.1 Programmatik

Die für den Laborkonstruktivismus charakteristische Grundannahme besagt, daß die soziale Praxis wissenschaftlicher Forschung für die Generierung von Wissen und damit für jedwede Art des Erkenntnisfortschritts konstitutiv ist. Der Stellenwert naturwissenschaftlicher Laboratorien für das empirische Programm

---

21 Vgl. beispielsweise die Forderung bei Barnes/Edge: »The present need is for a general description which treats the beliefs and practices of scientists in a completely down-to-earth, matter-of-fact way, simply as a set of visible phenomena« (1982, S. 3).

22 Vgl. die Einschätzung von Nowotny: »Der Einzug der empirischen Soziologie in das Labor hat offenbar eine Lücke gefüllt [...]. Die Lücke bestand im Mangel empirischer Daten [...] über den faszinierenden Prozeß der ›Konstruktion wissenschaftlicher Tatsachen‹, der wissenschaftliche Arbeit in ihrer Rohform widerspiegelt« (1984, S. 209). Die Hinwendung zur Mikroperspektive entsprach dabei dem Zeitgeist der Soziologie insgesamt.

23 Vgl. hierzu Collins: »As a participant in the development of the subject I can bear witness to [...] the excitement [...] of the period. It was exciting because the sociology of scientific knowledge appeared to promise a kind of sociological perfection. It was a field in which detailed empirical research could have the most profound theoretical consequences« (1983, S. 265).

des Konstruktivismus ist vergleichbar mit der Präferenz des »strong programme« für Fallanalysen aus der Mathematik als vermeintlich »härtestem Gegner« eines sozialen Relativismus.[24] Auch beim Laborkonstruktivismus führt daher eine A-forteriori-Argumentation zur Auswahl des Gegenstandsbereiches. Damit wird die These des epistemologischen Relativismus zugespitzt und empirischer Erforschung zugänglich gemacht: Falls sich die Wissenschaft von anderen Teilbereichen der Gesellschaft grundlegend unterscheidet, so die Überlegung, muß diese Differenz im naturwissenschaftlichen Labor als genuin wissenschaftsspezifische Einrichtung aufzuspüren sein. Wenn sich jedoch zeigen läßt, daß bereits in der Institution des Labors soziale Prozesse und Strukturen konstitutiv sind für die Fabrikation wissenschaftlicher Erkenntnisse, unterscheidet sich die vermeintliche Objektivität naturwissenschaftlichen Wissens nicht prinzipiell von der anderer Wissensformen – der epistemologische Sonderstatus der Wissenschaft wäre relativiert, der Charakter wissenschaftlichen Wissens als soziale Konstruktion nachgewiesen.

Der Laborkonstruktivismus stellt eine radikale Loslösung von der klassischen Wissenschaftssoziologie mertonianischer Prägung dar. Makrosoziologische Ausrichtung, Theorieprimat und erkenntnistheoretische Abstinenz stehen auf der einen, Anlehnung an erkenntnistheoretische Kontroversen, Empirieprimat und mikrosoziologische Ausrichtung auf der anderen – laborkonstruktivistischen – Seite.[25] Darüber hinaus zwingt die Anknüpfung an die erkenntnistheoretischen Postulate der Soziologie wissenschaftlichen Wissens zu einer Inkorporierung reflexiver Ansprüche im Hinblick auf den epistemologischen Status des eigenen Wissens. Deren systematische Berücksichtigung wurde zunächst jedoch zurückgestellt, um soziale Prozesse und Strukturen ungefiltert – und damit in bislang einmaligem Facettenreichtum – aufspüren zu können. Die Diskreditierung funktionaler und kausalanalytischer Aussagen erlaubte zudem, sich auch bei der Aus-

24 Vgl. hierzu Collins, hier allerdings noch im Bezug auf übergreifende gesellschaftliche Strukturmuster: »The impact of society on knowledge ›produced‹ at the laboratory bench would then have been followed through in the hardest possible case« (1981b, S. 7).
25 Vgl. hierzu Knorr-Cetina/Mulkay: »In the most general sense, we can perhaps speak of an influx of the concerns of microsocial theory and methodology into science studies« (1983, S. 13).

wertung auf den Anspruch einer detailgetreuen Deskription naturwissenschaftlicher Forschung zurückzuziehen.[26] Es wurden also weder die Funktionen der Sozialstruktur für die Generierung von vermeintlich objektivem Wissen hinterfragt, noch verpflichtete die Forschungsagenda dazu, zwischen verschiedenen sozialen Einflußfakatoren und -ebenen systematisch zu unterscheiden. Statt dessen dominierte der für ein konstruktivistisches Programm überraschende Anspruch des unmittelbaren Aufspürens von Belegen für die Richtigkeit der erkenntnistheoretischen Postulate des epistemologischen Relativismus – konstruktivistische Halbherzigkeit oder erkenntnistheoretische Naivität?

Dieser quasi-objektivistische Anspruch, der zugespitzt auf die Verifizierung (!) der These einer sozialen Konstruiertheit naturwissenschaftlichen Wissens hinausläuft, verlangt eine dringend erforderliche Reflexion des Laborkonstruktivismus: nämlich die seiner kognitiven Struktur, das heißt der zugrundeliegenden Methoden und Theorien. Im krassen Gegensatz zur ständigen Steigerung reflexiver Ansprüche werden in der sogenannten Reflexivitätsdebatte zwar Darstellungsprobleme in epischer Breite diskutiert, die Reflexionen aber nicht auf die kognitiven Fundamente des laborkonstruktivistischen Forschungsprozesses bezogen. Die wissenschaftssoziologische Kritik, daß zuviel reflektiert wird (Baber 1992), können wir daher nicht teilen. Im Gegenteil: es wird zuwenig reflektiert. Wenn Reflexion als Selbstbezug verstanden wird, kann dies für ein konstruktivistisches Programm doch nur bedeuten, dieses Postulat auf die eigenen Konstruktionsregeln anzuwenden. Wie konstruiert also der Laborkonstruktivismus seinen Gegenstand? Mit welchen theoretischen und methodischen Beobachtungsinstrumenten sind seine Ergebnisse zu relationieren?

3.2 Methode

Mit dem von der Ethnomethodologie und Anthropologie übernommenen Zugang zum Untersuchungsfeld läutete der Laborkonstruktivismus für die Wissenschaftssoziologie eine Phase

26 Daher auch der mit programmatischem Pathos herausgestellte Wandel des Erklärungsanspruches konstruktivistischer Laborstudien vom »why« zum »how«. Vgl. insbesondere Knorr-Cetina 1984, S. 48 ff.; Knorr-Cetina/Mulkay 1983, S. 7.

empirischer Forschung ein, durch die der unmittelbare Durchgriff auf den ›context of discovery‹ sichergestellt werden sollte. Diese Forschungsstrategie läßt sich nicht nur von ihren historischen Vorläufern abgrenzen, die primär auf Daten- oder Textanalysen bezogen waren, sondern auch gegenüber empirischen Arbeiten, die in Anlehnung an die Soziologie wissenschaftlichen Wissens nahezu gleichzeitig entstanden sind. Zwar findet sich beispielsweise auch bei den Diskursanalysen von Gilbert/Mulkay (1984) eine deutliche Hinwendung zum empirischen Studium der sozialen Praxis naturwissenschaftlicher Forschung, doch wird hierbei noch eine Distanz gegenüber dem Forschungsalltag im Labor durchgehalten, weil die Untersuchungsteilnehmer nicht in ihrem unmittelbaren Forschungshandeln beobachtet, sondern mittels narrativer und leitfadenorientierter Interviews befragt werden. Die dort durch Experteninterviews generierten Befunde zu Alltagseinschätzungen und Rekonstruktionen der Wissenschaftsentwicklung seitens der beteiligten Naturwissenschaftler bleiben hinter den laborkonstruktivistischen Ansprüchen zurück, weil sie auf das Interview als publikumsgerecht aufbereitete Selbstbeschreibung zurückgreifen.[27]

Die laborkonstruktivistische Forschungsstrategie der teilnehmenden Beobachtung – von Latour/Woolgar (1979) als »in situ monitoring« eingeführt – impliziert zudem inhaltliche Akzentverschiebungen gegenüber vorherigen wissenssoziologischen Thematisierungen: Aufgrund ihrer Konzentration auf die sozialen Rahmenbedingungen der Forschungsarbeit im Labor gelangen sie zu der Einschätzung, der Variationspool wissenschaftlichen Wissens werde bereits durch die Interessen und Strategien der handelnden Subjekte im Laboratorium – also bei der Genese und nicht erst bei der Selektion konkurrierender Wissensvarianten – strukturiert.[28] Von nun an gilt die Aufmerksamkeit daher nicht mehr den

---

[27] Diese methodische Achillesverse des Ansatzes wird auch von Gilbert/Mulkay 1985, S. 226 f., selbstkritisch reflektiert.

[28] Anders hingegen noch Collins, für den wissenschaftliche Debatten als »potentially limitless« (1983, S. 274) gelten. Ihre Schließung wird zwar nicht auf gesamtgesellschaftliche Netzwerke bezogen, sondern auf wissenschaftliche *communities* oder auch nur auf *core sets* von wenigen Beteiligten. Damit werden die Kontingenzen der einzelnen Laboratorien übergeordneten Durchsetzungs- und Konsensbildungsprozesse betont, für die sich der Laborkonstruktivismus nicht mehr interessiert.

wissenschaftlichen Kontroversen in Fachgemeinschaften, sondern dem sozialen Prozeß der Wissensgenerierung »vor Ort«.
Um das Geschehen innerhalb naturwissenschaftlicher Laboratorien abzubilden, wird versucht, sämtliche Phänomene zu berücksichtigen, die der sozialwissenschaftlichen Beobachtung zugänglich sind. Das möglichst weitgehende Eintauchen in die Empirie soll durch den Einsatz qualitativer Methoden – insbesondere solche der teilnehmenden Beobachtung – eingelöst werden. Jede Art der Reduktion des zu dokumentierenden Forschungsprozesses, die aus einer selektiven Annäherung resultieren würde, wird zurückgewiesen. Die Berücksichtigung vorab festgelegter Relevanzkriterien, so die laborkonstruktivistische Befürchtung, würde der ungeordneten Vielfalt wissenschaftlicher Praxis nicht gerecht werden. Ebenso wird Distanzlosigkeit zwischen dem Beobachter und seinem Untersuchungsobjekt (den bei ihrer Arbeit beobachteten Wissenschaftlern) gesucht.[29]
Diesem Forschungsansatz kann es nicht gelingen, andere soziale Phänomene zu berücksichtigen als solche, die im Laboralltag offensichtlich sind. Dies ist von Beginn an Anlaß für heftige Kritik gewesen.[30] Im Gegensatz zu seiner Emphase kann man durchaus von einer Art ›Neo-Internalismus‹ sprechen. Hier soll auf die

29 Vgl. hierzu wiederum Collins: »The style is anthropological. Proximity to the research site is maintained [...]. It is claimed that only in this way can scientific work be properly observed« (1983, S. 276). Vgl. auch Knorr-Cetina: »Vor allem aber kann eine solche Technologie nicht auf Distanz gehen. Die Nähe zu einem Untersuchungsfeld, die Intimität mit dessen Bestandteilen [...] ist nach vorliegender Auffassung Bedingung der Möglichkeit und Motor von Entdeckung« (1989, S. 94 f.).
30 Insbesondere wurde die Angemessenheit einer Reduktion von Wissenschaft auf (die Summe einzelner) Laboratorien in Frage gestellt. Vgl. beispielsweise Nowotny 1984, S. 211. Weil wir uns im folgenden darauf konzentrieren, was der Laborkonstruktivismus tatsächlich bearbeitet, und nicht auf seine thematischen Leerstellen, wollen wir den auf die mikrosoziologische Beschränkung bezogenen Kritikstrang an dieser Stelle nicht weiterverfolgen. Er läuft darauf hinaus, dem Laborkonstruktivismus eine verengte Perspektive vorzuwerfen: erstens, weil über das Labor hinausreichende soziale Phänomene in der Wissenschaft, die sich auf das gesamte Funktionssystem oder auf der Laborarbeit übergeordnete organisationale Rahmenbedingungen der Forschung beziehen, keine Berücksichtigung finden. Zweitens, weil sich aus der Beobachtung singulärer Alltagsphänomene keine Beiträge zu

komplementäre Problematik hingewiesen werden: Der Versuch einer detailgetreuen umfassenden Berücksichtigung sämtlicher erschließbarer Phänomene – der »infinitesimalen Details« (Knorr-Cetina 1988a, S. 87) – verhindert die Bearbeitung selektiver Problem- und Fragestellungen, auch wenn man sich auf kleine Untersuchungseinheiten beschränkt. Vordergründig bleiben die Analysemöglichkeiten beim Versuch einer analogen und gleichzeitig möglichst umfassenden Vergegenwärtigung lediglich unausgeschöpft, weil sie zur Überdehnung der Beobachtungsperspektive und damit zum Verlust an Tiefenschärfe führt. Darüber hinaus – und grundlegender – sind jedoch gerade aus konstruktivistischer Perspektive nachhaltige Zweifel anzumelden, ob es den proklamierten nicht-selektiven Zugang zum Untersuchungsgegenstand überhaupt geben kann. Die für den Laborkonstruktivismus charakteristischen Versuche der Dokumentation einer vermeintlich beobachterunabhängigen Realität führen geradewegs in einen fundamentalen Widerspruch zu basalen Annahmen einer konstruktivistisch informierten Erkenntnistheorie.[31] Verdeckt, und über den Umweg einer zuweilen mit moralischem Pathos vorgetragenen Kritik am sozialen Status wissenschaftlicher Experten, droht dieser methodische Anspruch in ein überraschend unreflektiertes Wissenschaftsverständnis umzuschlagen, dem zufolge der Laborkonstruktivismus ein wissenschaftliches Unternehmen zur Auffindung objektiver Wahrheit ist.

Als Zwischenergebnis der methodischen Reflexion ist eine methodische Ausrichtung des Laborkonstruktivismus festzuhalten, die man eher im Kontext objektivistischer Erklärungsideale vermuten würde. Die verwendeten Methoden sind auf das unmittelbare Aufspüren einer ontologischen Realität ausgerichtet. Die

Wandlungsprozessen der Wissenschaft entwickeln lassen. Vgl. hierzu die neueren Kritiken von Cozzens/Gieryn 1990 und Woodhouse 1991.
31 Vgl. hierzu von Foerster 1985, von Glasersfeld 1987 oder auch die Beiträge in Watzlawick 1981 und Schmidt 1987. Wir wollen im folgenden auch diese erkenntnistheoretische Kritik nicht weiterverfolgen, um statt dessen die originär soziologische Reflexion des Laborkonstruktivismus voranzutreiben. Schließlich sind die Möglichkeiten der Überführung des Radikalen Konstruktivismus in ein empirisches Forschungsprogramm für die Sozialwissenschaften noch im Bewährungsstadium, so daß die Meßlatte des erkenntnistheoretischen Konstruktivismus an dieser Stelle möglicherweise zu hoch angelegt wäre.

Konzentration auf vermeintlich offen-sichtliche Phänomene läßt über den jeweiligen Einzelfall hinausreichende allgemeine Aussagen zunächst nicht zu.[32] Ein augenfälliges Beispiel für den Mangel an Distanzierungsmöglichkeiten bietet die Beurteilung des Forschungsprozesses von Latour/Woolgar (1979) durch Jonas Salk, den Direktor des von ihnen ›beobachteten‹ Salk Institute for Biological Sciences: »For me the most interesting part of the work and of its outcome, is that Bruno Latour, a philosopher-sociologist, began a sociological study of biology and along the way became to see sociology *biologically*. His own style of thought was transformed by our concepts and ways of thinking.«[33] Dies führt dazu, daß sich die Frage nach Aufmerksamkeitskriterien nur aus dem Forschungsprozeß heraus – und damit nicht systematisch, sondern lediglich situativ und einzelfallbezogen – beantworten läßt.[34] Das Ziel einer quasi-naturalistischen Abbildung der vermeintlichen Realität des Laboralltags erscheint darüber hinaus nicht nur vor dem Hintergrund basaler Annahmen des Radikalen Konstruktivismus als ungerechtfertigt und naiv, sondern ist zudem auch als Ideal fraglich: eine originalgetreue Eins-zu-eins-Abbildung würde die Komplexität wissenschaftlicher Praxis lediglich reproduzieren und könnte schließlich ebenso gut (oder besser) durch das Original ersetzt werden.[35]

32 Aus dieser Perspektive werden die Probleme der Vergleichbarkeit einzelner Studien verständlich. Kritisch hierzu Whitley 1984. Ansätze zum Abbau dieses Forschungsdesiderats finden sich in Knorr-Cetina 1988b, 1992a.
33 Jonas Salk, »Introduction«, in: Latour/Woolgar 1979, S. 12 f.; Hervorhebung im Original. Daß Latour und Woolgar dies sogar noch zur Legitimierung nutzen, zeigt, daß dem Laborkonstruktivismus offensichtlich jegliches Gespür für die methodologischen Probleme fehlt, die die Verschmelzung mit dem Untersuchungsgegenstand mit sich bringt. Zur methodischen Kritik des »going native« vgl. auch Nowotny 1990, S. 276 f.
34 Diese Vorgehensweise gipfelt dann in der Stilisierung der verwendeten Methoden der teilnehmenden Beobachtung als »Kunst«, die in der Lage ist, »dezentrierte Analysen« durchzuführen, »sprechen zu lassen« etc. (Knorr-Cetina 1984, S. 43 ff.)
35 Deshalb stellt sich auch die Frage, ob sich so zur proklamierten Welterweiterung im Sinne von Knorr-Cetina (1989, S. 94) beitragen läßt oder ob das zugrundeliegende Ideal nicht lediglich auf eine Duplizierung der Empirie hinausläuft.

Die vermeintliche Unbelastetheit laborkonstruktivistischer Studien, die vornehmlich durch die Umsetzung des methodologischen Prinzips der Offenheit sichergestellt werden soll, droht darüber hinaus in nicht-reflektierbare *biases* einzumünden. Sie verweist auf ein naturalistisches Forschungsideal: die aus forschungspragmatischen Gründen nicht vollständig eliminierbaren Selektivitäten bleiben ebenso verschleiert wie die durch den jeweiligen Wissensfundus vorstrukturierten Relevanzkriterien und werden unkontrollierbar mitgeschleppt. Eine Offenlegung der implizit zugrunde liegenden Theoriemuster könnte dazu beitragen, den Forschungsprozeß des Laborkonstruktivismus im Hinblick auf das von ihm produzierte Wissen zu reflektieren.[36]

3.3 Theorie

Die empirische Vorgehensweise des Laborkonstruktivismus hat direkte theoretische Implikationen. Die Beschränkung der Perspektive auf lokale und situative Phänomene »vor Ort« erzwingt die Berücksichtigung mikrosoziologischer Ansätze wie den Interaktionismus und Alltagstheorien, die jedoch primär in methodischer Absicht verwendet werden.[37] Ansonsten hält man sich in bezug auf die eigenen Theorieannahmen bedeckt[38]: »Der Konstruktivismus [...] verlangt nichts weniger, als die Analyse hinreichend theoriefrei zu halten« (Knorr-Cetina 1989, S. 92). Die

[36] In methodischer Hinsicht wäre wenigstens einzufordern, sich dem vorrelativistischen Konstruktivismusideal der Wissenschaftstheorie Dinglers anzunähern, indem versucht werden müßte, die eigenen Konstruktionsregeln zumindest rudimentär – und zwar durch Angabe des zugrundeliegenden soziologischen Wissens – offenzulegen. Das Ziel wäre dann nicht eine zirkel- und regreßfreie Letztbegründung, die konsensuell zu bestätigen wäre, sondern lediglich der Versuch, eine soziologische Positionsbestimmung vorzunehmen, Lernchancen durch Auseinandersetzung mit soziologischen Ansätzen zu nutzen und dadurch die Entwicklung des Laborkonstruktivismus inhaltlich voranzutreiben.

[37] Vgl. Knorr-Cetina/Mulkay: »The microscopism of recent science studies is a methodological principle rather than a principle of social explanation« (1983, S. 3).

[38] Eine auch in dieser Hinsicht wohltuende Ausnahme bildet die Studie von Traweek 1988, die gleich zu Beginn ihre theoretischen Hintergrundannahmen aufdeckt.

Theoriegeladenheit aller wissenschaftlichen Beobachtungen gilt offenbar nur für die Beobachtungen der anderen; schließlich hat man selbst den Anspruch auf theoretische Erklärungen aufgegeben.[39] Das ist erkenntnistheoretisch naiv und kollidiert mit der Grundannahme des konstruktivistischen Programms, der zufolge sich auch in vermeintlich theoriefreien Beschreibungen implizite Theorien aufspüren lassen. Wie sehen also die hinter den dichten Beschreibungen des Laboralltags liegenden Theorien aus?

Eine Reflexion auf den Laborkonstruktivismus fördert ein vielschichtiges Theoriegestein zutage: Mit Hobbes und Machiavelli wird Wissenschaft zur politischen Machtarena, in der mit strategischem Kalkül ausgestattete Akteure einen erbarmungslosen Kampf um relative Positionsverbesserungen führen[40]; im Anschluß an Marx wird Wissenschaft zum ökonomischen Markt, auf dem Wissenschaftler als Marktteilnehmer um knappe Ressourcen konkurrieren[41]; und schließlich wird auch der Krieg, wenngleich eher metaphorisch, als angemessenes Modell gehandelt.[42] Sämtlichen Ansätzen liegt eine identische Konstruktionsregel zugrunde: Struktur- und Handlungsmuster einzelner Bereiche der Gesellschaft werden zunächst auf die gesamte Gesellschaft übertragen.[43] Da naturwissenschaftliche Laboratorien als kleinformatiges Ab-

---

39 Zur Theoriegeladenheit wissenschaftlicher Beobachtungen vgl. Knorr-Cetina/Mulkay 1983, S. 4 f. und Knorr-Cetina 1984, S. 245 ff.; zum Verzicht auf den Anspruch theoretischer Erklärungen vgl. wiederum Knorr-Cetina/Mulkay: »Ethnomethodological studies of scientific practice display no interest in theoretical explanation« (1983, S. 8).

40 Siehe Latours Diktum, Wissenschaft sei die Fortsetzung von Politik mit anderen Mitteln (1983, S. 168). Der Bezug auf Machiavelli findet sich zum Teil explizit (Callon u. a. 1986, S. 5 ff.), während Hobbes' »Kampf aller gegen alle« eher als verdeckte, jedoch interpretationsleitende Metapher mitgeführt wird. Vgl. die Passagen in Knorr-Cetinas Laborstudie, in denen die Anfertigung eines wissenschaftlichen Papiers als Abschluß intensiver Laborarbeiten beschrieben wird (1984, S. 228 ff.).

41 Vermittelt über Bourdieu 1975 findet sich ein ökonomisches Modell wissenschaftlichen Handelns vor allem bei Latour/Woolgar 1979.

42 Besonders anschaulich die Beschreibungen des allerdings nach außen gerichteten Wissenschaftlerhandelns, konkret: Pasteurs militärischer Sieg über die Mikroben, in Latour 1988a.

43 Nur am Rande sei erwähnt, daß diese Ansätze auch in den eigentlichen Gegenstandsbereichen längst überholt sind. Politische und Wirt-

bild der Wissenschaft verstanden werden und Wissenschaft als kleinformatiges Abbild der Gesellschaft, lassen sich diese Muster dann auch innerhalb des konkreten Untersuchungsgegenstandes wiederentdecken; die spezifische Herkunft der generalisierten Konzepte von Gesellschaft bleibt verborgen, Transformationsschritte zwischen den einzelnen Ebenen entfallen vollständig.
Der Theorieeklektizismus dieser Ansätze ist nicht ohne Methode. Ziel ist die Entzauberung der Wissenschaft. Indem der kognitive und soziale Sonderstatus der Wissenschaft bestritten wird, setzt man sich in Distanz zu wissenschaftsphilosophischen und -soziologischen Rekonstruktionen. Die kategoriale Gleichstellung der Wissenschaft mit anderen gesellschaftlichen Handlungsbereichen ist als wirksames Gegengift zu theoretischen Überhöhungen durchaus funktional. Darüber hinaus besitzt die laborkonstruktivistische Problemfassung den Vorteil, direkt an die Alltagserfahrungen und -ideologien der beobachteten Wissenschaftler anzuschließen; denn wer wollte bestreiten, daß das hehre Ziel der Wahrheitssuche im Forschungsalltag in der Regel weniger bewußte Handlungsorientierung bietet als der Kampf um Positionen und Ressourcen?
Reich- und Tragweite der laborkonstruktivistischen Provokation bleiben allerdings begrenzt, sobald diese in konkrete Forschung umgesetzt wird. Die Zurückweisung der Annahme wissenschaftsspezifischer Strukturen muß durch eine andere Annahme ersetzt werden. Dies leistet zumeist der aus dem »strong programme« ererbte Bezug auf Interessen, der allerdings in völlig neuer Form auftaucht. Mit der Annahme strategischer Interessen des einzelnen Wissenschaftlers wird eine Abgrenzung von der Annahme übergreifender und von außen einwirkender Interessen vorgenommen.[44] Diese Umkehrung ist in der induktiven und mikroso-

schaftssoziologie sind zu komplexeren Erklärungen und Beschreibungen übergegangen, etwa in Form des Neuen Institutionalismus für die Politik (March/Olsen 1989) oder in Form des Transaktionskosten-Ansatzes für die Wirtschaft (Williamson 1975).

44 Zur Kritik des Interessenkonzeptes des »strong programme« seitens des Laborkonstruktivismus vgl. Woolgar 1981. Dieses Interessenkonzept erlaubte jedoch Differenzierungen und Analysemöglichkeiten – indem vor allem zwischen illegitimen wissenschaftsexternen und legitimen wissenschaftsinternen Interessen unterschieden werden konnte und man sich auf die diesbezüglichen Transformationsprozesse

ziologischen Ausrichtung des Laborkonstruktivismus begründet. Unter den zahlreichen interessenspezifischen Rekonstruktionen sticht besonders das Modell des »credibility cycle« von Latour/Woolgar (1979) hervor, das in ökonomischen Begriffen zu beschreiben versucht, wie aus interessengeleiteten Einzelhandlungen der Wissenschaftler ein dynamischer Reproduktionszyklus entsteht. Aber auch diese theoretisch elaborierte Fassung ist alles andere als unproblematisch und sieht sich der Kritik ausgesetzt. Zu Recht werden ihr von anderen Vertretern des Programms ein übersimplifiziertes Menschenbild, unreflektierter Internalismus und orthodoxer Funktionalismus vorgehalten.[45]

Woran liegt es nun, daß der zunächst plausibel erscheinende Rekurs auf Interessen bei näherer Betrachtung an Überzeugungskraft einbüßt? Probleme scheinen bereits im Begriff des Interesses zu liegen, der keinen Gegenbegriff kennt und seine eigene Negation mit einschließt.[46] Damit wird der Begriff als analytisches Instrument stumpf und führt geradewegs in Tautologien: Interessengeleitetes Handeln muß ubiquitär vermutet und als nichtauflösliche, sich selbst erzeugende »black box« behandelt werden. Diese begriffsimmanenten Schwierigkeiten erklären seine fehlende Einbettung in einen umfassenderen sozialtheoretischen Bezugsrahmen.[47] Entgegen dem Urteil jener Autoren, die – in konzentrierte (Barnes 1977, S. 33 ff.) –, die von seinen laborkonstruktivistischen Erben vollständig eingeebnet wurden.

45 Diese Kritikpunkte finden sich bei Knorr-Cetina 1983, S. 130 ff. und Knorr-Cetina 1984, S. 134 ff.
46 Vgl. hierzu, mit zahlreichen Quellenangaben, die begriffshistorischen Rekonstruktionen von Gunn 1968 und Hirschman 1980.
47 Ein Indikator für die Schwierigkeiten der Soziologie mit dem Interessenbegriff ist, daß sich im *Wörterbuch der Soziologie* von Bernsdorf (1969) unter dem Stichwort »Interesse« kein Eintrag findet. Im Rückblick läßt sich feststellen, daß Klassiker der Soziologie von Durkheim bis Parsons zumeist von vornherein zu Versuchen auf Distanz gingen, den Begriff des individuell-rationalen Einzelinteresses aus dem ökonomischen in einen soziologischen Theoriekontext zu übertragen; und auch der Versuch Paretos, den Interessenbegriff als soziologisch relevante Begriffskategorie zu etablieren, blieb inhaltlich unbestimmt und wurde, nicht zuletzt von ihm selbst, nicht systematisch weiterverfolgt. Vor diesem Hintergrund erscheint es mehr als zweifelhaft, ob die gegenwärtige Renaissance individualistischer Sozialtheorien in der Soziologie aus diesen grundlegenden Begriffs- und Theorieproblemen herausführen kann.

Unkenntnis der theoriehistorischen Erschöpfung – im Bezug auf Interessen noch immer oder wieder einen genuin soziologischen Zugang zur Analyse der Wissenschaft sehen (Pickering 1992, S. 4 ff.), taugt der Interessenbegriff allenfalls als Verlegenheitsbegriff, mit dem die Problematik des Verzichts auf die Benennung spezifisch-wissenschaftlicher Struktur- und Handlungsmuster nur verlagert wird. Dies gilt gleichermaßen für deduktiv wie induktiv ansetzende Interessenrekonstruktionen. Während das deduktiv-makrosoziologische Erklärungsmodell des »strong programme« auf das Problem aufläuft, keinen Vermittlungsmechanismus angeben zu können, wie wissenschaftsexterne Interessen sinnhaftes Handeln der Wissenschaftler erzeugen bzw. selektiv verstärken, führt die induktiv-mikrosoziologische Rekonstruktion von Interessen zu einer Verdoppelung der Probleme: Zum einen kann sie weder beschreiben noch erklären, wie kognitive und soziale Ordnungsmuster innerhalb des Labors ohne den Bezug auf übergreifende Strukturen entstehen können, die den einzelnen Akteuren Handlungsorientierung bieten.[48] Zum anderen, und komplementär hierzu, führt auch kein Weg aus dem Labor heraus. Selbst wenn man die Grundannahme des Programms akzeptiert und wissenschaftliches Wissen als Laborkonstruktion auffaßt, bleibt die Frage offen, weshalb sich bestimmte Konstruktionen außerhalb des Labors durchsetzen, andere hingegen nicht. Traditionelle Problemlösungen von Wissenschaftsphilosophie und -soziologie, diese Frage im Verweis auf Besonderheiten des Wissens selbst oder Besonderheiten der wissenschaftlichen Sozialstruktur zu beantworten, gelten als diskreditiert, ohne durch neue ersetzt zu werden. Der Rekurs auf Interessen hilft außerhalb des Labors ebensowenig wie innerhalb. Beide Kritikpunkte erstrecken sich auf induktiv-mikrosoziologische Ansätze in der Wissenschaftsforschung generell, das heißt auch auf Versuche, gegenüber interessenspezifischen Ansätzen den situativ-kontingenten Charakter der wissenschaftlichen Aushandlungsprozesse zu betonen und diesbezügliche Ad-hoc-Theorien zu liefern (Knorr-Cetina 1983, 1984). Sie führen in dieselben Aporien einer vermeintlich theoriefreien Beschreibung mikrosozialer Prozesse in der Wissenschaft.

---

48 Zu letzterem vgl. bereits Whitley: »Without some ›rules of the game‹ no result or outcome could be produced« (1983, S. 707).

Die Reflexion der methodisch-theoretischen Vorgehensweise des Laborkonstruktivismus legt also auffallende Unterschiede in der Höhe der jeweiligen Anspruchsniveaus offen. Diese bestehen zwischen dem Einsatz auch avanciertester Methoden der qualitativen Sozialforschung, die sich aus dem Ziel der mikroskopischen Dokumentation des Laborgeschehens ableiten, und dem Rekurs auf ad hoc gebildete und zumeist implizit bleibende Theorien, die zum Teil auf präsoziologischem Gedankengut basieren und die Leerstelle besetzen, die durch den Verzicht auf Anleihen bei modernen Sozialtheorien und auf eigenständige Theorieentwürfe entsteht. Angesichts dessen und vor dem Hintergrund, daß inzwischen eine Vielzahl von Laboratorien untersucht sind, ist zu fragen, wohin die Begeisterung der Protagonisten sie trägt. Konkret: Welche Innovationspotentiale sind seit den Ursprüngen genutzt worden, welche zeichnen sich gegenwärtig ab und was ist für die Zukunft zu erwarten? Oder, anders gefragt: Über welche Anschlußoptionen verfügt ein erfolgreiches und expansives Forschungsprogramm, wenn die Chancen der Theoriebildung minimal sind?

4. Programminterne Dynamik

4.1 Reflexion

Den seit Mitte der achtziger Jahre geführten Diskussionen um den Begriff der Reflexion liegt die andernorts lange vorausgesagte Entdeckung zugrunde, daß man ein konstruktivistisches Programm auch auf sich selbst anwenden könne.[49] Handlungsleitend ist die Vermutung, daß die Konstruktion wissenschaftlichen Wissens der anderen sich bei näherer Betrachtung auch als Konstruktion der Konstruktivisten herausstellen könnte. Das klingt zunächst banal und ergibt sich geradezu zwangsläufig aus den epistemologischen Prämissen des Programms. Die überraschend spät einsetzenden Reflexionsdebatten stellen allerdings den kruden Empirismus der frühen Jahre radikal in Frage.[50] Er beruhte

---

49 Zur *Reflexivity*-Debatte vgl. insbesondere die Beiträge in Woolgar 1988b.

50 Selbstkritisch hierzu Mulkay: »Sociologists, in general, have aped the natural sciences in adopting a strongly empiricist format for their research reports. As a result, much of their interpretative work is hidden

auf der Auslagerung von Reflexion, etwa in Vorwort und Epilog, mit dem Ziel, den Kernbereich der eigenen Forschungsarbeiten um so wirksamer vor dem Risiko der Selbstauflösung qua Reflexion zu schützen.[51] Der Informationsgehalt des als Ideologiekritik des Laborkonstruktivismus zu verstehenden Interesses an Reflexion bleibt für den Außenstehenden allerdings gering, denn es wird keine Reflexion auf Theorien und Methoden geleistet. Darüber hinaus entfällt die Auseinandersetzung mit Positionen, die bei der Beschäftigung mit sich selbst nur stören könnten. Neuere Ergebnisse der empirischen Naturwissenschaften, also des eigentlichen Untersuchungsobjekts des Programms, ohne die die interdisziplinäre erkenntnistheoretische Diskussion heutzutage kaum noch vorstellbar ist, werden nicht zur Kenntnis genommen.[52] Dem anti-philosophischen Reflex des Programms gemäß gelten ältere, von Kant bis Husserl reichende Einsichten der Transzendentalphilosophie in die logischen Paradoxien von Reflexion ohnehin als irrelevant. Erkenntnislogische und -praktische Probleme einer bodenlos in sich kreisenden Reflexion werden nicht inhaltlich thematisiert, sondern mittels sogenannter »new literary forms« offensiv durchbrochen. Deren ausgesprochen bescheidenes Ziel ist es, die üblichen Formen der wissenschaftlichen Darstellung zu unterlaufen.[53]
Wenngleich die bisherigen Ergebnisse nicht nur in kognitiver, sondern auch in ästhetischer Hinsicht eher ernüchternd sind[54],

from view, and the empirical material is often treated as if it speaks for itself« (1984, S. 266).

51 Während Knorr-Cetina (1984) dem Text einen Cartoon voranstellt, der die Beobachtung des Beobachters illustriert, behandeln Latour/Woolgar 1979 diesen Aspekt zunächst nur marginal und verbannen ihn dann in der zweiten Auflage von 1986 in das Postscript.

52 Hierbei ist vor allem an den interdisziplinären Forschungszusammenhang der sogenannten »cognitive sciences« zu denken. Zu einem neueren Überblick vgl. Varela 1990.

53 Beispiele sind Ashmores *Reflexive Thesis* von 1989, in der die Schwierigkeiten beim Schreiben einer Dissertation reflexiv gewendet werden; die von Unterhaltungen zwischen den Autoren unterbrochene Einleitung von Ashmore und Woolgar in Woolgar 1988b; sowie der monologische Dialog zwischen Trevor Pinch und Trevor Pinch 1988.

54 Zu einer inhaltlichen Kritik vgl. Baber 1992. Zur Befriedigung des ästhetischen Interesses an guter Prosa und intelligent konstruierten

kann ihr Stellenwert in sozialer Hinsicht kaum hoch genug eingeschätzt werden. Nach außen erleichtert das Reden über Reflexion die Selbstdarstellung als Programm. Frühere Kontroversen mit externen Gegnern werden durch selbsterzeugte Kontroversen ersetzt, die die dynamische Lebensfrische der intellektuellen Debatte suggerieren. Sie treten insbesondere an die Stelle der zum Ritual erstarrten Auseinandersetzung mit der Wissenschaftssoziologie mertonianischer Prägung, der schon seit langem der historische Gegner abhanden gekommen ist. Darüber hinaus werden Gegensätze sichtbar und offen thematisiert, mit denen die endgültige Emanzipation des Laborkonstruktivismus von anderen, historisch älteren Formen der Soziologie wissenschaftlichen Wissens einhergeht.[55] Nach innen erfüllen die Reflexionsdiskussionen eine wichtige sozialintegrative Funktion. Reflexion liefert Gesprächsstoff. Mit ihr läßt sich die Isolierung der einzelnen Forscher und Forschungsgruppen überwinden, die aufgrund der nicht hintergehbaren Einzigartigkeit des jeweiligen Untersuchungsgegenstandes entsteht. Diese Gespräche verhindern programminternen Stillstand und legen auseinanderdriftende Strömungen auf einen gemeinsamen Bezugspunkt fest. Sie sind durch scharfe Konflikte zwischen ehemaligen Weggefährten charakterisiert, die sich bereits am Begriff der Reflexion entzünden. Für Woolgar gerinnt alles zum Text[56]; dessen prinzipiell unendliche Dekonstruktion über die Produktion weiterer Texte wird hier als Reflexion verstanden. Während Woolgar also geradezu traditionell ansetzt, indem er Reflexion als Eigenleistung des Subjekts versteht, verlagert Latour (1988b) Reflexion nach außen, das heißt in den konkreten Untersuchungsbereich, mit dem Ergebnis, daß sie sich beispielsweise auch

---

Reflexionsschleifen greife man am besten gleich zur einschlägigen Literatur: Jorge Luis Borges und Italo Calvino etwa.
55 Woolgar 1988a, S. 23 f. weist vor allem auf das in der Praxis des »strong programme« uneingelöste Reflexionspostulat hin. Tatsächlich liegt diesem Programm eine Verlagerung der Reflexion in die Zeitdimension zugrunde. Da man in der Gegenwart Vergangenes reflektiert, wird die Gegenwart in der Zukunft reflektiert. Diese Konstruktion verhindert ein Übergreifen des Virus »Reflexion« auf den aktuellen Forschungsprozeß, der vom eigenen Postulat unbeeindruckt weiterlaufen kann.
56 Dies gilt für Wissenschaft und Technik gleichermaßen; »Technology as Text« lautet seine Antwort auf sozialkonstruktivistische Technikstudien (1991, S. 37).

in Computern soll aufspüren lassen.[57] Gegen die Unergiebigkeit und Langeweile einer als permanente Dekonstruktion verstandenen Reflexion, der er den Vorwurf einer letztlich »selbstmörderischen Einstellung« (1988b, S. 169) macht, setzt Latour eine Alternative: die Radikalisierung der Laborperspektive. Hieraus ergeben sich zwei konkrete Anschlußoptionen, die nun unter den Stichworten »Implosion« und »Explosion« kurz diskutiert werden.

4.2 Implosion

Bei dieser Variante der Programmdynamik wird das *containment* des naturwissenschaftlichen Labors nicht durchbrochen. Vielmehr wird versucht, möglichst alle Phänomene des unmittelbaren Laborkontextes in einem Konzept zu integrieren. Dies geschieht unter den umgekehrten Vorzeichen von Soziomorphismus und Technomorphismus. Der Soziomorphismus des Laborkonstruktivismus tritt spätestens bei Latours neueren Beiträgen offen zu Tage. Latour versucht, Actor-Network-Modelle so zu erweitern, daß auch den Forschungsgegenständen der naturwissenschaftlichen Forschung Subjektstatus verliehen wird.[58] Mikroben beispielsweise wird die Fähigkeit quasi-strategischen Handelns zugeschrieben, das die Generierung wissenschaftlichen Wissens ebenso fördert oder behindert wie die Arbeit der beteiligten Naturwissenschaftler.[59]

57 »It is the computer itself, yes, the thing itself that appears as a reflexive, sentient and historical event« (Latour 1988b, S. 173). In den Konsequenzen nicht so weit gehend, jedoch auf der programmatischen Ebene identisch: Knorr-Cetina 1992b, S. 418.

58 Siehe nur: »Microbes, electrons, gravity do the talking and writing« (B. Latour, *Clothing the Naked Truth. Guiding through some objections raised against our Sociology of Science*, Paris: École des Mines de Paris; zit. nach Nowotny 1990, S. 227). Daß dies nicht lediglich schwitzende Metaphorik ist, zeigt sich in Latour 1988a. Dort werden – unter der Überschrift »There are more of us than we thought« (1988a, S. 35) – Mikroben als handelnde Akteure eingeführt, so daß die darauf folgenden Seiten im Index unter dem Stichwort »Microbe: new social actor« geführt werden.

59 Zur Begründung vgl. Latour: »We cannot say of these associations whether they are humans or natural, made up of microbes or surplus value, but only that they are strong or weak« (1988a, S. 40).

Die Berücksichtigung von naturwissenschaftlichen Untersuchungsgegenständen und Artefakten als soziale Entitäten gerät zur Gleichstellung von sozialen mit nicht-sozialen Phänomenen.[60] Die Implosion des Laborkonstruktivismus vollzieht sich hierbei über den Umweg der soziomorphen Maxime eines »alles ist sozial – alles ist konstruiert«. Unterscheidungen zwischen Sozialem und Nicht-Sozialem werden zugunsten totaler Sozialität aufgelöst.[61] Die Umwertung ehemals als nicht-sozial erachteter Parameter zu sozialen Phänomenen führt zu einer konzeptionellen Gleichstellung des Forschungshandelns der Naturwissenschaftler mit den – zwar produzierten bzw. hergerichteten, letztlich aber sachlichen oder gar natürlichen – *constraints* des Forschungsprozesses.[62] Es ist dann doch wieder die Übermacht der hergerichteten Objektwelt faktischer Forschungsgegenstände, die über Erfolg und Mißerfolg bzw. über Wahrheit und Unwahrheit in der Wissenschaft entscheidet.[63]

Andererseits wird die Implosion des Laborkonstruktivismus durch einen Technomorphismus vorangetrieben, der aus der Berücksichtigung von Apparaten als konstitutiven Elementen des naturwissenschaftlich-technischen Fortschritts resultiert und sich auf den Prozeß der Wissensgenerierung selbst bezieht. Sicher

---

60 Vgl. auch Hacking: »I am not about to argue for idealism but rather for down-to-earth materialism. Mine is a thesis about the relationships between thoughts, acts, and manufactures« (1992, S. 30). Ähnlich Pikkering: »scientific culture is made up of all sorts of bits and pieces – material, social, conceptual – that stand in no necessary unitary relation to one another« (1992, S. 8).

61 So auch insbesondere die Kritik von Nowotny an der Paris School: »Latour speaks of the ›politics of things‹ [...]. In doing so nonhumans have become fully colonized: they act and feel exactly like humans; they have been transformed into anthropomorphic puppets« (1990, S. 228).

62 Vgl. hierzu auch die anschauliche Beschreibung des physikalischen Forschungsprozesses bei Knorr-Cetina als »Paarung zwischen Wissenschaftlern und Apparaturen« (1988a, S. 99).

63 Latour ist diesbezüglich so offensiv, daß man auf seine Autobiographie gespannt sein darf, in der er sich über die gelungene Verballhornung seiner Anhänger lustig macht: »If we succeed in this emancipation of the nonhumans from the double domination of society and science, it will be the finest result of that perhaps clumsily begun ›anthropology of the sciences‹« (1988a: 150).

kann aus pragmatischen Erwägungen darauf verzichtet werden, die wissensbasierte soziale Konstruiertheit einzelner Komponenten jeweils zurückzuverfolgen[64]; denn andernfalls wäre in regreßförmig anschließenden Laborstudien immer wieder die Bedeutung von Apparaten für die Entwicklung forschungsrelevanter Apparaturen zu entdecken.[65] Daraus ergibt sich, daß der auf die Analyse »vor Ort« konzentrierte Laborkonstruktivismus die jeweilige Konfiguration apparativer Ausstattungen prinzipiell nicht anders rekonstruieren kann, weil für ihn die Ausstattung naturwissenschaftlicher Laboratorien – wie im Wettrennen zwischen Hase und Igel – immer schon vorgegeben ist. Die Fokussierung naturwissenschaftlicher Forschung als Enklave zwingt dazu, die an anderen Orten, zu anderen Zeiten und von anderen Beteiligten zu Tatbeständen apparativer Ausstattung geronnenen Objektivierungen sozialen Handelns vergleichsweise unvermittelt mit der Produktion von Wissen in Beziehung zu setzen. Ohne den Rekurs auf sozialtheoretische Interpretationen verführt die forschungspragmatische Beschränkung auf Laboratorien zu einer semantischen Verkürzung, der zufolge Artefakte als Ursache für die Produktion wissenschaftlichen Wissens aufgewertet werden. Die kognitiven und sozialen Leistungen der beteiligten Forscher, die sich nicht nur auf die Arbeit in bereits ausgestatteten Laboratorien beschränken, werden dadurch als maßgebliche Vermittlungsinstanzen abgewertet.[66]

Das Risiko des Technomorphismus, durch den die Differenz zwischen sozialen Komponenten und technischen Kontextparametern der Wissensproduktion eingeebnet wird, ist dem des Soziomorphismus ähnlich. Beide hier unter dem Stichwort Implosion behandelten Tendenzen bedeuten den sukzessiven Ausstieg aus der Wissenschaftssoziologie und der Soziologie wissenschaftli-

---

64 Vgl. hierzu aber noch das Konzept der »inscription devices« von Latour/Woolgar 1979, mit dem Apparaturen als Datenträger anerkannten Wissens eingeführt werden, die die Wissensproduktion maßgeblich strukturieren.
65 Vgl. etwa Knorr-Cetinas Verweis auf Galileis Teleskope (1992a: 117).
66 So, ohne Umschweife, Knorr-Cetina: »Die Erzeugung, Messung und Beschreibung der interessierenden Teilchen erfolgt in integrierter Weise im Inneren der Apparatur. [...] Das umgebende ›Labor‹ ist Serviceeinrichtung für die Maschine, die das eigentliche Labor darstellt« (1988b, S. 328 f.).

chen Wissens. Dieser Ausstieg ist vorprogrammiert, weil sich durch den Verzicht auf sozialtheoretische Fundierung Unterscheidungen zwischen Sozialem und Nicht-Sozialem nicht begründen lassen.[67] Dabei ist einerlei, ob die Einebnung dieser Differenz unter dem Vorzeichen des Soziomorphismus oder des Technomorphismus vollzogen wird.

4.3 Explosion

Als Explosion bezeichnen wir eine hierzu komplementäre Entwicklung. Die enge Laborfixierung wird aufgegeben, auch Gesellschaft und Technik geraten nun in das Blickfeld der Analyse. Im ersten Fall werden naturwissenschaftliche Laboratorien als politische Stätten der Transformation von Gesellschaft aufgewertet (Latour 1983, 1988a). In einem kruden Verständnis sozialer Kausalitäten wird der Wissenschaft bzw. einzelnen Wissenschaftlern eine aktive und gestalterische Rolle zugeschrieben, während die Gesellschaft als gleichsam unberührte Natur auftaucht, die die Folgen des Wissenschaftshandelns ohnmächtig zu ertragen hat.[68] Diesem Ansatz mangelt es an selektiven methodischen und theoretischen Filtern, durch die sich wissenschaftliche Alltagserfahrungen und -ideologien in einen wissenschaftssoziologischen Kontext überführen ließen. Omnipotenzphantasien einzelner Wissenschaftler – »Give Me a Laboratory and I will Raise the World«[69] – werden in objektivistischer Manier für die Sache selbst

---

67 Der von Thomas Luckmann (1970) als »De-Sozialisation« bezeichnete Zivilisationsprozeß der Bildung trennscharfer Grenzen zwischen Sozialem und Nicht-Sozialem wird auf diese Weise unterlaufen und in eine Wiederverzauberung der Welt verkehrt.

68 Es mag zwar stimmen, daß in der von Latour beschriebenen Erfolgsstory Pasteurs der ehemals wissenschaftskritische Impetus des konstruktivistischen Programms verloren geht und in einen *winner's point of view* umschlägt, wie Radder (1992, S. 161 f.) behauptet. Für die normativ begründete Kritik gilt jedoch dasselbe wie für den Kritisierten; beide gehen sie von unrealistischen Annahmen zu den gesellschaftlichen Manipulationschancen einzelner Laborwissenschaftler aus. Auch der Versuch einer theoretischen Ausarbeitung dieses Ansatzes als »Gesellschaft als Labor« (Krohn/Weyer 1989) läuft auf eben diese Problematik auf.

69 So der programmatische Titel von Latour (1983). Die dieser Aussage

genommen und direkt in ein geradliniges Modell von Wissenschaftsgesellschaft umgesetzt.

Das Modell der Wissenschaftsgesellschaft ist aber aus zwei Gründen problematisch: Zum einen kann dabei der selektive, seitens der Wissenschaft nicht kontrollierbare Zugriff der Gesellschaft auf wissenschaftliches Wissen und darauf basierende Technologien weder in Rechnung gestellt noch gar systematisch untersucht werden. Zum anderen werden die Spezifika naturwissenschaftlicher Laboratorien systematisch ignoriert, indem die dort vorhandenen Möglichkeiten einer weitgehend rücksichtslosen Gestaltung idealer Rahmenbedingungen im Hinblick auf ein Ziel – nämlich das Gelingen des Unternehmens – nahtlos auf die Gesellschaft übertragen werden. Wissenschafts- und Techniksoziologie liefern genügend empirisches Material zur Widerlegung beider Annahmen. Um nur jeweils ein Beispiel zu geben: Weder ist davon auszugehen, daß wissenschaftliches Wissen sich jederzeit und kontextuell ungebrochen in der Gesellschaft durchsetzt, wie Studien zu Problemen der Risikokommunikation und -regulierung zeigen[70]; noch lassen sich die Unterschiede zwischen dem räumlich und zeitlich geschlossenen Laborkontext und dem in beiden Hinsichten offenen gesellschaftlichen Implementationskontext verwischen, wie Studien zur Implementation riskanter Technologien zeigen.[71] In derart übersimplifizierten Modellen des Verhältnisses von Wissenschaft und Gesellschaft wie dem von Latour rächt sich die programmatisch begründete Ausblendung wissenschaftsexterner gesellschaftlicher Strukturkontexte des frühen Laborkonstruktivismus.[72] Die spätere, ad hoc geleistete Wiedereinführung von Gesellschaft führt dann zu falschen Aussagen.

Im Gegensatz dazu ist es eher trivial als falsch, zu behaupten, daß

zugrunde liegende Einschätzung wird auch in der empirisch fundierten Kritik von Scott erheblich relativiert. Das Fazit ihrer Fallstudie lautet: »Laboratories do not always raise the world, whatever that may mean« (1991, S. 7).

70 Vgl. hierzu die Beiträge in Krohn/Krücken 1993.
71 Zur Unterscheidung beider Kontexte vgl. den theoriegeleiteten Beitrag von Radder (1986) sowie die materialreiche Analyse technischer Unfälle von Wynne (1988), der diese primär auf den faktisch nicht realisierbaren Versuch zurückführt, die Laborlogik auf die Gesellschaft zu übertragen.
72 Ähnlich auch die Kritik von Hagendijk 1990.

auch technische Artefakte soziale Konstruktionen sind.[73] Mit dem Übergang von der Genese wissenschaftlichen Wissens in der »black box« des naturwissenschaftlichen Labors zur Technikgenese als Explanandum büßt das Programm vollends an Brisanz ein und bewegt sich auf dem sicheren Terrain soziologischer Selbstverständlichkeiten. Die Emphase, mit der ein vermeintlich neues Terrain für die sozialwissenschaftliche Forschung erschlossen wird, läßt auf das weitgehende Fehlen von Außenbezügen der Forscher schließen, die den »Turn to Technology in the Social Studies of Science« (Woolgar 1991) propagieren. Der Neuigkeitswert der diesem Ansatz zugrunde liegenden These resultiert entweder aus der Unkenntnis älterer, bis auf Gilfillan (1935) zurückführbarer Arbeiten, oder der Konstruktion von Gegnern, die den ›truism‹ der sozialen Technikkonstruktion in Frage stellen. Zahlreiche neuere Arbeiten in diesem, was die reine Publikationsmenge betrifft, geradezu explodierenden Forschungsfeld deuten allerdings auf einen auffälligen Perspektivenwechsel hin (Bijker/Law 1992). Dieser wird dadurch eingeleitet, daß man der Vorstellung, Technik aus sozialen Prozessen und Strukturen heraus zu erklären, »sozialen Reduktionismus« (Bijker 1993: 125) vorwirft. Ziel dieser neuen Phase konstruktivistischer Technikstudien ist demgegenüber, die kategoriale Differenz zwischen Technischem und Sozialem einzuebnen und beides zugleich sowohl als Explanans als auch als Explanandum zu behandeln.[74] Während die Erweiterung des Laborkonstruktivismus also zunächst zu schlicht falschen Aussagen führt, die konstruktivistischen Annahmen sodann trivialisiert werden, finden wir hier Ergebnisse, die sich zumindest im Kontext der (Wissenschafts-)Soziologie erst gar nicht mehr beurteilen lassen. Die theoretisch-konzeptionelle Innovation der vorläufig letzten Phase der »Explosion« konvergiert mit den bereits zuvor unter dem Stichwort »Implosion« benannten Entwicklungen. Sie ist auf vergleichbare Ursachen zurückzuführen, die wir in der theoretischen und methodischen Tiefenstruktur des Programms identifizieren.[75]

73 Vgl. hierzu vor allem den programmatischen Beitrag von Pinch/Bijker 1984.
74 Der programmatische Beitrag hierzu entstammt wiederum aus der Feder Bijkers (1993, s. insbesondere S. 124 ff.).
75 Diese Konvergenz ist auch auf die Einflußnahme zweier Personen zurückführbar: Bruno Latour und Michel Callon. Während die Auswei-

5. Abschließende Bemerkungen

Ungeachtet der Verdienste einzelner Studien, insbesondere zur Erschließung eines empirischen Forschungsfeldes für die Wissenschaftssoziologie beigetragen zu haben, bleibt der programmatische Anspruch des Laborkonstruktivismus uneingelöst, die traditionelle Wissenschaftssoziologie integral zu ersetzen. Folgeprobleme dieses Versuchs zeigen sich spätestens im laborkonstruktivistischen Reifestadium: Inhaltliche Auseinandersetzungen mit anderen Formen wissenschaftlichen Wissens kommen zu kurz, so daß Selbstbestätigungsrituale und interne Kontroversen an deren Stelle treten. Im Programm selbst sind kaum Stopregeln gegen derartige Versektungserscheinungen zu finden.[76] Wir wollen daher abschließend nach externen Impulsen suchen.

Es liegt nahe, in der empirischen Verengung die Hauptprobleme zu sehen und demgegenüber die empirische Reichhaltigkeit wissenschaftssoziologisch zu bearbeitender Terrains in Erinnerung zu rufen, die erst beim Verlassen der naturwissenschaftlichen Laboratorien sichtbar werden. Man denke etwa an Fragen zur Diffusion wissenschaftlichen Wissens in außerwissenschaftliche Kontexte, zum Beispiel im Bereich der öffentlichen Meinung durch Medienpräsenz von wissenschaftlichen Experten (Nelkin 1987), im politischen Entscheidungsprozeß durch wissenschaftliche Sachverständige (Jasanoff 1990) oder in Form technischer Innovationen (Weingart 1989). Aber nicht nur Fragen zur Verwendung wissenschaftlichen Wissens bilden eine lohnenswerte Perspektive, sondern auch Überlegungen zur Sozialstruktur der Wissenschaft, die sich nicht in naturwissenschaftlichen Laboratorien erschöpfen. Übergeordnete Zusammenhänge sind vor allem über die Analyse der Organisierung und Professionalisierung von

---

tung ihres Actor-Network-Ansatzes innerhalb des engeren laborkonstruktivistischen Bereichs durch Latour vorangetrieben wird (1988a), wendet sich Callon (1986, 1987) dem Bereich sozialkonstruktivistischer Technikstudien zu. Daß die programminterne Durchsetzung dieses Ansatzes allerdings noch nicht restlos vollzogen ist, belegt die Diskussion zwischen Collins/Yearley (1992a/b) und Callon/Latour (1992).

76 Ähnliche Symptome sind bereits am Beispiel der für den Laborkonstruktivismus überaus einflußreichen Ethnomethodologie nachgezeichnet worden. Vgl. hierzu die wissenschaftssoziologische Analyse von Mullins 1981.

Forschung erschließbar (Whitley 1984; Hohn/Schimank 1990). Diese exemplarischen Forschungsperspektiven verweisen allerdings lediglich auf die Existenz anderer Phänomenbereiche. Da die Defizite des Laborkonstruktivismus jedoch primär sozialtheoretisch begründet sind, plädieren wir für eine theoretische Öffnung des Laborkonstruktivismus.

Perspektiven einer sozialtheoretischen Rekontextualisierung ergeben sich sicherlich nicht aus Wiederbelebungsversuchen der ursprünglichen Wissenschaftssoziologie Mertons.[77] Eher wäre nach Theoriefortschritten außerhalb des engeren Bereichs der Wissenschaftssoziologie zu suchen. Gegenwärtig stellt die Theorie Luhmanns (1990) das wohl avancierteste Angebot dar. Es führt in drei Hinsichten signifikant über die Wissenschaftssoziologie Mertons hinaus: Sie ist erstens als eigenständige Gesellschaftstheorie formuliert und bettet die Analyse des Wissenschaftssystems in eine umfassendere Theorie funktionaler Differenzierung ein. Sie weicht zweitens erkenntnistheoretischen Fragestellungen nicht aus, sondern behandelt diese soziologisch reflektiert mit Hilfe moderner Theoriemittel und traditioneller Erkenntnisse. Und sie löst sich drittens von Mertons Vorstellung von Wissenschaft als einem normativ integrierten Handlungssystem. Mit der Umstellung von Handlung auf Kommunikation als Basiseinheit besteht die Chance eines theoretischen Neuanfangs, der die Gemeinsamkeiten um den Begriff der Handlung kreisender Konzepte von Merton bis zum Laborkonstruktivismus herausstellt und gleichermaßen hinter sich läßt. Fraglich ist jedoch, ob sich für den Laborkonstruktivismus angesichts von traditionellem Empirieprimat und damit einhergehendem Desinteresse an umfassender Theorie Anknüpfungspunkte ergeben.[78]

Aus diesen Gründen wäre unseres Erachtens der Bezug zu »theoretisch kleinerformatigen« Ansätzen näherliegend, deren Umset-

---

77 Wenngleich die veränderte theoretische Gesamtkonstellation – Wegfall des kritisch-rationalistischen Pendants und ideologiekritischer Stereotypisierungsmöglichkeiten – schon jetzt die Fruchtbarkeit eines zweiten Lesens und die Chancen einer Renaissance als Klassiker erkennen lassen.

78 Dies wäre die Voraussetzung dafür, daß es in einer derartigen Auseinandersetzung um mehr gehen könnte als um den Austausch von Unverständigkeiten und Höflichkeiten wie jüngst zwischen Knorr-Cetina (1992b) und Luhmann (1993).

zung in empirische Forschung sich bereits bewährt hat. In dieser Hinsicht ist der Neue Institutionalismus ein aussichtsreicher Kandidat, und wir möchten – in einer konstruktiven Wendung der Kritik – Anknüpfungspunkte für eine empirisch orientierte Wissenschaftssoziologie skizzieren. Institutionalistische Konzepte stellen den sozialtheoretischen Stand einer Forschung dar, deren empirische Analysen genau auf die Bereiche konzentriert sind, aus denen der Laborkonstruktivismus seine ursprünglichen Theorieanregungen bezog. Folgt man dem Neuen Institutionalismus, lassen sich aber weder politische noch wirtschaftliche Systemeinheiten adäquat aus interessengeleiteten Strategien herleiten, weil – so die Behauptung – soziale Mikrophänomene nur durch Rekurs auf übergeordnete Strukturen erklärbar sind (March/Olsen 1989; Meyer/Zucker 1989). Die Vorstellung eines sinnhaften Aufbaus gesellschaftlicher Bereiche von »unten nach oben« wird aufgegeben: Wirtschaftsstrukturen gelten nicht als Resultat indexikaler Produktionslogiken im Quasi-Labor des Büros oder der Fabrikhalle; erfolgreiche Politik ist kein Unternehmen rücksichtsloser Durchsetzung im Kernbereich der Politik getroffener Entscheidungen – unabhängig davon, ob man nun parlamentarische Ausschüsse oder Stammtische als Kernbereiche identifiziert.

Institutionelle Analysen rücken, neben dem Aspekt der Ressourcenaquisition, das Problem der Aufrechterhaltung von Legitimität in den Vordergrund (Zucker 1988; Powell/DiMaggio 1991). Sie fragen also insbesondere danach, ob und wie es gesellschaftlichen Einrichtungen gelingt, durch Inkorporierung symbolischer Vorgaben Anerkennung zu erhalten, und welche Folgewirkungen daraus resultieren. Dabei wird angenommen, daß die Berücksichtigung derartiger Vorgaben eine Eigendynamik entfaltet, die als sozialer Wandel die Strukturen und Prozesse der jeweiligen Institutionen nachhaltig verändert. Für die vermeintlich zweckgerichteten Unternehmungen politischen und wirtschaftlichen Handelns bedeutet dies beispielsweise, daß aus Rechtfertigungsgründen zunehmend prozedurale Vorgaben berücksichtigt werden – und zwar nicht zuletzt solche der Nutzung des Symbolgehalts wissenschaftlicher Gutachten in politischen und wirtschaftlichen Entscheidungsprozessen (Brunsson 1989; Meyer/Rowan 1977).

Nun gibt es zwei Möglichkeiten der Übertragung dieses Befundes auf die Wissenschaft: Sie ist entweder der soziale Sonderfall einer Institution, der gerade durch die rücksichtslose Orientierung an eigenen – nämlich wissenschaftlichen – Normenstandards soziale Legitimität zuerkannt wird und aus der sie den Anspruch auf Ressourcen ableiten kann. Das wäre die mertonianische Ausgangsposition, für die sich unter den Bedingungen moderner Forschung nur noch wenige empirische Anhaltspunkte aufspüren lassen. Oder auch die Wissenschaft hat aus Gründen der Ressourcenaquisition und Legitimitätssicherung außerwissenschaftliche Standards zu berücksichtigen, die tradierte Selbstverständnisse radikal in Frage stellen. Entsprechende Phänomene werden offen diskutiert: Erinnert sei stichwortartig an die Industrialisierung der Wissenschaft, die auch bis in den Kernbereich der akademischen Forschung vordringt; an die Politisierung der Wissenschaft, die sich im direkten Zugriff auf den Forschungsprozeß mittels politischer Regulierung dokumentiert; sowie an die diffusen, jedoch tiefgreifenden Verunsicherungen wissenschaftlicher Forschung, die sich gegenwärtig vor allem in der Genforschung und bei Tierversuchen beobachten lassen.

Die zuletzt benannten Typen der Vergesellschaftung wissenschaftlicher Forschung lenken die Aufmerksamkeit auf die Folgewirkungen des veränderten Zusammenspiels von Ressourcenaquisition und Legitimitätssicherung für den sozialen und kognitiven Wandel in der Wissenschaft. Die Beobachtung der Innenwelt naturwissenschaftlicher Laboratorien könnte einen Beitrag zu der zentralen Frage liefern, wie weit dieser Wandel bereits fortgeschritten ist. Gegenwärtig, so scheint es, ist der Laborkonstruktivismus von einer Beantwortung dieser und ähnlicher Fragen allerdings mehr denn je entfernt. Er sorgt derweil dafür, daß die Wissenschaftssoziologie in ihrer Randständigkeit verhaftet bleibt.

Literatur

Ashmore, M., 1989, *The Reflexive Thesis. Wrighting the Sociology of Scientific Knowledge,* Chicago: University of Chicago Press.

Baber, Z., 1992, »Sociology of Scientific Knowledge. Lost in the Reflexive Funhouse?«, in: *Theory and Society* 21, S. 105-119.

Barber, B., 1952, *Science and the Social Order,* New York: Free Press.

Barnes, B., 1977, *Interests and the Growth of Knowledge,* London: Routledge & Kegan Paul.

- und R. G. A. Dolby, 1970, »The Scientific Ethos: A Deviant Viewpoint«, in: *European Journal of Sociology* 11, S. 2-25.
- und D. Edge, 1982, »General Introduction«, in: dies. (Hg.), *Science in Context. Readings in the Sociology of Science*, Cambridge, Mass.: MIT Press, S. 1-12.

Ben-David, J., 1991a, »Theoretical Perspectives in the Sociology of Science 1920-1970«, in: ders., *Scientific Growth. Essays on the Social Organization and Ethos of Science*, hg. von G. Freudenthal, Berkeley: University of California Press, S. 413-434.

–, 1991b, »The Emergence of National Traditions in the Sociology of Science«, in: ders., *Scientific Growth. Essays on the Social Organization and Ethos of Science*, hg. von G. Freudenthal, Berkeley: University of California Press, S. 435-450.

- und R. Collins, 1966, »Social Factors in the Origin of a New Science. The Case of Psychology«, in: *American Sociological Review* 31, S. 451-465.

Bernsdorf, W. (Hg.), 1969, *Wörterbuch der Soziologie*, 2., neubearbeitete und erweiterte Auflage, Stuttgart: Enke.

Bijker, W. E., 1993, »Do not Despair: There is Life after Constructivism«, in: *Science, Technology & Human Values* 18, S. 113-138.

- und J. Law (Hg.), 1992, *Shaping Technology, Building Society*, Cambridge, Mass.: MIT Press.

Bloor, D., 1973, »Wittgenstein and Mannheim on the Sociology of Mathematics«, in: *Studies in History and Philosophy of Science* 4, S. 173-191.

–, 1976, *Knowledge and Social Imagery*, London: Routledge & Kegan Paul.

Bourdieu, P., 1975, The Specificity of the Scientific Field and the Social Conditions of the Progress of Reason«, in: *Social Science Information* 14, S. 19-47.

Brunsson, N., 1989, *The Organization of Hypocrisy: Talk, Decisions, and Actions in Organizations*, Chichester: Wiley.

Bunge, M., 1991, »A Critical Examination of the New Sociology of Science. Part I«, in: *Philosophy of the Social Sciences* 21, S. 524-560.

–, 1992, »A Critical Examination of the New Sociology of Science. Part II«, in: *Philosophy of the Social Sciences* 22, S. 46-76.

Callon, M., 1986, »The Sociology of an Actor-Network: The Case of the Electric Vehicle«, in: M. Callon, J. Law und A. Rip (Hg.), *Mapping the Dynamics of Science and Technology: Sociology of Science in the Real World*, London: Macmillan, S. 19-34.

–, 1987, »Society in the Making: The Study of Technology as a Tool for Sociological Analysis«, in: W. E. Bijker, T. P. Hughes und T. J. Pinch (Hg.), *The Social Construction of Technological Systems*, Cambridge, Mass.: MIT Press, S. 83-103.

- und B. Latour, 1992, »Don't Throw the Baby out with the Bath School.

A Reply to Collins and Yearley«, in: A. Pickering (Hg.), *Science as Practice and Culture*, Chicago: University of Chicago Press, S. 343-368.

–, J. Law und A. Rip, 1986, »How to Study the Force of Science«, in: dies. (Hg.), Mapping the Dynamics of Science and Technology: Sociology of Science *in the Real World*, London: Macmillan, S. 3-15.

Chalmers, A., 1988, »The Sociology of Knowledge and the Epistemological Status of Science«, in: *Thesis Eleven* 21, S. 82-102.

Collins, H. M., 1981a, »The Place of the ›Core-Set‹ in Modern Science: Social Contingency with Methodological Propriety in Science«, in: *History of Science* 19, S. 6-19.

–, 1981b, »Stages in the Empirical Programme of Relativism«, in: *Social Studies of Science* 11, S. 3-10.

–, 1983, »The Sociology of Scientific Knowledge: Studies of Contemporary Science«, in: *Annual Review of Sociology* 9, S. 265-285.

– und T. J. Pinch, 1982, *Frames of Meaning. The Social Construction of Extraordinary Science*, London: Routledge & Kegan Paul.

– und S. Yearley, 1992a, »Epistemological Chicken«, in: A. Pickering (Hg.), *Science as Practice and Culture*, Chicago: University of Chicago Press, S. 301-326.

– und S. Yearley, 1992b, »Journey into Space«, in: A. Pickering (Hg.), *Science as Practice and Culture*, Chicago: University of Chicago Press, S. 369-389.

Cozzens, S. E. und T. F. Gieryn, 1990, »Introduction: Putting Science back in Society«, in: dies. (Hg.), *Theories of Science in Society*, Bloomington/Indianapolis: Indiana University Press, S. 1-14.

Foerster, H. von, 1985, *Sicht und Einsicht. Versuche zu einer operativen Erkenntnistheorie*, Braunschweig: Vieweg.

Garfinkel, H., 1967, *Studies in Ethnomethodology*, Englewood Cliffs, N. J.: Prentice-Hall.

Gieryn, T. F., 1982, »Relativist/Constructivist Programmes in the Sociology of Science: Redundance and Retreat«, in: *Social Studies of Science* 12, S. 279-297.

Gilbert, G. N. und M. Mulkay, 1984, *Opening Pandora's Box. A Sociological Analysis of Scientist's Discourse*, Cambridge, UK: Cambridge University Press.

–, 1985, »Die Rechtfertigung wissenschaftlicher Überzeugungen«, in: W. Bonß und H. Hartmann (Hg.), *Entzauberte Wissenschaft. Soziale Welt*, Sonderband 3, Göttingen: Schwartz, S. 207-229.

Gilfillan, S. G., 1935, *The Sociology of Invention*, Cambridge, Mass.: MIT Press.

Glasersfeld, E. von, 1987, *Wissen, Sprache und Wirklichkeit. Arbeiten zum radikalen Konstruktivismus*, Braunschweig: Vieweg.

Gunn, J. A. W., 1968, »›Interest Will Not Lie‹: A Seventeenth Century Political Maxim«, in: *Journal of the History of Ideas* 29, S. 551-564.

Hacking, I., 1992, »The Self-Vindication of the Laboratory Sciences«, in: A. Pickering (Hg.), *Science as Practice and Culture*, Chicago: University of Chicago Press, S. 29-65.

Hagendijk, R., 1990, »Structuration Theory, Constructivism and Scientific Change«, in: S. E. Cozzens und T. F. Gieryn (Hg.), *Theories of Science in Society*, Bloomington/Indianapolis: Indiana University Press, S. 43-67.

Hagstrom, W. O., 1965, *The Scientific Community*, New York: Basic Books.

Hirschman, A. O., 1980, *Leidenschaften und Interessen. Politische Begründungen des Kapitalismus vor seinem Sieg*, Frankfurt am Main: Suhrkamp.

Hohn, H.-W. und U. Schimank, 1990, *Konflikte und Gleichgewichte im Forschungssystem. Akteurskonstellationen und Entwicklungspfade in der staatlich finanzierten außeruniversitären Forschung*, Frankfurt am Main: Campus.

Jasanoff, S., 1990, *The Fifth Branch. Science Advisers as Policymakers*, Cambridge, Mass.: Harvard University Press.

Kaplan, N., 1964, »Organization. Will it Choke or Promote the Growth of Science?«, in: K. Hill (Hg.), *The Management of Scientists*, Boston: Beacon Press.

Knorr-Cetina, K., 1983, »The Ethnographic Study of Scientific Work: Towards a Constructivist Interpretation of Science«, in: dies. und M. Mulkay (Hg.), *Science Observed. Perspectives on the Social Study of Science*, London: Sage, S. 115-140.

–, 1984, *Die Fabrikation von Erkenntnis*, Frankfurt am Main: Suhrkamp (Original 1981: *The Manufacture of Knowledge. An Essay on the Constructivist and Contextual Nature of Science*, Oxford: Pergamon Press).

–, 1988a, »Das naturwissenschaftliche Labor als Ort der ›Verdichtung‹ von Gesellschaft«, in: *Zeitschrift für Soziologie* 17, S. 85-101.

–, 1988b, »Laboratorien: Instrumente der Weltkonstruktion«, in: P. Hoyningen-Huene und G. Hirsch (Hg.), *Wozu Wissenschaftsphilosophie? Positionen und Fragen zur gegenwärtigen Wissenschaftsphilosophie*, Berlin: de Gruyter, S. 315-344.

–, 1989, »Spielarten des Konstruktivismus. Einige Notizen und Anmerkungen«, in: *Soziale Welt* 40, S. 86-96.

–, 1992a, »The Couch, the Cathedral, and the Laboratory. On the Relationship between Experiment and Laboratory in Science«, in: A. Pickering (Hg.), *Science as Practice and Culture*, Chicago: University of Chicago Press, S. 113-138.

–, 1992b, »Zur Unterkomplexität der Differenzierungstheorie. Empirische Anfragen an die Systemtheorie«, in: *Zeitschrift für Soziologie* 21, S. 406-419.

- und M. Mulkay, 1983, »Introduction: Emerging Principles in Social Studies of Science«, in: dies. (Hg.), *Science Observed. Perspectives on the Social Study of Science*, London: Sage, S. 1-17.
- Krohn, W. und G. Krücken (Hg.), 1993, *Riskante Technologien: Reflexion und Regulation. Einführung in die sozialwissenschaftliche Risikoforschung*, Frankfurt am Main: Suhrkamp.
- und J. Weyer, 1989, »Die Gesellschaft als Labor. Die Erzeugung sozialer Risiken durch experimentelle Forschung«, in: *Soziale Welt* 40, S. 349-373.
- Kuhn, T. S., 1973, *Die Struktur wissenschaftlicher Revolutionen*, 2. Auflage, Frankfurt am Main: Suhrkamp.
- Latour, B., 1983, »Give me a Laboratory and I Will Raise the World«, in: K. Knorr-Cetina und M. Mulkay (Hg.), *Science Observed. Perspectives on the Social Study of Science*, London: Sage, S. 141-170.
- –, 1988a, *The Pasteurization of France*, Cambridge, Mass.: Harvard University Press.
- –, 1988b, »The Politics of Explanation: an Alternative«, in S. Woolgar (Hg.), *Knowledge and Reflexivity. New Frontiers in the Sociology of Knowledge*, London: Sage, S. 155-176.
- und S. Woolgar, 1979, *Laboratory Life. The Social Construction of Scientific Facts*, Beverly Hills: Sage.
- Laudan, L., 1981, »The Pseudo-Science of Science?«, in: *Philosophy of the Social Sciences* 11, S. 173-198.
- –, 1982, »A Note on Collins'« Blend of Relativism and Empiricism«, in: *Social Studies of Science* 12, S. 131-132.
- Luckmann, T., 1970, »On the Boundaries of the Social World«, in: M. Natanson (Hg.), *Phenomenology and Social Reality. Essays in Memory of Alfred Schutz*, Den Haag: Nijhoff, S. 73-100.
- Luhmann, N., 1990, *Die Wissenschaft der Gesellschaft*, Frankfurt am Main: Suhrkamp.
- –, 1993, »Bemerkungen zu ›Selbstreferenz‹ und zu ›Differenzierung‹ aus Anlaß von Beiträgen im Heft 6, 1992, der ZfS«, in: *Zeitschrift für Soziologie* 22, S. 141-144.
- Mannheim, K., 1969, *Ideologie und Utopie*, 5. Auflage, Frankfurt am Main: Schulte-Bulmke (Original 1929 Bonn: Cohen).
- March, J. G. und J. P. Olsen, 1989, *Rediscovering Institutions. The Organizational Basis of Politics*, New York: Free Press.
- Merton, R. K., 1973, *The Sociology of Science. Theoretical and Empirical Investigations*, Chicago: University of Chicago Press (deutsche Übersetzung zentraler Beiträge: *Entwicklung und Wandel von Forschungsinteressen. Aufsätze zur Wissenschaftssoziologie*, Frankfurt am Main: Suhrkamp 1985).
- Meyer, J. W. und B. Rowan, 1977, »Institutionalized Organizations: Formal Structures as Myth and Ceremony«, in: *American Journal of Sociology* 83, S. 340-363.

Meyer, M. und L. G. Zucker, 1989, *Permanently Failing Organizations*, London: Sage.

Mitroff, J. I., 1974, »Norms and Counter-Norms in a Select Group of the Apollo Moon Scientists. A Case Study of the Ambivalence of Scientists«, in: *American Sociological Review* 39, S. 579-595.

Mulkay, M., 1984, »The Scientist Talks Back: A One-Act Play, with a Moral, about Replication in Science and Reflexivity in Sociology«, in: *Social Studies of Science* 14, S. 265-282.

Mullins, N., 1991, »Ethnomethodologie. Das Spezialgebiet, das aus der Kälte kam«, in: W. Lepenies (Hg.), *Geschichte der Soziologie* Bd. 2, Frankfurt am Main: Suhrkamp, S. 97-136.

–, 1974, »Die Entwicklung eines wissenschaftlichen Spezialgebiets: die Phagen-Gruppe und die Ursprünge der Molekularbiologie«, in: P. Weingart (Hg.), *Wissenschaftssoziologie*, Bd. 2, Frankfurt am Main: Fischer-Athenäum, S. 184-222.

Nelkin, D., 1987, *Selling Science*, New York: Freeman.

Nowotny, H., 1984, »Leben im Labor und Draußen: Wissenschaft ohne Wissen? Anmerkungen zu neueren Ansätzen innerhalb der Wissenschaftssoziologie«, in: *Soziale Welt* 33, S. 208-220.

–, 1990, »Actor-Networks versus Science as Self-Organizing System: A Comparative View of two Constructivist Approaches«, in: W. Krohn, G. Küppers und H. Nowotny (Hg.), *Selforganization. Portrait of a Scientific Revolution*, Dordrecht: Kluwer, S. 223-239.

Pelz, D. C. und F. M. Andrews, 1966, *Scientists in Organizations. Productive Climates for Research and Development*, Chichester: Wiley.

Pickering, A., 1992, »From Science as Knowledge to Science as Practice«, in: ders. (Hg.), *Science as Practice and Culture*, Chicago: University of Chicago Press, S. 1-29.

Pinch, T. und T. Pinch, 1988: »Reservations about Reflexivity and New Literary Forms or Why Let the Devil Have All the Good Tunes?«, in: S. Woolgar (Hg.), *Knowledge and Reflexivity. New Frontiers in the Sociology of Knowledge*, London: Sage, S. 178-197.

Pinch, T. W. und W. E. Bijker, 1984, »The Social Construction of Facts and Artifacts: Or How the Sociology of Science and the Sociology of Technology Might Benefit Each Other«, in: *Social Studies of Science* 14, S. 399-441.

Powell, W. W. und P. J. DiMaggio (Hg.), 1991, *The New Institutionalism in Organizational Analysis*, Chicago: University of Chicago Press.

Radder, H., 1986, »Experiment, Technology and the Intrinsic Connection between Knowledge and Power«, in: *Social Studies of Science* 16, S. 663-683.

–, 1992, »Normative Reflexions on Constructivist Approaches to Science and Technology«, in: *Social Studies of Science* 22, S. 141-173.

Schmidt, S. J. (Hg.), 1987, *Der Diskurs des Radikalen Konstruktivismus*, Frankfurt am Main: Suhrkamp.

Scott, P., 1991, »Levers and Counterweights. A Laboratory that Failed to Raise the World«, in: *Social Studies of Science* 21, S. 7-35.

Stehr, N., 1991, *Praktische Erkenntnis*, Frankfurt am Main: Suhrkamp.

Traweek, S. J., 1988, *Beamtimes and Lifetimes. The World of High Energy Physicists,* Cambridge, Mass.: Harvard University Press.

Varela, F. J., 1990, *Kognitionswissenschaft – Kognitionstechnik. Eine Skizze aktueller Perspektiven,* Frankfurt am Main: Suhrkamp.

Watzlawick, P. (Hg.), 1981, *Die erfundene Wirklichkeit. Wie wissen wir, was wir zu wissen glauben? Beiträge zum Konstruktivismus,* München: Piper.

Weingart, P., 1976, *Wissensproduktion und soziale Struktur,* Frankfurt am Main: Suhrkamp.

–, 1986, »T. S. Kuhn: Revolutionary or Agent Provocateur?«, in: K. W. Deutsch, A. S. Markovits und J. Platt (Hg.), *Advances in the Social Sciences, 1900-1980,* Lanham: American University Press, S. 265-277.

–, (Hg.), 1989, *Technik als sozialer Prozeß,* Frankfurt am Main: Suhrkamp.

Whitley, R. (Hg.), 1974, *Social Processes of Scientific Development,* London: Routledge & Kegan Paul.

–, 1983, »From the Sociology of Scientific Communities to the Studies of Scientists' Negotiations and Beyond«, in: *Social Science Information* 22, S. 681-720.

–, 1984, *The Intellectual and Social Organization of the Sciences,* Oxford: Clarendon.

Williamson, O. E., 1975, *Market and Hierarchy: Analysis and Antitrust Implications. A Study in the Economics of International Organizations,* New York: Free Press.

Woodhouse, E. J., 1991, »The Turn toward Society? Social Reconstruction of Science«, in: *Science, Technology, & Human Values* 16, S. 390-404.

Woolgar, S., 1981, »Interests and Explanation in the Social Study of Science«, in: *Social Studies of Science* 11, S. 365-394.

–, 1988a, »Reflexivity is the Ethnographer of the Text«, in: ders. (Hg.), *Knowledge and Reflexivity. New Frontiers in the Sociology of Knowledge,* London: Sage, S. 14-34.

– (Hg.), 1988b, *Knowledge and Reflexivity. New Frontiers in the Sociology of Knowledge,* London: Sage.

–, 1991, »The Turn to Technology in the Social Studies of Science«, in: *Science, Technology & Human Values* 16, S. 20-50.

– und M. Ashmore, 1988, »The Next Step. An Introduction to the Reflexive Project«, in: S. Woolgar (Hg.), *Knowledge and Reflexivity. New Frontiers in the Sociology of Knowledge,* London: Sage, S. 1-11.

Wynne, B., 1988, »Unruly Technology. Practical Rules, Impractical Discourses and Public Understanding«, in: *Social Studies of Science* 18, S. 147-167.

Zucker, L. G. (Hg.), 1988, *Institutional Patterns and Organizations. Culture and Environment,* Cambridge, Mass.: Ballinger.

Zuckerman, H., 1988, »The Sociology of Science«, in: N. J. Smelser (Hg.), *Handbook of Sociology*, Newbury Park: Sage, S. 511-574.

Christiane Bender
Selbstorganisation in Systemtheorie und Konstruktivismus

In der fachübergreifenden Proliferation des Begriffs Selbstorganisation, auch außerhalb von wissenschaftlichen Disziplinen, kommt nicht nur ein ernst zu nehmender interdisziplinärer Ansatz, sondern ebenfalls eine Mode zum Ausdruck. Darin mag man ein Zeichen für das Eigenleben des Begriffs sehen, der somit zu Recht als ein Fall seiner selbst beschrieben werden kann. Der Gebrauch des Begriffs Selbstorganisation chaotisiert allerdings seine eigene Bedeutung derart, daß nur sehr schwer eine zuverlässige Definition zu finden ist. Dabei lassen sich aus der Ideengeschichte respektable Vorläufermodelle angeben, wie das der natürlichen Entelechie (Aristoteles), der fensterlosen Monade (Leibniz), der *invisible hand* (Smith) oder gar des Begriffs des Begriffs (Hegel), um nur eine Auswahl zu nennen. Hinzu treten Vorstellungen von Synergien gebündelter Laserstrahlen (Haken), von seltsamen Attraktoren und Phasenräumen (Eckmann), von fraktaler Geometrie (Mandelbrot), von neuronalen Netzwerkkommunikationen (»künstliche Intelligenz«) und von Maschinen, die automatisch ihre Zustände regeln (von Neumann, Turing). Vergleicht man beispielsweise den basisdemokratischen Aufruf an die Belegschaft zur Selbstorganisation des Betriebs mit dem Rat des in Unternehmenskultur-Management geschulten Unternehmensberaters, die Selbstorganisation der Mitarbeiter gewinnbringend zu nutzen, so wird unschwer einsichtig, daß verschiedene Vorstellungen über Selbstorganisation unterlegt werden – beiden Imperativen liegt ein völlig anderes Konzept der Steuerung betrieblicher Prozesse zugrunde.

Daher erscheint es mir dringlich, einmal zu fragen, was denn überhaupt mit dem Begriff Selbstorganisation verbindlich gemeint sein kann: was für ein Agens wird unterstellt, das sich selbst steuert und organisiert? Meine zentrale Frage, die in meinen folgenden Überlegungen im Vordergrund steht, lautet daher: Womit befaßt sich eine soziologische Theorie der Selbstorganisation? An dieser Stelle soll mit gebotener Vorsicht unter dem Begriff Selbstorganisation nur so viel verstanden werden: Der Gegenstand der Theorie wird als ein Agens gedacht, welches nach eigenen Regeln handelt und ein Wissen verwendet, aufgrund dessen es sich identifiziert und seine Aktivitäten als ihm zugehörig steuert. Wer oder was kann überhaupt Kandidat der Theorie einer solchen Identität, eines so bezeichneten Agens sein? Mit dieser Frage interferiert eine weitere Thematik, die durch den Begriff der Selbstorganisation zwar nicht neu gestellt, aber verschärft formuliert wird: Wie ist eine solche soziologische Theorie der Selbstorganisation über eine soziale Wirklichkeit möglich, die sich nach eigenen Regeln organisiert?

Ich frage also nach dem Kandidaten einer soziologischen Theorie der Selbstorganisation und verbinde diese Frage damit, wie ein theoretisches Wissen von diesem Kandidaten möglich ist. Dazu formuliere ich fünf Thesen. Die erste These wird die gestellte Problematik mit dem Hinweis auf die Tradition des soziologischen Diskurses über Selbstorganisation einordnen. In den folgenden drei Thesen diskutiere ich die der Mode verdächtigen konstruktivistischen Modelle der Selbstorganisation (den empirischen Konstruktivismus, den Radikalen Konstruktivismus, die Systemtheorie). Die Problematik verkompliziert sich dabei allerdings dadurch, daß diese konstruktivistischen und systemtheoretischen Ansätze davon ausgehen, daß Wissen bzw. Wissenschaft als ein ausgezeichneter Kandidat einer solchen Theorie der Selbstorganisation zu fassen ist. In meiner fünften These möchte ich einen Ausblick auf meine eigenen wissenssoziologischen Überlegungen geben, im Sinne Meads, das Thema Selbstorganisation aus der Perspektive der Analyse des sozio-kulturellen Wissens zu behandeln. Da die Literatur, die durch meine Ausführungen berührt wird, äußerst umfangreich ist, werde ich lediglich exemplarisch auf Veröffentlichungen eingehen.[1]

---

[1] Der interessierte Leser sei vor allem auf das »Jahrbuch für Komplexität in den Natur-, Sozial- und Geisteswissenschaften« mit dem Titel *Selbstorganisation* aufmerksam gemacht. Eine ausführlichere Literaturdiskussion enthält meine Arbeit *Die Autopoiesis der Wissenschaft. Zur Kritik systemtheoretischer und konstruktivistischer Ansätze in der Wissenschaftsforschung* (im Erscheinen).

1. Das Thema Selbstorganisation in der Geschichte der Soziologie

Die These, die ich meinem ersten Kapitel voranstelle, lautet: Das Thema Selbstorganisation ist für die Soziologie virulent, insofern die Soziologie ihren Anspruch auf Wissenschaftlichkeit damit begründet, emergente, irreduzible Prinzipien oder Mechanismen nachzuweisen. Emergenz bringt zum Ausdruck, was neuerdings Selbstorganisation heißt.[2]

»Die Gesellschaft aus sich heraus zu erklären«, so bezeichnet Émile Durkheim (1858-1917) die eigentliche basale Aufgabe der Soziologie: Durkheim nimmt damit die wesentliche Intention späterer expliziter Theorien der Selbstorganisation der Gesellschaft vorweg[3]: ein Prinzip zu formulieren, aufgrund dessen sich die Ordnung und Entwicklung eines Untersuchungsbereichs erklären und beschreiben läßt. In seiner Schrift *Die Regeln der soziologischen Methode* und in seinen empirischen Untersuchungen veranschaulicht Durkheim, was diese Forderung für die Erklärung der sozialen Tatbestände *(faits sociaux)* bedeutet: Die Erklärungsmodelle der Naturwissenschaften und der Metaphysik reichen nicht hin, um die beschreibbaren *faits sociaux* ätiologisch zu erfassen. Eine nicht-reduktionistische Erklärung muß sie innerhalb der Strukturen beschreiben, aus denen sie emergieren. Das können wiederum nur soziale Tatbestände sein, die selbst nicht auf außersoziale Verhältnisse zurückzuführen sind, sondern die als Prozeß in sich rekurrenter Kausalität einen genuin gesellschaftlichen Ursachen- und Wirkungszusammenhang entfalten.

Durkheim spricht in seiner Untersuchung über die elementaren Formen des religiösen Lebens und in der Studie über das Selbstmordverhalten von einer sozialen Wirklichkeit »sui generis«. Am

2 Den Begriff der Emergenz verwende ich im Sinne A. N. Whiteheads und G. H. Meads als Bezeichnung eines Neuen, welches ein eigenes Erklärungsprinzip erfordert. Siehe dazu G. H. Mead, *The Philosophy of the Present*, Chicago 1932. Außerdem: W. Krohn/G. Küppers (Hg.), *Emergenz: Die Entstehung von Ordnung, Organisation und Bedeutung*, Frankfurt am Main 1992.
3 Eine Interpretation Durkheims auf der Grundlage eines konstruktivistisch-systemtheoretischen Vokabulars hat P. M. Hejl skizziert. Siehe P. M. Hejl, »Durkheim und das Thema der Selbstorganisation«, *LUMIS-Schriften*, 18, Siegen 1988.

Beispiel Selbstmord: »Wenn man nämlich, anstatt in ihm nur einen isolierten Einzelvorgang zu sehen, der jeweils eine Einzeluntersuchung verlangte, die Gesamtheit der Selbstmorde betrachtet, die in einer gegebenen Gesellschaft und einem gegebenen Zeitabschnitt begangen wurden, stellt man fest, daß das so gewonnene Gesamtergebnis nicht einfach die Summe voneinander unabhängiger Einzelfälle darstellt, eben eine Ansammlung, sondern daß dieses Ergebnis eine neue Tatsache sui generis schafft, die Einheitlichkeit und Besonderheit besitzt, also ihre eigene Natur hat, die überdies von eminent sozialer Bedeutung ist.«[4]

In der Theorie und im Nachweis solcher Emergenzbeziehungen, die sich selbst hervorbringen und erhalten, bestand und besteht die Legitimation und die Programmatik der Soziologie als Grundlagenwissenschaft. Durkheim identifizierte diese emergenten Strukturen, welche die gesellschaftliche Arbeitsteilung und Differenzierung hervorbringen, in den besonderen Ausdrucksformen des Kollektivbewußtseins *(conscience collective)*. Der soziologische Diskurs, den die Disziplin in der Nachfolge von Durkheim führt, läßt sich als Erörterung der Fragestellung interpretieren, welches die geeigneten Kandidaten einer solchen Theorie der gesellschaftlichen Selbstorganisation seien, die die Emergenz des Sozialen repräsentieren. Von daher unterscheiden sich die normativen und interpretativen Theorien (Wilson) in der Soziologie dadurch, daß sie unterschiedliche Kandidaten als Theoriereferenz für die Erklärung der gesellschaftlichen Selbstorganisation in Anschlag bringen.

Die normative Soziologie (diesem Ansatz werden unter anderem Marx, Parsons, Merton zugeordnet) bestimmt die emergenten Strukturen der sozialen Welt in akteurtranszendenten Regelmechanismen wie Medien, Normen, Kapital, welche soziale Handlungszusammenhänge systemisch organisieren und kreislaufförmig reproduzieren. Es handelt sich dabei um funktionalistische Theorien, da sie davon ausgehen, daß die Funktionsweise der Regelmechanismen die Selbsterhaltung des Systems garantiert. Transformierungsprozesse werden demzufolge auf externe Störungen des Systems zurückgeführt, die identifizierten Zweck- und Funktionsbezüge werden festgeschrieben.

Besonders aufschlußreich für ein solches Modell der gesellschaft-

---

4 Émile Durkheim, *Der Selbstmord*, Frankfurt am Main 1983, S. 30.

lichen Selbstorganisation ist die Kapitaltheorie von Marx: Kapital, die Umwandlung von Arbeit und Wert in Mehrwert, determiniert den Arbeits- (die Auseinandersetzung des Menschen mit der Natur) und Wertbildungsprozeß (die Herstellung von Gütern, die einen Gebrauchs- und Tauschwert besitzen) zum Verwertungsprozeß, in dem alle Faktoren als eingesetzte Kapitalien berechnet und neu erzeugt werden. Nach der Logik dieses Kapitalmechanismus erfolgt – so die Theorie – die Vergesellschaftung, wenn auch ambivalent und krisenanfällig, als geschlossener in sich funktionsbestimmter Reproduktionskreislauf. Die Akteure, ihre Intentionen und ihre Deutungen, spielen in diesem Modell für die Funktionsweise des Kapitals als diachroner und synchroner Emergenzmechanismus keine Rolle. Einschlägig dafür sind die Titel »Charaktermasken« oder »Ensemble gesellschaftlicher Verhältnisse«, welche den Individuen bei Marx verliehen werden.

Im Unterschied zur normativen Soziologie thematisiert die interpretative Soziologie (diesem Ansatz werden unter anderem Weber, Schütz, Garfinkel zugeordnet) Selbstorganisation als subjekt- und akteurtypische Emergenz. Während Theoretiker des normativen Paradigmas die gesellschaftliche Selbstorganisation im Funktionsmodus abstraktiv-generalisierender Regelmechanismen begründen, für dessen Existenz das beobachtbare individuelle Verhalten kontingent ist, wählen die Theoretiker des interpretativen Paradigmas subjektive akteurbezogene Sinnzuschreibungen als Theoriereferenz, auf deren Basis gesellschaftliche Selbstorganisation möglich sein soll. Subjektiver Sinn, Intentionalität, Handlungsstrategien bezeichnen somit Kandidaten für das von den Vertretern des interpretativen Paradigmas genannte Emergenzprinzip der Selbstorganisation, an das anzuknüpfen die Bedingung sozialer Anschlußhandlungen darstellt. Der methodologische Weg, subjektiven Sinn und Intentionalität im beschreib- und beobachtbaren Verhalten der Akteure nachzuweisen, verläuft vornehmlich über Bewußtseinsanalysen (von Individuen, aber auch von ethnisch und alltagsweltlich abgrenzbaren Gruppen).

Eine klassische Definition des Handlungsbegriffes stellt zweifellos folgendes Zitat Webers aus *Wirtschaft und Gesellschaft* dar: »»Soziales« Handeln aber soll ein solches Handeln heißen, welches seinem von dem oder den Handelnden gemeinten Sinn nach auf das Verhalten anderer bezogen wird und daran in seinem Ablauf orientiert ist.«[4a] Diese Definition schreibt die Emergenz des Sozialen in den gemeinten Sinn ein. Damit wird aber die Handlungsstruktur individualisiert und das Soziale instrumentalisiert, und das heißt: das Soziale weist somit keine eigendynamische Potentialität auf. Soziologien, die dieser Definition Webers gefolgt sind, gründen auf einem methodologischen Individualismus.

Dieser Ansatz sozialer Selbstorganisation bezieht sich unmittelbar auf die individuellen Akteure: Den Akteuren wird – abstrahierend von den Unterschieden der Definitionsmacht, die sie faktisch haben – zugetraut, sie könnten die gesamte Welt, in der sie leben, nicht nur entwerfen, sondern auch generieren. Annahmen über Emergenz können sich lediglich auf die Dauer des Lebens bestimmter Individuen oder Gruppen richten. Dieser überzogene Ansatz wird teilweise gemildert durch den Nachweis gemeinsamer Deutungen, über welche die Akteure verfügen, wenn sie sozial anschlußfähig handeln bzw. wenn sie verstanden werden (Weltbilder, Sozialitätsidealisierung, basale Alltagsregeln).

Es ist die Frage, ob die konstruktivistischen Ansätze einer Theorie der Selbstorganisation, die von der These ausgehen, daß die soziale Wirklichkeit wissenskonstruiert ist, nicht den genannten Einwänden unterliegen und daher geeignetere Kandidaten einer Theorie der Selbstorganisation vorstellen, die zugleich selbstbezüglich den Prozeß der Theoriebildung reflektieren.

2. Der empirische Sozialkonstruktivismus

Meine zweite These bezieht sich vor allem auf konstruktivistische Ansätze, die in der neueren amerikanischen Wissenschaftsforschung empirische Analysen über die soziale Konstruktion des wissenschaftlichen Wissens vorgelegt haben. Meine These lautet: Der empirische Sozialkonstruktivismus[5] enthält einen Vorschlag zu einer Theorie der Selbstorganisation der Wissenschaft: Als Kandidaten und Emergenzmechanismen werden die sozialen Strategien und subjektiven Sinnzuweisungen der Wissensproduk-

---

4a Max Weber, *Wirtschaft und Gesellschaft*, Tübingen 1972, § 1, S. 1.
5 Zur Darstellung dieses konstruktivistischen Programms siehe: K. Knorr-Cetina, »Spielarten des Konstruktivismus«, in: *Soziale Welt* 40 (1989), S. 86-96.

tion in Anschlag gebracht, jenseits jeder strukturellen oder normativen Theorie der Wissenschaft.

Gegenüber dem geltungstheoretischen Ansinnen einer normativen Logik der Forschung amalgierten ein scheinbar liberal unterfütterter Wunsch nach Pluralität der Forschungsprogramme und eine empiristische Wirklichkeitsauslegung in dem Postulat Feyerabends: anything goes. »Anything goes« prononciert ebenso das Forschungsprogramm der sogenannten *laboratory studies*[6]: Die Produktion von wissenschaftlichen Erkenntnissen und das soziale interaktive Handeln von Wissenschaftlern in ihren Laboratorien sei als ein einheitlicher Prozeß aufzufassen. Folglich bleiben die Konstruktivisten Knorr-Cetina, Collins, Lynch, Mulkay und andere in ihren empirischen Analysen den individuellen Wissenschaftlern dicht auf den Fersen, nennen dies teilnehmende Beobachtung und beschreiben und beobachten den sozialen Prozeß der Wissensgenese als vom intentionalen Streben karrierebesorgter Wissenschaftler evoziert. Das Labor, die Alpha-Blättchen, die Basen und Säuren, die Mäuse, die Computer, die Mikroskope, die Kaffeeautomaten, die Schreibtische und, last but not least, die *papers* werden zugleich als Elemente eines kontingent-kontextuellen und bedeutungsträchtigen Szenarios transepistemischer Arenen (Knorr-Cetina) gedeutet, innerhalb deren die Wissenschaftler – sich selbst organisierend und weder von Strukturzusammenhängen noch von Rationalitätsstandards determiniert – Wissenschaft produzieren. In *shop talks*, zwischen Tür und Angel, an der Kaffeemaschine wird ausgehandelt – so die Analysen –, was später auf Kongressen und Tagungen geschickt inszeniert, ex post rationalisiert, scheinbar kontextenthoben mit dem Etikett des wissenschaftlichen Wissens versehen wird.[7]

6 Ich nenne einige Veröffentlichungen, die dafür beispielhaft sind: K. Knorr-Cetina, *Die Fabrikation von Erkenntnis. Zur Anthropologie der Naturwissenschaft*, Frankfurt am Main 1984; B. Latour/St. Woolgar, *Laboratory Life. The Social Construction of Facts*, Beverley Hills 1979; B. Latour, *Science in Action. How to Follow Scientists and Engineers Through Society*, Cambridge 1987; M. Lynch, *Art and Artifact in Laboratory Science. A Study of Shop Work and Shop Talk in a Research Laboratory*, London 1985.
7 K. Knorr-Cetina, »Das naturwissenschaftliche Labor als Ort der ›Verdichtung‹ von Gesellschaft«, in: *Zeitschrift für Soziologie* 17/2 (1988), S. 85-101.

Ich greife einige kritikwürdige Annahmen heraus, mit deren Hilfe die Autoren die Selbstorganisation der Wissenschaft beschreiben. Diese Annahmen führen meines Erachtens dazu, daß das Programm einer konstruktivistischen Wissenschaftstheorie kollabiert:

(a) Die Autoren gehen davon aus, daß wissenschaftliches sozialkonstruiertes Wissen der subjektiven, intentionalen Bedeutungszuweisung der Akteure unterliegt. Demnach wird Wissen bzw. Wissenschaft lediglich mikrologisch als subjektiv sinnhaft bezüglich der Intentionalität der Akteure interpretiert. Daraus folgt, daß Wissen seinen Status verliert, Kandidat einer Theorie der Selbstorganisation zu sein: Es wird nicht als anleitend und organisierend begriffen, sondern als Funktion vorgängig existierender und unabhängig agierender Akteure. Wenn die Laborinsassen auf andere denn auf wissenschaftliche Weise Strategien entwerfen, ihre Karriere zu fördern, verliert das Wissen als solches seine gesellschaftliche Bedeutung, Handlungsanschlüsse zu verknüpfen. Es läßt sich beliebig, in Abhängigkeit von den Strategien und Intentionen der Akteure, neu interpretieren und konstruieren. Dieser latente Voluntarismus kommt allerdings einer Verharmlosung der Bedeutung der Wissenschaft in der abendländischen Kultur nahe, deren Wertgrundlage durch einen Rationalitätsbegriff sedimentiert wird, der vorrangig durch die Wissenschaft expliziert wird, wobei es den Akteuren weder alltäglich noch wissenschaftlich freigestellt ist, die Welt nach den durch Wissenschaft etablierten und objektiv manifestierten Regeln zu deuten oder nicht.

(b) Mit »Indexikalisierung«, »Unbestimmtheit«, »Vagheit« der Begriffe, »Kontextualität« bezeichnen die Autoren die konstitutiven Dimensionen der Konstruktion wissenschaftlicher Bedeutungen, welche die Akteure innerhalb ihrer transepistemischen Handlungsarenen generieren. Die Beschreibung des reflexiven Aufbaus der Alltagswelt (der Wissenschaftler), so von den Ethnomethodologen vorgeführt, zeigt, daß diese nicht zu beschreiben ist. Begriffe wie Abschattung, Bedeutungshorizont, Verschmelzung oder Kontext weisen darauf hin, daß die subjekthafte Genese des Wissens der Akteure gerade dort verborgen ist, wo sie von einer Theorie, die angeblich nur beschreibt und nicht versteht, nicht zu entbergen ist.

(c) Rationalität, so läßt sich die Überzeugung der Sozialkonstruktivisten zusammenfassen, sei nichts weiter als eine Rationalisierung ex post – eine strategische Inszenierung, kaschiertes *muddling-through* der Akteure. Wiederum wird den Akteuren die Konstruktion ihrer Welt zugetraut: Traditionen zu stiften, interkulturelle Kommunikationen zu garantieren, kalkulatorisch nichtintentionale Kommunikationsfolgen auszuschalten. Methodologien werden erfunden, um Wissenschaftlichkeit zu dokumentieren. Damit wird jedoch die emergente (selbstorganisatorische) Bedeutung des Etiketts (Rationalität) gegenüber der Ware (soziale Konstruktion von Aussagen) unterinterpretiert: Zwar mag es empirisch zutreffen, daß wissenschaftliche Produkte ex post methodologisch rationalisiert werden; das heißt aber nicht, daß die Regeln der Rationalisierung in eben jenem Akt miterfunden werden. Der Sinn dieser Regeln besteht gerade darin, daß sie gegenüber einem konkreten Produkt emergent sind, Maßstäbe setzen, die die Waren normieren und die auch gelten, wenn die Ware nicht hält, was sie verspricht. Für die Geltung solcher Etikettierungen wie logisch-argumentative und diskursiv einlösbare Ansprüche an Methodizität, die gemeinhin wissenschaftliche Werke auszeichnen, ist es völlig unerheblich, in welcher Weise sie mit dem Text »zusammengebracht« werden: Entspricht der Text dem Anspruch nicht, um so schlimmer für den Text!

Abschließend: Dem ethnomethodologischen Sozialkonstruktivismus gelingt es nicht, Wissen als Kandidaten einer Theorie der Selbstorganisation zu behaupten, da Wissen aufgelöst wird in die kontextbezogenen Strategien der Akteure. Damit werden aber zugleich die Regeln fraglich, die den Anspruch an Erkenntnis begründen, die die Autoren für ihre Untersuchungen selbst erheben. Die Konsequenzen sind »self-defeating«, die Soziologie der Wissenschaft kann sich nicht selbst begründen: Wenn die theoretische Aussage zutrifft, dann kann es keinen wahrheitsfähigen Text geben, und wenn der Text wahrheitsfähig sein soll, kann die theoretische Aussage nicht zutreffen. Der Kreter sagt: Alle Kreter lügen. Wenn er die Wahrheit sagt, lügt er, und wenn er lügt, sagt er die Wahrheit.

3. Der Radikale Konstruktivismus

Einen weiteren Vorschlag zur Theorie der Selbstorganisation machen die Vertreter des Radikalen Konstruktivismus. Ich fasse deren Anliegen thesenhaft zusammen: Der Radikale Konstruktivismus stellt Kognition als einen geeigneten Kandidaten der Theorie der Selbstorganisation (Autopoiesis) dar und beansprucht, darüber zu einem revidierten Theoriebegriff zu gelangen. Der primäre Kandidat der Theorie der Selbstorganisation wird in der Funktionsweise des Gehirns gesehen.

Maturana, Varela, von Glasersfeld und von Foerster figurieren als Väter eines Modells der Selbstorganisation bzw. der Autopoiesis, dessen empirische Basis die Funktionsweise des Nervensystems ist und aufgrund dessen weitreichende ontologische, erkenntnistheoretische und soziologische Schlußfolgerungen gezogen werden.[8] Mit dem zentralen Begriff der Kognition wird beansprucht, die einheitlichen und formal-invarianten Strukturen von Leben und Erkennen zu identifizieren: Lebende Systeme – so die Autoren – sind autopoietische Systeme. Diese werden dadurch definiert, daß sie alles, was sie für ihre Einheit verwenden, selbst produzieren.

Die Funktionsweise des Nervensystems sei die Funktionsweise eines autopoietischen Systems par excellence, da es vollkommen geschlossen, nur in seiner eigenen Sprache operiere. Von Input-Output-Beziehungen (Sprache, Wahrnehmung, Lernen, Gedächtnis etc.) zu sprechen sei Ausdruck der Perspektive des Beobachters, habe aber nichts mit der realen Funktionsweise des Nervensystems zu tun. Ohne allzu tief in die Neurophysiologie einzusteigen, möchte ich eine leicht verständliche Zusammenfassung der Annahme selbstreferentieller Funktionen zitieren:

»[...] das, was eigentlich im Gehirn sein sollte, nämlich Bilder und Klänge, das heißt Wahrnehmungsempfindungen, scheint es nur außerhalb des Gehirns zu geben, während man im Gehirn das antrifft, was dort nicht sein sollte: physikalisch-chemische Prozesse, die nichts Wahrnehmungsmäßiges an sich haben. Ein noch so genaues Studium der Entladungsmuster

8 S. J. Schmidt, »Der Radikale Konstruktivismus: Ein neues Paradigma im interdisziplinären Diskurs«, in: ders. (Hg.), *Der Diskurs des Radikalen Konstruktivismus*, Frankfurt am Main 1987, S. 11-88. Interdisziplinäre Züge zeigt auf: G. Rusch, *Erkenntnis, Wissenschaft, Geschichte. Von einem konstruktivistischen Standpunkt*, Frankfurt am Main 1987.

von Nervenzellen und Nervennetzen macht diese nicht zu Bildern oder Klängen. [...] Das Gehirn besteht aus Nervenzellen und Gliazellen. Alle Nervenzellen des Gehirns stehen untereinander direkt oder indirekt in Verbindung. [...] Sie kommunizieren miteinander entweder elektronisch oder über chemische Botenstoffe (Transmitter oder Neuropeptide). [...] Das Gehirn versteht nur diese eigenen Signale oder solche, die ihnen physiko-chemikalisch hinreichend ähnlich sind. Es ist unempfindlich für die direkten Einwirkungen von Lichtquanten und Schalldruckwellen, für Geruchsmoleküle und physikalischen Druck. Es sieht, hört, riecht und fühlt nichts von der Welt.«[9]

Meine Kritik setzt zunächst an der Struktur der Argumentation des Radikalen Konstruktivismus an, welche die Theorie der Selbstorganisation, die Kognition (bzw. Leben und Erkennen) als Kandidaten vorstellt und aus empirischen Daten über die Funktionsweise des Nervensystems weitreichende Hypothesen ableitet.

(a) Zunächst einmal läßt sich die Annahme, das Nervensystem sei als ein geschlossenes System anzusehen, keinesfalls aus empirischen Wahrnehmungsexperimenten ableiten, in denen gezeigt wird, daß Objekt und Objektwahrnehmung auseinanderfallen (bei Wahrnehmungstäuschungen, Farbimpressionen, Drogenkonsum, Leben mit einer Prismabrille).[10] Diese Experimente tragen lediglich dazu bei, eine behavioristische oder elementaristische Wahrnehmungstheorie in Zweifel zu ziehen. Keinesfalls läßt sich daraus zwingend die These ableiten, lebende Wesen operierten umweltfrei und geschlossen. Maturana unternimmt den Versuch einer Theorie des Nervensystems, die beansprucht, Aussagen über dessen Funktionsweise zu machen, bevor dieses beobachtet und perturbiert wird. Aussagen, die in technisch-naturwissenschaftlichen Begriffen wie »strukturelle Koppelung«, »Autopoiesis«, »Perturbation« formuliert werden, erfassen – so Maturana – das System an sich, frei von der Subjektivität des Beobachters, während Begriffe von Wahrnehmung, Orientierung, Lernen, Ge-

9 G. Roth, »Die Selbstreferentialität des Gehirns und die Prinzipien der Gestaltwahrnehmung«, in: *Gestalt-Theory* 7 (1985), S. 228-244, hier S. 234.
10 H. R. Maturana und F. J. Varela, *Der Baum der Erkenntnis*, München/Bern/Wien 1987. Siehe auch die kritischen Bemerkungen von V. Riegas, »Das Nervensystem – offenes oder geschlossenes System?«, in: V. Riegas/Ch. Vetter (Hg.), *Zur Biologie der Kognition*, Frankfurt am Main 1990.

dächtnis, Input-Output, Information die Beobachterperspektive widerspiegeln. Gegen diesen Objektivismus, mit dessen Hilfe Maturana paradoxerweise seine Beobachtungs- und Selbstorganisationsthese begründen will, lassen sich jedoch (unter anderem) ein schwaches und ein starkes Argument vorbringen:
Das schwache Argument bezieht sich darauf, daß die zu meiner zweiten These zitierten Konstruktivisten in Theorie und Empirie darauf hingewiesen haben, daß die Genese von wissenschaftlichem Wissen abhängt von kontingent-kontextuellen Bedingungen, die nicht nur die Begriffsbildung, sondern die Konstruktion der Natur prägen, die zum Gegenstand wissenschaftlicher Untersuchungen wird. In bezug auf die Untersuchung des Nervensystems bedeutet das beispielsweise, daß die Ströme des Nervensystems, die ein Oszillograph aufzeichnet und mißt, bereits ein hochgradig artifizielles Kunstprodukt darstellen, welches durch das in Forschungsinstrumenten und -anlagen verobjektivierte theoretische Wissen transformiert und interpretiert wurde. Nervenströme zu messen bedeutet, sie zu stimulieren. Das meines Erachtens starke Argument bezieht sich darauf, daß das Nervensystem als solches überhaupt nicht zum Gegenstand einer Untersuchung werden kann, ohne daß ein Wissen vorgegeben wird, aufgrund dessen es als bedeutsamer Teil der organischen Konstitution eines Menschen bzw. eines Ich verstanden und untersucht wird. Dieses Wissen läßt sich jedoch nicht deskriptiv als Beobachtung von regelmäßigen Abläufen fassen, sondern es enthält jene evaluativen Gehalte, die unser Menschenbild ausmachen. Somit erweisen sich begriffliche Differenzierungen, die wir zwischen Bewußtsein und Gehirn, zwischen Geist und Körper ziehen, als Unterscheidungen innerhalb einer sozio-kulturellen Welt. (Hört man auf die Sprache, die Biologen verwenden, um beispielsweise mikrobiologische Vorgänge zu bestimmen, so wird mein Argument bestätigt: Die DNA wird als Code mit Informationen, Gensubstanzen werden als Buchstaben und Schrift, ja als Bibliotheken, in denen Zellen lesen, bezeichnet.)
Organismen, Zellen etc. kommen daher ebenfalls nicht als Kandidaten einer Theorie der Selbstorganisation in Frage, da ihr Objektcharakter nur innerhalb des Wissens und der Vorstellung über die Identität des Menschen als Leib-Seele-Wesen besteht – eine Vorstellung, die sozio-kulturellen und nicht biologischen Ursprungs ist.

(b) Meine weitere Kritik bezieht sich auf die wissenschaftstheoretische Bedeutung des Begriffs der Kognition. Maturana will eine Theorie der Selbstorganisation als der formalinvarianten Strukturen des Lebens und der Erkenntnis formulieren.[11] Solche Strukturen können aber niemals Gegenstand einer empirischen Theorie sein: Begriffe wie Leben und Erkenntnis geben erfahrungstranszendente gedanklich-logische Inhalte der Erkenntnis an. Demzufolge enthalten sie keine empirischen Daten, sondern sie liefern die Regeln, aufgrund derer die Empirie begreifbar wird. Begriffe, mit deren Hilfe etwas erkannt wird, lassen sich nicht aus den Daten ableiten, die nur mit Hilfe dieser Begriffe erhoben werden können. Diese Kritik trifft auch die Evolutionäre Erkenntnistheorie, die in vieler Hinsicht dem Radikalen Konstruktivismus nahesteht. Eine empirische Theorie der Erkenntnis kann zwar beschreiben, wie etwas funktioniert bzw. was unter bestimmten Bedingungen unter Erkenntnis verstanden wird, aber sie kann niemals prüfen, ob es sich dabei um Erkenntnis handelt. Ein solches Prüfverfahren müßte die Theorie als Fall ihrer selbst beschreiben mit der Konsequenz, daß ein wahrheitsträchtiger Erkenntnisanspruch aufgegeben werden muß bzw. unendliche Begründungsschleifen aufwirft. Kant hat (in der Kritik an Hume) gezeigt, daß erkenntnistheoretische Aussagen einen geltungstheoretischen Status haben (das heißt, sie betreffen die logisch fundamentalen Anforderungen, die wir stellen müssen, wenn wir von Erkenntnis sprechen). Mit anderen Worten: Eine konstruktivistische Theorie der Erkenntnis als Modus der Selbstorganisation läßt sich nicht durch Argumente begründen, die einen realistischen Erkenntnisbegriff voraussetzen.

---

11 Köck formuliert – nachdem er erläutert hat, daß Maturana Leben und Erkennen (vergleichbar dem Konzept des Historischen Materialismus) gleichsetzt – den Anspruch Maturanas: »Die Theorie der Autopoiese gibt die abstrakt-formalen Bedingungen der Möglichkeit für die Menge aller den jeweils realisierten konkreten Strukturen (›Lebewesen‹) überhaupt möglichen Lebens- bzw. Verhaltensweisen an.« W. R. Köck, »Autopoiese, Kognition und Kommunikation«, in: Riegas/Vetter (Hg.), *Zur Biologie der Kognition*, a.a.O., S. 159-188, hier S. 169.

4. Die Systemtheorie

Luhmann setzt in mehrfacher Hinsicht an den Positionen des Radikalen Konstruktivismus an und bezieht sich auf Maturana, während dieser sich von ihm distanziert. Meine These zu Luhmann lautet: Luhmann gibt Wissen und Beobachtung als Kandidaten einer Theorie der Selbstorganisation an, ohne die Prämissen einer funktionalistischen Systemtheorie zu überwinden.

Nach Luhmann ist Funktionsdifferenzierung das Merkmal der modernen Gesellschaft, die mit dem Verlust einer einheitlichen bereichsübergreifenden Ideologie die Selbstorganisation an die Autopoiese der Systeme freigibt.[12] Luhmann schließt seinen Begriff der Autopoiesis weitgehend an die Definition von Maturana an. Der Begriff der Autopoiese meint auch bei Luhmann einen Operations- und Funktionsmodus, der alles, was er zu seiner Einheit verwendet, selbst produziert. Die Einheit des Systems, seine Referenz, legt eine doppelte Unterscheidung zu einer inneren Umwelt und zu einer äußeren Umwelt fest.[13] Soziale Systeme erhalten sich über Kommunikation als eine selbstläufige Reproduktionsstruktur von Anschlußhandlungen, für die Bewußtsein marginal, das heißt Umwelt ist. Meine Kritik an der funktionalistischen Konzeption der gesellschaftlichen Selbstorganisation setzt an diesem Zuschnitt des Analyserahmens für die moderne Gesellschaft an:

Die systemtheoretische Annahme, daß emergente Prozesse lediglich funktional auf das implizite Telos der Systemerhaltung hin beschrieben werden können, zieht für die Analyse der modernen Gesellschaft eine enge Grenze. Alle Teilbereiche werden »versklavt« (Haken) konzipiert. Hier zeigt sich, daß das Interesse

---

12 »Kein Funktionssystem kann auf Kosten anderer beanspruchen, mehr als andere die Gesellschaft in der Gesellschaft zu repräsentieren [...], eine theoretische Integration jener systemspezifischen Selbstbeschreibungen [ist] ausgeschlossen [...], da jede Gesellschaft nur aus dem Gesichtswinkel ihrer eigenen Funktion beschreibt.« N. Luhmann, *Die Wissenschaft der Gesellschaft*, Frankfurt am Main 1990, S. 479.

13 Die Umwelt stellt für das System eine Zumutung an Kontingenz dar, die das System abbauen muß. Der Abbau von Kontingenz führt aber zur Zunahme an Komplexität und erneut zur Bedrohung – diese Gedankenfiguren des frühen Luhmann sind allerdings etwas in den Hintergrund getreten.

daran, Gesellschaft als einen geschlossenen Kreislaufprozeß zu rekonstruieren, zu Lasten eigenwertiger gesellschaftlicher Prozesse geht. Das »Projekt der Moderne« muß somit als funktional abgeschlossen betrachtet werden. Diesen Einwand möchte ich mit einigen Beispielen belegen:
(a) Wird Religion nur als funktionaler Teil eines geschlossenen gesellschaftlichen Reproduktionskreislaufs analysiert, der Legitimationsaufgaben wahrnimmt, so kann nicht begriffen werden, daß Religion Weltsichten und Lebensformen stiftet, die ein soziales Transformationspotential aufbieten. Ein Beispiel gibt Webers *Protestantische Ehtik,* in der gezeigt wird, wie eine Idee, die soziale Trägerschichten gewinnt, die Lebenspraxis verändert, soziale Strukturen bildet und neue Funktionsbeziehungen etabliert.
(b) Es können solche gesellschaftlichen Prozesse nicht erfaßt werden, die sich einer eindeutigen funktionalen Zuordnung zu einer gegebenen Systemreferenz entziehen. Damit meine ich soziale Aushandlungsprozesse, in welchen die normative Frage der Ziele der Steuerung und der Leitorientierung der gesellschaftlichen Selbstorganisation thematisch werden. Die moderne Gesellschaft, die die selbstverständliche Geltung von Traditionen aufhebt und damit alle globalen Verankerungen in Metaphysik, Religion und Ideologie löst, erfordert strukturell einen Regelungsbedarf, der auch die Bereiche, die sich selbst regulieren, als Teil eines gesellschaftlichen Konstruktionsprozesses erfaßt.
(c) Implizit liegt dem Modell der Selbstorganisation ein empirisches Modell der modernen Gesellschaft, die Industriegesellschaft, zugrunde, in dem Rationalität und Fortschritt als über Naturbeherrschung gewonnene Steigerung von Komplexität definiert werden. In der Systemtheorie werden diese Prämissen zur Voraussetzung der Gesellschaftsbildung in der Moderne schlechthin verallgemeinert. Daher können Handlungszusammenhänge nicht erfaßt werden, in denen tradierte System-Umwelt-Relationen und Funktionsparameter durch die Bildung neuer Leitorientierungen transformiert werden.
So wird beispielsweise die politische »Wende« in Deutschland aus systemtheoretischer Sicht analysiert als Substitution eines Organisationsmodells durch ein anderes, welches funktional eine höhere Differenzierung aufweist. Für eine solche Interpretation lassen sich vordergründig Evidenzen ausmachen. Dabei wird aber übersehen, daß die mit unkontrollierter Macht stabilisierte Selbst-

definition des Systems der ehemaligen DDR, nämlich nur ideologisch normierte Handlungen als systemkonform zuzulassen, alle abweichenden Handlungen dagegen zur Umwelt ohne Rechtsansprüche zu erklären, dadurch umgekehrt und aufgehoben wurde, daß die Orientierung an Grundrechten und Demokratie systemübergreifend institutionalisiert wurde. Ein weiteres Beispiel dafür, daß die moderne Gesellschaft entgegen der Behauptung, sie sei funktional abgeschlossen, ein sozio-kulturelles Transformationspotential aufweist, zeigen die ökologischen Ansätze, Natur nicht als beliebig verfügbare Umweltressource der Systeme zu interpretieren, sondern sozio-kulturell ein qualitatives systemübergreifendes Naturverständnis zu generieren und zu institutionalisieren, welches dann die Bildung eines neuen Funktionskreises strategischer Handlungen ermöglicht.

In den neueren Veröffentlichungen Luhmanns hat der Systembegriff, der zwar empirisch erklärungsrelevant sein soll, aber holistisch formuliert ist, jeden abgrenzbaren Bezug (Institutionen, Gruppen, Dyaden) verloren. Alles ist System, es muß nur als solches definiert werden.[14] Infolgedessen spielt die Beobachter-Figur eine immer größere Rolle. Systeme reproduzieren sich (kommunikativ) durch Selbstbeschreibung und -beobachtung. Im Rahmen des funktionalistischen Systembegriffs heißt das: Die Bewältigung von Kontingenz wird dadurch erfolgreicher, daß System-Operationen wissensgesteuert erfolgen. Wissen wird von Luhmann einerseits zum Emergenzprinzip autopoietischer Systeme erklärt und bildet den Gegenstand einer semantischen Analyse eigensinniger kommunikativer Wirklichkeitskonstruktion, wie sie Luhmann in *Liebe als Passion*[15] durchführt. Andererseits aber wird Wissen funktional der Aufrechterhaltung von Systemkommunikation untergeordnet. Dazu möchte ich einige kritische Anmerkungen vortragen:

(a) Luhmann deklariert Beobachtungswissen als ein Emergenzphänomen, depotenziert aber dessen autopoietische Kraft in Hinblick auf die Funktionalität funktional ausdifferenzierter Systeme, an deren Rationalität er ungebrochen glaubt. Die Reduktion von

14 N. Luhmann, H. Maturana, M. Namiki, V. Redder, F. Varela, *Beobachter. Konvergenz der Erkenntnistheorien?*, München 1990; N. Luhmann, *Beobachtungen der Moderne*, Opladen 1992.
15 N. Luhmann, *Liebe als Passion, Zur Codierung von Intimität*, 4. Auflage, Frankfurt am Main 1984.

Wissen auf Steuerungswissen gemäß einer vorgängigen Systemreferenz wird jedoch den Eigenarten des Wissens, die Luhmann selbst diskutiert, nicht gerecht: Wir können von Gehlen lernen, daß primär funktionsorientierte Systeme aus Stabilitätsgründen an Entdifferenzierung interessiert sind und daher die Etablierung von Diskurs, Kommunikation und Beobachtung als Verursachung von Systemschwächung, Komplexitätszuwachs und Irritation ablehnen. Systeme, die Beobachtung öffentlich institutionalisieren, verändern sich eben dadurch, daß sie dies tun. Funktionsparameter gelten dann nicht mehr als selbstverständlich-selbstbezügliche Systemreferenz, sondern werden auf Regeln der Legitimität und Konsensusfindung beziehbar.

Ergebnisse der Verwendungsforschung in der Sozialwissenschaft, die die Anwendungsbezüge wissenschaftlichen Wissens in der Praxis untersucht haben, kommen zu einer ähnlichen Sichtweise: Das implementierte Wissen trägt nicht dazu bei, daß Handlungsziele methodisch effizienter bewältigt werden. Es trägt vielmehr dazu bei, daß die Akteure neue Perspektiven gewinnen, Handlungsziele in Frage stellen, erfahren, daß die Welt so und auch anders sein könnte – insgesamt also wird das Komplexitäts- und Kontingenzbewußtsein gesteigert, nicht abgebaut. Meine eigenen Untersuchungen über die Implementation quasi-autopoietischer Systeme im Bereich der industriellen Fertigung bestätigen das: Die Computerisierung und Informatisierung gestaltet die Produktion nicht rationaler im Sinne eines vorgegebenen Funktionsmaßstabs, sondern anders: Erforderlich wird ein neues Wissen, das tradierte Kenntnisse verdrängt. Die Computersimulation von Produktionsprozessen bildet diese nicht ab, sondern interpretiert sie und konstruiert sie neu. Es ist nicht richtig, wie Luhmann behauptet, daß Technik Individuen marginalisiert, sondern neue Technologien bleiben in ihrer Funktionsfähigkeit von Erfahrungswissen und Kompetenzen abhängig – und damit von Akteuren, auch wenn deren Identität sich wandelt.

(b) Luhmann konzediert die Perspektivität und Differenz, die Selbst- und Fremdreferenz des Beobachtungswissens (der Steuerung und Kontrolle von Handlungen). Die blinden Flecken des Beobachters sollen daher durch den Metabeobachter aufgedeckt werden. Jedoch: Die Übereinstimmung des Metabeobachters könnte nur der dritte Beobachter beobachten, dessen Beobachtung wiederum mit neuen Differenzen, Kontingenzen und eigener Selbst- und Fremdreferenz aufwartet. Es gibt kein Argument dafür, warum an irgendeiner Stelle der Beobachtungskette ein von blinden Flecken freies Beobachtungswissen erreicht wird. Dies kann auch die Systemtheorie nicht widerspruchsfrei für sich beanspruchen. Zusammenfassend: Die funktionalistische und operationalistische Deutung von Wissen als Funktionsmodus einer Systemreferenz depotenziert das Wissen und diskreditiert seinen Kandidatenstatus für eine Theorie der Autopoiesis.

Ausblick

Meine letzte These lautet: Eine wissenssoziologische Analyse im Sinne Meads kann zu einer Theorie der Selbstorganisation beitragen, die die diskutierten Defizite des Konstruktivismus und der Systemtheorie überwindet.

Aus den Einwänden, die ich vorgetragen habe, möchte ich abschließend einige Anforderungen für eine soziologische Theorie der Selbstorganisation ableiten. Eine soziologische Theorie der Selbstorganisation muß vor allem die Struktur der Reflexivität verständlich machen können, aufgrund derer die Selbstorganisation der sozialen Welt erfolgt. Dazu ist der Begriff eines Agens erforderlich, welches sich reflektiert und sich in seinen Aktionen von seiner Umwelt unterscheidet – mit anderen Worten: welches von sich selbst weiß.[16] Der Gegenstand einer solchen Analyse sind Akteure bzw. die subjektiven Wissensgehalte, die deren Selbstverständnis und deren Selbstdeutung ausmachen – und aufgrund deren die Akteure sich die Organisation ihres Lebens zuschreiben. Ohne einen Begriff von sozialen Akteuren, die sich selbst reflektieren, bezeichnen und identifizieren, ist meines Erachtens eine Theorie der Selbstorganisation der sozialen Welt nicht möglich. Dennoch reicht diese Perspektive der Analyse nicht aus; denn das Wissen, welches die unmittelbar handelnden Individuen verwenden, um sich und ihre Welt zu identifizieren, weist über diese hinaus auf einen übergreifenden gesellschaftlichen und historischen Organisationszusammenhang, innerhalb dessen die Akteure »ihre Stellung« beziehen. Um diesen Gedanken etwas zu

16 In diesem Zusammenhang heißt es in der Systemtheorie etwas unklar: Beobachtungen aufgrund einer »difference that makes the difference«.

plausibilisieren, möchte ich darauf hinweisen, daß die Orientierungsmuster, die die Bestände gesellschaftlichen Wissens ausmachen, sich wandeln, ohne daß dieser Bedeutungswandel sich auf die intentionalen Akte der Akteure zurückführen ließe. Daraus folgt, daß eine soziologische Theorie der Selbstorganisation ebenfalls die objektiven Bedeutungsgehalte und Bestände des gesellschaftlichen Wissens analysieren muß, welche als akteurtranszendente Strukturvorgaben die Genese der akteurspezifischen Selbstdeutungspotentiale anleiten und regulieren, die Legitimität der gesellschaftlichen Selbstorganisation sowohl ermöglichen als auch restringieren. Mead hat diesen Prozeß der Herausbildung der emergenten Strukturen der sozialen Welt aufgrund der Genese bedeutungsidentischer Symbole auf den Ebenen der objektiven, intersubjektiven und individuellen Weltkonstitution untersucht. Daraus folgere ich für eine soziologische Theorie der Selbstorganisation, daß sie die symbolisch normierten und institutionalisierten Vorgaben der gesellschaftlichen Organisation, an die gebunden die Akteure ihre Identität erfassen und entwickeln, analysieren muß. Mead hat des weiteren gezeigt, daß in der Moderne Begriffe wie Selbstbewußtsein, Ich-Identität, Rationalität und Universalität dem gesellschaftlichen Wissen angehören und dazu beitragen, die Beobachtung der Gesellschaft durch die in ihr tätigen Akteure und Instanzen zu organisieren. Darüber hinaus hat Mead gerade in der Orientierung der Akteure an dem postkonventionellen ethischen Gehalt dieser Begriffe die Voraussetzungen dafür gesehen, den demokratischen Gehalt gesellschaftlicher Organisationen einzufordern, zu bewahren und zu entwickeln.

Alfons Bora
Konstruktion und Rekonstruktion
Zum Verhältnis von Systemtheorie und objektiver Hermeneutik

1. Wahrheit und Realität in konstruktivistischer Perspektive

Eines der Argumente gegen konstruktivistische Theorien zielt auf deren Realitäts- und Wahrheitsbegriff. Der Konstruktivismus, so scheint es, bezahlt den Abschied von epistemologischen Abbildtheorien mit dem Preis erkenntnistheoretischer und methodologischer Gehaltlosigkeit; und dies kann man insbesondere dann vermuten, wenn man annimmt, er verfüge nicht über Wahrheitskriterien, über methodisch gesicherte Unterscheidungsmöglichkeiten zwischen »wahr« und »falsch«. Wer in Kategorien von Differenz und operativ geschlossenen Systemen denkt, so könnte man sagen, der wird nicht mehr in der Lage sein anzugeben, wann und wieso ein Satz über einen Gegenstand außerhalb des Systems als »wahr« bezeichnet werden kann. Denn Wahrheitskriterien seien empirischer Natur, sie entstammten der »Realität«, über die wissenschaftliche Aussagen getroffen werden. Im Widerspruch dazu beharre der Konstruktivismus darauf, daß kein System in seiner Umwelt operieren könne; unter dieser Bedingung jedoch sei die Prüfung des Wahrheitsgehalts von Aussagen unmöglich. Dies gilt allerdings nur, wenn man konstruktivistische Methodologien gewissermaßen durch die postmoderne Brille liest, indem man unterstellt, wissenschaftliche Sätze seien nach konstruktivistischem Verständnis ganz und gar arbiträre Beschreibungen, die auch innerhalb des Wissenschaftssystems stets durch beliebige andere ersetzt und nicht mehr mit Hilfe von Zweitcodierungen »bewertet« werden könnten. Diese Lesart vernachlässigt zum einen die *Differenz zwischen Beobachten erster und zweiter Ordnung, zwischen mundaner und methodologischer Perspektive*. Zum anderen unterstellt sie das Fehlen einer Programmierung des wissenschaftlichen Codes »wahr/unwahr«, das heißt einer gegenstandsspezifischen *Methodologie* und einer daraus resultierenden *Methode* mit einem (zumindest fallibilistischen) Wahrheitsbegriff.

Um dieses Argument zu prüfen, soll im folgenden der Frage nachgegangen werden, welche methodologischen Voraussetzungen sich aus der konstruktivistischen Grundanlage der Theorie autopoietischer Systeme für den sozialwissenschaftlichen Gegenstandsbereich ergeben und welche konkrete Methodik sich unter diesen Umständen anbietet, um den oben skizzierten Vorwurf auszuräumen. Der Beitrag befaßt sich deshalb mit Fragen der Hermeneutik vor dem Hintergrund neuerer systemtheoretischer Konzepte. Er soll auf mögliche Konvergenzen zwischen der Systemtheorie und dem von Ulrich Oevermann entwickelten Verfahren der objektiven Hermeneutik aufmerksam machen. Dabei wird wie folgt vorgegangen: (I) Im Anschluß an die genannten erkenntnistheoretischen Vorwürfe gegen den »radikalen« Konstruktivismus wird das Verhältnis von »Wahrheit« und »Realität« in der konstruktivistischen Perspektive noch einmal kurz beleuchtet. (II) Daran anschließend wird die These vertreten, der Systemtheorie mangele es bisher an einer ausgearbeiteten Methodologie für die Interpretation von Sinngeschehen, obwohl sie über Konzepte des Inter-System-Kontakts verfügt, welche die Basis dafür abgeben könnten. Vor allem aber wird vorgeschlagen, die wesentlichen konzeptuellen Neuerungen der objektiven Hermeneutik (Umstellung von subjektivem auf objektiven Sinn, von Verstehen auf Rekonstruieren) für die Systemtheorie fruchtbar zu machen. (III) Das erfordert speziell für den Fall der Interpenetration von psychischen und sozialen Systemen ein paar weitergehende Überlegungen; am Beispiel der Methode Jean Piagets wird in wenigen Worten auf die Bedeutung von Sozialisationsprozessen für die Rekonstruierbarkeit objektiven Sinns hingewiesen. (IV) Einige kurze Bemerkungen zu Freud, Lacan und der pschoanalytischen Methode sollen sodann verdeutlichen helfen, daß sachhaltige Rekonstruktion nicht an der Intransparenz beobachteter Systeme scheitert, sondern im Gegenteil gerade von der »Unerkennbarkeit des Realen« auszugehen hat. (V) Charles S. Peirce hat schließlich schon früh eine konstruktivistische Formulierung des entscheidenden methodischen Schrittes, der logischen Abduktion, geliefert. (VI) So können also erste Anstöße zu einer rekonstruktiven Methode schon bei Peirce, Freud und Piaget gefunden werden; im abschließenden Kapitel soll dann Oevermanns objektive Hermeneutik kurz dargestellt und an den allgemeinen Anforderungen gemessen werden, die sich aus der vorgeschlagenen Erweiterung der systemtheoretischen Methodologie ergeben haben.

Wenden wir uns also noch einmal dem soeben thematisierten Wahrheits-Realitäts-Komplex zu: Der Vorwurf eines defizitären Realitätsbegriffs kann verschiedene Funktionen haben, je nachdem, für welchen Zweck der Kritiker den Realitätsbegriff glaubt verwenden zu können.

Erstens kann dahinter ein Vorbehalt metatheoretischer Art stecken, der sich gegen die De-Ontologisierung der Welt in den konstruktivistischen Ansätzen richtet. Wenn gesagt wird, der Konstruktivismus benötige grundsätzlich keine Ontologie, so bedeutet das: er vertritt keine Annahmen über eine bestimmte Beschaffenheit von Realität, die dann in seine eigenen Konstrukte einflössen. Dagegen könnte man unter zwei Aspekten Einwände erheben: Zum einen könnte man behaupten, besseres – also privilegiertes – Wissen über die »tatsächliche« Beschaffenheit von Realität zu besitzen. Gegenüber dem Konstruktivismus, der die Relativität von Beobachtungen entgegenhalten würde, käme man in die Schwierigkeit, derartige Privilegierungen beweisen zu müssen. Dazu müßte man zeigen, daß man Phänomene beobachten und beschreiben kann, für die der Konstruktivismus blind ist – damit hätte man sich jedoch zunächst einmal in dessen eigener Logik verfangen: er setzt geradezu voraus, daß es konkurrierende Beobachtungen geben kann.[1] Wer dies für eine Immunisierungsstrategie hält, könnte zusätzlich versuchen, seine ontologischen Behauptungen über die Realität zu beweisen, also »an der Realität« zu zeigen, daß der blinde Fleck des Konstruktivismus gerade im Realitätsbegriff steckt. Das würde indessen empirische Materialanalysen voraussetzen, würde also von den ontologischen Argumenten weg und zu methodologischen Diskussionen hin führen: Am Gegenstand selbst wäre nachzuweisen, daß der Konstruktivismus Erklärungsdefizite produziert, die aus dem Realitätsbegriff resultieren. Oder man könnte, um Immunisierungen

[1] Dasselbe gilt übrigens auch für den Parallelfall, in welchem das bessere »technische Funktionieren« einer konkurrierenden Beschreibung dem Konstruktivismus entgegengehalten wird: das Argument läuft auf den fallibilistischen Wahrheitsbegriff auf und wird deshalb problemlos absorbiert.

aufzudecken, behaupten, der Konstruktivismus schleppe implizit und uneingestanden doch (quasi-)ontologische Voraussetzungen mit. Wo diese Strategie den Hebel ansetzen könnte, ist kaum vorstellbar; setzt doch der Konstruktivismus ausdrücklich voraus, daß es Realität gibt, um basierend auf dieser Minimalanforderung die Konstruktion des Wissens durch erkennende Systeme zu untersuchen. Sofern er Zusammenhänge zwischen Erkenntnisprozessen in Systemen und Strukturierungen in deren Umwelt beobachtet, weiß er doch immer (und setzt dieses Wissen theoretisch ein), daß in diesem Fall er es ist, der beobachtet.

Zweitens – und das scheint die schärfere Kritik zu sein – kann hinter den oben zitierten Vorwürfen auch ein Vorbehalt methodologischer Art stecken. Man kann einen Widerspruch darin sehen, daß der Konstruktivismus als wissenschaftlicher Diskurs gegenstandsbezogene Aussagen mit *Wahrheitsanspruch* macht und gleichzeitig behauptet, kein erkennendes System könne außerhalb seiner Grenzen operieren. Dagegen kann man den Einwand erheben, über einen Gegenstand könne man nur wahre Aussagen treffen, wenn man irgendeinen »Zugang« zum Gegenstand im Sinne eines Informationstransfers von »außen« nach »innen« habe. Dieses Argument behauptet, mit anderen Worten, Realität und Wahrheit seien durch einen einzigen Beobachtungsmodus kausal verknüpft, weil Wahrheitskriterien sich durch Beobachtung der Realität aus ebendieser Realität gewinnen ließen. Das Postulat der methodischen Sachhaltigkeit, das heißt der Gültigkeit wissenschaftlicher Sätze, und konstruktivistische Theorien ließen sich deshalb gegeneinander ausspielen.

Nur die zuletzt angesprochene Frage soll im folgenden diskutiert werden. Die Unterscheidung zwischen Beobachtungen erster und zweiter Ordnung wird dabei wie folgt benutzt: Wissen resultiert aus Beobachtungen erster Ordnung; es bezieht sich stets auf eine »reality out there«. Der Aufbau von Wissen ist ein allgemeines Merkmal aller kognitiven Systeme, das heißt von Bewußtsein (psychischen Systemen) ebenso wie von Kommunikationen (Sozialsystemen). Wahrheit ist hingegen ein Code, der beim Beobachten zweiter Ordnung zum Unterscheiden von Erstbeobachtungen verwendet werden kann; er ist charakteristisch für das Wissenschaftssystem, das sich durch diese spezielle Art der Beobachtung von anderen Systemen unterscheidet. Das kann man sich beispielsweise an der Differenz zwischen lebensweltlichem *taking for granted* und dem Geltungsanspruch propositionaler Wahrheit klarmachen: es läßt sich alltagspraktisch meist ganz gut ohne Wahrheitsdiskurse leben: Wasser, Luft und Speisen sind nicht wahr, ebensowenig wie das Telefon oder der Omnibus. Als wahr können ausschließlich *Sätze* über diese Gegenstände bezeichnet werden; das zeigt sich spätestens, sobald streitig ist, ob es stimmt, daß der Bus mal wieder zu spät gekommen ist. Sobald die Wahrheit dieser Sätze alltagspraktische Relevanz gewinnt, befinden wir uns auf der Ebene des Beobachtens von Beobachtungen, entfernen uns damit tendenziell aber wieder aus dem Kontext des Alltags und müssen im Zweifel sogar wissenschaftliche Methoden bemühen. Methodologische Auseinandersetzungen entscheiden schließlich über das Verfahren zur Produktion wahrer Sätze.

Aus diesen eher kursorischen Überlegungen lassen sich zwei vorläufige Folgerungen ziehen. Zum einen sehen wir, wie es theoretisch möglich ist, Wahrheit als Konstrukt eines Beobachters aufzufassen; zum anderen wissen wir – unsere wissenschaftliche Kommunikation setzt es *hic et nunc* voraus –, daß man, aus welchem Grund und auf welche Weise auch immer, die Sachhaltigkeit wissenschaftlicher Sätze, also die Frage, ob sie dem Gegenstand »angemessen« und *deshalb* als wahr zu bezeichnen sind, »irgendwie« am Gegenstand methodisch überprüfen kann. Nehmen wir diese Beobachtungen zum Anlaß, das *Problem* zu formulieren, um das es im folgenden gehen wird:

Wie kann ein System wahre Sätze produzieren? *Was* muß es dabei über seine Umwelt (die Realität) voraussetzen? Wie *gültig* (sachhaltig) kann dieses Wissen sein?

Als konstruktivistische Theorie bietet die neuere Systemtheorie folgende Antworten auf die drei genannten Fragen an: Auf die erste, epistemologische, Frage (wie?) antwortet sie: durch Operieren mit Unterscheidungen, nämlich durch Beobachten von Beobachtungen, also durch Konstruktion; auf die zweite, ontologische, Frage (was?): nichts, außer daß die Umwet existiert; und auf die dritte, wahrheitstheoretische (Gültigkeit?): es kann nach der funktionalen Methode immer nur bis-auf-weiteres-sachhaltiges Wissen sein, das so lange Gültigkeit besitzt, bis sich eine andere Beobachtung zweiter Ordnung als erfolgreicher erweist (fallibilistischer Wahrheitsbegriff).

Diese Position bildet auch den Kern von Luhmanns wissenschaftssoziologischen Schriften. In ihnen offenbart sich allerdings zugleich auch eine Schwäche, nämlich das Fehlen einer unterhalb der Wissenschaftstheorie angesiedelten, speziellen Methodologie für die Beobachtung psychischer und sozialer Systeme. Hier ergeben sich Sonderprobleme, die zwar mit den Mitteln der Theorie autopoietischer Systeme gelöst werden können, bislang jedoch wegen deren Abstraktheit zu wenig beachtet wurden. Sie betreffen vor allem das Problem des *Verstehens*.

II. Das »hermeneutische Defizit« der Systemtheorie. Von der Intransparenz des Verstehens zur Rekonstruktion objektiver Sinnstrukturen

(1) Vergegenwärtigen wir uns zunächst noch einmal allgemein die Rolle von *Methoden* in der Systemtheorie. Aufgrund der differenzlogischen Theorieanlage und der daraus folgenden Annahme, Systeme operierten als geschlossene, muß auch Erkenntnis (als Operation von Systemen) ein konstruktiver Akt sein, der kein Operieren in der Umwelt erfordert.[2] Die Umwelt ist für das System in diesem spezifischen Sinne kognitiv unzugänglich. Gleichwohl existiert sie, nicht in sachlicher Entsprechung, wohl aber in Gleichzeitigkeit zu den rekursiven Operationen des Systems.[3] Kognitive Operationen sind insofern kein Abbilden oder Repräsentieren der »realen« Welt, sondern bestehen in der Bildung von »Eigenwerten« im System selbst. Ihre Stabilität, also die Strukturbildung des Systems, ist gegenüber der Unterscheidung wahr/unwahr zunächst völlig indifferent, sie hängt lediglich von ihrer eigenen selbstreferentiellen Reproduzierbarkeit ab. Diese wird vom evolutionären – das heißt innerhalb des Systems selegierten und verstärkten – Erfolg bestimmt.

Das gilt auch für die Wissenschaft als System. Sie ist ein eigens ausdifferenziertes, funktionales Subsystem moderner Gesellschaften, das sich auf das Beobachten von Beobachtungen spezialisiert hat, mit dem Code Wahrheit operiert und selbst ein autopoietisches System darstellt. Wenn gesagt wird, Wahrheit werde als Code eingesetzt, so folgt daraus weder die Bevorzugung

---

2 Zum folgenden vor allem Luhmann 1990b und 1988b. Zum Zusammenhang von Differenzlogik und autopoietischer Geschlossenheit: Bora 1991, Kap. 2.2.

3 Luhmann 1990b, S. 41.

von Wahrheit gegenüber Unwahrheit noch, nach welchen Kriterien über Wahrheit entschieden werden soll. Dafür braucht man zum einen Präferenz- bzw. Rejektionswerte, die über Programme den Code selbst steuern; zum anderen müssen diese Programme nicht-paradox sein, das heißt, sie dürfen nicht selbst noch einmal mit der zu programmierenden Unterscheidung operieren, sondern müssen an andere Unterscheidungen anschließen. Dies ist die Aufgabe von Methoden in der Wissenschaft.

Deren Funktion besteht also darin, die auf dem Level von Theorien nicht erforderliche Binarität zu erzeugen.[4] Sie sind, im Unterschied zu Theorien, für ein ganz eng definiertes Problem zuständig. Charakteristisch ist ihre Prozeßstruktur: sie bestehen entweder aus einer festen Abfolge von Schritten oder aus einer Strategie, die ihre Einzelschritte von den unvorhersehbaren Ergebnissen früherer Schritte abhängig macht. Dementsprechend unterscheidet Luhmann zwei Methodiken, eine »deduktive« und eine »kybernetische«. Beide Verfahrensweisen sind rekursiv, weil sie an ihre eigenen Resultate anschließen; sie unterscheiden sich lediglich in der Art und Weise des Anschlusses: »Bei deduktiven Methoden beruht er auf einer Sicherheitsüberprüfung, bei kybernetischen Methoden beruht er auf mehr oder weniger gewagten Annahmen mit Kontrollvorbehalten.«[5] In nahezu wortgleicher Formulierung hatte schon Peirce den Unterschied zwischen Deduktion und Induktion auf der einen sowie Abduktion auf der anderen Seite charakterisiert. Von da aus führt, wie wir sehen werden, schließlich eine direkte Linie zu den strukturrekonstruktiven Verfahren, wie sie etwa die objektive Hermeneutik anbietet.

Luhmann deckt in seiner Wissenschaftssoziologie diese Anschlußmöglichkeiten weitestgehend zu, weil er der Differenz zwischen den Methodentypen nicht weiter nachspürt, die sich bezogen auf den Beobachtungsgegenstand »sinnstrukturierter Systeme« ausarbeiten läßt. Er setzt sie (vergleichbar der Hierarchisierung von Systemebenen) auf der Ebene einer Theorie allgemeiner Methoden an, wo sie für alle Wissenschaftsdisziplinen Gültigkeit besitzt, und läßt es damit bewenden: Das kybernetische Methodenverständnis benutzt ganz allgemein die Unterscheidung von Problem und Problemlösung, um ausgehend von

---

4 Luhmann 1990a, S. 413.
5 Ebd., S. 419.

dem darin versteckten Paradox[6] zu untersuchen, welches Problem einer beobachteten Lösung zugrunde liegen kann und umgekehrt. Der Einbau zeitlicher Sequenzierungen erlaubt dabei die Entparadoxierung und damit die Beobachtung von kybernetischen Kausalitäten. Statt nun diesen auf abstraktem Niveau erzielten Gewinn durch Respezifizierung auf der Ebene von Wahrheitskriterien für konkrete Beobachtungsbereiche zu vermehren, verspielt ihn die Luhmannsche Systemtheorie dadurch wieder, daß sie umgekehrt einen gegenstandsspezifischen Methodentypus, nämlich denjenigen des empirisch-analytischen Paradigmas, übergeneralisiert und als einzigen Beleg für ihre methodologischen Aussagen anführt.[7] Hermeneutische Methoden werden dabei insgesamt eher unterschätzt, denn die Luhmannsche Systemtheorie betrachtet zwar die Hermeneutik als Sondermethodologie für Verstehen, läßt aber gleichzeitig offen, auf welchen Gegenstand der Vorgang des Verstehens sich eigentlich beziehen soll.

(2) Einerseits tritt Verstehen in der Theorie sozialer Systeme als Aspekt von Kommunikationen, also von sozialen Systemen auf.[8] Es stellt hier eine Form des rekursiven Tests von Annahmeselektionen dar: »In jedem Falle ist jede Einzelkommunikation, sonst würde sie gar nicht vorkommen, in den Verstehensmöglichkeiten und Verstehenskontrollen eines Anschlußzusammenhanges weiterer Kommunikationen rekursiv abgesichert.«[9] Verstehen als Merkmal von Kommunikationssystemen bezieht sich hier auf die Sequentialität von Kommunikationen, in welcher der Sinn einer Information/Mitteilung überhaupt erst entsteht. Aus dem Anschlußzusammenhang zeitlich nachfolgender Kommunikationsbeiträge erschließt sich erst die Relation, in der die einzelnen Akte zueinander stehen und die den Sinn des Kommunikationsgeschehens ausmacht. Aus der Kommunikationssequenz resultiert die

---

6 Bekannt als Menon-Paradox: Wie kann man etwas als Problem erkennen, d. h. wie kann man wissen, was man (noch) nicht weiß?
7 Deutlich sichtbar in Luhmann 1990a, insbesondere S. 369 ff. (bei gleichzeitiger Polemik gegen subsumtionslogische Verfahren, die »ganz ähnlich wie das Orakel von Delphi operieren«; immer wieder auch der Verweis auf selbst produzierte Daten in den Sozialwissenschaften; beides trifft eben nur einen Teilbereich dieser Disziplinen!), vgl. auch die Stilisierungen S. 399 f., 426 ff.
8 Luhmann 1990a, S. 25 f.
9 Luhmann 1984, S. 199.

Selektion einer der im System möglichen Relationen: die Struktur des Systems.[10] Man wird also Verstehen in sozialen Systemen als Beobachtung erster Ordnung, und zwar als Selbstbeobachtung des sozialen Systems, auffassen können. Es hat dort eine konstruktive Funktion, indem es Kommunikationen auf Kommunikationen bezieht und einen sinnhaften Zusammenhang etabliert. Dieser liegt jenseits der subjektiv-intentionalen Ebene von Bewußtseinsprozessen, die ja in der Umwelt des Kommunikationsgeschehens angesiedelt sind![11]

An anderer Stelle wird Verstehen jedoch als Verstehen eines subjektiv-intentionalen Sinns aufgefaßt, als Egos Wissen darüber, »was Alter meint«. Verstehen wird als Beobachten der System/Umwelt-Differenz des beobachteten Systems begriffen, als Beobachten, aus dem eine Verschränkung der Perspektiven resultiert: der Beobachter ist Teil der Umwelt des Beobachteten und *vice versa* – und beide beobachten, daß es so ist.[12] Diese Verschränkung bewirkt auf jeder Seite ein Oszillieren der System/Umwelt-Unterscheidung; die Systeme (oder Subjekte?) tragen dem Rechnung, indem sie »in der Kommunikation ... nur noch Sinnbegriffe verwenden, die eine gemeinsame Welt voraussetzen«.[13] Solche Amalgamierungen der systemspezifischen Umwelten zu »Welt« erfordern Sinn als Medium, da nur Sinn entsprechende Verweisungsmöglichkeiten eröffnet. »Nur auf der Basis von Sinn verschmelzen die Umwelten verschiedener verstehbarer Systeme zur Welt. [...].[14] Sowohl die Problemstellung als auch die Lösung erinnern stark an Gadamers Vorstellung einer »Horizontverschmelzung« im historischen Verstehen[15] ebenso wie an Alfred Schütz' Überschneidung von »Relevanzsystemen«.[16] Ausgangspunkt sind Subjekte, zwischen denen Intersub-

---

10 Zum Strukturbegriff: Luhmann 1984, S. 384.
11 Das wird näherungsweise deutlich, wenn etwa gesagt wird, man könne Kommunikation verstehen, ohne die beteiligten Personen zu verstehen (Luhmann 1986, S. 96).
12 Zum folgenden: Luhmann 1986.
13 Ebd., S. 81.
14 Ebd.
15 Gadamer 1960, S. 305 ff. (hier S. 311): Verstehen ist »immer der Vorgang der Verschmelzung solcher vermeintlich für sich seiender Horizonte.«
16 Schütz 1951; Schütz/Parsons 1940, S. 53 ff.

jektivität und damit Objektivität des Verstehens[17] erst noch herzustellen ist. Umwelten im einen, Horizonte im anderen Fall konstituieren die Begrenztheit der »für sich seienden« Erkenntnissubjekte, aus der erst das hermeneutische Problem resultiert. Die Lösung besteht in Verschränkung, Verschmelzung, mit anderen Worten: in Koordinationsleistungen von Individuen zum Zwecke der Konstitution wechselseitigen Verstehens. Verstehen wird hier als Fremdbeobachtung aufgefaßt, die im Gegensatz zur oben genannten Variante gerade den subjektiv-intentionalen Sinn erfassen will!

Das bereitet zumindest dann Schwierigkeiten, wenn man soziale Systeme als autopoietische bezeichnen will. Denn in diesem Fall müssen sie ja alles, was sie als ihre Elemente und Operationen behandeln, selbst erzeugen. Verstehen müßte folglich, da es auf jeden Fall auch ein Charakteristikum von Kommunikationen sein soll, terminologisch so allgemein gefaßt werden, daß es nicht auf den subjektiven Sinn psychischer Systeme bezogen bleibt, sondern auch als Operation sozialer Systeme vorkommen kann. In diesem Falle aber muß es unabhängig bleiben von Bewußtsein und Wahrnehmung. Man kann diesen Widerspruch aus der Welt schaffen, indem man den Sinnbegriff aus den Fängen der traditionellen Hermeneutik löst, die sich mit dem Verstehen subjektiv gemeinten Sinns befaßt, und ihn statt dessen stärker auf den in der Sequentialität von Sinnprozessen erzeugten objektiven Sinn ausrichtet.

(3) Im folgenden bezeichne ich beobachtbare Strukturen von Sinnsystemen – spezifische Selektionen unter den möglichen Relationen im System – allgemein als *objektiven Sinn,* unabhängig davon, ob von psychischen oder sozialen Systemen die Rede ist. »Objektiv« soll dabei zunächst nur andeuten, daß die Struktur eines Systems angesprochen ist und daß dies der einzige Modus von Sinn ist, der für die Wissenschaft überhaupt der Beobachtung zugänglich ist. Weiterhin bezeichne ich die Beobachtung objektiven Sinns aus Gründen terminologischer Klarheit als *Rekonstruktion von Sinnstrukturen,* im Gegensatz zum »Einfühlen« in das subjektive Erleben eines psychischen Systems. Die Charakteri-

---

[17] Daß es der traditionellen Hermeneutik auf objektives Verstehen ankommt, faßt Schneider 1991 noch einmal zusammen; vgl. auch Gadamer 1960, S. 310 (Verstehen ist nicht »Einfühlung«). Gegenstand des Verstehens bleibt aber subjektiv gemeinter Sinn.

stika objektiver Sinnstrukturen lassen sich dabei über die von der Systemtheorie benannte Relation von Aktualität und Potentialität hinaus noch weiter eingrenzen. Drei Merkmale bilden dabei die Differenz zwischen strukturiertem Sinngeschehen und diffusem Rauschen: Sequentialität, Regelhaftigkeit und Textförmigkeit (Kommunizierbarkeit). Sequentialität meint die Emergenz von Selektionen aus einer zeitlichen Folge von Kommunikations- oder Bewußtseinsereignissen; Regelhaftigkeit bezeichnet die Strukturförmigkeit, ohne die nicht von einem Kommunikations- bzw. psychischen System die Rede sein könnte, also die Auswahl einer bestimmten Relation; Text- bzw. Sprachförmigkeit kennzeichnet, wenn man Oevermanns weiten Textbegriff zugrunde legt, den Umstand, daß Sprache (Kommunizierbarkeit) begriffen wird als »das ausgezeichnete System von Regeln und Elementen der Symbolisierung und des Ausdrucks [...], das überhaupt erst die Konstitution von Bedeutungsfunktionen [...] ermöglicht.«[18] Wir kommen insbesondere auf den letztgenannten Punkt sogleich zurück (vgl. Abschnitt 5).

Wenn gesagt wird, nur der objektive Sinn sei der Rekonstruktion zugänglich, so soll damit nicht grundsätzlich bestritten werden, daß es auf der Ebene des individuellen Erlebens so etwas wie »Einfühlen« gibt. Dabei kann es sich allerdings nicht um ein wissenschaftliches Verfahren in der strengen Bedeutung des Wortes handeln; denn es fehlt an dem für die Zweitcodierung erforderlichen Wahrheitskriterium. »Einfühlen« ist ein attributiver Vorgang (unterscheidendes Bezeichnen) im Bereich des »Erlebens«. Demgegenüber werde ich zu zeigen versuchen, daß die Rekonstruktion sich auf objektiven Sinn bezieht und deshalb mit dem Code »Wahrheit« beschrieben und über »Sachhaltigkeit« mit Präferenzregeln versehen werden kann; die wissenschaftliche Kommunikation benutzt dabei Sinnelemente intersystemischer Kontakte oder deren Protokolle (Beobachtungen erster Ordnung) als eigene Elemente.

Um dies deutlich zu machen, greife ich auf die Unterscheidung von Interferenz und Interpenetration zurück. Schwierigkeiten mit dem Begriff des objektiven Sinns treten nämlich vor allem im Fall jener Inter-System-Kontakte auf, die in der Systemtheorie als Interpenetration bezeichnet werden. Ich zeichne dazu die termino-

18 Oevermann 1986, S. 46.

logischen Differenzen zwischen Luhmann und Teubner kurz nach, wobei ich mich der Teubnerschen Variante anschließe. Sodann versuche ich zu zeigen, daß auch im systemtheoretischen Konzept der Interpenetration, das als der problematischere der beiden Fälle gelten könnte, genau diejenigen Merkmale enthalten sind, die von der objektiven Hermeneutik als Bedingung der Möglichkeit des Rekonstruierens objektiver Sinnstrukturen vorausgesetzt werden.

(4) Fremdbeobachten läßt sich als System-Umwelt-Kontakt beschreiben. Zwar bleibt das System operational geschlossen: »Wie immer es ›draußen‹ aussehen mag: das codierte System generiert eine Eigenwelt, in der es Ordnung und Anschlußentwicklungen gibt. Diese Eigenwelt muß nicht ›isomorph‹ gedacht werden zu einer anderen Welt, die ein überlegener Beobachter (aber wer denn?) sehen und für real halten könnte. Aber sie muß funktionieren insofern, als sie eine Fortsetzung der Systemkommunikation und eine Fortschreibung seiner Strukturen (sei es verändert, sei es unverändert) nicht verhindern darf.«[19] – Es ist nicht möglich, »den ›Gegenstand‹ um eine Entscheidung zu bitten.« Gleichwohl benötigt die Unterscheidung wahr/unwahr Kriterien. Deshalb werden, so Luhmann, Umweltkontakte im Falle der Wissenschaft durch *Wahrnehmung,* also durch die Operationen psychischer Systeme vermittelt und in Kommunikationen transformiert. Nach dieser Ansicht bleiben Kommunikationssysteme auf Wahrnehmung, also auf fremdes Operieren angewiesen. »Für Wahrnehmung ist [...] kennzeichnend, daß sie keine Kommunikation ist. [...] Der Außenkontakt wird einem kommunikativen System nicht auf der Ebene seiner eigenen Operationen vermittelt.«[20] Diese Referenz auf ein gemeinsam Wahrnehmbares in Kommunikationen stellt einen symbiotischen Mechanismus dar, der Wahrheitskommunikationen absichert und die Applikation von Präferenzregeln ermöglicht. Neben solchen symbiotischen Mechanismen spielen Formen des »intersystemischen Kontakts« für die Beantwortung unserer methodologischen Fragen die entscheidendere Rolle.

Bekanntlich wird die Frage intersystemischer Kopplungen in der Systemtheorie unterschiedlich beantwortet. Luhmann verwendet dabei vor allem den von Maturana entlehnten Begriff des Mate-

---

19 Luhmann 1990a, S. 207.
20 Ebd., 225.

rialitätskontinuums. Der Widerspruch zwischen der Tatsache, daß autopoietische Systeme zwar nie Operationen in ihrer Umwelt ausführen können, und der Beobachtung, daß zumindest komplexe Systeme sich so verhalten, daß man eine nichtzufällig strukturierte Umwelt annehmen muß, wird über die Konstruktion eines Materialitätskontinuums gelöst, in welchem Systeme operieren und das unabhängig von Systemgrenzen zu denken ist. »[...] it is both inside and outside the system. It nevertheless limits the possibilities of system formation, since only such systems are possible that are compatible with the materiality continuum.«[21] Materialitätskontinuen haben die Funktion, unterschiedliche soziale Systeme »von unten« zusammenzuhalten. Diese Konstellation ist einigermaßen problematisch, jedenfalls soweit sie auf das Verhältnis zwischen der Gesellschaft und ihren Subsystemen übertragen wird. Wenn Gesellschaft als Materialitätskontinuum für die Subsysteme angenommen wird, stößt man auf den Widerspruch, daß per definitionem Materialitätskontinuum und System keine gemeinsamen Systemkomponenten (Strukturen, Operationen) haben dürfen, daß genau dies aber zwischen Gesellschaft und Subsystemen gilt. Das Problem läßt sich lösen, wenn man »Sinn« auch als Materialitätskontinuum zwischen sozialen (und nicht nur zwischen sozialen und psychischen) Systemen annimmt oder wenn man im Anschluß an Teubner[22] die Kopplungsmechanismen um den Begriff der *Interferenz* erweitert. Diesem Vorschlag schließe ich mich im folgenden an.

Interferenz ist eine besondere Art der Verschachtelung autopoietischer Systeme. Im Unterschied zu den Relationen zwischen sozialen und nichtsozialen Systemen (Mensch, Natur) können verschiedene soziale Systeme über ein und dasselbe kommunikative Ereignis aneinander gekoppelt sein. Verantwortlich dafür sind drei Umstände: 1. alle sozialen Systeme operieren im Medium Sinn, 2. alle benutzen Kommunikationen als Elemente und 3. jede Spezialkommunikation in jedem Typus von Sozialsystem (Interaktion, Organisation, soziales Subsystem) kann zugleich allgemeingesellschaftliche Kommunikation sein.[23] Dies bedeutet keineswegs ein Abweichen von der These operationeller Geschlos-

21 Luhmann 1988c, S. 338.
22 Teubner 1989, S. 102 ff.
23 Ebd., S. 106 f.; Luhmann 1990a, S. 88 ff. (Mehrsystemereignisse).

senheit: »Interferenz bedeutet nicht, daß zwischen Sozialsystemen nun doch ein Informationstransport im Sinne von Input/output-Beziehungen stattfindet. Information wird in jedem Sozialsystem neu generiert, jedoch im Falle der Interferenz mit der Besonderheit, daß die Information in dem betroffenen Teilsystem gleichzeitig und aufgrund des gleichen kommunikativen Ereignisses generiert wird.«[24] Teubner weist darauf hin, daß Interferenz nur zwischen sozialen, nicht aber zwischen sozialen und psychischen Systemen möglich ist, weil diese Relation die zweite und dritte Bedingung nicht erfüllt: psychische Systeme sind keine Kommunikationssysteme. Ihre Bewußtseinsereignisse werden erst kommunizierbar gemacht, wenn ein Kontakt mit sozialen Systemen entsteht. Dies ist möglich, weil psychische und soziale Systeme interpenetrieren: sie operieren auf der Basis desselben Materialitätskontinuums »Sinn« und können sich deshalb wechselseitig *Komplexität* zum Aufbau von Eigenkomplexität zur Verfügung stellen.[25] »Psychische und soziale Systeme (Elemente: Gedanken und Kommunikationen) können sich nur wechselseitig beobachten. Hingegen können interferierende Systeme ihr *Sinnmaterial* [das heißt ihre Elemente, A. B.] einander zur Verfügung stellen und wegen der Gleichartigkeit ihrer Elemente aneinander gekoppelt sein.«[26] Die wechselseitige Beobachtung entspricht dabei wohl dem oben angesprochenen Vorgang des Sich-Einfühlens. Man könnte deshalb eine methodisch nicht überwindbare »Verstehens-Schwelle« zwischen interpenetrierenden Systemen annehmen, während man andererseits davon auszugehen hätte, interferierende Systeme benutzten gemeinsame Elemente (Kommunikationen) und könnten sich deswegen durch wechselseitiges »Verstehen« erschließen. Im Gegensatz dazu halte ich auch im erstgenannten Fall der Interpenetration zwischen psychischen und sozialen Systemen eine methodisch gesicherte Sinnrekonstruktion für möglich.

24 Teubner 1989, S. 107.
25 Luhmann 1988a, S. 897.
26 Teubner 1989, S. 110. Meine Vermutung lautet, daß es genau diese Unterscheidung ist, welche die objektive Hermeneutik methodisch reflektiert und in strukturrekonstruktive Verfahren umsetzt. Insofern geht sie auch über die traditionellen hermeneutischen Verfahren hinaus, die den Unterschied vernachlässigen und tendenziell immer auf die enge Kopplung (nämlich quasi auf »Interferenz«) zwischen psychischen und sozialen Systemen abstellen.

Teubners Unterscheidung zwischen Interferenz und Interpenetration verdeutlicht nämlich nur ein weiteres Mal, weshalb subjektiv-intentionaler Sinn der methodischen Rekonstruktion unzugänglich bleibt. Er verblaßt hinter der Intransparenz psychischer Systeme in einer »von außen« unzugänglichen Erlebenssequenz, einer psychischen *reality in there*. Andererseits kann gezeigt werden, daß im Falle der *Interpenetration* objektiver Sinn transparent ist. Das wird sichtbar, wenn wir zu ermitteln suchen, wieso eigentlich Interpenetration überhaupt gelingen kann, obgleich sie im Unterschied zur Interferenz nicht auf gemeinsamen Elementen beruht. Mir scheint das nur dann denkbar, wenn objektiver Sinn als Bedingung der Möglichkeit von Interpenetration angenommen wird. Er ist transparent – und das heißt: von verschiedenen Systemen in gleicher Weise einbaubar –, *weil* er jenseits subjektiver Intentionen liegt! Nur aus diesem Grunde können sich interpenetrierende Systeme überhaupt wechselseitig Komplexität zum Aufbau von Eigenkomplexität zur Verfügung stellen: sie benutzen ein gemeinsames Medium. Der Berührungspunkt liegt dabei in dem Umstand, daß objektive Sinnstrukturen von psychischen *und* sozialen Systemen aufgebaut werden.

(5) Wir berühren damit das prekäre Verhältnis zwischen psychischen und sozialen Systemen, erörtern es allerdings nicht unter dem Gesichtspunkt der Emergenz sozialer Systeme.[27] Vielmehr soll darauf hingewiesen werden, daß (und wie) die Interpenetration hier abhängig ist von zwei Umständen: der Sozialisation (Emergenz) psychischer Systeme in »sozialen Milieus« und damit von der Textförmigkeit des Sinngeschehens.

Interpenetration ist das wechselseitige Zurverfügungstellen von Komplexität. Sie stellt Abhängigkeitsverhältnisse (Bindungen) her, ohne die Autopoiesis der beteiligten Systeme aufzuheben.[28] Solche Bindungen setzen »›freie‹, ungebundene Materialien oder Energien oder, abstrakter formuliert, noch nicht voll bestimmte Möglichkeiten der interpenetrierenden Systeme voraus«[29] und bestehen dann in der Festlegung des Verwendungssinns dieser offenen Möglichkeiten. Das geschieht im Falle von Sinnsystemen

---

27 Vgl. dazu zuletzt Martens 1991 und die daran anschließende kurze Kontroverse zwischen Luhmann und Martens.
28 Luhmann 1984, S. 290, 297 ff.
29 Ebd., S. 300.

durch binäre Schematisierungen.[30] Das integrative, die Bindung erzeugende Moment besteht in der Verwendung *desselben* Differenzschemas auf beiden Seiten. Mit anderen Worten: »Die Struktur des Geschehens ist auf beiden Seiten analog. [...] Was den Zusammenhalt ermöglicht, ist dies wechselseitige Voraussetzen der Reproduktion und die Sinnform, die das laufende Artikulieren der Interpenetration ermöglicht: die Sinnform der schematisierbaren Differenz.«[31] Wenn sich nun aber Bewußtsein nur auf Bewußtsein, Kommunikation nur auf Kommunikation beziehen kann, so muß die Analogie zwischen beiden Systemtypen eine strukturelle sein: Sinn wird in beiden Fällen als sequentielle Auswahl aus möglichen Relationen zwischen den Einzelereignissen der Systeme (Bewußtseinsakte, Kommunikationen) konstituiert. Wenn man sich nun fragt, wie diese Strukturanalogie entstehen kann, stößt man zuerst auf den Umstand, daß sich psychische Systeme in Sozialisationsprozessen bilden und deshalb genau unter dieser Bedingung ihre Sinnstrukturen formieren. »Alle Sozialisation läuft als soziale Interpenetration, alle soziale Interpenetration als Kommunikation ab.« Und weiter: »Diese Sinneinheit läßt sich nie ganz auf den Sinn einer intendierten und zurechenbaren Handlung zurückführen [...]«.[32] Das heißt aber zugleich: soweit sich eine Strukturanalogie herausbildet, die für Interpenetration (und damit für Sinnrekonstruktion) genutzt werden kann, kann sie eben auch nicht auf subjektiven Intentionen beruhen, sondern ausschließlich auf den für die Sozialisation bedeutsamen Mechanismen der Selektion objektiven Sinns. Wenn man dies voraussetzt, stößt man weiterhin auf den Umstand, daß die Sprach- oder Textförmigkeit von Sinn die entscheidende Bedingung für die Konstitution psychischer Systeme im Interpenetrationsverhältnis mit sozialen Systemen darstellt. Denn die »Sprache überführt soziale in psychische Komplexität«.[33] Dabei wird, wie Luhmann deutlich macht, keineswegs unterstellt, psychische Prozesse seien sprachlicher Natur oder Denken könne als »inneres Reden« begriffen werden; solche Vorstellungen legen fälschlicherweise eine

---

30 Ebd., S. 311 ff. Etwas unklar heißt es auf S. 315, es komme zur »Schematisierung der Elemente, die von beiden Systemen in Anspruch genommen werden«.
31 Ebd., S. 316.
32 Ebd., S. 330.
33 Ebd., S. 368.

»intentionale Aktivität«, einen Dialog zwischen zwei »inneren Subjekten« zugrunde. Dagegen lassen sich Autopoiesis des Bewußtseins, Interpenetration und Strukturanalogie zwischen psychischen und sozialen Systemen nur behaupten, wenn man auf die sprach*förmige*, transsubjektive Qualität des Sinngeschehens abhebt. Luhmann formuliert das wie folgt: »Achtet man unvoreingenommen genug darauf, was wirklich geschieht, wenn das Bewußtsein sich sprachförmig zu den nächsten Vorstellungen hinbewegt [...], so ist nicht mehr und nicht weniger gegeben als die sprachliche Strukturierung des Fortgangs von Vorstellung zu Vorstellung.«[34] Wir finden hier, mit anderen Worten, eine systemtheoretische Formulierung dessen vor, was oben als objektiver Sinn charakterisiert worden war: die textförmig aufgebaute, sequentielle Auswahl von Relationen zwischen den Elementen eines Sinnsystems. Diese Struktur kommt in sozialen wie psychischen Systemen vor, und sie ist es, die Interpenetration qua Strukturanalogie ermöglicht.

(6) Auch unter diesen Bedingungen bleibt Sozialisation ein konstruktiver Vorgang: das System benutzt Strukturanalogien zum Aufbau von Eigenkomplexität. Das hat Konsequenzen für die Methode der Rekonstruktion. Ganz allgemein könnte man sagen: Wenn der Strukturaufbau Konstruktion ist, dann ist die Beobachtung explizite Nach-Konstruktion. Beobachten erster Ordnung ist dann Rekonstruktion, wenn es – via Interferenz oder Interpenetration – die in der Sequenz des beobachteten Sinngeschehens realisierte Auswahl aus unterschiedlichen Verweisungsmöglichkeiten bezeichnet und von anderen Optionen unterscheidet. Eine wissenschaftliche Methode verfährt nicht anders. Sie fragt: Welche Anschlußmöglichkeiten eröffnet das erste beobachtete Ereignis, und welche dieser Möglichkeiten wird im nächsten beobachteten Ereignis ausgewählt? Sie durchläuft gewissermaßen den Prozeß der Sinnkonstitution ein zweites Mal. Was sie damit beobachten kann, ist der durch Öffnung des Möglichkeitsspielraums und sequentielle Selektionen erst generierte Sinn. Er manifestiert sich – im Unterschied zum subjektiv-intentionalen – nirgendwo als in der Abfolge der beobachteten Ereignisse und der durch sie generierten Regel bzw. Struktur. Aus diesem Grunde wird eine objektive Hermeneutik sich einzig auf die Sinnsequenz bzw. deren

---

34 Ebd.

Protokoll (und nicht etwa auf einen vermuteten »dahinter liegenden«, »eigentlichen« Sinn) konzentrieren. Sie folgt dann allgemeinen konstruktivistischen Regeln, ist aber spezifisch sozialwissenschaftliche Methodologie insofern, als sie – abgesichert durch Interferenz im einen, Interpenetration im anderen Falle – Verfahren für das Beobachten zweiter Ordnung formuliert, die aus den Eigenschaften objektiver Sinnstrukturen folgen.[35] Das Wahrheitskriterium eines solchen Verfahrens wird im folgenden *Sachhaltigkeit* genannt. Es basiert auf der Wiederholbarkeit des beobachteten Sinngeschehens[36] und besteht in der Konsistenz von Strukturhypothesen, die eben wegen Sequentialität, Regelhaftigkeit und Textförmigkeit am Protokoll rekursiv getestet werden kann.

Für das Sozialsystem Wissenschaft heißt das: es ist in der Lage, seine Kommunikation über sinnstrukturierte Systeme als wahr zu bezeichnen, wenn die folgenden Bedingungen erfüllt sind:

(a) Erstbeobachtungen verlaufen über die oben beschriebenen Typen von »System-Kontakten«; das heißt, ein Ereignis kann als sinnstrukturiertes beobachtet werden (Sondermethodologie für die Rekonstruktion objektiven Sinns).

(b) Die Zweitbeobachtung ist komplex genug, um an Sinnstrukturierung anzuschließen; das heißt, sie benutzt die Merkmale des Sinngeschehens zur Programmierung ihres Codes (Sequentialität, Regelhaftigkeit, Textförmigkeit).

(c) Eine »kybernetische« Methodik steht zur Verfügung, die Sequenzierung und Rekursivität verwendet (Wiederholung einer Auswahl aus mehreren Verweisungsmöglichkeiten und Überprüfung anhand der Protokollsequenz; Kriterium: Sachhaltigkeit).

Ein solches Konzept verwendet konstruktivistische Grundannahmen: Beobachten wird als Unterscheiden und Bezeichnen verstanden. Realität fungiert als für das erkennende System unbestimmbare Außenwelt. Strukturelle Kopplungen zwischen Sinnsystemen können vom Beobachter für die Anwendung wis-

---

35 Insofern trifft Oevermann die konstruktivistische Sichtweise sehr präzise, wenn er sagt: »Soziale [man kann ergänzen: und psychische, A.B.] Wirklichkeit außerhalb von Protokollen ist methodologisch nicht greifbar.« Oevermann 1986, S. 47.

36 Re-konstruieren heißt dann eben: den Konstruktionsprozeß anhand seines Protokolls noch einmal zu durchlaufen.

senschaftstypischer Unterscheidungen genutzt werden. Wahrheit ist fallibilistisch konzipiert: Als wahr können nach dieser Vorstellung Sätze so lange gelten, wie sie genügend Komplexität erzeugen, um die von der Umwelt induzierten Perturbationen anschlußfähig zu kommunizieren. Die Anschlußfähigkeit kann in der wissenschaftlichen Kommunikation getestet werden, indem Protokolle von Sinnereignissen zu Elementen des wissenschaftlichen Diskurses werden.

Mit diesen Überlegungen haben wir einige grundsätzliche – zugegeben: sehr abstrakte – Anhaltspunkte für die Anlage sozialwissenschaftlicher Methodik gewonnen. Im folgenden wenden wir uns auf einer etwas konkreteren Ebene drei wissenschaftlichen Verfahren zu, an denen gezeigt werden kann, wie die methodologischen Postulate zumindest teilweise in die Praxis übersetzt werden können. Zunächst soll an Piagets genetischem Konstruktivismus wenigstens kurz darauf hingewiesen werden, wie insbesondere die sachhaltige Beobachtung psychischer Systeme mit konstruktivistischen Grundannahmen einhergeht.

III. Interpenetration und Beobachtung.
Das Paradigma der Sozialisation

Objektiver Sinn, so war oben gesagt worden, realisiert sich als Struktur in der Sequenz eines Sinngeschehens über die Auswahl einer spezifischen Relation aus einem Überschuß an Verweisungsmöglichkeiten. Diese Auswahl ist allerdings für psychische Systeme nicht beliebig, da sie von Anfang an im Austausch des Systems mit seiner Umwelt – und das heißt unter anderem: in und mit sozialen Systemen – stattfindet. Bedeutung entsteht, wie uns die Entwicklungspsychologie lehrt, jenseits subjektiver Intentionen, nämlich über System-Umwelt-Schleifen. Psychische Systeme erwerben ihre kognitiven Schemata, in denen sie Sinn und Bedeutung codieren, nicht allein nach der Art eines quasi »monistischen« Entwurfs, sondern zusätzlich über rekursive Tests, über Außenweltkontakte.[37] Die Bedingung der Möglichkeit eines für psychische und soziale Systeme gemeinsamen objektiven Sinns

---

37 Vgl. dazu und zum Verhältnis von Konstruktivismus und Entwicklungstheorie: Sutter 1992.

kann somit, wie wir gesehen haben, als das Paradigma der *Sozialisation* formuliert werden.[38] Psychische Systeme bauen ihre Schemata über Kontakte mit sozialen Systemen auf und konstituieren ihre Sinnelemente über diese Interpenetrationsschleifen. Dabei stellen soziale Systeme ihre Elemente zum Aufbau von psychischer Eigenkomplexität (operationale Schemata) zur Verfügung. Soweit dieser Vorgang beobachtbar ist, kann man in der oben skizzierten Weise von der Emergenz objektiver Sinnstrukturen in psychischen Systemen und ihrer Rekonstruktion durch den Beobachter sprechen.

Am Beispiel der Methode von Jean Piaget soll dieser Sachverhalt kurz erläutert werden. Piagets Theorie und Methode verweisen gerade darauf, daß es sich bei der Entwicklung kognitiver Schemata zwar um die konstruktive Leistung eines geschlossenen Systems handelt, daß aber jeder Beobachter beschreiben kann, unter welchen Umweltbedingungen welche Systemstrukturen formiert werden.[39] So wird in *Biologie und Erkenntnis* das Verhältnis zwischen kognitiven und organischen Selbstregulierungsprozessen wie folgt beschrieben: Leben ist im wesentlichen Selbstregulierung. Allerdings werden Äquilibration und Selbstregulierung bei Piaget als eine Folge der Interaktion zwischen epistemischer Operation und den Dingen der Umwelt beschrie-

---

38 Einige weitergehende Überlegungen dazu: Bora u. a. 1991. Den Kernpunkt dieses Arguments haben wir oben bereits unter dem Gesichtspunkt der Wiederholbarkeit von Sinnselektionen kurz angesprochen.

39 Daß der genetische Strukturalismus Piagets Affinitäten zum Konstruktivismus aufweist, ist verschiedentlich festgestellt worden. Ernst von Glasersfeld beispielsweise hat sich mit dieser Frage befaßt (von Glasersfeld 1987, insbesondere S. 97-112, 186-197, 221-240). Ausgangspunkt der Äquilibration sind nach seiner Lesart ausschließlich Perzepte, also reine Sinnesdaten, die Umwelt existiert allein als *black box;* Anpassung (Akkomodation) geschieht nur über »bestimmte Regularitäten der Input-Output-Beziehung«, die jedoch ihrerseits gerade keine Folge bestimmbarer Qualitäten der Außenwelt sind (S. 107 ff.). Von da aus gelangt von Glasersfeld über eine Erörterung des Menon-Paradoxons (S. 191 f.) später zu einer konstruktivistischen Auflösung, die von umweltinduzierten Störungen des Assimilationsprozesses – nämlich qua Störungen erzeugende Differenz-Effekte im Feedback des zunächst nur assimilierenden Organismus – ausgehend zwar die Existenz einer Außenwelt, nicht jedoch bestimmte Umweltqualitäten voraussetzen muß (S. 194).

ben: »[...] die erste Bedeutung der Hypothese ist, daß die Erkenntnisse kein Abbild der Umwelt darstellen, sondern ein System realer Interaktionen, das die autoregulative Organisation des Lebens ebenso reflektiert wie die Dinge selbst«.[40] Man könnte versucht sein, daraus den Schluß zu ziehen, Piagets Epistemologie nehme nichtkonstruktivistische Annahmen über qualitative Eigenschaften von Realität für sich in Anspruch. Reale Interaktion zwischen Organismus und den Dingen impliziert, so könnte man sagen, Aussagen über diese Dinge. Dies stellt jedoch keinen Einwand gegen die konstruktivistische Hypothese dar, kein System operiere in seiner Umwelt. Denn auch bei Piaget ist zu unterscheiden, aus welcher Perspektive beobachtet wird, das heißt, wer Aussagen über Dingqualitäten und deren Interaktion mit dem System macht: das beobachtende oder das beobachtete System?
Grundlage des Austauschprozesses zwischen System und Umwelt ist der Organismus, sowohl auf der Ebene von Genen wie auch auf der des Verhaltens. »Aus physikalisch-chemischer Sicht ist das Lebewesen ganz und gar keine Kopie der es umgebenden Körper; denn es weist eine Organisation auf, die sich durch Assimilation dieser Körper erhält und durch Selbststeuerung charakterisiert ist. Aus genetischer Sicht ist das Genom keineswegs das Produkt der Umwelteinflüsse, sondern ein organisiertes System, das auf Spannungen der Umwelt ›reagiert‹ [...] und seine ›Reaktionsnormen‹ in sich trägt. Aus embryologischer Sicht impliziert die epigenetische Entwicklung eine Reihe von Austauschprozessen mit interner, die Wahl der benutzten Nahrungsstoffe bestimmender Steuerung. Aus physiologischer Sicht zeugt das System der Regulationen von ständiger Aktivität, die wiederum nicht die Austauschprozesse mit der Umwelt über sich ergehen läßt, sondern sie kanalisiert und regelt.«[41] Und so fort auf allen Ebenen der Organisation bis hin zum Verhalten.
Kognitive Funktionen erfüllen in diesem allgemeinen Aufbau von Austauschprozessen die Aufgabe von »Spezialorganen«: »die kognitive Selbstregulation macht sich die allgemeinen Systeme organischer Autoregulation zunutze, die auf allen genetischen, morphogenetischen, physiologischen und nervösen Stufen zu finden sind, und paßt sie ohne weiteres den neuen Verhältnissen an [...],

40 Piaget 1967, S. 28.
41 Ebd., S. 33.

die durch die Austauschprozesse mit der Umwelt, die im Verhalten stattfinden, geschaffen werden. Deshalb finden sich die wichtigsten funktionellen Invarianten, welche die Selbstregulierung auf allen Ebenen kennzeichnen, selbst noch bei den am weitesten in der Richtung des wissenschaftlichen Denkens fortgeschrittenen Formen menschlicher Erkenntnis.«[42] Das heißt, der Organismus operiert ebenso wie das psychische System im Modus der Geschlossenheit. Das System beobachtet seine Umwelt, und ebenso kann es in seiner Umwelt von anderen Systemen beobachtet werden. Diese sind in der Lage, von *ihnen* beobachtete Objektqualitäten und Assimilationsleistungen des kognitiven Systems zu vergleichen und diese Beobachtung wiederum mit der Unterscheidung wahr/falsch zu codieren. Konzeptionell beruhen alle diese Vorgänge auf der operationellen Geschlossenheit des jeweiligen Systems und auf der Unterscheidung zwischen verschiedenen Ebenen des Beobachtens.

Diese Auslegung ist sicherlich nicht unumstritten.[43] So kann man beispielsweise auch versuchen, Übereinstimmung mit Piaget zu erzielen, indem man Organismen als offene und gleichwohl autopoietische Systeme bezeichnet. Damit wird zwar auf eine Beobachtung verwiesen, die auch bei Piaget zutrifft: informationelle Offenheit. Das epistemologische Konzept Piagets ist gleichwohl unverständlich ohne die Einsicht, daß eine spezielle Art von lebenden Systemen, nämlich menschliche Organismen, nur in einem ganz spezifischen Sinne als »weltoffen« zu bezeichnen sind: sie sind charakterisiert durch den Wegfall eines genetisch fixierten Verhaltenssystems ebenso wie durch das Fehlen einer genetisch fixierten, artspezifischen Umwelt. Funktionale Äquivalente dafür müssen von diesen Organismen erst aufgebaut werden, und zwar in Form des Operierens über Sinn. Piaget unterscheidet ebenso wie die hier vertretene Position zwei Aussagen: Zunächst geht er davon aus, daß die Selbstregelung von Strukturen ganz allgemein zu Geschlossenheit führen muß.[44] Eine in diesem Sinne »zyklische Ordnung« ist sogar für Konstanz von Systemen unentbehrlich, »weil diese Konstanz sonst nicht auf [...] Regelmechanismen beruhen könnte, sondern auf ein nicht mehr für die Organisation

---

42 Ebd., S. 35 f.
43 Vgl. dazu Bora 1991, Kap. 1.
44 Piaget 1968, S. 15.

spezifisches Gleichgewicht gegensätzlicher Kräfte beschränkt bliebe.«[45] Gleichzeitig sieht auch er natürlich die Notwendigkeit eines in spezifischem Sinne »offenen« Verhältnisses solcher Systeme zu ihrer Umwelt; allerdings bleiben beide Aspekte getrennt: »Die Offenheit ist [...] das System der Austauschprozesse mit der Umwelt, was aber keineswegs die Geschlossenheit im Sinne einer nicht linearen, sondern zyklischen Ordnung ausschließt. Diese zyklische Geschlossenheit und die Offenheit der Austauschprozesse liegen somit nicht auf derselben Ebene.«[46] Er lokalisiert die Frage der »Weltoffenheit« also nicht im Problem autopoietischer, zirkulärer Geschlossenheit; vielmehr behandelt er es auf einer zweiten Ebene der Konstruktion einer System-Umwelt-Relation vor dem Hintergrund autopoietischer Geschlossenheit. In den genannten Austauschprozessen realisiert sich strukturelle Kopplung, das heißt Interpenetration, die für den Aufbau der Sinnstrukturen im System genutzt wird.[47]

Mit diesem Konzept befinden wir uns also im Einklang mit der konstruktivistischen Sichtweise, ja mehr noch: wir machen uns ihre zentrale Erkenntnis sogar zunutze. Wenn wir nämlich sagen, objektiver Sinn sei nur rekonstruierbar, *weil* er unabhängig von subjektiven Intentionen, durch die strukturelle Kopplung von psychischen und sozialen Systemen entsteht, so äußern wir das zwar (nur) als Beobachter; gleichzeitig lehrt uns der Konstruktivismus, daß wir eben auch nicht mehr sagen können! Gerade wegen der autopoietischen Geschlossenheit, ist nur der vom psychischen System qua Sozialisation im Austausch mit seiner Umwelt aufgebaute Sinn für Kommunikationen bedeutsam und deswegen der methodischen Rekonstruktion zugänglich. Wie es »drinnen« aussieht, können wir nicht wissen. Insofern schlägt sich auch die Differenz zwischen psychischen und sozialen Systemen in der Unterscheidung zwischen psychischen Ereignisströmen und ihrer rekonstruierbaren Ausdrucksform methodologisch nieder. Aus dieser Einsicht hat, wie im folgenden kurz angedeutet

45 Piaget 1967, S. 159.
46 Ebd., S. 158.
47 Die Bemerkungen zur konstruktivistischen Piaget-Interpretation sollen hier nur ein prinzipielles Argument plausibilisieren. Ich kann deswegen auf Einwände nicht näher eingehen, wie sie etwa von Miller 1987 formuliert worden sind; an anderer Stelle (Bora 1991, S. 105 ff.) habe ich den Punkt etwas ausführlicher behandelt.

werden soll, Freud ein methodologisches Prinzip gemacht, ohne dabei auf die Rekonstruierbarkeit des objektiven Sinns zu verzichten. Lacan hat daraus theoretische Konsequenzen gezogen.

IV. Die methodische »Unerkennbarkeit der Realität«. Einige konstruktivistische Grundannahmen der Psychoanalyse

Im folgenden soll gezeigt werden, wie Freud vor dem Hintergrund der Intransparenz subjektiven Sinns eine Methode der Rekonstruktion objektiver Sinnstrukturen entwickelt. Ausgangspunkt der Überlegungen ist ein erkenntnistheoretisches Problem der Psychoanalyse. In seiner methodologischen Fassung besagt es, die durch hermeneutische Verfahren gewonnenen Begrifflichkeiten der Psychoanalyse wirkten ihrerseits auf die Methode zurück. Wenn etwa die Urszene als Konstrukt und nicht als Erinnerungstatsache zu verstehen ist, was folgt daraus für alle methodisch unter Inanspruchnahme dieses Konstrukts gewonnenen Beobachtungen? Freud hat darauf einerseits mit »Invisibilisierungsstrategien« geantwortet, indem er seine Theoriesprache dogmatisierte und in der Praxis Schulenbildung sowie den Ausschluß von Dissidenten betrieb.[48] Gleichzeitig entwickelte er jedoch die hermeneutische Methode weiter, die ihn in den späteren metapsychologischen Schriften zu einer sehr klaren konstruktivistischen Haltung führte.

Ich unterscheide im Anschluß an Ricœur drei Phasen der Entwicklung des Freudschen Œuvres. Die Frühschriften bis zur *Traumdeutung* bleiben hier außer Betracht, da sie zum großen Teil noch auf anatomische Konzepte zugeschnitten und insofern für die hermeneutische Methode eher unergiebig sind. In der *Traumdeutung* erscheint der psychische Apparat zum ersten Mal deutlich ohne anatomische Bezüge, das Modell der Energetik wird entwickelt. Damit stellen sich neue methodische Probleme. Die späteren metapsychologischen Schriften schließlich verdichten den methodologischen Gewinn. Bei Lacan zeigen sich weitere Querverbindungen zur objektiven Hermeneutik.

48 Vgl. zum erkenntnistheoretischen Problem: Ricœur 1965, S. 79 ff.; zu Invisibilisierungsstrategien: O'Neill 1991.

Die Methode der *Traumdeutung* besitzt eine doppelte Funktion: Rekonstruktion des latenten Sinns und Freilegung verdeckter Wünsche/Triebe. Insbesondere im erstgenannten Aspekt deutet sich eine konstruktivistische Methodologie an. Re-Konstruieren wird hier verstanden als das Ersetzen eines unverständlichen durch einen verständlichen Text. »›Einen Traum deuten‹ heißt, seinen ›Sinn‹ angeben, ihn durch etwas ersetzen, was sich als vollwertiges, gleichwertiges Glied in die Verkettung unserer seeelischen Aktionen einfügt.«[49] Freud selbst begründet das mit den Eigenschaften der Traumarbeit (Verdichtung, Verschiebung), die nur *Spuren* und Reste zur Verfügung stellen, aus denen das gesamte Traummaterial wieder hergestellt werden muß. Insoweit werden die mitgeteilten Traumbilder, die nur Fragmente des seelischen Geschehens sind, durch die vollständige objektive Sinnstruktur ersetzt. Das Analysematerial (den Text) liefert dabei nicht der Traum selbst, den wir als solchen niemals direkt zum Gegenstand der Analyse machen können, sondern immer nur die Erzählung des Geträumten. Analysiert wird also ein Text, so wie er in der Analyse kommuniziert wird. »Es ist uns von mehr als einer Seite vorgehalten worden, daß wir den Traum, den wir deuten wollen, eigentlich gar nicht kennen, richtiger, daß wir keine Gewähr dafür haben, ihn so zu kennen, wie er wirklich vorgefallen ist [...]. Was wir vom Traum erinnern und woran wir unsere Deutungskünste üben, das ist erstens verstümmelt durch die Untreue unseres Gedächtnisses, welches in ganz besonders hohem Grade zur Bewahrung des Traumes unfähig scheint, und hat vielleicht gerade die bedeutsamsten Stücke eingebüßt. [...] Zweitens aber spricht alles dafür, daß unsere Erinnerung den Traum nicht nur lückenhaft, sondern auch ungetreu und verfälscht wiedergibt. [...] Kurz, was nach der Meinung der Autoren eine willkürliche, in der Verlegenheit eilig zusammengebraute Improvisation sein soll, das haben wir behandelt wie einen heiligen Text.«[50]
Diese Vorgehensweise kann man wie folgt systematisieren: Die analytische Kommunikation setzt voraus, daß außerhalb ihrer selbst eine psychische Realität existiert; diese bringt den Beobachtungsgegenstand hervor, der in der Analyse kommuniziert wird – die in der analytischen Kommunikation thematisierten Bruch-

---

49 Freud 1899, S. 89.
50 Ebd., S. 417 ff.

stücke des objektiven Sinngeschehens, und nur diese: »Ein Patient erzählt, er habe geträumt, aber den Traum spurlos vergessen; dann gilt er eben als nicht vorgefallen.« Im Gegensatz zu den therapeutischen Effekten, die nicht an Wahrheitsfähigkeit gebunden sind[51], lassen sich die Beobachtungen des analytischen Diskurses nach dem Muster wahr/falsch codieren. Hier taucht die Frage der *Sachhaltigkeit* auf. Sie wird nach dem oben entwickelten Schema gelöst:

Das soziale System »analytischer Diskurs« beobachtet und rekonstruiert Sinnstrukturen, indem es Relationen zwischen seinen eigenen Elementen durch Selektion aus einer Vielzahl von Verweisungsmöglichkeiten bildet. Zu seinen Sinnelementen gehört der von den psychischen Systemen artikulierte objektive Sinn. Die Selektionen im Kommunikationssystem müssen, wenn sich eine Struktur herausbilden soll, stabil sein. Stabilität erreichen sie, da es immer um die Relation zwischen Sinnelementen geht, nur über die sinnhafte Verknüpfung ihrer Elemente, also auch der »Bruchstücke«, die von den psychischen Systemen beigesteuert werden. Diesen Vorgang der Verknüpfung nennt Peirce, wie wir sehen werden, Abduktion.[52] Er entspricht der Strukturrekonstruktion in der objektiven Hermeneutik, die fragt, welcher sinnhafte Zu-

---

51 Ebd., S. 424. Analyse als Beobachten erster wie zweiter Ordnung sollte dabei von ihren therapeutischen Effekten getrennt werden, die sich schließlich im psychischen System »Patient« einstellen. Sie beruhen auf Systeminterpenetration, nicht jedoch auf Operationen der analytischen Kommunikation im psychischen System. Die analytische Kommunikation verwendet Sinn-Elemente – Fragen, Bilder, Geschichten – aus ihrer Umwelt zum Aufbau von Eigenkomplexität. In der analytischen Kommunikation können durch abduktives Schließen neue Sinnelemente konstituiert werden, die qua Interpenetration dem psychischen System zum Aufbau von dessen Eigenkomplexität zur Verfügung stehen. Daraus wird unmittelbar ersichtlich, warum das »Resultat« von Analysen nicht steuerbar ist, sondern seinerseits den aktiven Aufbau neuer Schemata (Weltdeutungen, Handlungsmuster) beim Analysanden voraussetzt.

52 Die methodische Verwandtschaft zwischen Peirce und Freud braucht kaum mehr gesondert hervorgehoben zu werden. Insbesondere Ginzburg und Sebeok haben die Morelli-Lermolieff-Connection zwischen beiden Spurentext-Rekonstrukteuren ausführlich beschrieben, vgl. vor allem den Aufsatz von Ginzburg »Indizien: Morelli, Freud und Sherlock Holmes« in: Eco/Sebeok 1985, S. 125-179.

sammenhang zwischen verschiedenen Beobachtungen bestehen muß bzw. welche Strukturen gegeben sein müssen, innerhalb derer sich Beobachtungen sinnhaft verknüpfen lassen. In der Erwiderung auf Einwände gegen die *Rekonstruktion von Textspuren* heißt es bei Freud: »Sie [die Kritiker, A. B.] unterschätzen die Determinierung im Psychischen. Es gibt da nichts Willkürliches. Es läßt sich ganz allgemein zeigen, daß ein zweiter Gedankenzug sofort die Bestimmung des Elements übernimmt, welches vom ersten unbestimmt gelassen wurde.«[53] Wenn wir den Begriff der Determinierung mit objektiver Sinnstruktur übersetzen und uns dann auf die methodische Seite konzentrieren, so wird klar, daß Rekonstruktion in diesem Zusammenhang die Ersetzung fragmentierter Sinnelemente durch die vollständige Sequenz sinnhaft konstituierter Elemente bedeutet. Die Herstellbarkeit des Sinnzusammenhangs beruht auf der Sequentialität und der Regelhaftigkeit des Operierens im Medium Sinn. Daraus erst ergibt sich die Möglichkeit, Beobachtungen zu strukturieren. Diese Codierung von Beobachtungen als »sachhaltig« beruht keineswegs auf einem Operieren des analytischen Diskurses in seiner Umwelt, sondern ausschließlich auf der Verknüpfung seiner eigenen Elemente (Kommunikationen) und der Stabilität seiner Strukturen, die reversibles Operieren – Re-Konstruieren, Ersetzen von Sinnelementen durch andere – erlaubt. Dieser methodische Weg wird erforderlich, so könnte man pointiert formulieren, wenn und soweit Systeme als geschlossene verstanden werden.

Freuds spätere Schriften formulieren diese methodologische Konsequenz in aller Klarheit. So heißt es im *Abriß der Psychoanalyse* bezüglich des Verhältnisses zwischen psychischem Apparat und Außenwelt: »Das Reale wird immer ›unerkennbar‹ bleiben«. Und weiter, mit Bezug auf die psychoanalytische Methode: »Wir haben die technischen Mittel gefunden, um die Lücken unserer Bewußtseinsphänomene auszufüllen, deren wir uns also bedienen wie die Physiker des Experiments. Wir erschließen auf diesem Wege eine Anzahl von Vorgängen, die an und für sich ›unerkennbar‹ sind, schalten sie in die uns bewußten ein, und wenn wir z. B. sagen, hier hat eine unbewußte Erinnerung eingegriffen, so heißt das eben: Hier ist etwas für uns ganz Unfaßbares vorgefallen, was

---

53 Freud 1899, S. 419.

aber, wenn es uns zu Bewußtsein gekommen wäre, nur so und so hätte beschrieben werden können.«[54]

Das oben angesprochene erkenntnistheoretische Problem der Psychoanalyse zielt also auf den Realitätsbegriff. Wenn Freud tatsächlich konstruktivistisch argumentiert, stellt sich die Frage, wie die Funktion des Realitätsprinzips verstanden werden soll. Die methodologische »Unerkennbarkeit« konnte, da sie wahrscheinlich nicht konsequent differenzlogisch gedacht war, von Freud selbst nicht mehr theoretisch umgesetzt werden, wie etwa Ricœurs Untersuchungen zur Entwicklung des Realitätsprinzips zeigen. Vor der Einführung des Todestriebs ist das Realitätsprinzip ein Korrelat der Funktion des Bewußtseins, das heißt, es wird als Regulierungsprinzip verstanden. »Jede neue Komplexität der Innenwelt entspricht dann jeweils einer neuen Aufgabe des Ichs als des Repräsentanten der Außenwelt.«[55] Mit der Annahme eines Todestriebs, der besagt, alles Lebende sterbe nicht durch äußere Ursachen, sondern aus inneren Gründen, wird im Freudschen Denken diese Fassung des Realitätsbegriffs aufgegeben. Er erhält mehr und mehr die Bedeutung eines kulturkritisch verstandenen metaphysischen Prinzips. Aus einer differenztheoretischen Perspektive kann man darin eine Invisibilisierungsstrategie erkennen, die sich vermeiden läßt, wenn der *methodisch* angelegte Konstruktivismus *theoriesprachlich* durchgehalten wird.

Verschiedene Ansätze, an diesem Punkt »mit Freud über Freud hinaus zu denken«, liefern dafür Belege. Lacan hat beispielsweise die Freudsche Methode strukturalistisch gedeutet und damit auch theoretisch auf eine grundlegende Differenz zwischen »Subjekt« und »Anderem« umgestellt.[56] Zwei Aspekte scheinen mir in diesem Zusammenhang von besonderem Interesse zu sein: Das Unbewußte wird als Netz von Signifikanten aufgefaßt, das wie eine Sprache strukturiert und nicht auf das Subjekt bezogen ist, sondern sich gewissermaßen durch es hindurchzieht. Das »Reale« manifestiert sich dabei in der Wiederholung von Wahrnehmungszeichen als Konstruktion des erkennenden Systems. Die Nähe zur objektiven Hermeneutik läßt sich mit Hilfe von Slavoj Žižeks Lacan-Lektüre vielleicht am deutlichsten nachzeichnen.[57]

54 Freud 1938, S. 52.   55 Ricœur 1965, S. 285.
56 Ich beziehe mich auf: Lacan 1964.
57 Vgl. zum folgenden vor allem Žižek 1991, Kap. I.2.1, das die Implikationen für soziale Systeme sichtbar werden läßt.

Kommunikation und Sinn sind in die drei Dimensionen des Imaginären, des Symbolischen und des Realen eingebettet. Das Imaginäre ist die Illusion der Erkennung/Verkennung. »Der Mechanismus, der dieser Illusion zugrunde liegt, ist ein ›Kurzschluß‹, eine Verwechslung des Stellenwertes in der symbolischen Struktur mit dem zufälligen imaginären Element, das sich auf dieser Position einfindet [...].«[58] Das Imaginäre läßt sich somit begreifen als eine subjektiv-intentionalistische Lesart einer objektiven, das heißt auf die Struktur des Systems bezogenen Funktion; um es mit Oevermann zu sagen: man spricht die objektive Sinnstruktur an, verkennt sie jedoch dadurch, daß man sie subjektiv-intentional liest. Objektive Sinnstruktur bedeutet dabei, »daß der Sprechende immer schon gesprochen wird, das heißt, daß das sprechende Subjekt die Auswirkungen dessen, was es sagt, nicht zu kontrollieren vermag, sondern sich – indem es das, was es ›sagen will‹, in Worte faßt – immer verspricht, und in diesem Versprecher wird dann auch die Wahrheit dessen, was das Subjekt ›sagen wollte‹, ausgesprochen.«[59] Demnach stünde das Symbolische – um die Parallelisierung fortzusetzen – für die objektive Sinnstruktur. Das Reale ist dann notwendig das, was hinter/unter der symbolischen Struktur liegt und sich mit eigener Macht behauptet: bei Lacan das Genießen, der Tod. Ich deute das Reale in Analogie zu Oevermanns Begriff der *Lebenspraxis,* die im Gegensatz zur *Ausdrucksform,* zum Protokoll, dem Beobachter niemals unmittelbar zugänglich ist und insofern zwar für das beobachtete System von Bedeutung ist, nicht aber für den Beobachter.[60] Dessen Operationen beziehen sich auf die Beobachtung der Ausdrucksform, der »dahinterliegende« Ereignisstrom bleibt unzugänglich – oder, um noch einmal Žižek zu zitieren: »Die Wahrheit entspringt der Verkennung«[61] – allerdings nicht der Verkennung objektiven Sinns, sondern der Intransparenz des subjektiv-intentionalen.

---

58 Ebd., S. 29.
59 Ebd., S. 32.
60 Vgl. dazu Oevermann 1986, S. 48 ff.
61 Ebd., S. 9.

v. »Kybernetische« Methodik und Abduktion

Als weiteren Baustein für eine objektive Hermeneutik im Kontext systemtheoretischer Vorstellungen benötigen wir ein methodisches Prinzip, welches die oben skizzierte »kybernetische Methodik«, also das reflexive Hin- und Hergehen zwischen Problem und Problemlösung in die Praxis umsetzt. Ich will versuchen, ein derartiges Verfahren am Beispiel der Methodologie von Charles S. Peirce und einiger sich daraus ergebender systemtheoretischer Weiterungen nachzuweisen. Der Semiotiker und Detektiv Peirce steht mit seiner Zeichentheorie bereits im Kontext der differenztheoretischen Konzepte, aus denen schließlich auch der Konstruktivismus der Systemtheorie hervorgeht; gleichzeitig ist er ein Praktiker der Spurentextrekonstruktion, der selbst die Kriminalisten der berühmten Agentur Pinkerton verblüfft.[62] Es lohnt sich also, einmal nachzuvollziehen, wie sich in Peirce' Texten die beiden Momente zusammenfügen: einerseits die Welt als Universum fluktuierender Zeichen, die rein konstruktive Verbindungen zwischen Signifikat, Signifikant und Referent schaffen, und andererseits die offenkundige Fähigkeit abduktiver Schlüsse, Sätze hervorzubringen, die als »wahr« bezeichnet werden können. Das gelingt, wie im folgenden gezeigt werden soll, weil Peirce zwischen Beobachten erster und zweiter Ordnung unterscheidet. Der Realitätsbegriff kann dadurch – trotz einer im dreiwertigen Zeichenbegriff begründeten Ambiguität – von Wahrheitsfragen getrennt werden.

Was bedeutet »Realität« bei Peirce? Auffällig ist, daß er das Problem gar nicht erst mit Hilfe ontologischer Annahmen im eingangs beschriebenen Sinne zu lösen versucht. In »How to Make our Ideas Clear« siedelt er die Frage vielmehr im Bereich der Logik an. Die Methode, die es ermöglicht, klar und widerspruchsfrei zu denken, zielt interessanterweise nicht auf die Dinge selbst, sondern auf ihre Wirkungen. »So bezieht sich unser Handeln ausschließlich auf das, was auf unsere Sinne einwirkt, unsere Gewohnheit verhält sich genauso wie unsere Handlung, unsere Überzeugung wie unsere Gewohnheit, unsere Vorstellungen wie unsere Überzeugung; [...] Unsere Idee von etwas ist unsere Idee

---

62 Sebeok/Umiker-Sebeok 1982.

von ihren [der Dinge, A. B.] wahrnehmbaren Wirkungen.«[63] »Danach besteht die Realität, wie jede andere Qualität auch, in den besonderen, wahrnehmbaren Wirkungen, die die Dinge, die an ihr teilhaben, hervorbringen.«[64] Man kann unschwer erkennen, daß Beobachten erster Ordnung hier als selbstreferentielles Operieren verstanden wird. Realität manifestiert sich ausschließlich in ihren Wirkungen im Beobachter.

Das hat Konsequenzen für den Wahrheitsbegriff. Wegen der Differenz zwischen erkennendem System und Realität »gehören die Ideen von Wahrheit und Falschheit in ihrer vollen Entwicklung allein der wissenschaftlichen Methode der Bildung von Meinungen an.«[65] Peirce versteht »Meinung« aber nicht im Sinne intuitiven und arbiträren Vermutens, sondern als realitätsinduziertes kognitives Konstrukt – als Konstrukt der beim Beobachter ausgelösten Wirkungen der *reality out there*. Über Wissenschaftler, die verschiedene Beobachtungsmethoden verwenden, heißt es: »Zuerst werden sie verschiedene Resultate erhalten, dann jedoch, wenn jeder seine Methoden und Arbeitsweisen vervollkommnet, werden sich die Resultate stetig auf einen bestimmten Mittelpunkt hin bewegen.« Diese Bewegung – darf man schon sagen: die Bildung von Eigenwerten? – resultiert aus Eigenschaften des Denkens selbst: »Diese Aktivität des Denkens, die uns nicht dahin führt, wohin wir es wünschen, sondern einem vorbestimmten Ziel entgegen, ist dem Walten des Schicksals zu vergleichen. Keine Modifikation des einmal eingenommenen Standpunkts, keine Selektion anderer Fakten, nicht einmal die natürliche Neigung des Geistes kann jemand befähigen, der vorbestimmten Meinung zu entkommen. [...] Was wir unter Wahrheit verstehen, ist die Meinung, der es schicksalhaft bestimmt ist, zuletzt von allen Forschern bejaht zu werden, und das Objekt, das in dieser Meinung repräsentiert ist, ist das Reale. So würde ich Realität erklären.«[66]

Wahrheit konstituiert sich also ausschließlich im wissenschaftlichen Diskurs, sie ist ein Produkt des Denkens und nicht der Außenwelt-Realität. In dem Aufsatz »Einige Konsequenzen aus vier Unvermögen« wird dieses Konzept zeichentheoretisch inter-

63 Peirce 1985, S. 67.
64 Ebd., S. 73.
65 Ebd.
66 Ebd., S. 85.

pretiert[67] und in »Praktische und theoretische Überzeugungen« im Begriff der Dualität differenztheoretisch abgesichert. Realität tritt dabei ausschließlich als das Unerwartete – als Perturbation – auf: »Die Realität der Außenwelt bedeutet nichts außer jener realen Erfahrung der Dualität.«[68]

Dies gilt indessen nur mit einer Einschränkung, die erst durch einen konsequent durchgeführten Konstruktivismus beseitigt wird. Die Peircesche Zeichentheorie läßt sich von der Ausgangskonstellation ihrer Problemformulierung her als eine »dreiwertige« Relation Signifikant-Signifikat-Referent charakterisieren. Trotz der später in der Tradition Saussures und des Strukturalismus zu beobachtenden Dominanz der Unterscheidung Signifikant/Signifikat lassen gerade die Probleme, die sich dort im Hinblick auf die Beziehungen zwischen Zeichen, Denken und Wirklichkeit stellen[69], deutlich den Untergrund erkennen, auf dem die ganze semiologische Konzeption letztlich aufruht: die Relation zwischen dem Zeichen und dem Referenten als Ausdruck der Gewißheit eines Bezugspunktes von Zeichenfunktionen in der Welt. Daß die moderne Zeichentheorie sich mehr und mehr noch vom Signifikat löst und schließlich den Eigenwert des Signifikanten zum Ausgangspunkt nimmt[70], bestätigt diese These nur. Sie reagiert damit auf interne Widersprüche zwischen einer konstruktivistischen Theorieanlage, die auf der Differenz von »Zeichen« und »Welt« beruht, und dem Begriff des Referenten, der stets den Weltbezug im Zeichen selbst herstellt. Damit wird ein Problem offensichtlich, das zunächst auf der Seite des Referenten lokalisiert wurde: die Materialität – Objektivität – Spur – der Welt, das Eingeschriebene, welches, so jedenfalls die Überlegung bei Derrida, der Zeichenfunktion noch vorweg liegt. Auf diese Weise wird jedoch nur unter veränderten Ausgangsbedingungen das epistemologische Problem neu aufgeworfen, das die semiologische Diskussion von Anfang an durchzieht: die Frage nach dem Verhältnis zum Referenten als einem Gegenstand in der Welt. Deshalb löst die neuere Systemtheorie die skizzierte Ambi-

67 Peirce 1967, S. 284 ff.
68 Peirce 1979, S. 539.
69 Vgl. Eco 1973, Kapitel 4.3.
70 Derrida 1967, 1. Teil (»Die Schrift vor dem Buchstaben«), »Spur« als das immer schon vor aller Bedeutung »Eingeschriebene«. Vgl. auch Flusser 1987.

guität semiologischer Modelle durch eine konsequente differenzlogische Theorieanlage auf, indem sie die konstruktivistischen Annahmen beibehält und zusätzlich zwischen verschiedenen Beobachtungsebenen unterscheidet. Sie kann deshalb, anders als die Peircesche Methodologie, nicht mehr auf semiotische Grundlagen gestellt werden. Zeichen erfordern, das liegt jedenfalls in ihrem Begriff, die Verweisung auf etwas Bestimmtes »außerhalb« ihrer selbst – und seien es andere Zeichen. Die Selbstreferenz sozialer und psychischer Systeme hingegen schließt dieses Moment der Fremdreferenz gerade aus. Insofern setzt dieses Konzept fundamentaler an als die Zeichentheorie. Soziale und psychische Systeme, die durch das Operieren mit Sinn gekennzeichnet sind, verweisen in erster Linie auf sich selbst; Zeichen hingegen schließen Selbstreferenz aus.[71]

Demgegenüber greift Habermas in einem unlängst erschienenen Aufsatz[72] die Probleme der Peirceschen Semiologie auf, um sie kommunikationstheoretisch fortzuschreiben. Peirce habe, so die These, trotz der von ihm ausdrücklich anvisierten »Anonymisierung des Interpretationsvorgangs«, trotz seiner erklärten Abwendung vom subjektphilosophischen Realitäts- und Wahrheitsbegriff unterschwellig eine intersubjektivistisch konzipierte Semiotik entwickelt. Er könne insbesondere den hermeneutischen Aspekt der Semiologie nicht ohne Bezug auf zumindest rudimentäre Bedingungen intersubjektiver Verstehbarkeit formulieren. Das zeige sich etwa, wenn Realität und Wahrheit bezogen sind »auf die regulative Idee einer Forschergemeinschaft, die unter idealen Bedingungen operiert«.[73] Dabei abstrahiert bereits die Formulierung des erkenntnistheoretischen Problems von der eingangs vorgeschlagenen Unterscheidung zwischen Realität und Wahrheit. Habermas benutzt nämlich das bereits zitierte Realismus-Argument, wenn er fragt: »Wie soll Objektivität der Erfahrung möglich sein, wenn der semiotisch verkörperte Geist im Bannkreis der Diskurse und Praktiken gefangen und von der Kette der Signifikanten gefesselt bleibt?«[74] Solange jedoch die Unterscheidung zwischen Wahrnehmung – oder allgemeiner: Beobachten erster Ordnung – und Wahrheit – Beobachten zweiter

71 Luhmann 1984, S. 107.
72 Habermas 1991, S. 9-33.
73 Ebd., S. 14.
74 Ebd., S. 19.

Ordnung – im Objektivitätsbegriff eingezogen bleibt, können die Verdienste der Peirceschen Argumentation nicht gewinnbringend erfaßt werden. Peirce habe, so Habermas, drei Schritte getan, um dem Objektivitäts-Dilemma zu entrinnen: über vorsymbolische Zeichen (Quali-Zeichen) werde das Zeichen in der Wirklichkeit verankert; um den drohenden relativistischen Konsequenzen zu entgehen, würden wahrheitsverbürgende Methoden des Erkenntniserwerbs (synthetische Schlüsse, insbesondere Abduktion) entwickelt; auch diese garantieren jedoch keine zwingenden Ergebnisse, weswegen das quasi-transzendentale Korrektiv einer idealen Forschergemeinschaft, die »regulative Idee eines letzten Konsenses« eingesetzt werde. Während die beiden erstgenannten Schritte sich durchaus in ein konstruktivistisches Konzept fügen, scheint sich im dritten Fall eine divergierende Argumentationsrichtung bei Peirce anzudeuten.

Gegen diese Lesart sprechen allerdings folgende Überlegungen: Peirce spricht an der von Habermas zitierten Stelle[75] über das Ding-an-sich, von dem er sagt, es existiere als solches nicht. Daran schließt die Frage an, wie Beobachter dann trotzdem zwischen realen und nicht-realen Objekten unterscheiden können. Sie tun das, und das ist eben die konstruktivistische Pointe, nicht auf Grund ontologischer Qualitäten des Objekts, sondern allein im Prozeß ihres eigenen kognitiven Operierens – sie unterscheiden zwischen wahren und unwahren Erkenntnissen, deren Objekte sie entsprechend als real bzw. illusionär bezeichnen. Es geht also gerade nicht um das lebensweltliche *taking for granted*, sondern bereits um die Problematik des Beobachtens zweiter Ordnung: wann können wir Sätze als wahr – und in der Terminologie von Peirce: deren Objekte als real – beschreiben? Das Problem wird, wie oben schon skizziert, nach konstruktivistischer Manier gelöst: solange das beobachtende Kommunikationssystem sie als wahr betrachtet, sind sie wahr. Deswegen heißt es im Anschluß an die von Habermas zitierte Passage über die gemeinschaftliche Erzeugung wahrer Sätze folgerichtig: »Nun enthält ein Satz, dessen Falschheit niemals entdeckt werden kann und dessen Irrtum daher absolut unerkennbar ist, aufgrund unseres Prinzips absolut keinen Irrtum. Folglich ist das, was in diesen Erkenntnissen für real gehalten wird, das Reale, so wie es real ist.«[76]

75 Ebd., S. 25; Peirce 1970, S.311.   76 Peirce 1970, S. 5.311.

Wenn wir in dieser Weise die kommunikative Erzeugung wahrer Sätze als Beobachten zweiter Ordnung deuten, ersparen wir uns den Preis, den Habermas für seine Interpretation entrichtet. Wir müssen nicht annehmen, Peirce habe unausgesprochen einen diskursethischen Vorbehalt gehegt, den er jedoch wegen der zeichentheoretischen Grundanlage seiner Theorie nicht offen habe formulieren können. Es gibt statt dessen, wie ich zu zeigen versucht habe, eine wohlwollendere Auslegung des bei Peirce mehrfach anzutreffenden Topos von der kommunikativ erzeugten Wahrheitsfähigkeit, nämlich die mit seinen konstruktivistischen Grundannahmen konvergierende Differenzierung zweier Beobachtungsebenen. Hinsichtlich der Konstitution von Wahrheitsfähigkeit ergeben sich damit gar keine sonderlich markanten Divergenzen zwischen Habermas und der konstruktivistischen Sichtweise; beide würden im Endeffekt ein fallibilistisches Konzept favorisieren. Lediglich die starken realitätstheoretischen Folgerungen sowie die darin immanent mitlaufende Konstruktivismuskritik lassen sich meines Erachtens aus dem Peirceschen Text nicht belegen.

Damit rückt Peirce' zweiter Innovationsschritt ins Zentrum des Interesses. Konstruktivistische Methodik und Sachhaltigkeit konvergieren in der Frage, wie man zu wahren Aussagen kommt. Wenn man wie Peirce von Differenz und Beobachten ausgeht, muß man geradezu eine selbstreferentielle Antwort suchen; Peirce lokalisiert das Problem wiederum in der Logik, nämlich im Typus abduktiven Schließens. In der Vorlesung über die »Drei Typen des Schlußfolgerns« stellt er den Abduktionsschluß als spezifische Form des Verknüpfens von Beobachtungen vor. Diese Form ist – im Gegensatz zu Induktion und Deduktion – geeignet, neues Wissen zu generieren: »Ihre einzige Rechtfertigung liegt darin, daß die Deduktion aus ihrer Vermutung eine Vorhersage ziehen kann, die durch die Induktion getestet werden kann, und daß es, sollen wir überhaupt jemals etwas lernen oder ein Phänomen verstehen, die Abduktion sein muß, durch die das zustande zu bringen ist.«[77] Indem er die Abduktion als Form logischer Schlußfolgerung einführt, beschreibt Peirce sie letztlich als Erkenntnismodus, welcher im Vergleich zu den beiden anderen stärkere interne Strukturbildungen ermöglicht: die Abduktion vermag als

77 Ebd., S.171.

einziges Verfahren zu extrem unwahrscheinlichen, gleichwohl erfolgreichen Hypothesen zu gelangen. In dieser Weise baut auch die Peircesche Wahrnehmungstheorie, wie Eco mit Recht betont hat, insgesamt auf dem Modus abduktiven Schließens auf.
Unabhängig von substantiellen Annahmen über die Beschaffenheit von Umwelt können wir so beschreiben, wie das System durch eine bestimmte Art und Weise der Verknüpfung von Beobachtungen prinzipiell anschlußfähige Sinnelemente generiert. Ob sie in concreto anschlußfähig sind, kann sich erst in der nächsten Beobachtung erweisen, also in der Verknüpfung von Operationen im Beobachter. Denn die Abduktion schließt von zwei Beobachtungen (der »Regel« und dem »Ergebnis« in Peirce' Terminologie) auf das, was der »Fall« sein könnte.[78] Diese Operation läßt sich selbst nur durch weitere Beobachtungen testen. Gleichzeitig ist sie die einzige, die neue kognitive Strukturen generiert. Das unterscheidet sie auch von der Induktion, mit der sie als synthetische Schlußweise nah verwandt ist. Man kann dies mit gewissem Recht als »kybernetische Methode« bezeichnen.

v. Konstruktivismus und Sachhaltigkeit.
Die Methode der objektiven Hermeneutik

(1) Wir haben bis hierher zwei Argumente eingeführt und an Beispielen zu erläutern versucht. Erstens wird gegenüber einer am Realitätsbegriff orientierten Konstruktivismus-Kritik vorgeschlagen, von der Unterscheidung zwischen Beobachtungsebenen auszugehen. Dadurch bleibt der Realitätsbegriff theoriesprachlich und methodologisch fruchtbar. Der Umstand, daß Systeme nicht in ihrer Umwelt operieren, hindert einen Beobachter nicht, System/Umwelt-Relationen festzustellen und dies auf einer zweiten Beobachtungsebene mit der Unterscheidung wahr/unwahr zu codieren. Zweitens erfordert die Programmierung dieser Unterscheidung aber auch beobachtungsspezifische Methodologien. Im Falle sinnstrukturierter Systeme bedeutet dies, nach einer konstruktivistischen Sondermethodologie für Rekonstruieren zu fragen. Gegenüber der systemtheoretischen Lesart hermeneutischer Verfahren wird deshalb vorgeschlagen, auf beiden Beobachtungs-

---

78 Peirce 1985, S. 127 ff.

ebenen von subjektiv-intentionalem auf objektiven Sinn, von Verstehen auf Rekonstruieren umzustellen. Beobachten von Sinnsystemen impliziert dann stets strukturelle Kopplungen; beim Beobachten erster Ordnung wird die Regelhaftigkeit und Sequentialität des Sinngeschehens benutzt, um im Modus der Gleichzeitigkeit anschlußfähig operieren zu können; beim Beobachten zweiter Ordnung wird darüber hinaus eine »kybernetische Methodik« der Re-Konstruktion benutzt, um eine nach Wahrheitskriterien (»Sachhaltigkeit«) gültige Beschreibung beobachteter Ereignisse zu erzeugen.

Wenn und soweit damit die allgemeine Position einer spezifisch sozialwissenschaftlichen Methodologie und Methode im Gefüge der autopoietischen Systemtheorie umrissen ist, so stellt sich die Frage, wie ein Verfahren auszusehen hätte, welches diesen Anforderungen genügen kann. Die Systemtheorie gibt hierüber keine Auskunft. Allerdings stehen, wie wir gesehen haben, rekonstruktive Ansätze zur Verfügung, die sich in dieses Konzept eingliedern lassen.[79] Peirce, Piaget und Freud bereiten auf ganz unterschiedliche Art und Weise den Weg für eine sozialwissenschaftliche Hermeneutik, die als konstruktivistische Methode verstanden werden kann. Sie alle lehnen einen naiven Realismus im Sinne einer »adaequatio intellectus et rei« ab, beschreiben statt dessen das selbstregulierende Operieren des Systems, das im Falle Freuds und Piagets durchaus auch als geschlossenes System verstanden wird, und betonen gleichzeitig die Fähigkeit eines Beobachters zweiter Ordnung, wahre Aussagen über seine Beobachtungsgegenstände zu machen. Dieser Beobachter verwendet selbst eigene Konstruktionen, für welche die epistemologischen Grundannahmen ebenfalls zutreffen müssen, mit der Folge, daß sowohl bei Peirce als auch bei Freud die Frage nach der Wahrheitsgarantie nicht vollends geklärt wird. Peirce läßt sie als Eigendynamik wissenschaftlicher Aussagen (»Schicksal«) stehen, ohne die Strukturen dieses Vorgangs selbst noch einmal zu rekonstruieren; Freud umgeht das Dilemma durch eine Modifikation des Realitätsbe-

---

79 Statt den Weg über Peirce, Freud und Piaget zu gehen, hätte man auch die Methoden von Kriminalisten, Kunsthistorikern und Medizinern heranziehen – Oevermann und andere haben das verschiedentlich getan – oder sich mit der traditionellen hermeneutischen Methodologie auseinandersetzen können. Vgl. dazu etwa Kneer/Nassehi 1991, Schneider 1991.

griffs; es wird bei Lacan wieder aufgenommen und konstruktivistisch reinterpretiert; Piaget versucht dem Problem beizukommen, indem er die Interaktion zwischen dem epistemischen Subjekt und seiner Umwelt beschreibt; ich denke jedoch, daß genau diese Terminologie zu Fehlschlüssen verleiten mag, die so bei Piaget gar nicht angelegt sind: für die Rekonstruktion der Entwicklung kognitiver Strukturen macht er keine Annahmen über qualitative Beschaffenheiten von Umwelten, sondern setzt lediglich die Existenz einer widerständigen – und das heißt nichts anderes als: Perturbationen erzeugenden – Welt voraus. Wahrheitsfragen treten erst auf einer zweiten Ebene des Beobachtens auf.

Die Theorie sozialer Systeme scheint nun – die in Abschnitt II vorgeschlagenen methodologischen Überlegungen miteinbezogen – hinreichend komplex zu sein, um diese Beobachtungen in ein allgemeines methodologisches Paradigma zu integrieren. Sie verfügt selbst allerdings nicht über eine ausgearbeitete sozialwissenschaftliche Methode und zeichnet sich ganz prinzipiell durch eine einseitige Sicht auf hermeneutische Verfahren aus. Die von Ulrich Oevermann entwickelte objektive Hermeneutik stellt in diesem Zusammenhang das angemessene methodische Instrumentarium bereit, welches die entscheidenden Vorzüge seiner Vorläufer übernimmt, generalisiert, auf die allgemeine Analyse von Sinnstrukturen anwendet und sich damit, wie ich meine, in das von der neueren Systemtheorie entfaltete Konzept konstruktivistischer Verfahren eingliedern läßt.

Die objektive Hermeneutik vollzieht für den Gegenstandsbereich sinnstrukturierter Systeme den Schritt von der »deduktiven« zur »kybernetischen« Methodik. Sie transformiert diesen auf der Ebene allgemeiner Methodologie angesiedelten Gegensatz in denjenigen zwischen *subsumtionslogischen* und *rekonstruktiven* Verfahren. Dadurch sensibilisiert sie sich für die (gerade auch aus systemtheoretischer Perspektive zentralen) Eigenschaften ihres spezifischen Gegenstandes: die Strukturen von Systemen, die im Medium Sinn operieren. Sie schließt dadurch die oben beschriebene Lücke in der systemtheoretischen Methodologie. Dabei greift sie auf die genannten Vorarbeiten zurück: mit Peirce hat sie die Berufung auf abduktives Schließen ebenso gemeinsam wie den im fallibilistischen Wahrheitskonzept enthaltenen Realitätsbegriff; mit Freud die Methode der Spurentextrekonstruktion und verschiedene Begrifflichkeiten (beispielsweise Latenz); mit Piaget das Paradigma der Sozialisation. Über die drei Vorläufer geht sie hinaus, weil sie die methodischen, methodologischen und gegenstandsbezogenen Implikationen radikalisiert und damit erst eine *allgemeine* Methodologie sinnstrukturierter Systeme ermöglicht. Dabei entfernt sie sich erkennbar von den traditionellen hermeneutischen wie von den empirisch-statistischen Verfahren. Beide sind letztlich »deduktiv«.

Im folgenden skizziere ich (2) die Grundzüge der objektiven Hermeneutik und versuche sodann (3), ihre Charakteristika den in Abschnitt II genannten Voraussetzungen einer konstruktivistischen Methodologie zuzuordnen.

(2) Die praktische Vorgehensweise und der methodologische Hintergrund der objektiven Hermeneutik sind – trotz Oevermanns zurückhaltender Publikationspraxis – mittlerweile recht gut dokumentiert, so daß an dieser Stelle nicht alle Details wiederholt zu werden brauchen.[80] Die wichtigsten Schritte sollen aber doch kurz dargestellt werden.

Ausgangspunkt einer jeden Analyse ist das Protokoll eines beobachteten Ereignisses. In ihm manifestieren sich grundsätzlich unterschiedliche Fallstrukturen, je nachdem, auf welcher Ebene die Rekonstruktion ansetzt. So kann etwa das Protokoll des Geschehens in einer Fußgängerzone am Samstagmorgen zu individualpsychologischen, gruppen-, organisations- oder institutionssoziologischen Studien ebenso dienen wie zur Beschreibung von Lebensstilen, Moden und Kulturen. Die konkrete Analyse legt also erst fest, was als der zu untersuchende »Fall« gelten soll, und unterscheidet diesen von seiner je konkreten Kontexteinbettung. Wie läßt sich nun die Rekonstruktion der im Protokoll gegebenen Sinnstruktur beschreiben? Sie besteht in der erneuten Konstruktion des im Protokoll sich manifestierenden Sinns. Zunächst wird der Möglichkeitsspielraum »überschüssiger« Verweisungsmög-

80 Oevermann u. a. 1979; Oevermann 1983, 1985, 1986, 1988, 1991. Vgl. auch Reichertz 1986. Mittlerweile sind darüber hinaus eine ganze Reihe von Untersuchungen mit der Methode der objektiven Hermeneutik durchgeführt worden. – Die folgende Darstellung versucht, sich auf das Notwendigste zu konzentrieren; sie blendet einige zentrale Begrifflichkeiten aus (etwa Strukturgeneralisierung, -transformation und -reproduktion), die für das hier vorgetragene Argument aber nicht entscheidend sind.

lichkeiten (Potentialität) im Wege der extensiven Sinnauslegung expliziert. Das heißt, es werden (in Form von »Geschichten«) alle denkbaren Geltungsbedingungen dargestellt, die die erste zu untersuchende Äußerung als sinnhafte Eröffnung einer Kommunikationssequenz ermöglicht haben könnten. Die im Text als Anschlußsequenz beobachtete Selektion (Aktualität) wird dazu in Relation gesetzt und führt zu einer Schließung des Möglichkeitsspielraums, indem sie eine bestimmte Verknüpfung auswählt. In der methodischen Rekonstruktion hat man damit schon den ersten Ansatz zur Explikation der Sinnstruktur – was die immer wieder bestaunte und bisweilen belächelte Sorgfalt erklärt, mit der die objektive Hermeneutik sich gerade diesem ersten Analyseschritt widmet. Die Anfangsselektion eröffnet dann sequentiell ihrerseits einen neuen Spielraum, der seinerseits durch die folgende Selektion ausgenutzt wird. Aus der Relation zwischen den in der Sequenz aufeinander verweisenden Selektionen ergibt sich eine »Regel«, die als Re-Konstrukt des Beobachters zu verstehen ist: Konstrukt insofern, als er sie durch unterscheidendes Bezeichnen formuliert; sachhaltige Re-Konstruktion insofern, als sie die Selektionen des beobachteten Systems ersetzt und insofern ein »pattern« für die Beobachtung von dessen Operieren erzeugt. Das beobachtende System bedient sich dabei abduktiver Schlüsse und gewinnt auf diesem Wege methodisch kontrollierte und explizite Fallstrukturhypothesen, die ihrerseits über gezielte Falsifikationsversuche weiter erhärtet werden können. Darin erweist sich der auch für konstruktivistische Theorien unübersehbare Vorteil objektiv-hermeneutischer Strukturanalysen: sie beobachten Sinnereignisse, indem sie die in ihrer Kommunikation rekonstruierten Zusammenhänge in *re-entry*-fähiger Weise verknüpfen: sie folgen der im Protokoll festgehaltenen Sequenzierung und machen die weiteren Analyseschritte stets von den Ergebnissen vorangegangener Operationen abhängig.

Methodisch beruht das Verfahren also darauf, daß der zu interpretierende Gegenstand, der immer als Protokoll gegeben ist, um diejenigen Bedingungen ergänzt wird, die notwendig vorausgesetzt sein müssen, damit er als sinnhaft strukturiert beobachtet werden kann. Die streng sequentielle, extensive Auslegung aller denkmöglichen Geltungsbedingungen bildet den Hintergrund, vor dem eine Äußerung, ein Text, Bild oder sonstiges soziales Phänomen sequentiell als Selektion genau einer Sinnstruktur beschrieben wird. Im Unterschied zu subsumtionslogischen Verfahren, so lautet die zentrale Annahme, beruht die Rekonstruktion solcher Sinnzusammenhänge nicht auf der Beobachtung statistischer Korrelationen, sondern auf der methodischen Beobachtung derjenigen Sinnstruktur, die ebendiese Zusammenhänge selbst konstituiert hat. Methodologisch werden dabei vorausgesetzt: eine grundlegende »Textförmigkeit« von Sozialwelt (Kommunikabilität), Sinnstrukturiertheit und Sequentialität.

Nun wird man kaum bestreiten wollen, daß es quantitative Effekte auf Aggregatniveau gibt, die man mit der objektiven Hermeneutik nicht messen kann. Allerdings stellen derartige Effekte einen Gegenstand dar, der als solcher (nämlich als meßbares Phänomen) nicht nach den Regeln einer Sinnstruktur verstanden werden kann. Relevant wird diese Art von Gegenständen sowohl in der politischen Planung als auch in der sozialwissenschaftlichen Analyse. Der erste Fall ist unproblematisch: wenn man wissen will, wie viele Kindergärten in den nächsten fünf Jahren gebaut werden sollen, um allen Kindern einen Platz zu sichern, muß man den Bedarf berechnen – da hilft keine Sinnstrukturanalyse. Im zweiten Fall kann die objektive Hermeneutik ein Zugeständnis machen: In der Tat schlagen sich Phänomene wie zum Beispiel demographische Veränderungen, Moden, Präferenzen bei politischen Wahlen usw. auch quantitativ nieder. Diese quantitativen Effekte muß man messen. Indes: Wenn man sich damit bescheidet, verschenkt man Einsichtsmöglichkeiten; man nimmt sich systematisch die Möglichkeit, den Sinn solcher Ereignisse zu beobachten. Man hat – und hier liegt der Fehler subsumtionslogischer Methoden – ohne Strukturrekonstruktion überhaupt kein Beobachtungsinstrument für die Sinnstruktur des Gegenstandes. Auch Aggregatdaten geben ihren Sinn nur der dafür sensibilisierten Methode preis. Die sachhaltige Rekonstruktion quantitativer Effekte setzt eine Sinnstrukturanalyse implizit voraus.

Die empirisch-analytische Sozialforschung konzentriert sich dagegen als subsumtionslogische Verfahrensweise darauf, theoretisch vorgegebene Modelle empirisch zu überprüfen, ohne jedoch eine prinzipielle methodologische Absicherung gegen ein aus der Theorievorgabe selbst resultierendes Vorurteil bei der Hypothesengenerierung bieten zu können. Sie versucht dann lediglich, dieses Risiko zu minimieren, indem sie es beispielsweise als Problem der »Konstruktvalidität« oder auch als »Indikatorenproblem« behandelt, dazu wiederum Hypothesen bzw. Modelle entwickelt und diese erneut in der genannten Weise testet. Dieses Problem der Validität, das für die genannten Methoden zentral ist, löst sich bei einem »textimmanenten« Verfahren wie der objektiven Hermeneutik auf. Die Frage lautet nicht mehr, welche Textmerkmale als gültiger Indikator für die »dahinter liegende« soziale Realität und damit als valides Merkmal eines hypothetischen Konstrukts gelten dürfen. Vielmehr verzichtet das textimmanente Verfahren prinzipiell auf die Trennung von Sozialwelt und Text; der Text selbst ist die einzig rekonstruierbare Gestalt einer Lebenspraxis, die unzugänglich bleibt, weil sie als solche nicht kommunikabel ist. Empirisch-analytische Verfahren verzichten nicht auf die »Objektivität« ihrer Methode, wohl aber auf die methodologisch voraussetzbare »Objektivität« des Gegenstandes. Für die allein auf Deduktion, auf das Testen vorgegebener Kategorien verwiesene Methode bleibt der Gegenstand auf der Dimension »Sinn« viel verschlossener, als die Theorie selbst es eigentlich voraussetzt; alle beobachteten Gesetzmäßigkeiten müssen per se als externe Zuschreibungen verstanden werden; ob der Gegenstand selbst tatsächlich diesen Gesetzmäßigkeiten folgt, kann niemals geprüft werden. Hier wird die systemtheoretisch zwingende Einsicht preisgegeben, daß strukturelle Kopplungen zwischen Sinnsystemen, sei es qua Interpenetration oder Interferenz, methodische Konsequenzen haben müssen.

Auf der anderen Seite wird aber auch das Problem des »Fremdverstehens« im Sinne eines Sich-Einfühlens, welches die traditionelle Hermeneutik prägt, durch ein textimmanentes Verfahren entschärft. Die objektive Hermeneutik zielt nicht auf die – nach ihrer Ansicht prinzipiell unmögliche – Rekonstruktion subjektivintentionaler Bewußtseinselemente, sondern auf die Explikation objektiver Sinnstrukturen, die sich jenseits subjektiver Absichten in jedem Protokoll immer manifestieren. Wenn die objektive Sinnstruktur aber bereits im Text selbst enthalten ist, löst sich das Verstehensproblem auf: die Objektivität des Sinngehalts von Texten kann prinzipiell jeder Interpret verstehen.[81] Methodologisch bildet die traditionelle Hermeneutik das Gegenstück zum Kritischen Rationalismus: sie dringt zwar zum Gegenstand selbst vor,

---

81 Das gilt für alle sinnprozessierenden Systeme, vom psychischen System bis zur Gesellschaft; Oevermann 1985, S. 186 f.

jedoch nicht mittels einer objektiven Methode, sondern nur über lebensweltliche Teilnahme bzw. »Einfühlen«. Dieser Fehlschluß, der Interferenz (also gemeinsame Elemente) zwischen psychischen und sozialen Systemen unterstellt, wird von der objektiven Hermeneutik bereits auf der Objektebene vermieden. Sie stützt sich in diesem Punkte auf das Paradigma der Sozialisation. Ebenso wie in der kindlichen Entwicklung – zunächst fremde – Regeln durch die Ausbalancierung von Assimilation und Akkommodation erworben werden, ist prinzipiell das Verstehen fremder Regeln methodologisch rekonstruierbar. Dieser Ansatz ist differenztheoretisch, da er den Erkenntnisprozeß als konstruktive Leistung versteht. Der autopoietische Aufbau »interner« Schemata wird im Falle psychischer Systeme nicht unabhängig von einer Perturbanzen erzeugenden »äußeren« Realität gedacht. Der Systemkontakt (Interpenetration) wird auf der Ebene kommunikabler, sequentiell strukturierter Sinneinheiten vermittelt.[82]

In diesem Zusammenhang wird bisweilen auf nicht-textförmige Gegenstände hingewiesen. Sie signalisieren die Existenz nichtsprachlicher Körpererfahrungs- und Erlebnismodi. Dies als Argument gegen die objektive Hermeneutik zu verwenden, hieße jedoch, den Unterschied zwischen der Annahme einer nichtkommunikablen Realität und der Frage nach deren Beobachtbarkeit im (kommunikativ operierenden) Wissenschaftssystem zu übersehen. Wie kann man solche Gegenstände überhaupt analysieren? Doch wieder nur dadurch, daß man das Protokoll der Beobachtung/Beschreibung (wenn und soweit es sich tatsächlich um nicht-textförmige Ausdrucksgestalten handeln sollte) zum Gegenstand der Analyse macht. Dies ist, wie die Überlegungen zur Interpenetration als Form des Systemkontakts gezeigt haben, kein grundsätzlicher Nachteil. Auch Körpererfahrungs- und Erlebnismodi haben eine »Semantik« und sind regelhaft strukturiert. Wenn wir diese rekonstruieren wollen, müssen wir wieder fragen: welche Regeln müssen gelten, damit diese Ausdrucksformen einen Sinn machen? Das ist möglich, weil sie regelhaft und in der

---

82 Das hat unter anderem Folgen für den Begriff der Interaktion. Der Begriff der Interaktion sei allein deshalb schon ein »Unglück für die Soziologie, weil er suggeriert, die elementare Analyseeinheit in der Soziologie sei die individuelle Aktion, die es dann im zweiten Schritt innerhalb der sozialen Wirklichkeit selbst zu ›koordinieren‹ gelte […]«. Oevermann 1986, S. 56.

oben beschriebenen Weise textförmig organisiert sind. Selbstverständlich hat die visuelle oder olfaktorische Ausdrucksform erhebliche Konsequenzen für die Technik der Rekonstruktion, das wird nicht bestritten.[83] Gleichwohl resultiert daraus kein prinzipieller Einwand. Wie kann ein Beobachter von der »Welt des Auges oder des Geschmacks« etwas wissen? Wie können wahrheitsfähige Sätze darüber produziert werden? Durch Kommunikation über (in diesem Falle: wahrnehmungsvermittelte) Beobachtung. Kurz gesagt: Wir müssen sagen, was wir sehen, riechen, schmecken, um wissen zu können, ob das Gesagte wahr sein kann. Die Ausdrucksgestalt selbst kann nicht wahr sein.

(3) Aus dem bisher Gesagten ergibt sich die Kompatibilität von Systemtheorie und objektiver Hermeneutik ganz zwanglos. Das eingangs aufgeworfene Problem des Zusammenhangs von Realität und Wahrheit stellt sich für beide Ansätze in dieser Form nicht mehr. Auch die objektive Hermeneutik setzt an Realität nicht mehr voraus als die schlichte Tatsache, daß Systemumwelten existieren. Sie erzeugen Perturbationen, die als kommunizierbare Sinnelemente im beobachtenden System auftreten können (aber nicht müssen, dann sind sie eben nicht methodisch rekonstruierbar). Im Fall von Interferenz ergeben sich daraus keine methodologischen Weiterungen. Im weitaus diffizileren Fall der Interpenetration zwischen psychischen und sozialen Systemen setzt die objektive Hermeneutik die entscheidende Einsicht der Systemtheorie methodisch konsequent ein. Die Intransparenz subjektiv-intentionalen Sinns wird zum Anlaß genommen, zwischen einer nicht rekonstruierbaren Lebenspraxis und dem in der Ausdrucksform des Protokolls sich manifestierenden objektiven Sinn zu unterscheiden. Ob rekonstruierte Sinnelemente im psychischen System so (und nicht anders) vorhanden sind, kann der Beobachter nie sagen (höchstens ein Beobachter, der beide beobachtet und seinerseits mit von ihm konstruierten Unterscheidungen operiert). Die Differenz zwischen dem Beobachter und der *reality out there* bleibt damit erhalten. Allerdings insistiert die objektive Hermeneutik zu Recht und mit Erfolg darauf, daß eine Methode komplex genug sein muß, um den eigenen Unterscheidungen zwischen unterschiedlichen Beobachtungsgegenständen gerecht zu

83 Vgl. zur Problematik bewegter Bilder und zur Analysetechnik: Englisch 1991.

werden. Sie definiert sich durch ihren Wechsel von der Subsumtion zu Rekonstruktion, zum methodisch kontrollierten und am protokollierten Text zu falsifizierenden Nach-Erfinden, als »kybernetische« Methode, die sich kontrastreich von der traditionellen Hermeneutik ebenso wie vom empirisch-analytischen Paradigma abhebt.

Das Postulat der Sachhaltigkeit ändert indessen nichts daran, daß auch in diesem Falle Wahrheit eine Codierung des Wissenschaftssystems bleibt, die nach einer methodischen Programmierung vorgenommen wird. Diese im Begriff der Sachhaltigkeit konzentrierte Programmierung erfordert eine genügend hohe Komplexität der methodischen Konstruktion, um die im Protokoll beobachtete Strukturierung vollständig rekonstruieren zu können. Vollständigkeit bedeutet dabei: über das Protokoll darf prinzipiell kein nicht-anschlußfähiger Sinngehalt mehr in die Beobachtungskommunikation einfließen.

Wahrheit wird demnach nicht als eine »Entsprechung« von Beobachtung und Realität verstanden, sondern viel eher als eine im beobachtenden System erfolgreiche Codierung des eigenen Beobachtens. Sie ist so lange gültig, bis eine sachhaltigere Beobachtung desselben Protokolls auftritt. Beobachtungen – so das funktionalistische Argument – konkurrieren immer; als erfolgreicher gilt diejenige, die im beobachtenden System anschlußfähiger ist. Oder sie verliert ihre Gültigkeit dadurch, daß ein neues, widersprüchliches Protokoll auftritt (dann muß entschieden werden, ob eine Strukturtransformation im beobachteten System anzunehmen ist oder ob eines von beiden Protokollen nicht vollständig rekonstruiert wurde). Mit anderen Worten: der Wahrheitsbegriff der objektiven Hermeneutik ist fallibilistisch. Sie erfüllt somit die oben genannten drei methodologischen Bedingungen eines sozialwissenschaftlichen, das heißt auf die Beobachtung sinnstrukturierter Systeme zugeschnittenen Verfahrens.

VI. Resümee

Die vorgetragenen Überlegungen sollten darauf aufmerksam machen, wie die Wahrheitsproblematik in der sozialwissenschaftlichen Methodologie so umgearbeitet werden kann, daß auf der einen Seite sich Anschlußmöglichkeiten an die konstruktivistische

Programmatik der Theorie sozialer Systeme eröffnen, andererseits aber auch dem Vorwurf mangelnder Sachhaltigkeit, der bisweilen in der Diskussion mitschwingt, der Wind aus den Segeln genommen wird. Sie beschäftigten sich – und damit versuchten sie bereits, eine konstruktivistische Perspektive einzunehmen – nicht mit erkenntnistheoretischen Fragen im strengen Sinne. Es wurde nicht gefragt: Was können wir wissen?, sondern: Wie können wir etwas wissen? Und darüber hinaus wurde der Geltungsbereich der Argumentation auf das Wissenschaftssystem eingeschränkt. Gegenüber dem Vorwurf fehlender Sachhaltigkeit wurde die Behauptung vertreten: Es gibt in der Sozialwissenschaft eine Methode, die Sachhaltigkeit für sich reklamieren kann, und sie läßt sich als konstruktivistische Methode verstehen – Oevermanns objektive Hermeneutik. Dem Konstruktivismus wird vorgeworfen, er komme nicht zur Sache; die objektive Hermeneutik behauptet, sie komme zur Sache; ich rekonstruiere sie als konstruktivistische Methode. Das Argument mag vorerst noch unvollständig sein und noch nicht in allen Punkten zufriedenstellen. Wenn es nur genügend anschlußfähige Differenzen produziert, hat es freilich seinen Zweck schon erfüllt. Als wissenschaftliche Differenzen sind sie in jedem Fall wahrheitsfähig und durch Rekonstruktion methodisch überprüfbar.

Literatur

Bora, Alfons (1991), *Die Konstitution sozialer Ordnung.* Pfaffenweiler: Centaurus.
–, Thomas Dresel, Tilmann Sutter und Uwe Weisenbacher (1991), »Die Methode der Sozialisation. Eine Fallanalyse zum Zusammenhang von Konstitution und Rekonstruktion der Moral«, in: Detlef Garz, Klaus Kraimer (Hg.), *Qualitativ-empirische Sozialforschung,* Opladen: Westdeutscher Verlag, S. 61-92.
Derrida, Jacques (1967), *Grammatologie,* Frankfurt am Main: Suhrkamp 1983.
Eco, Umberto (1973), *Zeichen. Einführung in einen Begriff und seine Geschichte,* Frankfurt am Main: Suhrkamp 1977.
– und Thomas A. Sebeok (Hg.) (1985), *Der Zirkel oder Im Zeichen der Drei. Dupin, Holmes, Peirce,* München: Fink.
Englisch, Felicitas (1991), »Bildanalyse in strukturalhermeneutischer Ein-

stellung. Methodische Überlegungen und Analysebeispiele«, in: Detlef Garz und Klaus Kraimer (Hg.), *Qualitativ-empirische Sozialforschung*, Opladen: Westdeutscher Verlag, S. 133-176.

Flusser, Vilém (1987), *Die Schrift. Hat Schreiben Zukunft?* Buch- und Diskettenausgabe, Göttingen: Immatrix Publications.

Freud, Sigmund (1899), *Die Traumdeutung*. Frankfurt am Main: Fischer 1990.

– (1938), *Abriß der Psychoanalyse*. Frankfurt am Main: Fischer 1979.

Gadamer, Hans-Georg (1960), *Wahrheit und Methode. Grundzüge einer philosophischen Hermeneutik*, Tübingen: J. C. B. Mohr (Paul Siebeck). *Gesammelte Werke*, Bd. 1, 5. Auflage 1986.

Glasersfeld, Ernst von (1987), *Wissen, Sprache und Wirklichkeit. Arbeiten zum radikalen Konstruktivismus*, Braunschweig/Wiesbaden: Vieweg.

Habermas, Jürgen (1991), *Texte und Kontexte*, Frankfurt am Main: Suhrkamp.

Kneer, Georg, Armin Nassehi (1991), »Verstehen des Verstehens. Eine systemtheoretische Revision der Hermeneutik«, in: *ZfS* 20 (1991) 5, S. 341-356.

Lacan, Jacques (1964), *Die vier Grundbegriffe der Psychoanalyse. Das Seminar. Buch XI.*, Weinheim: Quadriga, 3. Auflage 1987.

Luhmann, Niklas (1984), *Soziale Systeme. Grundriß einer allgemeinen Theorie*, Frankfurt am Main: Suhrkamp.

– (1986), »Systeme verstehen Systeme«, in: ders. und Karl Eberhard Schorr, *Zwischen Intransparenz und Verstehen*, Frankfurt am Main: Suhrkamp 1986, S. 72-117.

– (1988a), »Wie ist Bewußtsein an Kommunikation beteiligt?« in: Hans Ulrich Gumbrecht und K. Ludwig Pfeiffer (Hg.), *Materialität der Kommunikation*, Frankfurt am Main: Suhrkamp, S. 884-905.

– (1988b), *Erkenntnis als Konstruktion*, Bern: Benteli.

– (1988c), »Closure and Openness: On Reality in the World of Law«, in: Gunther Teubner (Hg.), *Autopoietic Law. A New Approach to Law and Society*, Berlin: de Gruyter, S. 335-348.

– (1990a), *Die Wissenschaft der Gesellschaft*, Frankfurt am Main: Suhrkamp.

– (1990b), »Das Erkenntnisprogramm des Konstruktivismus und die unbekannt bleibende Realität«, in: ders., *Soziologische Aufklärung 5. Konstruktivistische Perspektiven*, Opladen: Westdeutscher Verlag.

Martens, Wil (1991), »Die Autopoiesis sozialer Systeme«, in: *KZfSS* 43 (1991) 4, S. 625-646.

Miller, Max (1987), »Selbstreferenz und Differenzerfahrung. Einige Überlegungen zu Luhmanns Theorie sozialer Systeme«, in: Hans Haferkamp und Michael Schmid (Hg.), *Sinn, Kommunikation und soziale Differenzierung. Beiträge zu Luhmanns Theorie sozialer Systeme*, Frankfurt am Main: Suhrkamp, S. 187-211.

Oevermann, Ulrich, Tilman Allert, Elisabeth Konau und Jürgen Krambeck (1979), »Die Methodologie einer ›objektiven Hermeneutik‹ und ihre allgemeine forschungslogische Bedeutung in den Sozialwissenschaften«, in: Hans-Georg Soeffner (Hg.), *Interpretative Verfahren in den Sozial- und Textwissenschaften*, Stuttgart: Metzler, S. 352-434.
– (1983), »Zur Sache. Die Bedeutung von Adornos methodologischem Selbstverständnis für die Begründung einer materialen soziologischen Strukturanalyse«, in: Ludwig von Friedeburg und Jürgen Habermas (Hg.), *Adorno-Konferenz 1983*, Frankfurt am Main: Suhrkamp.
–, Leo Schuster und Andreas Simm (1985), *Zum Problem der Perseveranz in Delikttyp und modus operandi. Spurentext-Auslegung, Tätertyp-Rekonstruktion und die Strukturlogik kriminalistischer Ermittlungspraxis. Zugleich eine Umformung der Perseveranzhypothese aus soziologisch-strukturanalytischer Sicht*, Wiesbaden: Bundeskriminalamt. BKA-Forschungsreihe, Band 17.
– (1986), »Kontroversen über sinnverstehende Soziologie. Einige wiederkehrende Probleme und Mißverständnisse in der Rezeption der ›objektiven Hermeneutik‹«, in: Stefan Aufenanger und Margrit Lenssen (Hg.), *Handlung und Sinnstruktur. Bedeutung und Anwendung der Objektiven Hermeneutik*, München: Kindt, S. 19-83.
– (1988), »Eine exemplarische Fallrekonstruktion zum Typus versozialwissenschaftlichter Identitätsforschung«, in: Hanns-Georg Brose und Bruno Hildenbrand (Hg.), *Vom Ende des Individuums zur Individualität ohne Ende*, Opladen: Leske + Budrich, S. 243-286.
– (1991), »Genetischer Strukturalismus und das sozialwissenschaftliche Problem der Erklärung der Entstehung des Neuen«, in: Stefan Müller-Doohm (Hg.), *Jenseits der Utopie. Theoriekritik der Gegenwart*, Frankfurt am Main: Suhrkamp, S. 267-336.
O'Neill, John (1991), »Ex-Kommunikation: Freud und der Anspruch auf die Psychoanalyse«, in: Hans Ulrich Gumbrecht und K. Ludwig Pfeiffer (Hg.), *Paradoxien, Dissonanzen, Zusammenbrüche*, Frankfurt am Main: Suhrkamp, S. 125-142.
Peirce, Charles S. (1967), *Schriften I. Zur Entstehung des Pragmatismus*. Mit einer Einführung herausgegeben von Karl-Otto Apel, Frankfurt am Main: Suhrkamp.
– (1970), *Schriften II. Vom Pragmatismus zum Pragmatizismus*. Mit einer Einführung herausgegeben von Karl-Otto Apel, Frankfurt am Main: Suhrkamp.
– (1985), *Die Festigung der Überzeugung und andere Schriften*, hg. und eingeleitet von Elisabeth Walter, Frankfurt/Berlin/Wien: Ullstein.
Piaget, Jean (1959), *Nachahmung, Spiel und Traum. Gesammelte Werke*, Band 5, Stuttgart: Klett 1975.
– (1967), *Biologie und Erkenntnis. Über die Beziehungen zwischen organischen Regulationen und kognitiven Prozessen*, Frankfurt am Main: Fischer 1983.

- (1968), *Der Strukturalismus*, Olten/Freiburg: Walter 1973.
Reichertz, Jo (1986), *Probleme qualitativer Sozialforschung. Zur Entwicklungsgeschichte der Objektiven Hermeneutik*. Frankfurt/M.: Campus.
Ricœur, Paul (1965), *Die Interpretation. Ein Versuch über Freud*, Frankfurt am Main: Suhrkamp 1974.
Schneider, Wolfgang Ludwig (1991), *Objektives Verstehen. Rekonstruktion eines Paradigmas: Gadamer, Popper, Toulmin, Luhmann*, Opladen: Westdeutscher Verlag.
Schütz, Alfred (1951), *Das Problem der Relevanz*, hg. und erläutert von Richard M. Zaner, mit einer Einleitung von Thomas Luckmann (1971), Frankfurt am Main: Suhrkamp 1982.
– und Talcott Parsons (1940), *Zur Theorie sozialen Handelns. Ein Briefwechsel*, hg. und eingeleitet von Walter M. Sprondel, Frankfurt am Main: Suhrkamp 1977.
Sebeok, Thomas A. und Jean Umiker-Sebeok (1982), *»Du kennst meine Methode.« Charles S. Peirce und Sherlock Holmes*, Frankfurt am Main: Suhrkamp.
Sutter, Tilmann (1992), »Konstruktivismus und Interaktionismus. Zum Problem der Subjekt-Objekt-Differenzierung im genetischen Strukturalismus, in: *KZfSS* 44 (1992) 3, S. 419-435.
Teubner, Gunther (1989), *Recht als autopoietisches System*, Frankfurt am Main: Suhrkamp.
Žižek, Slavoj (1991), *Liebe Dein Symptom wie Dich selbst! Jacques Lacans Psychoanalyse und die Medien*, Berlin: Merve.

Für die kritische Kommentierung einer früheren Version des Manuskripts danke ich William Hungerbühler.

Ronald Kurt
Soziologie ohne Subjekt ist sinnlos

Soziologie hat es mit sozialem Handeln zu tun. Und soziales Handeln ist an Sinn synthetisierende Subjektivität gebunden. So gesehen ist Soziologie ohne Subjekt sinnlos. Intendieren, Verstehen, Entwerfen, Erwarten und Wirken sind subjektabhängige Kategorien, auf die keine Theorie des Sozialen vollständig verzichten kann. Verzichten kann man aber offensichtlich auf die Konstruktion eines Subjektbegriffs, der die Intensionalität dieser Kategorien und die Möglichkeiten und vor allem die Legitimität ihres Gebrauchs definiert. Solange jedoch die Soziologie im Sozialen das Bestimmende und im Subjekt das Bestimmte erkennt, gibt es wohl auch keinen Anlaß, auf die subjektiven Grundlagen des Sozialen genauer hinzusehen.

Was not tut, ist eine »veränderte Methode der Denkungsart« (Kant 1974, B XVIII), eine kopernikanische Hinwendung der Soziologie zum Subjekt. Frei nach Kant: Bisher nahm man an, das Subjekt müsse sich nach dem Sozialen richten; man versuche es daher einmal, ob wir nicht besser damit fortkömmen, daß wir annehmen, das Soziale müsse sich nach dem Subjekt richten (vgl. ebd., B XVI). Diese Annahme soll mir hier Programm sein. Ich möchte mit Hilfe des Radikalen Konstruktivismus, der Transzendentalphilosophie Immanuel Kants und der Konzeption von Alfred Schütz einen Begriff von Subjektivität und einen Begriff von Intersubjektivität entwickeln, mit denen sich die Soziologie als subjektorientierte Wirklichkeitswissenschaft begründen läßt. Vom Neuron zum Ich zum anderen Ich – das ist der Rahmen, innerhalb dessen ich das Verhältnis von Subjektivität und Intersubjektivität diskutieren werde.

Im ersten Teil der Argumentation geht es um die Konstruktion einer Verbindung zwischen dem Radikalen Konstruktivismus und der Transzendentalphilosophie Kants. Im zweiten Teil gilt es, die erkenntnis- und subjekttheoretischen Erträge des ersten Teils auf die Handlungstheorie von Alfred Schütz zu beziehen. Beim Lesen dieses Textes sollte man sich allerdings darüber im klaren sein, »daß unter den Menschen gar viele sind, die doch auch etwas

Bedeutendes sagen wollen, ohne produktiv zu sein, und da kommen die wunderlichsten Dinge an den Tag« (Goethe 1954, S. 118).

Magische Neuronen

Die neurophysiologischen Analysen des Radikalen Konstruktivismus zeigen, daß sich das Nervensystem ausschließlich zu sich selbst verhält und von außen keine Informationen, sondern nur Perturbationen, also Störungen, beziehen kann. Das Nervensystem operiert selbstreferentiell, ohne repräsentationistischen Bezug zur Außenwelt. Ist aus diesen empirischen Beobachtungen zu folgern, daß sich das Nervensystem beziehungsweise das Gehirn in seinem selbstreferentiellen Prozessieren die Wirklichkeit selbst erzeugen muß? Für so manch einen Konstruktivisten scheint dies eine ausgemachte Sache zu sein: »Das Gehirn hat keinen direkten Zugang zur Welt, es ist in sich kognitiv und semantisch geschlossen« (Roth 1985, S. 237). Es muß »die Bewertungs- und Deutungskriterien *aus sich selbst heraus* entwickeln« (ebd.). Oder: »Das Nervensystem ist so organisiert – oder organisiert sich selbst so –, daß es eine stabile Wirklichkeit errechnet« (von Foerster 1985, S. 57). Diese Zitate sind ein Indiz dafür, daß im Radikalen Konstruktivismus das Gehirn beziehungsweise das Nervensystem nicht nur als Objekt naturwissenschaftlicher Analysen, sondern auch als Subjekt der Erkenntnis verstanden wird. Wie die betreffenden Konstruktivisten aus ihrem naturalistischen Theorieansatz heraus ein Objekt zu einem Subjekt machen, ist allerdings schleierhaft. Aus der Neurophysiologie führt kein Weg zu einer Subjekttheorie. Das Gehirn erkennt nichts, und eine neurologische Affizierungskonfiguration ist keine Erkenntnis. Das scheint dem einen oder anderen Radikalen Konstruktivisten über seiner enthusiasmierten Beschäftigung mit dem Nervensystem in Vergessenheit geraten zu sein. Wie dem auch sei, mit einer Theorie des Subjekts beziehungsweise mit einer Konstruktion des Konstrukteurs der Konstruktionen kann der Radikale Konstruktivismus nicht dienen. Diesbezüglich muß man sich anderswo umsehen. Zum Beispiel bei Kant.

Kant

Wie ist Erkenntnis überhaupt möglich? Die Frage nach den Möglichkeitsbedingungen empirischen Erkennens ist für Kant unmittelbar an die Frage nach der synthetischen Einheit von Sinnlichkeit und Verstand geknüpft. Erkenntnis wird von Kant als gegenseitige Durchdringung dieser beiden Vermögen gedacht. »*Verstand* und *Sinnlichkeit* können bei uns *nur in Verbindung* Gegenstände bestimmen« (Kant 1974, B 315, A 159).
Zum Vermögen der Sinnlichkeit gehört zunächst das Empfinden. Empfindungen sind der rohe Stoff (vgl. ebd., A 1) beziehungsweise die Materie der Erkenntnis (vgl. ebd., B 74, A 50). In dieser Eigenschaft sind sie aber nicht gleichzusetzen mit empirischer Erkenntnis. Empfindungen bilden in der analytischen Perspektive der Kantischen Strukturtheorie der Erkenntnis bloß den amorphen Haufen unbestimmter Bestimmbarkeiten. Diesen Unbestimmtheiten Ordnung anzuformen, ist die Funktion der anderen Bedingungen der Möglichkeit von Erfahrung, den transzendentalen Prinzipien der Erkenntnis. Die letzteren sind das Set formgebender Regeln, denen jede Erkenntnis a priori unterworfen ist.[1]
Als transzendentale Prinzipien der Sinnlichkeit hat Kant die reinen Anschauungen von Raum und Zeit ausgemacht. Raum und Zeit sind keine aus der Erfahrung abgeleiteten Begriffe, denen etwas subsumiert werden kann, noch sind sie als solche erfahrbar. Alles, was der Fall ist, ist *in* Raum und/oder Zeit. Was statthat, ist nicht einfach so, sondern immer im Modus des Neben- und/oder Nacheinanderseins. Die in Raum und Zeit angeschauten Empfindungen allein machen aber noch keine Erkenntnis aus. Hierzu müssen noch andere transzendentale

[1] Für heutige Verhältnisse ist dieser Anspruch freilich zu relativieren. Aufgrund ihrer Erfahrungsbezogenheit und wegen ihrer Erfahrungsbedingtheit kann die Transzendentalphilosophie keine letztgültigen Wahrheiten formulieren. »Sie hätte nur die Möglichkeit, an dem Gegebenen, wie es derzeit als solches sich darstellt, reflektierend zu ermitteln, welche Momente notwendigerweise vorkommen müssen, da deren Fehlen die Gegenstandsart unmöglich machen würde« (Wellner 1991, S. 163). Damit erübrigt sich auch die Suche nach synthetischen Urteilen a priori. Zu mehr als zur Konstruktion quasimetaphysischer Hypothesen kann selbst die Transzendentalphilosophie nicht taugen.

Bedingungen erfüllt sein. Auf der Suche nach diesen Bedingungen fragt sich Kant, ob es im Verstand nicht »vielleicht Begriffe geben könne, die sich a priori auf Gegenstände beziehen mögen« (ebd., B 81, A 57).
Kant geht davon aus, daß die grundsätzliche und einzige Aufgabe des Verstandes das Urteilen ist. Der Verstand verbindet raumzeitlich strukturierte Empfindungen durch Urteile zu Einheiten. Im Urteil können aber auch bereits synthetisierte Erkenntnisse, Begriffe oder auch Begriffe von Begriffen miteinander verknüpft werden. Kant interessiert sich nun für den Verstand als Urteilsvermögen, das sich a priori auf Gegenstände zu beziehen vermag. Die entsprechenden Urteilstypen findet Kant bei Aristoteles. Entscheidend sind aber nicht die Urteile, sondern die Begriffe, auf denen die Urteile beruhen. Kant gelingt es letztlich, diesbezüglich zwölf Kategorien ausfindig zu machen. Ob die Kategorien der Quantität, der Qualität, Modalität und Relation nun das Vermögen des Verstands erfassen können oder nicht, ob sie falsch gewählt wurden oder ob adäquatere Kategorien hätten gefunden werden können, ist aufgrund der Objektivitätsunfähigkeit und der kontingenten Standpunktbezogenheit menschlichen Theoretisierens nicht entscheidbar und im übrigen hinsichtlich der hier abzuhandelnden Fragen auch gar nicht wichtig. Von Bedeutung ist, daß die basale Differenz zwischen Sinnlichkeit und Verstand, in deren Rahmen der Verstand das Vermögen bezeichnet, das – nach welchen Regeln auch immer – verbinden kann, eine akzeptable Konstruktion darstellt.
Die Bedingung der Möglichkeit für die Verbindung von Sinnlichkeit und Verstand liegt allerdings nicht in diesen Vermögen selbst, sondern in einer ihnen zugrunde liegenden Einheit: dem transzendentalen Subjekt beziehungsweise dem denkenden Ich. Im spontanen Akt des *ich denke* – das bekanntlich alle Vorstellungen begleiten können muß (vgl. ebd., B 132 f.) – wird das raumzeitlich Empfundene mit den Regeln des Verstandes unter die synthetische Einheit der Apperzeption gebracht. Diese transzendentale Apperzeption ist nicht nur der Grund für die Einheit von Sinnlichkeit und Verstand im Urteil, sondern ganz allgemein der Grund der Einheit aller Vorstellungen, also auch solcher Vorstellungen, in denen Urteile mit Urteilen zu Urteilen synthetisiert sind. Die sogenannte ursprünglich synthetische Einheit der Apperzeption ist für Kant der höchste Punkt der Transzendentalphi-

losophie (vgl. ebd., B 134 Anm.).²
Die Bedeutung der transzendentalen Apperzeption reicht noch weiter. Die Synthesis der Vorstellungen geschieht notwendigerweise in *einem* Bewußtsein. Nur wenn *demselben* Ich Verschiedenes gegeben ist, kann die Verbindung der Vorstellungsingredienzen – sprich: die synthetische Einheit des Mannigfaltigen – hergestellt werden. In seinem einigenden Tun ist das Subjekt das identische Prinzip, welches in seinem beständigen Fortschreiten von diesem zu jenem und in der Verbindung dieses Verschiedenen, die Einheit des Selbstbewußtseins konstituiert und kontinuiert.³
In diesem Zusammenhang kann man auch von einer selbstreferentiellen Verfahrenstechnik des Bewußtseins sprechen (vgl. Sturma 1985, S. 43). Ein Jenseits zu diesem Bewußtsein kann es nicht geben, denn das Bewußtsein verhält sich nur zu sich selbst. Das transzendentale Subjekt selbst ist allerdings – wie es sich für ein transzendentales Prinzip auch ziemt – kein möglicher Gegenstand der Erkenntnis. Das Ich, »wovon wir, abgesondert, niemals den mindesten Begriff haben können« (Kant 1974, B 405, A 346), realisiert sich nur im Kontext der Erfahrung. Was nun in den Vorstellungen als Ich erscheint, ist nicht das denkende Ich als transzendentales Subjekt, sondern das gedachte Ich als empirisches Objekt, also dasjenige Ich, wie es mit Hilfe des denkenden Ichs in der empirischen Vorstellungswelt in Abgrenzung zu allen anderen Objekten der Erfahrungswirklichkeit konstruiert wird.
Die Wirklichkeit – einschließlich des empirischen Selbst – ist in der Perspektive der Kantischen Theorie eine subjektabhängige Konstruktionsleistung. Und aus dieser konstruierten Wirklichkeit führt kein Weg hinaus, denn egal, was wir tun, »wir haben es doch nur mit unseren Vorstellungen zu tun« (ebd., B 235, A 190).

Und genau diese oberste synthetische Leistung ist innerhalb der Kantischen Philosophie nicht mehr herzuleiten. »Im ›ich denke‹ als Ausdruck der Selbsttätigkeit des Bewußtseins trifft die Untersuchung auf den nicht mehr hinterschreitbaren Handlungscharakter allen Synthetisierens« (Bubner 1986, S. 38).
Das impliziert natürlich auch, daß Sinnlichkeit und Verstand Vermögen ein und desselben Subjekts sein müssen.

Die Einheit der Differenz zwischen Konstruktivismus und Transzendentalphilosophie

Transzendentalphilosophie ohne Radikalen Konstruktivismus ist leer, und Radikaler Konstruktivismus ohne Transzendentalphilosophie ist blind. Auf der Grundlage dieser Polarisierung möchte ich die Ineinanderführung der empirielosen Erkenntnistheorie Kants mit dem geistlosen Ansatz des Radikalen Konstruktivismus angehen.[4]

Der Radikale Konstruktivismus schreitet von einer Erfahrung zur anderen und leitet aus den Zusammenhängen physikalischer und biochemischer Prozesse seine Folgerungen für das Konstruieren von Wirklichkeit ab. Transzendentalphilosophie hingegen läßt die Erfahrung Erfahrung sein, geht statt dessen in dieselbe hinein und analysiert auf diese Weise die konstruktivistische Struktur der Erfahrung überhaupt. Auf sich allein gestellt haben jedoch beide Konzeptionen so ihre Schwierigkeiten.

Die Kantische Theorie hat vor allem Probleme mit der Empirie. Sehr deutlich zeigt sich dies in Kants Ausführungen über die Affizierung durch das Ding an sich. Der Prozeß der Affizierung kann nur in der Form einer kausalen Beziehung empirischer Substanzen vorgestellt werden. Mit dem Ding an sich und der Sinnlichkeit werden von Kant allerdings zwei Kandidaten für den Affizierungsprozeß aufgeboten, die als nichtempirische respektive, wie im Falle der Sinnlichkeit, als empirisch konturlose Größe eben diesen Ansprüchen nicht genügen können. Die Unplausibilität der Kantischen Argumentation rührt daher, daß körperlosen Dingen ein Ursache-Wirkungs-Verhältnis zugemutet wird und daß aus dieser Unmöglichkeit auch noch das Gegebensein von Gegenständen resultieren soll (vgl. ebd., B 33, A 19). Aus dieser uneindeutigen Argumentationsmelange ist kein konsistenter Sinnzu-

---

4 En passant taucht Kant bei vielen Konstruktivisten auf. So beispielsweise bei S. J. Schmidt: »Was in Kants Transzendentalphilosophie *vorgedacht* worden ist, wird hier [im Radikalen Konstruktivismus, R. K.] auf erfahrungswissenschaftlicher Grundlage pragmatisch radikalisiert« (1982, S. 360). Nach einer fundierten Analyse, welche dieses unverbindliche name dropping stützen könnte, sucht man im Radikalen Konstruktivismus allerdings vergebens.

sammenhang zu erschließen. Kants Modell von der unbefleckten Empfängnis in Gestalt der Befruchtung der unreinen Sinnlichkeit durch das reine Ding an sich funktioniert nicht. Kant schreibt dem Ding an sich Qualitäten zu, die es nicht haben kann, nämlich Substantialität und Kausalität und damit auch Zeit- und Räumlichkeit. Er zieht das Ding an sich, seinen eigenen Forderungen zum Trotz, in die empirische Erfahrungswirklichkeit hinein. Hierzu ein etwas längerer Kommentar von Arthur Schopenhauer:

»Kant gründet die Voraussetzung des Dinges an sich, wiewohl unter mancherlei Wendungen verdeckt, auf einen Schluß nach dem Kausalitätsgesetz, daß nämlich die empirische Anschauung, richtiger die *Empfindung* in unsern Sinnesorganen, von der sie ausgeht, eine äußere Ursache haben müsse. Nun aber ist, nach seiner eigenen richtigen Entdeckung, das Gesetz der Kausalität uns *a priori* bekannt, folglich eine Funktion unseres Intellekts, also *subjektiven* Ursprungs; ferner ist die Sinnesempfindung selbst, auf welche wir hier das Kausalitätsgesetz anwenden, unleugbar *subjektiv*, und endlich sogar der Raum, in welchen wir mittels dieser Anwendung die Ursache der Empfindung als Objekt versetzen, ist eine *a priori* gegebene, folglich *subjektive* Form unseres Intellekts. Mithin bleibt die ganze empirische Anschauung durchweg auf *subjektivem* Grund und Boden, als ein bloßer Vorgang in uns, und nichts von ihr gänzlich Verschiedenes, von ihr Unabhängiges, läßt sich als ein *Ding an sich* hineinbringen, oder als nothwendige Voraussetzung darthun« (Schopenhauer 1977, S. 535 f.).

Das Kantische Programm, das Ding an sich als Außenweltmetapher in die Theoriebildung zu verwickeln, ist undurchführbar, und das ganz einfach deshalb, weil ein leeres Etwas, das nicht mehr als ein prädikatives Nichts sein kann, nichts zu erklären vermag und darob in einer Theorie keinen systematischen Platz einnehmen kann. Also weg damit. Der Prozeß der Affizierung kann erst dann stimmig dargelegt werden, wenn er mit *Dingen für uns* durchgängig als empirisches Phänomen bestimmbar ist. Davon gleich mehr.
Die nun schon zwei Jahrhunderte währende Kritik am Ding an sich scheint demselben nicht viel ausgemacht zu haben, denn auch die Radikalen Konstruktivisten beanspruchen es für ihre Theorien.
In ihrer Kritik an realistischen Positionen verweisen die Radikalen Konstruktivisten darauf, daß sich nur über subjektive Wirklichkeiten, nicht aber über die subjektunabhängige Realität, also über die »Welt der Dinge an sich« (Roth 1988, S. 88), etwas sagen läßt.

Und genau damit ist schon zuviel gesagt. Denn hierdurch wird die Realität als Differenzkategorie zur Wirklichkeit gesetzt (vgl. Stadler/Kruse 1990) und, je nach Konstruktivist, in verschiedener Weise auf die Wirklichkeit bezogen. Die einen sagen, daß man über die Realität nichts sagen kann – was ganz offensichtlich widersprüchlich ist, denn indem »man sagt, man könne die Realität nicht erkennen, impliziert man [...], daß man sie schon kennt« (Nüse u. a. 1991, S. 249); andere sprechen von der Realität, wie sie sich im Scheitern von Konstruktionen offenbart (vgl. von Glasersfeld 1985, S. 37) – wobei doch gerade das Scheitern nur innerhalb der subjektiv konstruierten Wirklichkeit möglich ist; und Gerhard Roth setzt diesem (v)erkenntnistheoretischen Ansatz die Krone auf, indem er von einem unerkennbaren realen Gehirn (?!) spricht (vgl. Roth 1988, S. 88), das sich in der realen Welt befindet (?!) und das wirkliche Gehirn und die wirkliche Welt erzeugt (?!), wobei die »reale Welt des Organismus und die kognitive, ›wirkliche‹ Welt [...] (wahrscheinlich) kausal, aber nicht räumlich verknüpft sind« (?!) (Roth 1987, S. 238).
In seinen variantenreichen Abwendungen vom Realismus bezieht der Radikale Konstruktivismus selbst realistische Positionen. Er geht dadurch seinem eigenen Strohmann, dem Konstrukt eines naiven Realitätsverständnisses, auf den Leim.
Dadurch hat die Kritik leichtes Spiel: Wenn subjektive Wirklichkeiten nur aus Konstruktionen ohne Realitätsanspruch bestehen, also nichts als Erfindungen sind, wie von Foerster sagen würde (vgl. 1985, S. 40), und gleichzeitig gegenüber diesen Erfindungen eine Realität behauptet wird, dann sind das Nervensystem und all die anderen Sachverhalte, auf die der Radikale Konstruktivismus verweist, auch bloße Erfindungen. Daraus folgt wiederum, daß die ganzen Konstruktionen des Radikalen Konstruktivismus nicht nur hinfällig, sondern sogar unmöglich sind, da Erfindungen nichts bewirken können. Wenn andererseits der Radikale Konstruktivismus seine empirischen Behauptungen mit einem Realitätsanspruch versieht, dann bezieht er sich auf etwas, von dem er der Theorie zufolge gar nichts wissen kann (vgl. Nüse u. a. 1991, Wendel 1990). Der latente Realismus des Radikalen Konstruktivismus führt aber noch in andere Probleme. Wenn man sich die Frage stellt, wie »aus chemoelektrischen Prozessen im Nervensystem bewußt erlebte Empfindungen und Sinneseindrücke werden« (Rusch 1987, S. 93) und wenn demgemäß »›Bewußtsein‹ als

eine Eigenschaft der funktionalen Komplexität von Nervensystemen«.(ebd.) verstanden wird, dann steht einem zwangsläufig das cartesische Dilemma der Zwei-Welten-Theorie ins Haus. Schließlich »verwickelt man sich in den Zirkel, daß das Bewußtsein selbst als Reales unter Realem und nicht als *Vollzug von Realem* angesehen wird« (Gethmann 1973, S. 1170). Aber damit nicht genug. Durch diese Unterscheidung zwischen *res cogitans* und *res extensa* fängt sich der Radikale Konstruktivismus in einer ontologischen Falle: Indem das Gehirn dem Subjekt – das, wie gesagt, im Radikalen Konstruktivismus in seiner Eigentlichkeit nicht thematisiert wird – vorgeordnet wird, kann man die Frage nach dem Schöpfer und dem Erkenntnisgrund des Gehirns nur durch den unsinnigen Rekurs auf ein reales Gehirn beantworten (vgl. Roth 1985, S. 240). Ohne dieses ontologische Gehirn kann der Konstruktivismus seine antiontologische Haltung aber nicht entfalten.

Diese Probleme stellen sich nicht, wenn man die Realität als Bestandteil der Wirklichkeit konzeptualisiert und die Differenz zwischen Erkenntnis und Empirie einzieht beziehungsweise zur Einheit bringt. Erst einer solchen Sichtweise kann meines Erachtens das Etikett »radikal konstruktivistisch« zugeeignet werden. Es gibt nur eine Wirklichkeit, die Erfahrungswirklichkeit des Subjekts – und *innerhalb* dieser Erfahrungswirklichkeit gilt es über das zu spekulieren, was dieselbe möglich macht. Und das bedeutet: im Erkennen die transzendentalen und empirischen Möglichkeitsbedingungen des Erkennens zu erkennen versuchen. Mehr als quasi-metaphysische Hypothesen sind auf diese Weise natürlich nicht zu konstruieren.

Da es ein voraussetzungsloses Beginnen nicht gibt und da andererseits derjenige, der von nichts ausgeht, auch zu nichts gelangen kann, muß eine jede Erkenntnistheorie in und mit einer wie auch immer vorausgesetzten empirischen Wirklichkeit die Möglichkeitsbedingungen derselben erklären. Gleich wie diese Wirklichkeit nun definiert ist, grundlegend ist ihr, daß sie ist und daß sich das wirklichkeitskonstruierende Subjekt in dieser Wirklichkeit als empirisches Subjekt von empirischen Objekten unterscheidet.[5]

Im Rahmen dieser grundlegenden Differenz ist zu klären, wie sich

5 Sich demgegenüber das Subjekt als substantielles Absolutum vorzustellen trägt wenig, um nicht zu sagen gar nichts ein. Das Ich ist immer schon *in* der Erfahrung; das heißt, sofern es ist, ist es inmitten empirischer Relationen. Wer Subjekt sagt, hat also auch schon Objekt gesagt.

das Subjekt auf Objekte beziehen kann, von denen es sich zugleich unterscheidet. Wenn nun diese Objekte keine reinen Phantasien des Subjekts sein *sollen,* dann muß sich das Subjekt in seiner Wirklichkeit eine subjektunabhängige Wirklichkeit konstruieren, die erklären kann, wie Subjekt-Objekt-Relationen möglich sind.[6]
So kann man mit Konstruktionen das Konstruieren konstruieren. Eine Alternative hierzu sehe ich nicht, denn »es gibt nichts Wirkliches, außer: man konstruiert es«.[7]
Die subjektabhängige Konstruktion einer subjektunabhängigen Wirklichkeit, die irgendwie auf das Subjekt zu wirken hat, führt zwangsläufig zur Formulierung einer empirisch orientierten Affizierungstheorie, denn eine nicht-solipsistische Subjekttheorie kann gar nicht anders, als die Subjekt-Objekt-Relation in Form einer Ursache-Wirkungs-Beziehung zu thematisieren.
Mit dem Radikalen Konstruktivismus, der genau hierfür ein Erklärungsprogramm aufbieten kann, läßt sich nun verdeutlichen, daß dem Nervensystem des empirischen Subjekts infolge der Affizierung durch elektromagnetische Wellen oder sonstwelche Störquellen keine Gegenstände, sondern nur Erregungszustände beschert werden. Weiterhin kann mit dem Radikalen Konstruktivismus dargelegt werden, daß in Gestalt des Nervensystems ein geschlossenes System vorliegt, das sich mit seiner neuronalen Einheitssprache exklusiv zu sich selbst verhält, das nichts von dem, wodurch es affiziert wird, in sich birgt und das seine zentralen Verknüpfungsleistungen in der Region des Gehirns vollzieht. Wenn nun Kants Theorie der Affizierung in der Pespektive des Radikalen Konstruktivismus verstanden wird, dann muß die These vom Gegebensein der Gegenstände durch die Affizierung fallengelassen werden. Ohne die Zustände des Nervensystems determinieren zu können, vermögen Perturbationen zwar Turbulenzen im Nervensystem auszulösen, gegeben wird dem Nervensystem dadurch in jedem Falle aber nichts. Nun im zauberhaften Durcheinander des Tanzes der Neuronen nach Selbstbewußtsein

---

6 Anders formuliert: Das Bewußtsein bestimmt das Sein, das das Bewußtsein bestimmt.

7 Nachdem Ontologie nach Kant nicht mehr möglich ist, ist ein »ontologisches Credo« um so nötiger geworden. Denn nur wenn die Ausgangspunkte als wirklich definiert werden, sind sie in ihren Konsequenzen real. Im Original heißt das: »If men define situations as real, they are real in their consequences« (Thomas 1977, S. 157).

und Erkenntnis zu suchen, wäre allerdings kurzschlüssig. Statt dessen möchte ich mir das Nervensystem als metaphorische Folie für die Explikation der Begriffe und Aussagen der Transzendentalphilosophie dienstbar machen.

Dabei soll es darum gehen, (1) den Prozeß der Perturbation, (2) die Affizierung, womit – im Unterschied zur Kantischen Theorie – der Prozeß gemeint ist, in dessen Verlauf Impulse von Rezeptorzellen oder nicht-peripheren Nervenverbänden in bestimmte sogenannte modale Rindenfelder des Gehirns vermittelt werden, und (3) die neuronalen Interaktionen zwischen den modalen und intermodalen Gehirnarealen im hypothetischen Zusammenhang mit einem Subjekt zu sehen, dem diese empirischen Ereignisse zugerechnet werden können, das sich eben diese empirischen Vorgänge vorstellt und sich zugleich in der Verschiedenheit dieser Vorstellungen als (vorstellende und vorgestellte) Einheit begreift.[8]

Das Ziel dieser Assoziierung ist es, die naturalistischen Inhalte des Radikalen Konstruktivismus mit den formalen Möglichkeitsbedingungen des Erkennens zusammenzubringen. Dabei geht es einerseits darum, die Nervensystemvorstellungen als empirische Möglichkeitsbedingungen der Erkenntnis anzusehen. Andererseits werden die Nervensystemvorstellungen metaphorisch auf die formale Struktur der Erkenntnis bezogen. Dies kann an dieser Stelle jedoch nur skizzenhaft ausgeführt werden.

– Empfindungen sind analytische Teilbestände von Erfahrungen, und Affizierungen, also Aktivierungen modaler Felder, sind Erregungsprozesse besonderer Teilbereiche des Nervensystems. Beide sind Teile eines Ganzen und müssen durch etwas, das von ihnen verschieden ist, zur Verbindung gebracht werden. Aufgrund dieser strukturellen Analogie möchte ich Affizierungen als Metapher für Empfindungen begreifen.

– Den Prinzipien des Verstandes können nun im Nervensystem die sogenannten intermodalen Rindenfelder als metaphorische Gegenwerte zur Seite gestellt werden.

– Für die räumliche Dimension des Vorstellens scheint sich eben-

---

8 Modale Felder sollen die Regionen des Gehirns heißen, denen gemäß dem topologischen Prinzip bestimmte Funktionen bezüglich der sinnlichen Kompetenzen zugeschrieben werden (vgl. Oeser 1988, S. 79). Als intermodale Felder sind dagegen diejenigen Zonen des Gehirns zu verstehen, denen die Verknüpfung und Integration der Erregungsmuster der modalen Felder obliegt (vgl. ebd., S. 85).

sowenig wie für das Zeitliche ein spezielles Areal im Gehirn ausfindig machen zu lassen. Statt dessen sprechen Neurophysiologen im Zusammenhang mit der Zeit von »der insgesamt erreichten Höhe der Systemkomplexität und Interkonnektivitätsdichte des Gehirns« (Oeser 1988, S. 89). Diese etwas hilflose Ausdrucksweise erklärt nicht viel, kann aber immerhin als Metapher für die allesdurchdringende Verbindungsfunktion des inneren (Zeit-) Sinns aufgefaßt werden.

– Als allegorisches Pendant zur transzendentalen Einheit der Apperzeption könnte der Prozeß angeführt werden, in dessen Verlauf sich die ›Empfindungs- und Verstandesfelder‹ qua Affizierung durchdringen und in ihrer neuronalen Einheitssprache die Heterogenität der verschiedenen Gehirnareale – in Analogie zur Heterogenität von Anschauung und Begriff – zu einer synthetischen Einheit formen.

– Das bloße Verbinden, also das unaufhörliche Hin und Her des Affizierens und Affiziertwerdens läßt sich in diesem Kontext unter Umständen als Metapher für die spontane Synthesis des transzendentalen Subjekts verstehen.

– Eine weitere Strukturanalogie läßt sich zwischen der operationalen Geschlossenheit des Nervensystems und der Selbstreferentialität des Bewußtseins konstruieren:

Das Resultat der synthetisierenden Taten des denkenden Ichs sind Konstruktionen. Zu diesen Konstruktionen gehört auch das gedachte Ich. Die Bedingung einer solchen empirischen Selbstbestimmung ist, daß sich das Ich – das empirische wohlgemerkt, denn das transzendentale Ich ist ja nicht objektivierbar – von dem, was es nicht ist, zu unterscheiden vermag. Ohne solche Grenzen wäre das Subjekt ohne Ende und deshalb ohne Differenzen, also kein Subjekt. Nun ist aber die Grundlage jedweder Differenzierung die Bezogenheit des Differenzierten – schließlich ist ja nur trennbar, was zusammen ist. Dies wiederum setzt die selbstbezügliche Einheit des Bewußtseins voraus. Und gemäß der Logik der Kantischen Theorie kann nun das empirische Ich von seiner empirischen Umwelt nicht essentiell verschieden sein, denn beide Seiten dieser Differenz sind Vorstellungen, die aus den gleichen sinnlichen und verstandesmäßigen Elementen synthetisiert werden. Das empirische Ich ist anderes unter anderem innerhalb der Vorstellungswelt des einen Bewußtseins und nur in diesen Differenzen real. Zugleich ist es der entscheidende Bezugspunkt des

Vorstellens. Das denkende Ich schaut gleichsam durch das gedachte Ich auf die eigene Wirklichkeit. Dieses Muster der synthetischen Selbstreferenz kann auch in gewisser Weise dem Nervensystem zuerkannt werden. Es vernetzt beständig die eigenen Bestände und macht so aus gleichen Erregungsmustern ungleiche Erregungsmuster im gleichen neuronalen System.

Aus diesen Vergleichungen wird ersichtlich, daß das Nervensystem diejenige Vorstellung ist, anhand derer sich die synthetische Struktur des Erkennens musterhaft explizieren läßt. Und bezogen auf seine funktionale Relevanz für das Vorstellen ist das Nervensystem als diejenige Vorstellung vorzustellen, die alle anderen Vorstellungen (als empirische Möglichkeitsbedingung) muß begleiten können.

Wie sieht es nun mit den Konsequenzen dieser Konvergenzen zwischen Transzendentalphilosophie und Radikalem Konstruktivismus aus?

Für eine Ineinanderführung der vom Radikalen Konstruktivismus formulierten empirischen Möglichkeitsbedingungen der Erkenntnis mit den von Kant angeführten transzendentalen Möglichkeitsbedingungen der Erkenntnis spricht einiges; zum Beispiel,
– daß die Transzendentalphilosophie für die empirischen Aussagen des Radikalen Konstruktivismus innerhalb der Theorie einen systematischen Platz anbieten kann und umgekehrt der Radikale Konstruktivismus – wenngleich unfreiwilligerweise – für die Gehalte der Kantischen Bewußtseinstheorie offen ist;
– daß beide Theorien auf je ihre Art auf die grundsätzliche Konstruktivität und synthetische Selbstreferentialität der Erkenntnis verweisen;
– daß die radikalkonstruktivistische Konstruktion einer empirischen Umwelt, die empirische Subjekte perturbieren kann, einerseits gestattet, die Affizierung – ohne das sinnlose Ding an sich – als einen empirischen Prozeß zu beschreiben, und andererseits die Möglichkeit eröffnet, das Subjekt als bedingt beeinflußbar zu verstehen; und
– daß beide Theorien den Möglichkeitsraum des Erkennens als offen und geschlossen zugleich verstehen: geschlossen, weil der Bewußtseinsprozeß genauso wie die Relationierungen im Nervensystem von jeweils identischen Regeln und Elementen abhängen, und offen, weil innerhalb dieser Begrenzungen das Spektrum des Synthetisierbaren unendlich ist.

Die Verbindung beider Ansätze zu einer transzendental-empirischen Erkenntnistheorie stelle ich mir nun so vor: Das transzendentale Subjekt vermag eine in sich geschlossene Wirklichkeit zu konstruieren, innerhalb welcher sich das Subjekt als empirisches Ich zu einer empirischen Umwelt relationiert. Unabhängig davon, wie sich nun das Subjekt selbst entwirft, wird es im Rahmen dieser Konzeption als ein solcher Organismus vorgestellt, der die empirischen Voraussetzungen dafür liefert, daß transzendentale Erkenntnisakte möglich sind. Faktisch führt dies zu einer metaphorischen Objektivierung der nicht objektivierbaren transzendentalen Möglichkeitsbedingungen des Erkennens in den neuronalen Affizierungskonfigurationen des Organismus.[9] Das Nervensystem wird solcherart zum Sinnbild des denkenden Ichs im Organismus und der letztere dadurch zum empirischen Apriori des Erkennens. Durch die Perturbierbarkeit des Nervensystems wird damit auch das denkende Ich als bedingt beeinflußbar gesetzt.[10] Das Subjekt ist demzufolge eine psychophysische Einheit, die sich in einer perturbierenden und perturbierbaren Empirie befindet und sich in selbstreferentiellen Synthesis- und Differenzierungsprozessen Sinnzusammenhänge konstruiert, mit denen es sich – in der Einheit des Bewußtseins – als empirisches Ich gegenüber einer empirischen Umwelt entwirft.

Faktisch gibt es aber leider keinen zwingenden Grund, die hier entwickelte Epistemologie einer solipsistischen Erklärung des Erkennens vorzuziehen. Letztlich bleibt nichts übrig, als sich zu entscheiden und solcherart im Vaihingerischen Modus des »Als-ob« Wirklichkeit zu definieren. Und wenn es so sein *soll*, daß Subjekte nicht nur einsam, sondern auch gemeinsam in ihren je eigenen Wirklichkeiten leben, dann können mit der Kantischen Transzendentalphilosophie und dem Radikalen Konstruktivismus die Möglichkeitsbedingungen dieses hypothetischen Sachverhalts beschrieben werden.

---

9 Diesen Schritt würde sich Kant freilich verbitten. Allerdings müßte dann die Frage gestellt werden, welche Bedeutung – im Sinne Freges – die Transzendentalphilosophie haben kann, wenn ihr kein empirischer Boden ankonstruiert wird.
10 Mit einem Geist-Materie-Dualismus hat das nichts zu tun. Das Empirische ist unabdingbar ans Bewußtsein gebunden, und bewußt sein heißt, im Empirischen zu sein.

Die Handlungstheorie von Alfred Schütz

Die im vorigen formulierte Erkenntnisanthropologie soll nun im Hinblick auf einen Begriff von Intersubjektivität weiterentwickelt werden. Orientieren werde ich mich dabei vornehmlich an der transzendentalphilosophisch inspirierten Soziologie von Alfred Schütz. Obwohl sich Schütz in Sachen Transzendentalphilosophie nicht auf Kant, sondern auf Husserl stützt, glaube ich zeigen zu können, daß die Konzeption von Schütz sehr wohl auf die Kantische Perspektive des vorliegenden Ansatzes bezogen werden kann.[11]

Genauso wie Kant geht auch Schütz davon aus, daß sich die Wirklichkeit im synthetischen Tun des transzendentalen Ichs konstituiert. Im Gegensatz zu Kant zielt Schütz' Interesse jedoch weniger auf die Möglichkeitsbedingungen der Vorstellung als solcher als vielmehr auf die Sinnzusammenhänge in und zwischen den Vorstellungen.

Für Schütz sind Vorstellungen komplexe Sinnzusammenhänge, die sowohl in synchroner als auch in diachroner Kontextualität aufeinander bezogen sind.[12] »Es gibt keinen isolierten Gegenstand als solchen, sondern stets ein Feld von Wahrnehmungen und Cogitationen mit einem Hof, mit einem Horizont oder, in der Redeweise von William James, mit offenen Rändern (*fringes*), die auf andere Gegenstände verweisen« (Schütz 1971a, S. 125).

Jede Vorstellung ist ein Zusammenhang, der sich in Thema und Feld gliedert. Das Thema beziehungsweise den thematischen Kern einer Vorstellung bilden die Teilvorstellungen, auf welche das Subjekt den Fokus der Aufmerksamkeit legt. Das Feld beziehungsweise der thematische Horizont bezeichnet hingegen die Bewußtseinsgehalte, die den semantischen Hintergrund der Vorstellung ausfüllen und aus dieser Position heraus die semantischen Möglichkeiten und die Assoziationspotentiale des weiteren Ge-

---

11 Die Phänomenologie Edmund Husserls wird dabei soweit wie möglich ausgeklammert. Die Metapher vom Bewußtseinsstrom bleibt zum Beispiel genauso unberücksichtigt wie der Husserlsche Intentionalitätsbegriff. Kurz: Ich nehme nur auf das Bezug, was aus Kantischer (und radikalkonstruktivistischer) Sicht anschlußfähig ist.

12 Die synchrone und diachrone Kontextualität des Vorstellens läßt sich auch als Pendant zur synchron-parallelen und diachron-seriellen Verfahrensweise des Gehirns verstehen (vgl. Oeser 1988, S. 175).

dankenablaufs bestimmen können.[13] Diese Differenz zwischen Zentrum und Peripherie ist dem Bewußtsein wesentlich, denn ein »Thema befindet sich immer innerhalb eines Feldes« (Schütz 1971c, S. 66). »Das thematische Feld ist... ›im Thema‹ enthalten – wie es umgekehrt kein isoliertes Thema gibt, sondern sich dieses immer von einem thematischen Feld abhebt« (Schütz/Luckmann 1979, S. 238).

Genauso wesentlich wie die Thema-Feld-Struktur ist dem Bewußtsein das Konstruieren von Appräsentationszusammenhängen. Was in einer Vorstellung als Sachverhalt präsent ist, kann über sich hinaus auf etwas hinzeigen, das in dieser Vorstellung nicht präsent ist. Das heißt, wenn A ist, dann ist B gleich mitgemeint. Wenn nun in einer assoziativen Einigung Präsentes und Nicht-Präsentes so miteinander verschmolzen sind, daß jenes unmittelbar auf dieses verweist – und deshalb das Nicht-Präsente in und mit dem Präsenten erscheint –, dann bilden beide eine Funktionsgemeinschaft. Dabei übernimmt das Präsente die Funktion, das Nicht-Präsente zu appräsentieren. Die Appräsentation bezeichnet den gesamten Verweisungszusammenhang.

Das entscheidende Resultat einer appräsentativen Beziehung besteht nun darin, daß das Appräsentierende nicht in seiner ursprünglichen Bedeutung, sondern unmittelbar als Bedeutungsträger erfahren wird. Fahnen appräsentieren Staaten, Frisuren appräsentieren Haltungen und die Vorderseite eines Hauses appräsentiert die Rückseite desselben – täte sie dies nicht, so hätte sich Potemkin seine Dorfattrappen sparen können. In all diesen Fällen findet ein wechselseitiges Überschieben, Sich-Wecken und Überdecken von Vorstellungen statt.

Angesichts dieser Darstellung von Appräsentations- und Thema-Feld-Relationen scheint das Vorstellen ein Prozeß zu sein, der sich in deterministischen Ursache-Wirkungs-Ketten vollzieht. Damit würde man dem Vorstellungsprozedere jedoch unrecht tun. Vorstellungen sind nicht determiniert, sondern in der Regel motiviert. Und was ein Motiv ist, bestimmt das Subjekt, indem es durch eine

13 Alle diese Teilvorstellungen sind bewußte Vorstellungen. Sofern »Vorstellungen« nicht im Bewußtsein mitgedacht werden, sind sie für das Ich auch nicht wirklich und also keine Vorstellungen; »denn sonst würde etwas in mir vorgestellt werden, was gar nicht gedacht werden könnte, welches eben so viel heißt, als die Vorstellung würde entweder unmöglich, oder wenigstens für mich nicht sein« (Kant 1974, B 132).

vorgängige Interpretation den sinnhaften Grund für den Fortgang des Vorstellens bestimmt (vgl. Frank 1986, S. 128). Möglich sind diese richtungsweisenden Akte aufgrund der Intentionalität des Subjekts.

Intentionalität liegt dann vor, wenn das Subjekt aus seiner gegenwärtigen Wirklichkeit heraus eine Situation imaginiert, die in einer antizipierten Zukunft statthaben soll. Vermittels dieses zukunftsorientierten Beabsichtigens zielt das Subjekt auf einen Zustand, der ihm wünschenswert erscheint. Die Intension des Intentionalitätsbegriffes läßt sich auch über eine etymologische Interpretation der lateinischen Vokabel ›inter-esse‹ bestimmen. Das Interesse zeigt hin auf ein Dazwischen-Sein oder, besser noch, auf ein Zwischensein. Interessiertsein könnte in diesem Sinne bedeuten, auf dem Weg zwischen einem Gegenwarts- und Zukunftszustand zu sein und sich in diesem Spannungsfeld auf die erstrebte Zukunftsvorstellung hin zu bewegen. Demzufolge ist Intentionalität als ein dynamisches Gerichtetsein in einem zeitlichen Spannungsfeld zu verstehen. Im Zusammenhang mit dem Phänomen der Intentionalität ist auch über das zu diskutieren, was man gemeinhin mit Gefühl respektive Emotionalität bezeichnet. Gefühle differenzieren die Erfahrungswirklichkeit des Subjekts in angenehme und unangenehme Ereignisse (vgl. zum Beispiel Gerhards 1988, S. 16). Wie diffus solche emotionalen Bewertungen auch immer sein mögen, eine orientierende Wirkung haben sie allemal. Anders als Intentionen verweisen Emotionen aber nicht auf ihre zukünftige Aufhebung oder Fortexistenz. Sie bleiben oder bleiben nicht und lassen die Zukunft Zukunft sein. Trotz dieses Unterschiedes sind Emotionen und Intentionen in einem gleich: sie *bewerten* die subjektive Erfahrungswirklichkeit und strukturieren sie dadurch zugleich.[14]

Dabei scheint es mir so zu sein, daß die intentionale Bewertung im Grunde nur durch die Intensität und die zeitliche Ausrichtung von der emotionalen Bewertung verschieden ist, wobei die Übergänge zwischen dem einen und dem anderen durchaus fließend sind. So gesehen sind Emotionalität und Intentionalität die beiden Pole im Kontinuum desselben Phänomens. Dieses

14 Ohne diese Bewertungen würde das Subjekt keine Ordnung in seine Wirklichkeit bekommen. Alles wäre beliebig, eine Konstruktion so gut wie eine andere. Und was einmal an eine Sinneinheit anschlösse, müßte dies nicht auch beim nächsten Mal.

umfassende Phänomen möchte ich die Affektivität des Subjekts nennen.

Das Affektive ist das eine. Das andere ist das Kognitions- beziehungsweise Vorstellungsvermögen. Faktisch sind Kognitionen, Emotionen und Intentionen, um nicht zu sagen: Denken, Fühlen und Wollen,eins. In ihrer Verbindung – und nur in dieser – konstituieren sie das, was ich in Erweiterung des bisherigen Sprachgebrauchs als *Erfahrung* bezeichnen möchte. Für sich betrachtet, sind die affektiven und kognitiven Kompetenzen des Subjekts nur als analytische Teilaspekte eines synthetischen Ganzen zu verstehen.

In seinem Denken, Fühlen und Wollen richtet sich das Subjekt von seinem Hier, Jetzt und So auf antizipierte Sollzustände. Damit sich die beabsichtigte Wirklichkeit auch einstellt, muß sich das Subjekt nun nicht unbedingt aufs Warten oder Beten verlegen. Schließlich kann es auf die Gestaltung seiner Wirklichkeit auch selber Einfluß nehmen. Wie das? Das Subjekt *hat* einen Leib und *ist* zugleich dieser Leib. Und in diesem Oszillieren zwischen Leibhaben und Leib-sein erfährt sich das Subjekt einerseits als empirisches Objekt und andererseits als wirklichkeitsgestaltendes Medium. Wenn nun das erfahrende Ich das erfahrene Ich zum praktischen Tun bestimmt, so vollzieht sich dieses Tätigsein inklusive seiner Resultate innerhalb der Bewußtseinswirklichkeit des Subjekts.

Das ›objektive‹ Korrelat dieser Prozesse sind Zustandsänderungen des Nervensystems und Perturbationsrelationen zwischen dem Organismus und seiner Außenwelt. Um die wissenschaftlichen Empiriekonstruktionen, die hier als Möglichkeitsbedingungen des Erfahrens vorgeführt wurden, muß sich das Subjekt allerdings nicht weiter kümmern. Was es für wahr nimmt und als wahr will, ist in der Regel anderes. Und genau darum geht es ja.

Wenn das Subjekt etwas als wahr haben will, dann muß es dafür zumeist etwas tun. Die Planung dieses Tuns – das auch ein Nicht-Tun sein kann – und die Realisierung dieser Planung bezeichnen nun für Schütz die beiden Pole des Handlungsprozesses.[15] Schütz gliedert denselben in zwei Zeitphasen. Die erste Sequenz bildet

15 Zur Definition des Handelns schreibt Schütz: »Verhalten, das vorausgeplant ist, d. h. auf einem vorgefaßten Entwurf beruht, soll *Handeln* genannt werden, gleich, ob es verdeckt oder offenkundig ist« (1971a, S. 242).

das Entwerfen dessen, was statthaben soll. Die zweite Sequenz umfaßt den Versuch der schrittweisen Umsetzung des Entwurfs. Im Entwurf wird aus einzelnen Erfahrungseinheiten ein Handlungszusammenhang komponiert und als abgelaufen imaginiert (vgl. Schütz 1974, S. 119). Das heißt, etwas zukünftig sein Sollendes wird im Gegenwärtigen als Vergangenes konzipiert.
Leitend für solche Konstruktionen sind die Relevanzen. Schütz unterscheidet diesbezüglich zwischen der Motivationsrelevanz, der thematischen Relevanz und der Interpretationsrelevanz. Die Relevanzen bestimmen, was der Fall ist und was wichtig ist. In »Um-zu-Motiven« und »Weil-Motiven« werden Ziel-Mittel-Relationen konzeptualisiert; thematische Relevanzen ergeben sich, wenn ein Handlungselement näher betrachtet werden muß; Interpretationsrelevanzen werden zur Auslegung problematischer Sachverhalte mobilisiert. Den im Rahmen der Relevanzen synthetisierten Handlungsplan kann das Subjekt nun mit mehr oder weniger Erfolg im konkreten Handeln zu realisieren versuchen.
Die Inhalte des Handelns sind im Grunde beliebig. Das Subjekt kann sich in seinem Handeln an den Sternen, dem Weltuntergang und an sich selbst orientieren. Es kann sich aber auch an anderen Subjekten orientieren. Wer so handelt, der handelt sozial. Was das bedeutet, kann aber erst klar sein, wenn klar ist, wer oder was ein anderes Subjekt ist.

Die Konstruktion des Anderen

In der Einheit seines Bewußtseins unterscheidet sich das Ich als empirisches Subjekt in seinem Hier, Jetzt und So vom Dort und So der empirischen Objekte. Während die Differenz zwischen dem Hier des Subjekts und dem Dort des Objekts prinzipiell unaufhebbar ist, kann es hinsichtlich des Soseins von Subjekt und Objekt durchaus zu einer prädikativen Deckung kommen, nämlich dann, wenn sich das Subjekt auf ein Objekt bezieht, das in seiner Empirizität mit Begriffen kategorisiert wird, die das Subjekt für seine eigene empirische Selbstbeschreibung benutzt. In diesem Fall bezieht sich das Subjekt auf ein Objekt, das ihm gleicht, und wenn es nun so auf das Objekt hinsieht, wie es auf sich selbst hinsieht, dann unterstellt es damit dem Objekt, ein Subjekt zu sein. Solcherart wird in das physische Außen über appräsentative Sinnüberschiebungen ein psychisches Innen hineininterpretiert. Über die Beobachtung der besonderen Erscheinungsweise, Veränderungen und Bewegungsabläufe des fraglichen Objekts kann Ego sich das mentale Sosein des potentiellen Alter egos zu erschließen versuchen. Mit anderen Worten: Ego bemüht sich, ein von ihm als Alter ego interpretiertes Objekt zu *verstehen*. Und Verstehen heißt in diesem Zusammenhang nichts anderes, als mit der besonderen Erscheinungsweise eines als Leib bestimmten Objekts subjektiven Sinn zu verbinden. Dabei kann das Subjekt das Beobachtete in Sinn- und Motivationszusammenhänge stellen. So wird um ein als fremder Leib erfahrenes Objekt ein sinnhaftes Setting angefertigt, welches das Objekt zum handelnden Alter ego und das situativ Wahrgenommene zu einem systematischen Element eines sich vollziehenden Handlungsentwurfs macht. Wie stimmig und erfolgreich diese Konstruktionen auch immer sein mögen, der subjektiv gemeinte Sinn des Alter ego bleibt dabei unerfaßlich; er bleibt »immer und auch bei optimaler Deutung ein Limesbegriff« (ebd., S. 49). Da Ego sein Bewußtsein nicht überschreiten kann, ist es unmöglich, »fremde seelische Gehalte in wirklicher Originarität zu erfahren« (Schütz 1971b, S. 89). Selbst wenn Ego das denken würde, was Alter denkt, die Identität der Gedanken wäre für Ego unerfahrbar, denn »eine genaue Vergleichung ist nicht möglich, weil wir diese Vorstellungen nicht in demselben Bewußtsein haben können« (Frege 1975, S. 44). Deshalb muß Ego die Subjektivität eines Objekts über Appräsentationskonstruktionen selbst erzeugen – und zwar in sich. So gesehen ist es eigentlich selbstverständlich, daß Fremdverständnis Selbstverständnis ist. All das kann Kant bestätigen. »Dieses will nun so viel sagen: es können uns niemals unter äußeren Erscheinungen denkende Wesen, *als solche*, vorkommen, oder, wir können ihre Gedanken, ihr Bewußtsein, ihre Begierden etc. nicht äußerlich anschauen« (Kant 1974, A 357). Aus diesem Grund bleibt dem Subjekt nichts übrig, als sich in seiner Erfahrungswirklichkeit als Animateur zu betätigen und so zu tun, als ob bestimmte Objekte Subjekte wären. Das kann aber nur gelingen, wenn das Subjekt sein eigenes Erfahren dem Objekt unterschiebt. »Es ist offenbar: daß, wenn man sich ein denkend Wesen vorstellen will, man sich selbst an seine Stelle setzen, und also dem Objekte, welches man erwägen wollte, sein eigenes Subjekt unterschieben müsse« (ebd., A 353).

In solchem Licht besehen, stellt sich das Phänomen der Intersubjektivität, also eine auf verschiedene Subjekte bezogene Gleichheit des Erfahrens, recht merkwürdig dar, denn genaugenommen ist Intersubjektivität nicht nachweisbar. Schütz, der um dieses Dilemma sehr wohl wußte, trat die Flucht nach vorne an und setzte Intersubjektivität als apriorisches Prinzip. Nach einer Begründung für diesen Schritt sucht man allerdings bei Schütz vergebens. Und das hat seinen guten Grund. Denn von seiner transzendentalphilosophischen Subjektivitätstheorie führt kein Weg zu einer intersubjektiv geteilten Lebenswelt.

Ist Intersubjektivität trotz Perspektivität möglich?

Vielleicht muß man sich mit weniger bescheiden und erst einmal fragen, ob Intersubjektivität überhaupt möglich ist?
Einerseits läßt sich davon ausgehen, daß es eine Pluralität von Egos gibt, die sich hinsichtlich ihrer Physiologie und ihres Erfahrungsvermögens gleichen und sich deshalb in bezug auf die Konstruktion von Sinnzusammenhängen in den gleichen psychophysischen Möglichkeitsräumen bewegen. Andererseits leuchtet es unmittelbar ein, daß Subjekte einzigartige Erfahrungen machen, daß sie prinzipiell durch die Differenz des Hier und Dort voneinander getrennt sind und daß sie aufgrund ihrer besonderen Biographie einen einzigartigen Erfahrungshorizont besitzen müssen. Die oben gestellte Frage kann nun etwas präzisiert werden: Ist Intersubjektivität trotz Perspektivität möglich?
Wären Erfahrungen durch und durch einzigartig und unvergleichlich, so gäbe es keine Möglichkeit, sie miteinander in Beziehung zu setzen. Den Grund für die Tatsache, daß Erfahrungen aufeinander beziehbar sind, liefert Kant mit dem Verweis auf die grundsätzliche Begriffsdurchdrungenheit allen Erfahrens. Jede Erfahrung vollzieht sich auf der Basis der transzendentalen Kategorien und transzendiert diese zugleich in der Bildung empirischer Begriffe. Nur durch diese Begrifflichkeit, das heißt: nur über ihre sachverhaltsidentifizierenden Kriterien können Erfahrungen über sich hinaus weisen und auf andere, ebenfalls begrifflich strukturierte Erfahrungen bezogen werden. Von Situation zu Situation das Begriffliche begreifend, kategorisiert das Subjekt auf diese Weise seine Wirklichkeit. In der Konzeption von Schütz wird die-

ser Vorgang als Prozeß der Typisierung beschrieben. Schütz verwendet den Typusbegriff allerdings weniger in dem eben dargestellten Kantischen Sinne. Sein Typusbegriff gilt insbesondere der Habitualisierung des Bewußtseins durch die Produktion und vor allem die Reproduktion solcher wirklichkeitsstrukturierender Situations- und Handlungsmuster, die sich in ihrer beständigen Wiederverwendung zu selbstverständlichen Bezugskategorien der Orientierung entwickeln. Durch die Typisierung der Wirklichkeit in »Und-so-weiter«-Idealisierungen beziehungsweise »Ich-kann-immer-wieder«-Idealisierungen (vgl. zum Beispiel Schütz/Luckmann 1979, S. 29) bringt das Subjekt die Ordnung in seine Welt, die nötig ist, um das eigene Handeln erfolgreich planen und inszenieren zu können.[16]

Ein Typus gilt dabei sozusagen »bis auf weiteres« (vgl. Schütz/Luckmann 1984, S. 173). Wenn er sich in der Erfahrung nicht mehr bewährt oder sonstwie als Problem erscheint, dann wird er entweder verändert oder verworfen, oder, auch nicht selten, kontrafaktisch durchgehalten.

Sprache

Die Bedingung für die Möglichkeit, Typisierungen vorzunehmen und aufeinander zu beziehen, ist die Sprache. Sie ist nicht nur »*das* typisierende Medium *par excellence*« (Schütz 1971a, S. 86), sondern – wenn man Sprache ganz allgemein als ein System von Zeichen versteht – das Medium der Typisierung überhaupt. Mit den typisierten Erfahrungen, die sie mit lautlichen, schriftlichen, gestischen oder sonstwelchen Zeichen bezeichnet, bildet die Sprache einen unauflöslichen Zusammenhang. So gesehen sind subjektives Erfahren und Sprache als gleichursprünglich zu verstehen. Und aus dieser synthetischen Einheit von Subjektivität, Erfahrung und Sprache gibt es kein Entrinnen. Man kommt weder aus seinem Ichsein noch aus seinen Erfahrungen, noch aus seiner Sprache heraus.

Daß Subjektivität an Sprache gebunden sein muß, ist eine Sache, die Konstitution dieser ursprünglichen Einheit ist eine andere.

---

16 In einer Welt, in der man nicht weiß, wie es weitergeht respektive weitergehen könnte, wäre dies unmöglich.

Die Konstruktion eines Zeichensystems auf den Erfindungsreichtum eines einzelnen Subjekts zurückführen zu wollen ist sicherlich keine gute Idee. Ob und wie das Sprache sprechende Ich von selbst entstehen könnte, sind rein hypothetische Fragestellungen, denn faktisch ist Sprache immer schon vorgegeben.[17] Sprache kann nur durch Sprache entstehen. Beziehungsweise genauer: Sprache kann nur durch Sprechen entstehen. Sprechen kann aber nur ein Ich. Hierdurch gelangt man unweigerlich zu dem zwar irgendwie unerfreulichen, jedoch meiner Meinung nach durch nichts zu vermeidenden Zirkelschluß, daß Subjektivität Subjektivität voraussetzt. Es sind immer schon andere da, die die Zeichen vorgeben, mit denen das noch nicht beziehungsweise noch anders sprechende »Quasi-Subjekt« einen Sinn verbinden soll. Diese wirkende Subjektivität ist die faktische Voraussetzung der Sprachentwicklung.[18]

Die Zeichen der gesprochenen Sprache sind objektiv. Der Sprecher hört sie, und der Angesprochene kann sie (unter bestimmten Voraussetzungen) genauso hören. Aus der Objektivität des Lautes (vgl. Schütz/Luckmann 1984, S. 204) ist indes nicht der Schluß zu ziehen, daß durch den Sprechakt ein Subjekt einem anderen Subjekt Sinn übergeben kann. Die für beide Subjekte gegebene Objektivität des Lautes ist nur für das diesen Tatbestand auslösende Subjekt mit einem eindeutigen Sinn belegt. Das eine Subjekt muß sich aus seiner Situationserfahrung heraus erschließen, welchen Sinn die Zeichensetzung des anderen Subjekts haben könnte. Zum Zwecke dieses Deutungsaktes muß Ego einen Perspektivenwechsel vornehmen. Einerseits muß es von einer Vertauschbarkeit der Standpunkte ausgehen, sich von seinem ›Hier‹ lösen können und sich hypothetisch in das ›Hier‹ von Alter hineindenken. Andererseits muß Ego prinzipiell voraussetzen, daß Alters Wirklichkeit der seinen ähnlich ist. Ohne diese beiden Annahmen, die Schütz unter dem Stichwort der »Reziprozität der Perspektiven« zusammenfaßt (vgl. Schütz 1971a, S. 12), gäbe es für ein Subjekt kein Motiv dafür, sich zeichensetzend oder zeichenverstehend einem anderen Subjekt zuzuwenden.

Die Perspektivenübernahme ist jedoch nicht gleichzusetzen mit

17 Der Einfachheit halber beziehe ich mich nur auf die eigentlichste aller Sprachen: die gesprochene Sprache.
18 Die ontogenetische Dimension des Subjektivitätsproblems bleibt hier unthematisiert.

einer Sinnübernahme; schließlich erhält das Zeichen seinen Sinn ja erst durch den Deutungsakt des verstehenden Subjekts. Nun kann es bei der Relationierung von Zeichen und Bezeichnetem prinzipiell nicht objektiv zugehen. Weil jedes Subjekt einen höchst eigenen Erfahrungshorizont hat und jede Situation eine Vielzahl von Bestimmungschancen und -kontexten in sich birgt, wird im Akt des Bezeichnens das Bezeichnete erstens uneindeutig und zweitens kontextuell erfaßt. Wichtig ist hierbei, daß sich das kontingente Verbinden von Zeichen und Bezeichnetem immer im Rahmen eines Horizontes von (kognitiven und affektiven) Mitbedeutungen vollzieht und daß die letzteren die Intensionalität des konstruierten Typus beeinflussen können. In dieser seiner Erfahrungsbezogenheit hat jeder Typus eine konnotative Dimension. Hinzu kommt noch, daß Typen nicht ein für allemal konstruiert werden, sondern prinzipiell in eine Entwicklungsgeschichte involviert sind, in deren Verlauf sie sich ständig verändern können – sowohl hinsichtlich ihrer begrifflichen Struktur als auch in bezug auf die in ihnen sich aufschichtenden Kontexterfahrungen.

Im Prozeß der sprachlichen Typisierung der Wirklichkeit ist das Einzelsubjekt nun alles andere als auf sich allein gestellt. Dadurch, daß sich die Subjekte im sozialen Handeln beständig etwas zu verstehen geben, gestalten sie ihre Wirklichkeitstypisierungen im wechselseitigen Aufeinanderbezogensein. Das soziale Handeln kann hierbei aus Egos Sicht zwei Bedeutungen haben. Soziales Handeln kann bedeuten, daß sich Ego intentional auf die Wirklichkeit Alters bezieht, indem es versucht, durch ein vorentworfenes Verhalten auf einen bestimmten Bewußtseinszustand Alters hinzuwirken. Soziales Handeln liegt aber auch dann vor, wenn ein (von Ego konstruiertes) Handeln Alters den Beweggrund für Egos Handeln darstellt (vgl. Schütz 1974, S. 208). Zentral ist dem sozialen Handeln dabei der Aspekt des Wirkens, denn entweder es geht um ein zeichensetzendes Wirken Egos auf Alter, oder aber es geht um Egos zeicheninterpretierende Konstruktion eines wirkenden Alter ego. In diesen »intentional auf ein Alter ego bezogenen Bewußtseinserlebnissen« (ebd., S. 204) versuchen sich die Subjekte die Regeln und damit die Bedeutungen ihres Zeichengebrauchs zu verdeutlichen. Sie richten Erwartungen aneinander, enttäuschen sich, stellen neue Hypothesen auf, sagen ja und nein oder sonstwas zueinander, fragen nach, zeigen auf das, was sie meinen, erklären, daß sie es so nicht gemeint haben, und so weiter.

Diese langwierigen und im Grunde nie endenden Handlungsprozesse führen dazu, daß sich die Ego-Alter-Relationen typisieren. Und das im doppelten Sinne des Typusbegriffs: Zum einen werden sie in bezug auf ihre Sinnhaftigkeit (wer verbindet welchen Sinn mit welchen Ausdruckshandlungen?) und hinsichtlich ihrer Ablauflogik (wie greifen welche Handlungen ineinander?) begrifflich schematisiert. Zum anderen werden diese Schemata in ihrer beständigen Reproduktion zu Selbstverständlichkeiten und damit zu habituellen Bezugskategorien der sozialen Orientierung.

Aufgrund der pragmatischen Haltung der sozial Handelnden wird die Konstruktion des Anderen zumeist nur so weit getrieben, wie sie zur Erreichung der eigenen Ziele nötig ist. Weil die eigenen Motivationsrelevanzen weiterdrängen und auch die anderen ihren Zielvorstellungen hinterherjagen, muß sich Ego bei seiner Handlungsplanung auf die situativ wichtigen Teilaspekte konzentrieren und sich dabei als typisches Teil-Selbst begreifen, das sich in einer typischen Situation in typischer Weise zu einem anderen typischen Teil-Selbst verhält. Die Komplexität der Situationen und Subjekte wird im Verlauf der Reproduktion dieser Typen systematisch reduziert. Das Einzigartige der Typen, ihre kognitiven und affektiven Konnotationen und die vielen situativen Perspektiven und Raum-Zeit-Konstellationen, welche die Entwicklungsgeschichte des Typus bestimmt haben – all das wird im Prozeß der Habitualisierung nach und nach abgestreift. Das Besondere wird ausgeblendet, und übrig bleibt ein abstraktes Muster, das von denen, die an der Produktion und Reproduktion des Typus im sozialen Interagieren in Form von wechselseitigen Perspektivenübernahmen und Subjektivitätsunterstellungen mitgewirkt haben, in der gleichen Weise erfahren werden kann. Und genau hier – in der sich selbst typisierenden sozialen Praxis – ist meiner Meinung nach die Möglichkeit von Intersubjektivität beziehungsweise von intersubjektiven Schnittmengen begründet – die Wirklichkeit des Intersubjektiven muß allerdings jeder mit sich selbst ausmachen. Denn letztlich bleibt jedes Subjekt mit seinen Intersubjektivitätskonstrukten auf sich selbst verwiesen.

So gesehen ist Intersubjektivität ein Phänomen, das im Spannungsfeld zwischen subjektiven Synthesis- und Differenzierungsprozessen einerseits und den Wirkungen fremder Subjektivität andererseits zu verorten – und faktisch als eine besondere Art der

Selbstauslegung zu verstehen ist. Meine Argumentation soll zeigen, daß Intersubjektivität sowohl möglich als auch hypothetisch ist und darüber hinaus eine notwendige Unterstellung sozial orientierter Subjektivität sein muß – und insofern a priori ist. Denn ohne die Unterstellung von Intersubjektivität käme kein Subjekt auf die Idee, einem anderen Subjekt Zeichen zu verstehen zu geben. Und damit wäre es auch um den Prozeß geschehen, in dessen Verlauf sich aus der Unterstellung von Intersubjektivität die Wirklichkeit von Intersubjektivität entwickeln kann.

Literatur

Bubner, R. (1986), »Was heißt Synthesis?«, in: G. Prauss (Hg.), *Handlungstheorie und Transzendentalphilosophie*, Frankfurt am Main: Vittorio Klostermann.

Foerster, H. v. (1985), »Das Konstruieren einer Wirklichkeit«, in: P. Watzlawick (Hg.), *Die erfundene Wirklichkeit*, München: Piper.

Frank, M. (1986), *Die Unhintergehbarkeit von Individualität*. Frankfurt am Main: Suhrkamp.

Frege, G. (1975), *Funktion, Begriff, Bedeutung*, Göttingen: Vandenhoeck und Ruprecht.

Gerhards, J. (1988), *Soziologie der Emotionen*, Weinheim und München: Juventa.

Gethmann, C. F. (1973), »Realität«, in: H. Krings, H. M. Baumgartner und Ch. Wild (Hg.), *Handbuch philosophischer Grundbegriffe*, Bd. 2, München: Kösel.

Goethe, J. W. v. (1954), *Maximen und Reflexionen*, hg. von W. Hoyer, Wiesbaden: Fourier und Fertig.

Glasersfeld, E. v. (1985), »Einführung in den radikalen Konstruktivismus«, in: P. Watzlawick (Hg.), *Die erfundene Wirklichkeit*, München: Piper.

Kant, I. (1974), *Kritik der reinen Vernunft. Werkausgabe*, Bd. 3 und Bd. 4, hg. von W. Weischedel, Frankfurt am Main: Suhrkamp.

Nüse, R., N. Groeben, B. Freitag und M. Schreier (1991), *Über die Erfindung/en des Radikalen Konstruktivismus*, Weinheim: Deutscher Studien Verlag.

Oeser, E. und F. Seitelberger (1988), *Gehirn, Bewußtsein und Erkenntnis. Dimensionen der modernen Biologie*, Bd. 2, Darmstadt: Wissenschaftliche Buchgesellschaft.

Roth, G. (1985), »Die Selbstreferentialität des Gehirns und die Prinzipien der Gestaltwahrnehmung«, in: *Gestalt Theory* 7 (4).

- (1987), »Erkenntnis und Realität. Das reale Gehirn und seine Wirklichkeit«, in: S. J. Schmidt (Hg.), *Der Diskurs des Radikalen Konstruktivismus*, Frankfurt am Main: Suhrkamp.
- (1988), »Wissenschaftlicher Rationalismus und holistische Weltdeutung«, in: G. Pasternak (Hg.), *Rationalität und Wissenschaft*, Bd. 6, Bremen: Zentrum Philosophische Grundlagen der Wissenschaften.

Rusch, G. (1987), *Erkenntnis, Wissenschaft, Geschichte. Von einem konstruktivistischen Standpunkt*, Frankfurt am Main: Suhrkamp.

Schmidt, S. J. (1982), »Unsere Welt – und das ist alles«, *Merkur* 36.

Schopenhauer, A. (1977), *Die Welt als Wille und Vorstellung*. Erster Band, zweiter Teilband, Zürich: Diogenes.

Schütz, A. (1971a), *Gesammelte Aufsätze*, Bd. 1, Den Haag: Nijhoff.
- (1971b), *Gesammelte Aufsätze*, Bd. 3, Den Haag: Nijhoff.
- (1971c), *Das Problem der Relevanz*, Frankfurt am Main: Suhrkamp.
- (1974), *Der sinnhafte Aufbau der sozialen Welt*, Frankfurt am Main: Suhrkamp.
- und Th. Luckmann (1979), *Strukturen der Lebenswelt*, Bd. 1, Frankfurt am Main: Suhrkamp.
- und Th. Luckmann (1984), *Strukturen der Lebenswelt*, Bd. 2, Frankfurt am Main: Suhrkamp.

Stadler, M. und P. Kruse (1990), »Über Wirklichkeitskriterien«, in: V. Riegas und Ch. Vetter (Hg.), *Zur Biologie der Kognition*, Frankfurt am Main: Suhrkamp.

Sturma, D. (1985), *Kant über Selbstbewußtsein* [Philosophische Texte und Studien, Bd. 12], Hildesheim–Zürich–New York: Olms.

Thomas, W. I. (1977), zitiert nach L. Hack, *Subjektivität im Alltagsleben*, Frankfurt am Main: Campus.

Wellner, K. (1990), *Das Bewußtsein. Beschreibung und Kritik der Transzendentalphilosophie bei Kant, Fichte und Schelling* [Europäische Hochschulschriften, Bd. 20], Frankfurt am Main: Lang.

Wendel, H. J. (1990), *Moderner Relativismus. Zur Kritik antirealistischer Sichtweisen des Erkenntnisproblems*, Tübingen: Mohr (Siebeck).

Hinweise zu den Autorinnen und Autoren

Christiane Bender, Dr. phil., Professorin für Soziologie an der Universität Heidelberg. Forschungsgebiete: soziologische Grundlagentheorie, symbolischer Interaktionismus, Kultur- und Organisationstheorie, empirische Sozialforschung, Wissenschaftstheorie und -forschung, Technikforschung.

Alfons Bora, geboren 1957, Dr. phil.; Rechtsassessor, Soziologe M. A.; von 1983 bis 1991 wissenschaftlicher Mitarbeiter am Max-Planck-Institut für ausländisches und internationales Strafrecht, Forschungsgruppe Kriminologie, in Freiburg/Br.; seit 1991 wissenschaftlicher Angestellter am Wissenschaftszentrum Berlin für Sozialforschung, Abteilung Normbildung und Umwelt; von 1986 bis 1991 Lehrbeauftragter am Institut für Soziologie der Universität Freiburg/Br.; Veröffentlichungen auf den Gebieten Kriminologie/Rechtssoziologie und soziologische Theorie.

Hartmut Esser, geboren 1943; Studium der Volkswirtschaftslehre und Soziologie in Köln; 1971 Diplom (Volkswirt sozialwissenschaftlicher Richtung) in Köln; 1974 Promotion in Köln (Dr. rer. pol.); 1981 Habilitation in Bochum; 1974-1978 Akademischer Rat Ruhruniversität Bochum; 1978-1982 Wissenschaftlicher Rat und Professor Universität Duisburg GHS; 1982-1987 o. Professor für Empirische Sozialforschung Universität Essen GHS; 1985-1987 Geschäftsführender Direktor des ZUMA, Mannheim; 1987-1991 o. Professor für Soziologie Universität zu Köln; seit 1991 o. Professor für Soziologie und Wissenschaftslehre an der Fakultät für Sozialwissenschaften der Universität Mannheim. Derzeitige Interessenschwerpunkte: Probleme der Theoriebildung in den Sozialwissenschaften; Familiensoziologie (Projekt über Ehescheidung), Migration und interethnische Beziehungen.

Raimund Hasse, geboren 1962; Dipl.-Soziologe, Studium der Soziologie in Bielefeld. Wissenschaftlicher Mitarbeiter am Institut für Gesellschaft und Wissenschaft der Universität Erlangen–Nürnberg. Mitarbeit im Forschungsprojekt »Technologisierung der Biologie. Zur Durchsetzung eines neuen Wissenstyps in der Forschung«. Forschungsschwerpunkte: Wissenschafts- und Techniksoziologie, Organisationstheorie.

Manfred Hennen, geboren 1939; akademischer Direktor, Professor am Institut für Soziologie der Johannes-Gutenberg-Universität Mainz. Studium der Ökonomie, Philosophie und Soziologie, Diplom-Volkswirt

1966, wissenschaftlicher Assistent, wissenschaftlicher Mitarbeiter, Promotion 1974, Habilitation 1986, zur Zeit Leiter des Modellprojektes zur Förderung von Studium und Lehre. Forschungsschwerpunkte: Geschichte der Soziologie, Sozialtheorie, Mikro-Grundlagen des sozialen Handelns.
Veröffentlichungen u. a.: *Soziale Motivation und paradoxe Handlungsfolgen.*

Stefan Jensen, geboren 1940; Studium der Wirtschaftswissenschaften, Soziologie und Philosophie an der Freien Universität und an der Technischen Universität Berlin; Wissenschaftlicher Mitarbeiter am Max-Planck-Institut für Bildungsforschung, Berlin, sowie bei Internationalen Forschungsorganisationen. Arbeitsgebiet: Systemtheorie.

Lutz Kramaschki, geboren 1962, Studium der Germanistik, Soziologie und Geschichte an der Universität-GH Siegen; M. A. 1990; zur Zeit Promotion; Arbeitsschwerpunkte: Literaturtheorie (Literatursoziologie), Kunstsoziologie und soziologische Theorien. Veröffentlichungen zu Problemen der Literaturtheorie.

Georg Krücken, geboren 1962, Diplom-Soziologe, Studium der Soziologie, Philosophie und Politikwissenschaften in Bielefeld und Bologna. Wissenschaftlicher Mitarbeiter an der Fakultät für Soziologie sowie Mitglied des Instituts für Wissenschafts- und Technikforschung der Universität Bielefeld. Forschungsschwerpunkte: Wissenschafts- und Techniksoziologie; sozialwissenschaftliche Risikoforschung.
Veröffentlichungen u. a.: (Hg., mit W. Krohn), *Riskante Technologien: Reflexion und Regulation. Einführung in die sozialwissenschaftliche Risikoforschung,* (1993).

Ronald Kurt, geboren 1964, Studium der Soziologie, Philosophie und Germanistik an der Heinrich-Heine-Universität Düsseldorf; Promotion 1993: *Subjektivität und Intersubjektivität. Vom Erkennen des Erkennens zum Verstehen des Verstehens.* Zur Zeit wissenschaftlicher Mitarbeiter an der Fernuniversität Hagen im Fachbereich Erziehungs- und Sozialwissenschaften. Thematische Schwerpunkte: Subjektivitätstheorie und empirische Polizeiforschung.

Georg Lohmann, geboren 1948, Promotion 1986, Habilitation 1992; 1978-1983 und 1987-1993 wissenschaftlicher Assistent für Philosophie, erst an der PH Berlin, dann am Institut für Philosophie der FU Berlin; seit 1993 Oberassistent und Privatdozent für Philosophie an der FU Berlin.
Veröffentlichungen: *Indifferenz und Gesellschaft* (1991) Mitherausgeber (zusammen mit E. Angehrn): *Ethik und Marx* (1986); (zusammen mit

E. Angehrn, H. Fink-Eitel und Ch. Iber): *Dialektischer Negativismus* (1992); (zusammen mit H. Fink-Eitel): *Zur Philosophie der Gefühle* (1993); Aufsätze zur Sozial- und Kulturphilosophie, praktischen Philosophie und Ethik.

Michael Wehrspaun, geboren 1948; gelernter Industriekaufmann, Absolvent des zweiten Bildungsweges; Studium der Soziologie, Psychologie und Philosophie in Berlin und München. 1980 Diplom-Soziologe, 1984 Promotion zum Dr. rer. soc. in Konstanz. Anschließend wissenschaftlicher Angestellter an der Universität Konstanz, 1990/91 Habilitandenstipendiat der Deutschen Forschungsgemeinschaft, seit 1993 wissenschaftlicher Angestellter am Umweltbundesamt in Berlin. Forschungsschwerpunkte: Individualisierungs- und Identitätstheorie, Geschlechtsrollen und Sozialisation, Umweltbewußtsein und Zivilisationsprozeß, soziale Evolution und Umbau der Industriegesellschaft.
Veröffentlichungen u. a.: *Konstruktive Argumentation und interpretative Erfahrung. Bausteine zur Neuorientierung der Soziologie* (1985); *Transformation der Subjektivität. Über die Entstehung eines evolutionär-konstruktivistischen Menschenbildes im Wandel des modernen Bewußtseins*, Habilitationsschrift (1993); (Hg., zusammen mit K. Luscher und F. Schultheis), *Die »postmoderne« Familie* (1988).

Peter Weingart, geboren 1941, Professor für Soziologie an der Universität Bielefeld. Seit 1989 geschäftsführender Direktor des ZiF (Zentrum für interdisziplinäre Forschung). Hauptarbeitsgebiete: Soziologie der Wissenschaften und der Technik, Wissenschaftspolitik.
Veröffentlichungen u. a.: (mit J. Kroll, K. Bayertz), *Rasse, Blut und Gene. Geschichte der Eugenik und Rassenhygiene in Deutschland* (1988, auch als stw 1022); (Hg.), *Technik als sozialer Prozeß* (stw 759); (Hg., mit W. Prinz), *Die sog. Geisteswissenschaften: Innenansichten* (stw 854); (Hg., mit W. Prinz, M. Kastner, S. Maasen, W. Walter), *Die sog. Geisteswissenschaften: Außenansichten* (stw 965).

suhrkamp taschenbücher wissenschaft
Soziologie, Theorie der Gesellschaft

Adorno: Einleitung in die Musiksoziologie. stw 142
- Prismen. stw 178
- Soziologische Schriften I. stw 306

Assmann/Hölscher (Hg.): Kultur und Gedächtnis. stw 724

Baecker: Womit handeln Banken? stw 946

Beck/Bonß (Hg.): Weder Sozialtechnologie noch Aufklärung? stw 715

Bendix: Freiheit und historisches Schicksal. stw 390
- Könige oder Volk. stw 338

Berg/Fuchs (Hg.): Kultur, soziale Praxis, Text. stw 1051

Bertram (Hg.): Gesellschaftlicher Zwang und moralische Autonomie. stw 450

Bonß/Honneth (Hg.): Sozialforschung als Kritik. stw 400

Bourdieu: Entwurf einer Theorie der Praxis. stw 291
- Die feinen Unterschiede. stw 658
- Homo academicus. stw 1002
- Sozialer Raum und »Klassen«. Leçon sur la leçon. stw 500
- Zur Soziologie der symbolischen Formen. stw 107
- *siehe auch Eder*
- *siehe auch Gebauer/Wulf*

Bourdieu u. a.: Eine illegitime Kunst. stw 441

Brandt: Arbeit, Technik und gesellschaftliche Entwicklung. stw 780

Bude: Bilanz der Nachfolge. stw 1020

Cicourel: Methode und Messung in der Soziologie. stw 99

Claessens: Kapitalismus und demokratische Kultur. stw 1041

Coulmas: Die Wirtschaft mit der Sprache. stw 977

Cremerius (Hg.): Die Rezeption der Psychoanalyse in der Soziologie, Psychologie und Theologie im deutschsprachigen Raum bis 1940. stw 296

Dahme: *siehe Simmel*

Duby: Ritter, Frau und Priester. stw 735

Durkheim: Erziehung, Moral und Gesellschaft. stw 487
- Die Regeln der soziologischen Methode. stw 464
- Der Selbstmord. stw 431
- Soziologie und Philosophie. stw 176
- Über soziale Arbeitsteilung. stw 1005

Dux: Die Logik der Weltbilder. stw 370
- Die Zeit in der Geschichte. stw 1025

Edelstein/Habermas (Hg.): Soziale Interaktion und soziales Verstehen. stw 446

Edelstein/Keller (Hg.): Perspektivität und Interpretation. stw 364

Edelstein/Nunner-Winkler (Hg.): Zur Bestimmung der Moral. stw 628

suhrkamp taschenbücher wissenschaft
Soziologie, Theorie der Gesellschaft

Eder: Die Entstehung staatlich organisierter Gesellschaften. stw 332
– Geschichte als Lernprozeß? stw 941
– Die Vergesellschaftung der Natur. stw 714
Eder (Hg.): Klassenlage, Lebensstil und kulturelle Praxis. stw 767
Eisenstadt: Die Transformation der israelischen Gesellschaft. stw 1009
Eisenstadt (Hg.): Kulturen der Achsenzeit. 2 Bde. stw 653
– Kulturen der Achsenzeit II. stw 930
Elias: Engagement und Distanzierung. stw 651
– Die Gesellschaft der Individuen. stw 974
– Die höfische Gesellschaft. stw 423
– Studien über die Deutschen. stw 1008
– Über den Prozeß der Zivilisation. 2 Bde. stw 158/159
– Über die Zeit. stw 756
Korte (Hg.): Gesellschaftliche Prozesse und individuelle Praxis. Bochumer Vorlesungen zu Norbert Elias' Zivilisationstheorie. stw 894
Evers/Nowotny: Über den Umgang mit Unsicherheit. stw 672
Fend: Sozialgeschichte des Aufwachsens. stw 693
v. Friedeburg: Bildungsreform in Deutschland. stw 1015

Frisby: Georg Simmel. stw 926
Fromm: Die Gesellschaft als Gegenstand der Psychoanalyse. stw 1054
Garz (Hg.): Die Welt als Text. stw 1031
Gebauer/Wulf (Hg.): Praxis und Ästhetik. Neue Perspektiven im Denken Pierre Bourdieus. stw 1059
Gerhardt: Gesellschaft und Gesundheit. stw 970
Gerhardt/Schütze (Hg.): Frauensituation. stw 726
Geulen: Das vergesellschaftete Subjekt. stw 586
Geulen (Hg.): Perspektivenübernahme und soziales Handeln. stw 348
Giddens: Die Klassenstruktur fortgeschrittener Gesellschaften. stw 452
Giegel (Hg.): Kommunikation und Konsens in modernen Gesellschaften. stw 1019
Giesen: Die Entdinglichung des Sozialen. stw 908
Giesen (Hg.): Nationale und kulturelle Identität. stw 940
Goffman: Das Individuum im öffentlichen Austausch. stw 396
– Interaktionsrituale. stw 594
– Rahmen-Analyse. stw 329
– Stigma. stw 140
Goldmann: Soziologie des Romans. stw 470
– Der verborgene Gott. stw 491
Goudsblom: Soziologie auf der Waagschale. stw 223

suhrkamp taschenbücher wissenschaft
Soziologie, Theorie der Gesellschaft

Greiffenhagen: Das Dilemma des Konservatismus in Deutschland. stw 634

Groethuysen: Die Entstehung der bürgerlichen Welt- und Lebensanschauung in Frankreich. 2 Bde. stw 256

Groh: Anthropologische Dimensionen der Geschichte. stw 992

Habermas: Strukturwandel der Öffentlichkeit. stw 891
– Zur Logik der Sozialwissenschaften. stw 517
– Zur Rekonstruktion des Historischen Materialismus. stw 154
– *siehe auch Edelstein/Habermas*
– *siehe auch Honneth/Joas*

Haferkamp (Hg.): Sozialstruktur und Kultur. stw 793

Haferkamp/Schmid (Hg.): Sinn, Kommunikation und soziale Differenzierung. Beiträge zu Luhmanns Theorie soziale Systeme. stw 667

Hahn/Kapp (Hg.): Selbstthematisierung und Selbstzeugnis: Bekenntnis und Geständnis. stw 643

Halbwachs: Das Gedächtnis und seine sozialen Bedingungen. stw 538

Haupert/Schäfer: Jugend zwischen Kreuz und Hakenkreuz. stw 952

Hausen/Nowotny (Hg.): Wie männlich ist die Wissenschaft? stw 590

Heinsohn: Privateigentum, Patriarchat, Geldwirtschaft. stw 455

Hirschauer: Die soziale Konstruktion der Transsexualität. stw 1045

Hörning/Gerhard/Michailow: Zeitpioniere. stw 909

Honig: Verhäuslichte Gewalt. stw 857

Honneth: Kritik der Macht. stw 738

Honneth/Joas (Hg.): Kommunikatives Handeln. Beiträge zu Jürgen Habermas' »Theorie des kommunikativen Handelns«. stw 625

Institut für Sozialforschung (Hg.): Kritik und Utopie im Werk von Herbert Marcuse. stw 1037

Jäger (Hg.): Kriminologie im Strafprozeß. stw 309

Jaeggi: Theoretische Praxis. stw 149

Joas: Pragmatismus und Gesellschaftstheorie. stw 1018
– Praktische Intersubjektivität. stw 765

Joas (Hg.): Das Problem der Intersubjektivität. stw 573

Joas/Steiner (Hg.): Machtpolitischer Realismus und pazifistische Utopie. stw 792

Joerges (Hg.): Technik im Alltag. stw 755

Jokisch (Hg.): Techniksoziologie. stw 379

Jung/Müller-Doohm (Hg.): Wirklichkeit im Deutungsprozeß. stw 1048

Kempski: Schriften 1-3. stw 922- 924

suhrkamp taschenbücher wissenschaft
Soziologie, Theorie der Gesellschaft

- Brechungen. stw 922
- Recht und Politik. stw 923
- Prinzipien der Wirklichkeit. stw 924
- Kern/Schumann: Industriearbeit und Arbeiterbewußtsein. stw 549
- Kettler/Meja/Stehr: Politisches Wissen. stw 649
- Kippenberg/Luchesi (Hg.): Magie. Die sozialwissenschaftliche Kontroverse über das Verstehen fremden Denkens. stw 674
- Kocka (Hg.): Interdisziplinarität. stw 671
- Korte: *siehe unter Elias*
- Lenhardt: Schule und bürokratische Rationalität. stw 466
- Lenski: Macht und Privileg. stw 183
- Lepenies: Melancholie und Gesellschaft. stw 967
- Lepenies (Hg.): Geschichte der Soziologie. 4 Bde. stw 367
- Löwenthal: Schriften 1-5. stw 901-905
- Luckmann: Die unsichtbare Religion. stw 947
- Lüderssen/Sack (Hg.): Vom Nutzen und Nachteil der Sozialwissenschaften für das Strafrecht. 2 Bde. stw 327
- Seminar: Abweichendes Verhalten I-IV. 4 Bde. stw 84-87
- Luhmann: Funktion der Religion. stw 407
- Legitimation durch Verfahren. stw 443
- Soziale Systeme. stw 666
- Die Wissenschaft der Gesellschaft. stw 1001
- Zweckbegriff und Systemrationalität. stw 12
- *siehe auch Haferkamp/Schmid*
- *siehe auch Welker; Welker/Krawietz*
- Luhmann/Fuchs: Reden und Schweigen. stw 848
- Luhmann/Pfürtner (Hg.): Theorietechnik und Moral. stw 206
- Luhmann/Schorr: Reflexionsprobleme im Erziehungssystem. stw 740
- Luhmann/Schorr (Hg.): Zwischen Absicht und Person. stw 1036
- Zwischen Anfang und Ende. stw 898
- Zwischen Intransparenz und Verstehen. stw 572
- Zwischen Technologie und Selbstreferenz. stw 391
- Luhmann/Spaemann: Paradigm lost: Über die ethische Reflexion der Moral. stw 797
- Mannheim: Konservatismus. stw 478
- Strukturen des Denkens. stw 298
- *siehe Kettler/Meja/Stehr*
- Mead: Geist, Identität und Gesellschaft. stw 28
- Gesammelte Aufsätze. Bd. 1. stw 678
- Gesammelte Aufsätze. Bd. 2. stw 679
- *siehe auch Joas*
- Meja/Stehr (Hg.): Der Streit um die Wissenssoziologie. stw 361

suhrkamp taschenbücher wissenschaft
Soziologie, Theorie der Gesellschaft

Mommsen: Max Weber. stw 53
Moore: Ungerechtigkeit. stw 692
Müller: Sozialstruktur und Lebensstil. stw 982
Münch: Dialektik der Kommunikationsgesellschaft. stw 880
– Die Struktur der Moderne. stw 978
– Theorie des Handelns. stw 704
Niemitz (Hg.): Erbe und Umwelt. stw 646
Nowotny: Eigenzeit. stw 1052
Oakes: Die Grenzen kulturwissenschaftlicher Begriffsbildung. stw 859
Oser: Moralisches Urteil in Gruppen. stw 335
Otto/Sünker (Hg.): Politische Formierung und soziale Erziehung im Nationalsozialismus. stw 927
– Soziale Arbeit und Faschismus. stw 762
Parsons: Gesellschaften. stw 106
– *siehe auch Schluchter (Hg.): Verhalten*
– *siehe auch Schütz/Parsons*
Plessner: Die verspätete Nation. stw 66
Rammstedt: Deutsche Soziologie 1933-1945. stw 581
– *siehe auch Simmel*
Ribeiro: Der zivilisatorische Prozeß. stw 433
Rosenbaum: Formen der Familie. stw 374
– Proletarische Familien. stw 1029
Rosenbaum (Hg.): Familie und Gesellschaftsstruktur. stw 244

Rossi: Vom Historismus zur historischen Sozialwissenschaft. stw 699
Roth: Politische Herrschaft und persönliche Freiheit. stw 680
Sachße/Engelhardt (Hg.): Sicherheit und Freiheit. stw 911
Schluchter: Aspekte bürokratischer Herrschaft. stw 492
– Rationalismus der Weltbeherrschung. stw 322
– Religion und Lebensführung. 2 Bde. stw 961/962
Schluchter (Hg.): Max Webers Sicht des antiken Christentums. stw 548
– Max Webers Sicht des Islam. stw 638
– Max Webers Sicht des okzidentalen Christentums. stw 730
– Max Webers Studie über das antike Judentum. stw 340
– Max Webers Studie über Hinduismus und Buddhismus. stw 473
– Max Webers Studie über Konfuzianismus und Taoismus. stw 402
– Verhalten, Handeln und System. Talcott Parsons' Beitrag zur Entwicklung der Sozialwissenschaften. stw 310
Schöfthaler/Goldschmidt (Hg.): Soziale Struktur und Vernunft. stw 365
Schröter: »Wo zwei zusammenkommen in rechter Ehe ...« stw 860
Schütz: Das Problem der Relevanz. stw 371

suhrkamp taschenbücher wissenschaft
Geschichte, Sozialgeschichte, Zeitgeschichte, Dokumentation

Assmann/Hölscher (Hg.): Kultur und Gedächtnis. stw 724

Baumgartner/Rüsen (Hg.): Seminar: Geschichte und Theorie. stw 98

Becher/Rüsen (Hg.): Weiblichkeit in geschichtlicher Perspektive. stw 725

Broué/Témime: Revolution und Krieg in Spanien. 2 Bde. stw 118

Bude: Bilanz der Nachfolge. stw 1020

Claessens: Kapitalismus und demokratische Kultur. stw 1041

Danker: Räuberbanden im Alten Reich um 1700. stw 707

Dreier/Sellert (Hg.): Recht und Justiz im »Dritten Reich«. stw 761

Duby: Die drei Ordnungen. stw 596

– Ritter, Frau und Priester. stw 735

– Die Zeit der Kathedralen. stw 1011

Duby/Lardreau: Geschichte und Geschichtswissenschaft. stw 409

Eder: Geschichte als Lernprozeß? stw 941

Ehlich (Hg.): Sprache im Faschismus. stw 760

Elias: Studien über die Deutschen. stw 1008

Fend: Sozialgeschichte des Aufwachsens. stw 693

Foucault: Überwachen und Strafen. stw 184

Giesen (Hg.): Nationale und kulturelle Identität. stw 940

Groh, D.: Anthropologische Dimensionen der Geschichte. stw 992

Groh, R./Groh, D.: Weltbild und Naturaneignung. stw 939

Hahn/Kapp (Hg.): Selbstthematisierung und Selbstzeugnis: Bekenntnis und Geständnis. stw 643

Haupert/Schäfer: Jugend zwischen Kreuz und Hakenkreuz. stw 952

Haussmann: Erklären und Verstehen: Zur Theorie und Pragmatik der Geschichtswissenschaft. stw 918

Hinrichs: Ancien Régime und Revolution. stw 758

Hinrichs (Hg.): Absolutismus. stw 535

Jäger: Verbrechen unter totalitärer Herrschaft. stw 388

Koselleck: Kritik und Krise. stw 36

– Vergangene Zukunft. stw 757

Löwenthal: Schriften 1-5. stw 901-905

Lüdtke (Hg.): »Sicherheit« und »Wohlfahrt«. stw 991

de Mause (Hg.): Hört ihr die Kinder weinen. stw 339

Meier, Chr.: Die Entstehung des Politischen bei den Griechen. stw 427

Métral: Die Ehe. stw 357

suhrkamp taschenbücher wissenschaft
Geschichte, Sozialgeschichte, Zeitgeschichte, Dokumentation

Moore: Soziale Ursprünge von Diktatur und Demokratie. stw 54
– Ungerechtigkeit. stw 692
Niethammer (Hg.): Lebenserfahrung und kollektives Gedächtnis. stw 490
Otto/Sünker (Hg.): Politische Formierung und soziale Erziehung im Nationalsozialismus. stw 927
– Soziale Arbeit und Faschismus. stw 762
Reif (Hg.): Räuber, Volk und Obrigkeit. stw 453
Reinalter: Die Französische Revolution und Mitteleuropa. stw 748
Reinalter (Hg.): Demokratische und soziale Protestbewegungen in Mitteleuropa 1815-1848/49. stw 629
– Freimaurer und Geheimbünde im 18. Jahrhundert in Mitteleuropa. stw 403
Rosenbaum: Formen der Familie. stw 374
– Proletarische Familien. stw 1029
Rosenbaum (Hg.): Familie und Gesellschaftsstruktur. stw 244
Sabean: Das zweischneidige Schwert. stw 888
Schadewaldt: Die Anfänge der Geschichtsschreibung bei den Griechen. stw 389
Schröter: »Wo zwei zusammenkommen in rechter Ehe ...« stw 860
Schulze (Hg.): Europäische Bauernrevolten der frühen Neuzeit. stw 393
Stolleis: Staat und Staatsräson in der frühen Neuzeit. stw 878
Tibi: Der Islam und das Problem der kulturellen Bewältigung sozialen Wandels. stw 531
Varga: Zeitenwende. stw 892
Wodak/Nowak/Pelikan u. a.: »Wir sind alle unschuldige Täter«. stw 881
Wunder/Vanja (Hg.): Wandel der Geschlechterbeziehungen zu Beginn der Neuzeit. stw 913

Über sämtliche bis Mai 1992 erschienenen suhrkamp taschenbücher wissenschaft (stw) informiert Sie das Verzeichnis der Bände 1 – 1000 (stw 1000) ausführlich. Sie erhalten es in Ihrer Buchhandlung.